2판

Techniques and Skills of Social Work Practice

사회복지실천기술론

이윤로 저

학지사

2판을 내면서

자원은 없는 것이 아니라 보이지 않을 뿐이다.

- 이윤로

제1판에서 보여 준 동료 교수들과 학생들의 기대 이상의 성원에 깊은 고마움을 표한다. 제2판에서는 각 장별로 부족한 부분을 보완하고 제4장 유능한 사회복지사의 조건과 생존기술을 추가하였다.

사회복지실천론과 실천기술론은 사회복지를 공부하는 학생들이 기본적으로 갖추어야 할 사회사업실천의 기본 지식과 가치 그리고 기술을 제시해 주는 과목이다. 그동안 사회복지실천론과 실천기술론에 대한 심도 있는 논의의 자리가 없어 명확한 구분이 없었고, 사회복지대학교육협의회에서조차 사회복지 교수들이나 실천가들에게 명쾌한 기준을 제시해 주지 못해 많은 혼선을 초래했던 것이 사실이다. 저자 개인적으로는 사회복지실천론은 통합방법론 중심의 일반실천에 대한 내용을 다루고, 사회복지실천기술론에서는 면접기술, 임상사회사업이론, 집단사회사업, 가족치료를 중심으로 한 내용을 다루는 것으로 합의가 이루어지길 바라는 마음이다.

이 책은 주로 기술적인 측면의 지식을 다루고 있으므로 사회사업실천에 대한 기본적인 지식은 실천론 과목에서 참고하길 바란다. 관계형성과 면접기술, 집단을 이끄는 기술, 가족치료를 진행하는 기술, 거시적 실천을 위한 기술, 평가기술에 초점을 맞추었다. 될 수 있는 대로 사례를 많이 제공하여 실제적인 도움이 될 수 있도록 노력하였다.

이 책은 총 6부로 구성되었다. 제1부에서는 사회사업실천의 기본이 되는 관계형성 및 면접기술, 유능한 사회복지사의 조건을 집중적으로 다루었고, 제2부에서는 집단사회사업의 기획과 진행에 대한 기술을 소개하였다. 제3부에서는 가족치료이론을 개관하고 가족치료의 주요 기술과 진행과정에 대해 제시하였고, 제4부에서는 임상사회사업에서 자주 다루는 이론을 기법 중심으로 소개하였다. 제5부에서는 거시적 차원의 실천을 위해 사례관리, 네트워크 활용, 옹호, 기관변화 기술을 소개하였다. 마지막으로 제6부에서는 평가기법으로 단일사례설계와 집단사회사업 평가기법을 제시하였다.

저자는 우리나라 사회복지의 전문성이 확고히 자리 잡기 위해서는 사회사업에 대한 기본을 충실히 할 필요가 있다고 생각한다. 사회사업의 본질, 가치, 지식과 기술의 내실화에 더욱 힘을 기울여 나아가야 사회복지의 전달주체로서의 역할을 충실히 할 수 있을 것이다. 사회사업실천의 내실화 없이 제도적 차원의 사회복지로 사회복지의 정체성을 찾는 것은 사상누각에 불과할 것이며, 타 영역에 많은 주도권을 뺏기게 될 것이다. 사회사업교육은 학부이건 대학원이건 실천과 실습의 비중을 과감히 늘려야 하며 과학적 실천을 할 수 있도록 '사회사업조사'에 대한 교육(일반 사회조사가 아님)도 철저히 해야 할 것이다.

저자는 사회사업의 본질에 더욱 충실해야 한다는 시대적 사명감으로 2004년 2월에 '한국임상사회사업학회(http://www.kacsw.or.kr)'를 발족하여 지난 2004년 6월에 창립국제학술대회를 개최하고 우리나라 임상사회사업이 나아가야 할 방향을 제시하였다. 본 학회는 연 3회의 학술지 발간과 월례 스터디 모임, 교재발간, 임상실천가 교육 사업을 본격적으로 진행하고 있다. 학회의 발전에 여러분의 적극적인 동참을 기대한다.

이 책이 나오기까지 마음의 버팀목이 되어 준 나의 사랑하는 제자들에게 고마움을 표하고 싶다.

2006년
이윤로

차 례

제5장 기 록 _ 109

제2부 집단사회사업 실천

제6장 집단의 기획 _ 121

제7장 집단의 진행 _ 135

제3부 가족치료

제4부 임상사회사업의 이론

제 1 부

사회복지실천기술의 기초

우리가 살고 있는 사회는 급격한 전환과 변화, 불확실성으로 특징지어진다. 기술적 혁명은 생활방식의 변화, 인구 이동 그리고 가치의 변화를 초래했다. 새로운 상품을 창출하는 환경이 조성되면서 직업시장도 새로운 기술과 좀 더 적응력이 뛰어난 고용인들을 요구하게 되었다. 개인 간의 인간관계는 가볍고 일시적인 것이 되었고, 그 결과 지역사회 내 근린의식은 점점 더 찾아보기 힘든 것이 되었다. 가족생활은 사회적 · 직업적 압박감에 영향을 받게 되었고, 가족성원들의 사회적 성공에 대한 추구는 전통적으로 소중히 여겨 오던 가족의 통합이라는 가치와 갈등을 일으키곤 하였다. 산업화나 도시화와 함께 시작된 이러한 변화는 개인주의의 만연화와 가족의 분열과 사회문제를 불러일으켰다. 정서적으로 불안정한 청소년들, 불법약물사용, 노인부양부담, 맞벌이 부부 등이 증가하면서 개인과 가족들을 분열시키고 혼란스럽게 하며 긴장과 좌절감을 맛보게 한다. 이 외에도 빠르게 변하는 사회현상은 많은 사회적 압박들을 불러 일으키고 있다. 이러한 맥락에서 자신과 가족의 스트레스 및 역기능적 결과를 줄이기 위해 전문적 도움을 구하는 것은 더 이상 특이한 것이 아니며 더구나 자신의 나약함을 뜻하는 것은 더욱 아니다. 우리 모두는 때때로 친구와 전문적인 조력자가 필요하다. 문제가 점점 더 스트레스를 주고 해결방법을 찾는데 어려움이 있다면 전문적인 원조가 필요한 것이다. 이러한 전문적인 원조를 위한 기본적인 관계형성과 면담기술, 기록기술을 소개한다.

제 1 장

사회복지와 사회사업의 개념

1. 사회복지와 사회사업의 관계

우리나라에서와 같이 사회복지(social welfare)와 사회사업(social work)이란 용어가 같은 의미로 사용되어, 모든 사회사업 용어를 사회복지로 일방적으로 바꾸어 사용하기도 하지만 실제로는 서로 다른 의미가 있다. The 13th international social work conference(1966)에서는 사회복지란 인간의 행복을 증진시키기 위해서 정부나 민간이 제반 프로그램이나 서비스 또는 시설을 통해 사회적 장애를 예방하고 경감시키기 위한 체계적 · 조직적 노력이고, 사회사업은 개인 · 가정 · 집단 · 지역사회에 대한 서비스 형태의 조력과 구호활동이라고 규정하였다. 사회복지는 제도나 정책의 목적적 개념을 중시하고 있으며, 사회사업은 사회복지 운영의 실질적 · 전문적 활동 측면을 시사해준다. 따라서 사회사업이란 복지적인 이념을 실천, 수행코자 하는 기술적 활동을 의미하며 이상보다는 실천적 면이 강조되는 용어라고 할 수 있다(장인협, 1996, 재인용). Friedlander도 유사한 정의를 내리고 있는데 그에 따르면 "사회복지는 개인과 집단의 생활 및 보건상태가 만족할 만한 수준에 도달할 수 있도록 돕기 위해 계획된 제도나 사회서비스의 조직된 체계[1]다. 사회복지는 개인들로 하여금 그들의 가족이나 지역사회의 욕구와 조화를 이루면서 자신의 안녕을 증진시키고 능력을 충분히 개발하도록 해줄 수 있는 개인적 및 사회적 관계를 확보하도록 하는 것을 목적으로 한다. 사회사업이란 인간관계에 관한 과학적 지식과 기술에 기반을 두는 전문적 서비스이며, 이를 통해 개인, 집단, 지역사회가 개인적 및 사회적 만족과 독립을 이룩할 수 있도록 돕는 것을 의미한다. 이와 같이 사회복지는 전문적 사회사업보다 광범위한 의미를 가지고 있다."[2]고 설명한다(조휘일 · 이윤로, 1999, 재인용).

장인협(1996)은 사회복지라는 개념 속에 사회사업의 개념이 내포되며, 역시 사회사업의 개념 속에 사회복지의 개념이 내포되어 있기 때문에 단순한 어의적인 해석이나 용어의 정의만으로는 사회복지와 사회사업을 규명하기 어려우므로 이 두 용어에 영향을 끼친 이념적 목표나 사회적 대상 및 기능 등을 고찰해봄으로써 양 용어의 개념들을 파악해보는 노력이 필요하다고 제시한다. 그는 사회복지와 사회사업이 경향이나 강조점이 다르다는 인식하에 두 개념의 특성을 비교하고 있는데 이를 제시해보면 〈표 1-1〉과 같다.

표 1-1 사회복지와 사회사업의 특성 비교

구 분	사회복지	사회사업
어의적	이상면을 강조	실천면을 강조
목적적	바람직한 사회	바람직한 인간
대상적	일반, 전체	개별, 부분, 특정
방법적	제도와 정책, 고정적	지식과 기술, 역동적
기능적	예방적, 사전적	치료적, 사후적

* 참조: 장인협(1996). 사회복지개론. 서울대학교출판부.

일반적으로 사회복지는 좀 더 광범위한 의미를 가지고 있으며 사회사업, 공공복지 그리고 관련된 프로그램과 활동을 포함한다. 사회복지는 광대한 의미에서

1) Walter A. Friedlander (1961). *Introduction to Social Welfare*, 2nd ed. Englewood Cliffs.
2) Ibid.

많은 사람들의 안녕과 관심사, 즉 신체적, 정신적, 정서적, 경제적 욕구를 다루게 된다. 방법적 측면에서 이러한 욕구에 대한 제도적 프로그램의 제공이 사회복지다. 또한 사회복지는 사회문제를 풀고 예방하는 데 관련되는 기본 제도나 과정(민간 및 정부기관의 광범위한 조직적 활동)을 포함한다.

사회사업은 사회복지제도가 안내하는 "계획된 변화 활동(planned change activities)"을 통해 개인, 집단 및 지역사회의 사회적 기능을 향상시키는 도구적인 전문직이다. 이 활동은 전문적 지식과 기술을 강조하는 것으로서 인간과 그 환경 사이의 상호작용을 구성하고 있는 사회적 관계형성에 초점을 두는데, ① 손상된 능력의 재활, ② 자원의 제공, ③ 사회적 역기능의 예방(Boehm, 1958)의 세 가지 기능으로 나누어볼 수 있다. 사회사업은 개인, 집단 그리고 지역사회가 자원을 잘 활용하도록 도와 인간문제를 경감시킨다. 또한 클라이언트의 사회적 기능을 향상시킬 수 있도록 클라이언트의 능력과 장점을 개발한다. 물론 사회사업은 인간의 잠재력 발휘를 제한하는 사회적 가치나 정책이 있을 때 이를 변화시키는 노력도 기울인다.

사회복지제도와 구조는 어디까지나 실제로 그 사명을 수행하는 사람들을 필요로 한다. 복지체제의 전달체계는 그 체계 내에서 일을 하는 사람과 서비스를 사용하는 사람들과 긴밀하게 연결되어 있다. 하나의 사회복지체제는 그 독특한 체계 내에서 제공되는 서비스를 위하여 중요한 위치를 차지하고 있는 사람들이 그 기능을 나타낸다. 교사는 교육체계 내에서 중심적 인물이며 의사와 간호원은 의료전달체계 내의 중심적 인물이고 재활상담자는 재활체계 내에서 중심적 인물이 되는 것이다. 이러한 특수체계 내에서 일하는 중심적 사람들이 전문직으로 발전하게 되었다. 사회사업도 복지서비스를 전달하기 위해 전문직업화된 사회복지의 전달주체인 것이다. 확실히 사회사업은 사회복지 프로그램의 계획에 따라 만들어졌으며, 특정한 훈련과 기술을 가진 사람들이 개인에게 복지서비스를 제공하는 전문직이다(조휘일 · 이윤로, 1999, 재인용).

2. 사회사업실천의 정의

사회사업은 개인, 가족, 집단 또는 지역사회의 사회적 기능을 향상시키거나 회복시키도록 돕고 이러한 목적에 부합되게 사회적 조건을 창출하는 전문적인 활동이다. 사회사업실천은 이를 위해 사회사업의 가치, 원리, 기법을 전문적으로 응용하게 된다.

한편, 임상실천, 직접실천 또는 거시적 실천이라는 용어들이 등장하고 있는데 이에 대한 개념을 알아보자. 사회사업실천가들은 클라이언트의 문제들을 해결하기 위해 미시적(micro), 메조(mezzo), 거시적(macro) 전략들을 채택한다. 미시적 접근은 주로 개인에게, 메조는 가족이나 집단에 초점을 두는 데 비해, 거시적 접근은 더 커다란 사회체계에 관심을 둔다. 거시적 실천에서는 대면접촉(face-to-face)을 통한 서비스 전달은 최소화되고 사회계획이나 지역사회조직의 과정이 주로 관계된다. 그러나 효과적인 실천은 이러한 세 차원에 관련된 지식을 모두 요구한다. 이 세 가지 수준에 대한 균형적 준비를 하게 하는 일반실천방법(generalist practice)은 학부수준 또는 전문대학원 1학년 과정에서 주로 제공된다.

직접실천(direct practice) 또는 임상실천이 바로 개인, 가족, 집단에게 서비스를 제공하는 미시적 실천방법이다. 직접실천이 다른 사회사업방법들과 구별되는 특징은 복잡한 문제에 대한 해결책을 찾도록 클라이언트를 도울 때 개인, 가족, 소집단과 직접 대면하여(face-to-face) 관여한다는 점이다. 사회사업 직접실천가는 더 높은 수준의 사회적 기능을 이끌어내는 데 초점을 맞추는 '변화과정(change process)' 속에서 클라이언트를 원조한다.

사회사업실천은 과정이며 방법이다. 과정으로서 실천은 클라이언트를 치료적 목표의 성취를 증진시키는 활동과 행위에 참여시키는 일련의 연속적인 단계를 거친다는 것을 의미한다. 방법으로서 실천은 개입활동을 안내하는 기법과 지식의 창조적 사용을 의미한다. 또한 사회사업실천은 클라이언트로 하여금 지역사회의 자원과 대인관계기술을 개발할 수 있도록(클라이언트가 환경과 더 긍정적인 조화를 이루도록 하기 위해) 인간행동에 대한 과학적 지식과 관계형성의 기법을 활용하는 하나의 기술이다. 사회사업실천은 클라이언트의 사회적 기능의 증진, 회복 또는 유지를 추구한다.

사회사업실천의 기초는 Marry Richmond, Gordon Hamilton, Helen Harris Perlman, Florence Hollis 등과 같은 초기 사회사업 선구자들의 철학과 지혜로 확립되었으며 그 후 많은 변화가 일어났다. 인간발달에 대한 더욱 진보된 지식과 더 효과적인 개입기술 등이 등장함에 따라 사회사업실천은 윤택해졌으며, 더욱 과학적으로 지지되는 개입모델들이 제시되었다. 민주적인 의사결정과 클라이언트 체계의 존엄과 가치에 대한 신념은 계속해서 사회사업실천의 철학으로서 유지 발전되고 있으며, 또한 클라이언트의 자기결정과 비밀보장은 원조과정에서 기본적인 실천 가치로 인정되고 있다.

3. 사회사업실천에 필요한 지식

사회사업실천에 필요한 지식은 한마디로 인간에 관한 지식이라고 할 수 있으나 아직까지 인간에 관한 한 절대적인 지식이란 없다고 본다. 지금까지 인간을 연구하는 과학이 인간에 대한 일반화된 지식의 체계를 이룩해 놓았다 할지라도, 인간의 현상에는 항상 예외성이 강하기 때문에 인간의 행동은 자의적이며 예측할 수 없는 성격의 것이라는 점을 전제해야 할 것이다.

그러면 지식은 무엇인가? 지식은 광대하고 다양한 의미를 가진 용어다. Max Siporin은 지식은 우리가 사실로 간주하는(적절한 증거에 기초하여 확실하게 인지되는) 또는 진실일 가능성이 매우 높은 현실(reality)에 관한 인지적, 정신적 내용(아이디어, 신념)이라고 규정지었다. 사회사업실천도 강력한 지식기반 위에서 수행되는 것이 강조되고 있다. 사회사업실천을 위한 지식은 전통적으로 다른 학문, 특히 심리학이나 사회학에서 도출되어 왔다. 그러나 전문직으로 성장함에 따라 사회사업가들은 사회사업실천 그 자체에서 도출되는 지식에 더 실천의 기반을 두기 시작했다. 한 가지 문제는 실천가들이 실천상의 관습적 경험에서 오는 상식적 지혜를 실험적으로 검증된 지식보다 더욱 많이 활용한다는 것이다. 전문사회사업의 목적을 성취하기 위해서는 사실(facts)이 필요하기 때문에 현재의 추세는 비확인된 아이디어보다는 과학적 지식에 점차 강조를 두고 있다. 과학이라는 실증적 특성을 갖는 지식기반을 개발하기 위한 시도가 진행되고 있는 것이다. 그러나 많은 사회사업가들은 사람들을 돕는 데 상식이면 충분하다고 주장하거나 그러한 과학적 시도를 회피하고 거부하는 태도도 있는데, 이는 과학적 방법인 조사연구가 사회사업의 중심인 인본주의 요소와 잘 조화되지 않는다는 생각과 관계가 있다. 또한 사회사업가가 다루는 문제의 성격은 너무 복합적인 것이라서 과학적 조사기법으로는 측정될 수 없다는 신념도 작용하기 때문이다.

그러나 사회사업은 계속해서 공통적으로 수용될 수 있는 개념과 준거틀을 찾고 있으며 좀 더 과학적이 되기 위해 실천에 대한 가설을 검증하려 노력하고 있다. 사회사업전문직은 점차적으로 표준적 조사방법을 통해 실천을 평가하고 타당성을 확보하는 데 관심을 기울여 왔고 조사가 우리에게 유용한 지식을 생성할 수 있다는 것을 발견하였다. 최근 들어 조사를 통해 얻어진 지식이 사회사업실천에 건설적으로 응용되는 것으로 보인다. 이런 추세는 지속될 것이기 때문에 사회사업가들은 실천할 때 조사결과를 활용하고 또한 조사에 참여하는 것이 기대된다. 실천을 하면서 조사를 병행하는 것을 가능케 하는 조사방법의 출현은 사회사업지식의 증대를 가져올 것이다.

사회사업지식은 인간과 그들의 사회체계에 관해 알려진 것이라 할 수 있다. 상황 속의 인간현상을 묘사하고 개인과 그들의 사회체계의 기능을 설명한다. 상황 속의 인간에 대한 이해를 얻는 데 도움을 주고 사회사업가가 인간의 사회적 기능을 향상시키기 위한 방안을 안내해준다. 사회사업지식은 인간 발달, 인간의 다양성, 사회체계에 대한 지식을 포함하며 욕구, 측정, 관계형성, 사회사업과정, 개입에 대한 지식도 포함한다. 아직 많은 문제가 사회사업지식기반에 잔존하고 있지만 사회사업은 상황 속의 인간이라는 광범위한 견지를 갖고 있기 때문에 실천에 적용할 수 있는 광대한 양의 지식이 있다는 유리한 입지를 갖추고 있다. 워커들이 자신의 삶의 경험으로부터 얻은 지식 그리고 다른 사람들의 삶의 경험에 대한 관찰 모두는 실천에 활용가능한 것들이다. 사회사업가가 활용하는 지식의 소스는 다양한 학문을 응용한 학문인 만큼 넓고도 다양하다. 문제는 사회사업실천을 위해 필요한 지식을 선정하고 조직하고 제한하는 방식이 필요한 것이다(Compton & Galaway, 1989, p. 97).

한편, 사회사업가들이 해결해야 할 인간의 문제는 과학적 지식 이외에 예술적 측면의 지식이 필요하다. 즉, 고도의 기술이 무엇보다 중요하다. "역사적으로 사회사업 교육자들은 학생들의 전문적 능력(professional competency)을 증진시키고, 도움의 관계(helping relationship)를 강화시키는 데 필요한 도움의 기술(helping skills)을 개발하는 데 많은 관심을 기울여 왔다. 사회사업의 많은 정의를 분석 · 검토해보면 "사회사업은 하나의 기술 내지 예술(art)인 동시에 과학(science)이라고 묘사하고 있다."[3] 분명히 사회사업 실무에는 기술적 내지 예술적인 면이 중요하게 부각된다. 물론 이러한 대부분의 기술들은 이에 필요한 전문적인 인간에 대한 과학적인 지식의 바탕(knowledge base)을 요구하고 있으며, 이들은 훈련을 통하여 학습하거나 습득할 수 있다. 결국 효과적인 사회사업가가 되기 위해서는 광범위한 이론, 지식 내지 기법(techniques)들을 활용할 수 있는 능력이 필요하다(조휘일 · 이윤로, 1999).

그러면 어떠한 지식이 필요한지 개략적으로 정리해 보면 다음과 같다.

① 인간발달과 행동에 대한 지식으로서, 특히 전인적인 인간관을 이해하며 인간은 각자가 속한 사회적, 경제적, 문화적 환경과의 부단한 상호작용에 의해 행동을 결정한다는 사실을 강조해야 한다. 즉, 인간이 어떻게 신체와 정신이 발달하며 주위 사회체계와 거래하는 사회적 기능이 어떻게 발달하는가에 대한 지식을 습득해야 한다.

② 인간의 의사소통의 다양한 방법들을 이해해야 한다. 즉, 인간은 의사소통을 할 때 언어적 내지 비언어적 방법들을 동원하는데, 특히 이러한 외적인 표현의 기저에 깔린 내적 감정의 상태를 이해하는 것이 가장 중요하다. 클라이언트와 의사소통이 원활하게 되기 위해서는 의사소통기술 같은 예술적 지식이 필요하다.

3) Armando Morales, & Bradford W. Sheafor (1980). *Social Work: A Profession of Many Faces*. Boston: Allyn & bacon INC., p. 137.

③ 집단의 과정을 이해해야 한다. 즉, 인간이 집단을 구성할 때 일어나는 개인의 역할과 집단의 상호작용으로 발생하는 집단의 역할을 이해해야 한다.

④ 개인, 집단 그리고 지역사회의 형태에 문화적 요인이 어떤 의미와 영향을 주는가를 이해해야 한다. 즉, 개인, 집단 그리고 지역사회는 그들이 가지고 있는 종교적 신념 또는 영적인 가치관에 의해 많은 영향을 받으며, 또한 그들이 준수하는 법률 그리고 사회제도 내에서 행동이 결정되는 경우가 많기 때문에 이러한 문화적 요인들을 기본적으로 이해해야 한다.

⑤ 인간관계에 대한 이해가 있어야 한다. 즉, 인간들은 부단히 상호작용을 하면서 살고 있기 때문에 개인 상호간의 관계, 개인과 집단 간의 관계 그리고 집단과 집단이 어떤 형태로 상호연결되는지를 확실히 이해해야 한다.

⑥ 지역사회의 본질에 대한 이해가 있어야 한다. 즉, 특정지역사회의 내적인 구조와 과정, 발달과 변화의 형태, 지역사회의 자원과 사회서비스의 현황 등을 이해하여야 한다.

⑦ 자기 자신에 대한 지식이 있어야 한다. 즉, 사회사업실천은 결국 자신을 도구로 활용해서 남을 돕는 활동이기 때문에 자신이 지닌 성격상의 강점과 약점을 객관적으로 파악하려는 노력이 필요하다. 또한 다른 인간에 대한 이해도 우선 자신의 성격을 정확히 파악하려는 노력을 통해서 훨씬 효과적으로 달성될 수 있다.

⑧ 관계형성, 면접 및 사정, 개입방법 등 개입과정에 관한 지식이 필요하다. 관계형성이나 면접기술은 예술적 측면의 지식이라고 할 수 있다. 구체적인 개입모델에 대한 지식은 물론 문제해결과정에 관한 지식도 필요하다.

⑨ 사회사업가는 조직행위와 기관의 행정적 과정에 대해 잘 알아둘 필요가 있으며, 동시에 정부의 정치적 과정에 대해서도 어느 정도 알아야 하고, 정치적 과정의 변화를 가져오기 위해서 어떻게 개입해야 하는가에 대해서도 알아야 한다.

⑩ 일반적인 조사방법과 프로그램의 평가방법에 대해 알 필요가 있다.

이상과 같은 인간에 대한 지식은 어떤 유형의 사회사업실천에 참여하든지 기본적으로 요구되는 것들이다. 그러나 이들 지식들은 단순히 인지적으로 아는 데 그치지 않고 경험을 통해 감정적으로 느껴져야 하며, 또한 자신의 행동을 통해 표현되어야 완전해질 수 있는 것이다.

4. 사회사업실천 개입의 문제 유형

사회사업가가 관여하게 되는 문제의 종류를 설명하고자 한다. 인간의 문제들을 개념화하는 한 가지 방법은 정상적 사회화 과정이나 또는 치료에 대한 필요성에 관련시켜 문제들을 범주화하는 것이다. 〈표 1-2〉에서는 어떻게 이러한 문제들이 인생주기단계와 연관되는지를 보여준다. 여기서 사용되는 '문제' 라는 용어는 부정적이거나 병리적인 의미라기보다는 '과업' 또는 '기회' 와 같은 의미로 사용되는 것임을 밝혀둔다. 즉, '문제' 는 직업을 찾는다거나, 어떤 과정을 통과하길 바란다거나, 아이를 입양하거나, 술을 끊기 원하는 것과 같은 것을 의미한다.

'정상적 사회화의 과정' 이란 개인들은 나이가 들어감에 따라 새로운 역할을 떠맡게 되거나 원하는 지위를 선택하게 되며 또는 사회가 어떤 지위를 개인에게 부과함을 의미한다. 그리고 그 지위나 역할에 걸맞은 사회적 요구를 수행하는 방법을 배워야 함을 뜻한다. '치료' 란 개인들이 때때로 역할 수행을 역기능적인 방법으로 하기 때문에 이를 개선하거나 버리고, 기능적인 방법을 습득해야 한다는 것을 의미한다.

사회사업가가 모든 유형의 문제에 개입하는 것은 아니다. 사회사업가는 사회적 기능을 하는 데 장애가 있는 사람들을 도와주는 역할을 한다. 사회적 기능에서의 문제란 개인의 역할과 관련된 기대를 성취하는 데 발생하는 문제로 정의된다. 그러한 기대를 성취할 때 개인들은 자신의 사회적 상황뿐만 아니라 자신의 동기와 능력들도 고려해야 한다. 그러므로 사회적 기능에 관련된 문제를 해결하는 것은 자신의 상황을 변화시키거나 또는 자신이 처한 상황을 극복하는 방식을 변화시킴으로써 이루어질 수 있다.

사회적 기능에 관련된 문제들의 예를 들면, 자녀를 적절하고 효과적인 방법으로

표 1-2 개인적 문제들의 유형

구 분	사회화	치료
유아기 (0~2세)	수면유형 먹는 유형 말하기	건강한 수면 또는 먹는 유형 또는 말하기에 장애
취학전기 (2~5세)	기본적 자기보호를 배움 배변훈련, 동년배와의 관계형성 부모로부터의 최초의 분리	자기보호 또는 동년배와의 접촉과 분리에 장애
학령기 (5~13세)	공식적인 학습 동년배집단의 일원 독립심의 증대	학습장애, 동년배와의 관계 또는 부모와의 분리로 인한 장애
청소년기 (13~18세)	동성 또는 이성친구와의 관계를 만족스럽게 발전시키는 시기 정체감 형성기, 자율성 개발 진로결정시기	동성, 이성과의 관계형성에 실패 정체감 혼동 의존심, 진로방향의 갈등
성인 초기 (18~25세)	가족을 넘어 외부 사람과의 친밀감 개발 직업에 대한 대비 시민역할의 시작 자신의 가족으로부터의 독립심 개발	친밀감 형성에 실패 직업대비에 실패 가족으로부터의 독립성 부족
성인기 (25~40세)	가족형성 직장을 얻음 지역사회에서의 역할 형성 자녀양육	가족형성, 진로형성 지역사회에서의 역할 형성에 실패 사회로부터의 이탈
중년기 (40~65세)	자녀로부터의 분리 적응 직장 승진 지역사회 내에서의 지도력 형성 은퇴에 대한 대비	가족 내의 갈등 직장생활에서의 실패 지역사회에서 역할의 부족
노년기 (65세 이후)	은퇴 적응 만족할 만한 역할 개발 상실에 대한 대처 (자신이 받아들여야 할 죽음과 약점을 포함)	만족할 만한 역할 부족 상실과 죽음에 대해 제대로 대처하지 못함

훈련시키길 원하는 부모, 아동학대를 하는 부모, 공부를 좀 더 효과적으로 하고자 하는 학생들, 공부를 싫어하는 학생들 등을 들 수 있다.

이제부터는 생활주기에 따라 나타나게 되는 개개인들의 행동 문제들의 예를 좀 더 포괄적으로 살펴보고자 한다(Garvin & Thopmson, 1992).

(1) 사회화(socialization)

〈표 1-2〉에 개인의 문제 유형을 분류해 놓았다. 먼저 유아기에는 먹고 자는 유형의 발달을 설명한다. 부모들은 자녀들의 수면과 음식에 대한 욕구에 반응하는 방법을 알기 위하여 사회사업가의 서비스를 이용할 수 있다. 부모들은 사회복지관, 가족치료소, 아동상담소 또는 소아과에 고용된 사회사업가들이 실시하는 부모교육 프로그램을 통하여 그런 서비스를 받을 수 있다. 이러한 도움을 받으러 올 때는 자발적인 경우가 대부분이다.

학령기 아동의 경우에는 공식적인 교육, 또래집단과의 관계형성, 독립적으로 기능하는 능력을 향상하는 것과 같은 과업이 있다. 부모나 학생들은 청소년을 위한 지역사회센터나 학교에 고용된 사회사업가로부터 도움을 받게 된다. 아동들은 소집단 모임을 통해 또래관계 기술을 배우고 학교 내에서의 책임감에 관해 서로 토론한다. 또한 캠프라는 활동을 통해서 부모로부터 떠나보기도 하여 독립심을 고양시킬 수 있다. 학교에 고용된 사회사업가들은 선생님과 상담을 통하여 학생들에게 도움을 준다.

성인 초기의 사회화 과제로는 친밀감 개발, 직업을 위한 준비, 시민역할의 시작을 들었다. 사회사업가의 도움을 받는 예로 대학 기숙사에 거주하는 학생들을 들 수 있다. 대학의 학생상담소에서 상담서비스를 맡고 있는 사회사업가는 기숙사 내에서의 문제를 다루기 위해 여러 가지 토론을 주도했다. 또한 사회사업가는 친구들과 친밀감 형성에 문제가 있는 학생들에게 어떻게 지원할지에 관해서 기숙사 사감과 의논하기도 한다.

다음으로 중년기의 사회화 행동에 관해서 알아보자. 이 시기에 성취되어야 하는 중요한 한 가지 일은 은퇴에 대한 계획이다. 많은 중년기의 사람들은 그러한 은퇴계획을 개발하기 위해 기업체나 대학 또는 지역센터 등에 고용되어 있는 사회사업가를 만난다.

어떤 개인들은 개인의 내부적 제약점이나 외부 환경의 제약 때문에 예방적 성격의 어떤 조치가 취해지지 않는다면 심각한 문제를 일으킬 위기에 놓인다. 사회화 기능을 최대화하려고 시도하는 모든 서비스들은 어떤 의미로는 예방적인 기능을 한다고 말할 수 있다. 문제를 사전에 예방하는 것이 사회적 비용을 줄이는 방법이다.

(2) 치료(remediation)

유아들이 잘 먹지 못하거나 오랜 시간 동안 불안해하고 잠을 잘 수 없을 때, 부모들은 신체적 원인이 있는지를 의사와 상담하는 것이 좋다. 신체적 원인이 아니라면 보통 의료 전문가들은 부모와 자녀관계에 문제가 있다는 점을 지적하고 사회사업가에게 의뢰한다. 이런 경우 사회사업가는 유아와는 직접적인 의사소통을 할 수 없기에 부모와 상담을 하게 된다.

학령기의 아동들은 부모와 떨어지는 데 어려움을 겪는 경우가 있다. 이는 자칫 학교에 가기를 거부하는 학교공포증(school phobia)으로 발전할 가능성이 있는데, 학교공포증은 학교에 갈 시간만 되면 또는 또래를 만나기를 거부하면서 두통이나 위통 같은 신체적 증상을 나타내게 된다. 이런 아동을 둔 부모는 학교, 아동상담소 또는 가족치료소에 고용된 사회사업가와 상담한다. 이때 사회사업가는 가족치료로서 아동과 부모를 함께 대할 수도 있고 혹은 분리해서 각각 대할 수도 있다. 사회사업가들은 부모와 아동의 상호작용 또는 다른 가족성원과의 상호작용에 문제가 있다고 이해한다. 때로 학교와 같은 기관과의 상호작용에 초점을 두기도 하여 일련의 조치를 취하게 된다.

성인들 중에 어떤 사람들은 친밀한 관계를 맺는 데 어려움을 겪기도 한다. 이런 경우 가족을 형성하기 어렵게 되거나 이혼으로 가족의 붕괴를 초래할 수도 있다. 도움을 받기 위해 가족치료소나 정신건강센터에 있는 사회사업가와 상담할 수 있다. 사회사업가는 1 : 1 기반 위에서 클라이언트와 상담하기도 하고 관계형성이나 친밀감의 문제를 가지고 있는 집단에 참여시켜 서로 피드백을 주고받게 하기도 한다.

중년기에 접어들면서 지역사회에서 지도자 역할과 같은 중요한 임무를 맡을 기회가 증가한다. 이러한 역할들을 교회, 정당, 지역사회 조직들 혹은 사회기관의 위원회에서 맡을 수 있다. 그러나 어떤 개인들은 제한된 기회와 자신의 특성상 지역사회에서 중요한 역할을 맡지 않는 것은 물론 지역사회와 관련을 맺지 않는다. 이는 정체감이나 무력감을 일으키고, 심지어는 인생을 허비한다는 허무감을 느끼게 할 수 있다. 사회사업가는 지역사회에서 역할을 맡는 것의 중요성을 이해시키고 그러한 노력을 하도록 지지하고 증진시켜준다.

한편, 앞에서 제시한 개인의 문제들은 종종 사회적 자원의 부족과 관련되기도 한다. 이러한 사회적 장애의 예로는 교육기회의 부족이나 성차별, 사회적 낙인, 부모의 방임이나 학대, 강요된 퇴직 등을 들 수 있다. 물론 개인의 문제가 사회적인 결함에서 오는 것이 아니라는 주장이 있는데 이러한 주장에 대해 '희생자를 비난한다(blaming the victim).' 고 우리는 말한다. 그러나 개인들은 사회적인 장벽에도 불구하고 자신을 위해 최선을 다할 수 있는 책임감을 가져야 하고, 고통받는 모든 사람의 이익을 위해 그러한 장벽을 변화시키도록 노력해야 한다는 것은 자명하다.

제 2 장

관계형성의 기본원리

1. 관계형성의 원리와 특성

클라이언트를 도움의 상황(원조의 과정)에 효과적으로 참여시키기 위한 워커와 클라이언트의 관계를 관계형성(engagement/relationship)이라 한다. 워커와 클라이언트 사이의 상호작용이 원할하기 위해서는 좋은 관계형성이 성립되어야 한다. 즉, 워커의 목적, 목표 및 역할이 명확히 드러나야 하며 클라이언트의 목적, 목표, 역할 및 위치가 명확하게 드러나서 도움의 과정에 장애물이 없어야 한다. 이를 위해서 워커는 클라이언트의 사소한 모든 면들을 이해하고 배려하여 그의 저항이 최소가 되도록 하는 기술이 요구된다. 이와 같은 관계형성을 위하여 워커는 개방적이 되려고 노력하며, 정직하고, 비심판적이며, 신뢰성 있게 행동해야 할 것이다. 원조관계형성(helping relationship)은 긍정적이고 진솔하며 상호적인 관계 속에서 발생한다. 원조관계는 매우 역동적인데, 클라이언트가 변화되고 성장하며 배워감에 따라 원조관계 또한 끊임없이 변하게 되기 때문이다. 좋은 원조관계는 문제해결과정을 촉진시켜 목표를 빨리 이루게 한다.

사회사업실천의 관계형성(relationship)은 도움을 주는 사람(사회복지사)과 도움을 구하는 개인, 부부, 가족, 집단, 공동체가 처음 만나기 전에 이미 시작된다. 따라서 이 첫 대면을 미리 준비하는 것이 원조관계를 발전시키는 데 중요하다. 그 사람을 만나게 되면 어떤 느낌일까, 그 사람은 나를 어떻게 기대하고 있을까 등등 사회사업실천가로서 첫 대면을 준비해야만 한다.

때때로 사회복지사는 결과가 부정적으로 나오면, 클라이언트가 적대적이거나, 비협조적이거나, 고집불통이고, 고분고분하지 않았기 때문이라고 클라이언트를 비방한다. 또한 원조관계가 부드럽게 진행되지 않을 때 사회복지사는 자기 자신의 행동을 돌아보려고 하지는 않고 단지 상대방을 탓하는 경우가 있다. 명심할 것은 사회사업실천은 매우 긍정적이고 상호적인 관계형성에 기초를 두고 시작된다는 것이다. 관계형성은 실천가와 클라이언트 중 어느 쪽의 일방적인 노력으로 이루어지는 것이 아니라, 서로에 대한 신뢰와 믿음을 바탕으로 한 서로 간의 파트너십에 따라서 유지되는 것이다. 따라서 관계형성에서 어떤 부분이 잘못될 경우 이런 모든 측면들을 검토해야만 한다. 효과적으로 사회사업을 실천하기 위해서는 항상 관계형성 그 자체의 성격을 잘 자각하고 있어야 한다.

원조관계에서 상호 간에 발전되는 결속을 종종 '라포(rapport)' 라고 부른다. '라포' 를 형성한다는 것은 실천가가 클라이언트에게 단지 긍정적인 느낌을 갖는다거나, 클라이언트의 모든 선택이나 행동을 승인한다는 의미가 아니다. 클라이언트를 무조건 좋아하는 척하는 것은 더더욱 아니다. 라포는 클라이언트의 안녕에 대한 진실하고 확고한 관심과 고통에 대한 동정, 도우려는 열망 등을 나타내는 것이다. 원조관계를 형성한다는 것은 기본적으로 상대방을 존중하는 방법으로 상대방과 관계를 맺고, 신뢰를 발전시키며, 정직한 의사소통을 촉진함을 의미한다.

다음은 원조관계의 특성을 살펴보고자 한다. 원조관계는 일반적인 대인관계와 차이가 있다(Poindexter 외, 2003).

① 원조관계형성(helping relationship)은 초점과 목적을 가진다.

② 원조관계는 문제해결수행을 위해 형성되는 것이지 개인적 이유로 형성되는 것이 아니다.

③ 원조관계는 전문적 관계다.

④ 원조관계는 기관 지침과 법률적 범위 내에서 비밀보장의 원칙을 지켜야 한다.

사회복지사는 클라이언트의 개인적 상황과 정보를 자유롭게 말할 수 없다.

⑤ 원조관계는 윤리적이어야 한다. 사회복지사는 자신의 지위를 활용하여 클라이언트를 이용하거나 통제하려 해서는 안 된다. 또한 클라이언트와 로맨틱한 관계로 발전해서도 안 된다.

⑥ 관계형성은 서비스 실천을 위한 계획을 사회복지사와 클라이언트가 함께 도모하기 위한 것이다. 목표를 세울 때는 실천가와 클라이언트가 협의하에 정해야 하며 실천가 단독으로 정해서는 안 된다. 물론 법정에서 일방적으로 내려지는 명령과 같이 특수한 상황하에는 목적이 일방적으로 정해질 수 있다.

⑦ 실천가는 수용적인 의사소통을 해야 하며, 보살핌(caring), 온정(warmth), 진실성(genuineness), 감정이입(empathy)을 전달해야 한다.

⑧ 관계형성은 서비스를 찾는 사람(클라이언트)의 욕구에 따라서 형성되는 것이지 실천가의 욕구충족을 위해 형성되는 것은 아니다.

⑨ 관계형성은 상호 합의된 목표가 이루어지면 종결된다.

사례

김○○ 사회복지사는 도움을 요청하는 환자가족들과 지역사회의 물적 자원들을 연결해주는 심장병예방센터에서 근무한다. A부부는 극심한 고통과 내부출혈로 병원에 장기간 입원해 온 여섯 살짜리 아들 철이의 일로 김○○ 사회복지사와 만나기로 약속을 하였다. 이 부부가 김○○ 사회복지사의 사무실에 들어왔을 때 그들은 매우 긴장된 상태로 눈물을 흘리고 있었다. 김○○ 사회복지사는 그들에게 일어난 불행에 대해 유감을 표했고 그들에게 잘 찾아왔다고 말해주었다. 그리고 김○○ 사회복지사는 철이와 그 부부가 필요한 것들을 찾는 데 최선을 다할 것이라고 말해주었다. 인터뷰 처음 몇 분 동안 김○○ 사회복지사는 단순히 그들이 아들의 병으로 받은 충격과 두려움에 대해 말하는 것을 들어주었다. 그런 후 다정스럽게 그들에게 가장 절실히 필요한 것이 무엇인지에 대해 되물어보았다. 그 후 10분 정도 김○○ 사회복지사는 그들의 이야기를 다시 들으며 대화를 했으며, 때때로 어떤 자원이 그들에게 필요한지 그리고 쉽게 접근할 수 있는지에 대해 명확히 하였다. 그들 가족은 친척과 친구들이 있는 시골지역에 살고 있었다. 아내는 도심 카페에서 주방일을 하고 있다고 하였다. 남편은 농사를 짓는다고 했다. 그들이 사는 마을에는 마땅한 병원이 없었다. 김○○ 사회복지사는 그들의 즉각적인 여러 가지 욕구를 정리하였다. 즉, 아동심장병 전문의의 진료, 심장병에 대한 정보, 아들을 위한 의료보호의 신청, 부모지지모임으로의 연결 등이었다. 김○○ 사회복지사는 그들에게 센터가 권장하는 병원 및 의사명단, 그 병에 대한 정보자료, 지역의 자원에 관한 정보 그리고 부모지지모임의 스케줄과 위치에 대한 정보들을 건네주었다. 또한 김○○ 사회복지사는 의료급여 신청을 도와주었다. 마지막으로 김○○ 사회복지사는 일주일에 한 번씩 전화로, 한 달에 한 번은 만나서 상담서비스를 제공하였다. A부부는 이러한 일련의 조치와 지원 진행방법에 안도감을 갖게 되었고 기쁜 마음으로 동참하였다.

2. 효과적 관계형성을 위한 기본요소

다음은 효과적인 관계형성의 기본요소에 대하여 구체적으로 알아보고자 한다. 아래에서 제시하는 요소 중 감정의 파악과 감정이입, 진실성, 클라이언트의 입장에서 시작하기, 정당화하기, 관심의 표명, 행동과 사람/감정과 행동의 구별은 Poindexter 외(2003)가 제안하는 내용을 소개하였다. 이 외에 Biestek의 7대 관계론도 소개하였다.

1) 자아인식(self-awareness)

실천가의 기본적인 도구는 바로 자신의 자아(Self)다. 사회사업에서 기술이라는 문제는 결국 워커가 클라이언트와의 관계 속에서 자기 자신을 어느 정도 책임감 있게 의도적으로 자신을 통제하면서 효과적으로 활용하는가의 문제로 요약할 수 있다. 즉, 사회복지사들은 클라이언트와의 좋은 관계형성과 발전적 변화를 이루기 위해 '자아의 활용(Use of Self)' 에 의존하므로 자신의 자아에 대한 인식이 기본 전제조건이 된다. 사회복지사는 자기 자신의 인간됨이 자기가 하는 일에 영향을 미친다는 사실을 인지하고 자신의 태도와 감정을 이해하고 변화시킬 수 있도록 자아인식을 개발하려고 노력해야 한다(장인협 · 문인숙, 1983). 특히 자신의 가치나 태도에 대한 인식은 매우 중요한데, 왜 우리가 클라이언트에게 특별한 반응을 보이고 또는 특별한 감정을 갖고 생각하며 왜 어떤 특별한 방법으로 클라이언트를 다루게 되는지를 알 수 있기 위해서다. 나의 과거의 경험에서 또는 내가 가지고 있는 선입견으로 클라이언트를 다루고 있지는 않은가 생각해보아야 할 것이다. 우리가 가지고 있는 가치와 편견은 우리가 사람들에 대한 가정(assumption)을 만들게 하고, 이러한 인간행동에 대한 가정은 우리가 사람들에 대해 생각하는 방식, 태도 그리고 그들을 다루는 방식에 직접적으로 영향을 준다. 예를 들어, 고용문제를 토론하기 위해 한 가정을 방문했다고 하자. 오전 11시에 찾아갔지만 그때까지 그 클라이언트는 잠을 자고 있었다. 우리는 쉽게 '게으른 면이 있군.' 하고 가정한다. 이것이 바로 이 사회가 인식하는 방식이다. 그러나 집안으로 들어갔을 때 아기가 아프다는 것을 알게 되었고 이 엄마는 밤새 아기를 간호했다는 것을 알게 되었다. 이 사실을 몰랐다면 무의식적으로나마 클라이언트를 비우호적으로 대했을지도 모른다. 또 한 예를 보자. 매우 영리하다고 생각되는 한 클라이언트가 있다. 그러나 학교에 가기보다는 일거리를 찾기 원한다. 그리고 클라이언트는 식당 일에 매우 만족을 느끼는 것으로 보인다. 우리는 쉽게 그에게 학교로 돌아가라고 말할 수 있다. 그러나 이것은 바로 워커의 가치다(우리의 가치가 클라이언트에게 영향력을 행사할 때 워커 자신이 클라이언트가 자신의 잠재력을 개발하는 데 방해가 될 수도 있다.). 클라이언트에 대해 어떤 가정을 하게 될 때 우리 자신에게 이런 가정이 어디로부터 왔는지 물어보아야 하고 그 가정이 타당한 것인지도 물어보아야 한다. 우리의 가정이 옳다는 증거는 있는가? 매우 민감한 이슈가 나올 때마다 우리 자신에게 다음과 같은 질문을 던지면서 자기 자신에 대해 올바른 인식을 한 후 그 이슈에 반응하는 것이 편견에 치우치지 않고 효과적으로 클라이언트를 다루게 되는 길이라 생각한다.

- 그 특별한 주제에 대한 나의 입장은 무엇인가?
- 나의 견해는 어디로부터 나온 것인가?
- 나의 가치는 수정 가능한 것인가?

- 나의 가치관을 바꾸도록 도전해보았는가?
- 세상은 나의 어린 시절과 다를 것이 없다고 내심 주장하고 있는가?
- 나의 클라이언트가 나의 가치관을 받아들이도록 재촉하고 있지는 않는가?
- 나의 가치를 클라이언트에게 강요하지 않으면서도 나의 가치를 전달할 수는 없는가?
  (위에서 제시한 예를 보자. 이 경우 한 방법은 다음과 같이 말하는 것이다: "나는 네가 매우 영리하다고 생각하고 더 나은 직장을 잡을 수 있다고 생각한다. 너의 명석한 머리를 사용할 수 있는 곳에서 일을 하는 것이 네게 중요하다고 생각한다. 그렇지만 이것은 나의 가치다. 식당에서 일하는 것이 진실로 네가 원하는 것이라면 난 기꺼이 받아주겠다." 그리고 워커는 클라이언트가 왜 그런 결정을 하게 되었는지 클라이언트와 함께 토론해본다.)
- 나의 가치관이나 신념이 클라이언트와 일하는 나의 방식에 어떻게 영향을 주고 있는가?
  (만약 정신장애인은 별 가치가 없다고 생각한다면 클라이언트와의 상호작용에서 감정이입이나 존중감은 없을 것이다.)

자아인식 연습

- 기초생활보호대상자에 대해 우리가 가지고 있는 가정을 세 가지만 적어보자.
- 그 가정들은 부정적인가 아니면 긍정적인가?
- 그 가정들은 워커가 클라이언트를 대하는 방식에 어떤 영향을 줄 것 같은가?
- 클라이언트들은 워커에 대해 어떤 가정을 할 것이라고 생각하는가?

2) 감정의 파악과 감정이입

원조관계에서 중요한 것은 클라이언트가 처한 상황에서 클라이언트가 가질 수 있는 감정을 이해하면서 클라이언트를 원조할 수 있는 실천가의 능력이다. 클라이언트가 사회복지사에게 도움을 요청할 때, 그 문제가 자원의 부족 혹은 경제적 손실에 관련된 것일지라도 감정적인 어려움을 가지고 있는 경우가 많다. 클라이언트가 사회사업기관을 찾아오는 경우는 위기상황에 처한 경우가 많기 때문에 그의 감정을 잘 알아차려야 한다. 실천가는 클라이언트가 경험하고 있는 감정을 잘 파악하고, 자신이 파악한 감정상태가 맞는지를 다시 한 번 클라이언트에게 확인해보아야 할 것이다.

클라이언트의 감정을 파악한 후에, 실천가는 그 감정을 이해했음을 전달해야 한다. 이를 우리는 '감정이입적 반응(empathic responding)' 이라고 한다. 감정이입적 이해를 하게 된다는 것은 실천가가 클라이언트와 '감정을 함께 공유' 한다는 것이다. 감정이입(empathy)은 다른 사람의 내면 깊숙한 감정을 민감하고도 정확히 인지하고 그 감정을 이해하고 있음을 전달하는 능력이다(Hepworth & Larsen, 1990, p. 86).

즉, 감정이입은 클라이언트의 느낌과 감정을 명확하게 인식하고 의식하는 것이다. 이는 이성적 이해를 넘어 마음으로의 이해인 것이다. 감정이입을 위해서는 클라이언트의 입장에 자신을 놓으려는 적극적 노력이 필요하다. 감정이입은 워커 자신의 기준이 아닌 클라이언트들의 기준에서 그들을 이해하는 능력이라고 말할 수 있다(Cormier & Cormier, 1991, p. 21).

Rogers는 감정이입은 클라이언트가 경험하는 감정과 그 의미까지 민감하게 함께 느껴야 한다고 주장하였다. 실천가는 비심판적으로 경청하면서 그의 입장을 이해해야 한다. 그러나 감정이입 시 실천가가 자기 주관도 모두 잃어버리라는 뜻은 아니다. 워커 자신을 잃어버리지 않으면서도 클라이언트 감정과 하나가 되어 그들을 이해하는 것이 중요하다.

감정이입을 수행하기 위해서는 먼저 클라이언트와 유사한 상황하에 있다면 나는 어떤 감정을 느낄 것인가에 대해 상상하는 것이 좋다. 자신에게 한 번 질문해보라. "내가 이와 같은 상황에 처해본 적이 있는가?" "그때 어떤 느낌이었나?" "만약 이런 상황이 온다면 나는 어떻게 느낄 것인가?" 이러한 상상 방법은 감정이입적 능력을 고양시키는 데 유용하다. 그러나 상상만으로 클라이언트의 입장을 완벽히 이해할 수는 없다. 그러므로 적극적 경청을 통해 클라이언트의 감정을 체크해야 한다. 이 적극적 경청에 대해서는 다음 장에서 논의할 것이다.

사례

사회복지사인 박○○에게 한 60세 여성이 찾아왔다. 이 여성은 최근 아들을 교통사고로 잃었다. 박○○는 인터뷰하는 동안 그녀의 감정을 깊이 이해하기 위해 상상기법과 자신의 과거 경험을 활용하였다. 박○○는 이 클라이언트의 근심스러운 이야기를 주의 깊게 들으며 생각했다. "와 –, 내가 어떻게 이 부인의 자식 잃은 슬픔을 이해할 수 있을까?" 그리고 박○○는 그가 열네 살 때 네 살인 동생이 익사했던 사건을 떠올렸다. 그는 그때의 충격, 분노 그리고 슬픔에 대한 기억을 활용할 수 있었다. 그는 그 여성이 말하는 것에 대해 깊이 동조할 수 있었다. 그리고 그녀와 더욱 연결되는 느낌을 가졌으며 그녀의 슬픔을 더욱 이해할 수 있었다.

3) 진실성

관계형성에서 진실하다(genuine)는 의미는 서로에게 정직하고 위선되지 않는 것을 의미한다. 진실성은 신실하게 말하고 행동하는 것을 뜻한다. 또한 일관되고, 예측 가능하며, 신뢰할 수 있어야 함을 뜻한다. 이 진실성이라는 자질은 흔히 '일치성(congruence)' 이라고도 불린다. 이는 바로 그 자신의 내면과 외면이 일치함을 일컫는 것이다. 자기 자신에게 진실하기 위해서는 반드시 자기-성찰적이며, 자기-인식적이어야 한다(Perlman, 1979, p. 60).

또한 진실된 실천가는 자신의 성장을 위해 노력해야 하며, 자기 자신에게 정직하려고 노력하고, 자신을 되돌아보며, 자기 자신을 알려고 끊임없이 노력해야 한다. 실천가가 더욱 성장할수록 클라이언트의 성장을 지원할 수 있다.

4) 직접성(immediacy)

워커와 클라이언트가 현재 경험하고 있는 감정이나 사고에 대해 이를 명확히 묘사하고 토론하는 것을 말한다. 다시 말해 워커와 클라이언트가 상호작용하는 그

순간에 발생하는 감정이나 경험의 차이를 이해하도록 하기 위해 현재 워커가 클라이언트에 대해 어떻게 느끼고 있는지를 바로 표현하면서 피드백을 주는 것이다. 만일 클라이언트가 민망해할까 봐 워커가 자신의 갈등적 감정을 표현하지 않고 뒤로 미룬다면 궁극적으로는 불신이 커지게 될 것이다.

5) 구체성(concreteness)

클라이언트로 하여금 자신의 경험과 감정을 정확하고 구체적으로 표현하게 하여 자신의 문제에 대한 개별화된 인식을 촉진할 수 있으며, 워커의 공감을 촉진할 수 있고, 또한 문제해결의 구체적 계획을 세우는 데 근거가 되는 정보를 얻을 수 있다. 다음의 예를 보자.

"나는 두렵다." - 무엇이 두려운가?
"내 형은 나보다 낫다." - 어떻게, 언제?
"남편이 이마를 찌푸릴 때 나는 그가 나를 좋아하지 않는다는 것을 알 수 있다." - 어떻게 구체적으로 이마 찌푸리는 것이 증오한다는 것을 뜻하는지 아는가?
"나는 그가 나를 사랑하지 않는다는 것을 안다." - 어떻게 구체적으로 아는가?
"내 선생님과 같이 있는 한 나는 행복해." - 선생님의 존재가 구체적으로 어떻게 당신을 행복하게 하는가?
"나는 늘 논쟁에서 진다." - 항상 지고 있는가? 지지 않을 때는 없는가?

6) 클라이언트 입장에서 시작하기

사회복지사에게는 매우 유명한 명언이 있다. 바로 "클라이언트의 입장에서 시작하라."다. 이 말이 의미하는 것은 도움을 요청하는 클라이언트의 관심사를 최우선시 해야 한다는 것이다. 만일 클라이언트가 자신에게 가장 중요한 관심사가 무엇인지를 결정하지 못한다면 실천가의 도움은 반감될 수 있다. 클라이언트가 가장 최우선시하는 것이 무엇인지를 잘 결정하도록 도움을 주기 위해서 실천가는 그들이 말하는 것을 주의 깊게 경청하고 질문해보아야 한다. 클라이언트가 문제를 어떻게 규명하는지 그리고 그 해결책이 무엇이라 생각하는지에 근거하여 클라이언트와 함께 계획을 수립하고 추진해 나아가야 한다.

"클라이언트 입장에서 시작하라."는 말의 또 다른 의미는 인간은 자신이 변화하려는 준비가 되어 있지 않을 때는 절대 변화하지 않는다는 것이다. 이 말은 위기에 직면했던 사람들이 내 마음처럼 빨리 동기화되지는 않는다는 것을 이해하는 것이 중요하다는 의미다. 마치 십대 아들과 딸을 둔 부모가 자신의 실수를 되풀이하지 않기를 바라는 마음에서 자녀들에게 충고하는 것이 잘 받아들여지지 않는 것과 마찬가지다. 클라이언트는 실천가가 시간을 갖고 자신을 이해해주길 바란다. 실천가가 원한다고 해서 클라이언트가 그대로 따라주지는 않는다. 실천가는 클라이언트가 변화할 준비가 되었는지를 고려하여 서비스를 제공하여야 한다.

사례

다음은 사회복지사와 태현이라는 클라이언트 사이의 대화다. 클라이언트인 태현은 16세 소년이며, 본드를 흡입해 왔고, foster home에서 도망 나와 거리에서 생활하고 있다. 이 사례는 "클라이언트의 입장에서 출발하라."라는 실천기술에 좋은 사례가 될 것이다.

여기서 사회복지사는 태현에게 무엇을 해야만 한다라든지, 두렵게 하는 말이라든지, 강요적인 말과 행동도 전혀 하지 않는다.

사회복지사: 만나게 되어 기뻐, 태현. 아동복지기관 사람들이 억지로 보내서 좀 기분 나쁘지? 나와 이야기하고 싶지 않은 심정을 충분히 이해한다. 하지만 난 진심으로 네게 무슨 일이 있었는지 듣고 싶다.

태현: 나는 그곳으로 다시 돌아가고 싶지 않아요.

사회복지사: foster home으로 말이니?

태현: 네. 나는 그 아줌마랑 살고 싶지 않아요.

사회복지사: 너는 새엄마를 좋아하지 않았니?

태현: 네.

사회복지사: 지난 몇 주 동안 혼자 지냈지?

태현: 네. 그게 나아요.

사회복지사: 거리에서 지내면 뭐가 좋니?
태현: 아무도 나에게 이래라 저래라 하는 사람이 없어요.
사회복지사: 아무도 뭐라 하지 않는 것 말고 또 다른 것은 없니?
태현: 학교에 안 가도 되요.
사회복지사: 아무도 학교에 가라고 성화하지 않았구나.
태현: 맞아요.
사회복지사: 너는 왜 아동복지 담당자가 나더러 너를 만나보라고 했는지 아니?
태현: 몰라요.
사회복지사: 태현, 나는 새엄마나 그 담당자가 너를 걱정하고 있기 때문이라고 생각해. 그분들은 네가 다칠까 봐 두려워하고 있어. 세상은 아직 너 혼자 살기에는 무서운 곳이야.
태현: 그들은 나를 걱정하지 않아요.
사회복지사: 넌 그분들이 너를 걱정하지 않는다고 생각하는구나.
태현: 네. 지금까지 아무도 안 그랬는데, 그들이 왜 그러겠어요?
사회복지사: 아무도 너를 돌보지 않는다고 생각한다니 나도 슬프구나. 네가 정말 어려운 시간을 보낸 것 같구나.
태현: (침묵)
사회복지사: 너무나 말이 없구나. 네 생각을 좀 듣고 싶다.
태현: 내가 왜 여기에 있어요?
사회복지사: 좋은 질문이다. 내 역할은 네가 무엇을 원하는지 네 스스로 알아내도록 도와주는 것이야.
태현: 그 말이 무슨 뜻이에요?
사회복지사: 예를 들어, 네가 길거리 말고 머물기 원하는 곳이 있다면 머무를 수 있는 어떤 장소를 찾도록 도와줄 수 있어.
태현: 아니요, 나는 쉼터는 가기 싫어요.
사회복지사: 좋아. 우리 다른 장소와 다른 아이디어를 생각해보자. 나는 지금 한 예를 말한 것뿐이야. 어떻게 생각해?
태현: 모르겠어요.
사회복지사: 지금 당장 어떤 결정을 내리지 않아도 돼. 우리 앞으로 30분간 다른 이야기를 좀 하자.
태현: 네. 좋아요.

7) 관심의 표명(communicate regard)

Rogers는 "무조건적인 긍정적인 관심"을 전달해야 한다고 했는데 긍정적인 관심이란 바로 클라이언트를 비난하지 않고 이해하려는 비심판적 태도다. 긍정적인 관심을 전달한다는 것은 한 인간의 가치와 존엄에 대한 신념을 전달하는 것이고, 개인적 차이를 수용하며, 개인의 안녕에 대한 관심을 전달하는 것이다. 열심히 듣고, 클라이언트의 견해를 이해하려고 노력하며, 클라이언트가 하고 있는 생각을 명확히 하기 위해 질문하는 것 등은 모두 긍정적인 관심과 존중을 전달하는 방법이다.

좋은 관계형성을 위해서는 실천가가 클라이언트의 인격을 존중하고 가치를 부여해야 하며 이러한 점을 클라이언트에게도 전달해야 한다. 클라이언트가 어떤 문제를 제시하든지, 어떤 실수를 했든지 간에 우리는 그가 고귀한 가치를 지닌 인간임을 잊지 말아야 한다. 그는 인간이기에 태어나면서부터 가치와 존엄을 가지고 있는 것이다. 실천가는 클라이언트를 수용하고 있다는 것과 관심이 있음을 전달하여 클라이언트의 신뢰를 얻어야 할 것이다.

사례

다음의 상황은 사회복지사가 관심을 전달하는 예다.

사회복지사: (악수하며) 오늘 어떠세요. 진웅 씨 ?
진웅: 좋아요. 좀 나아요.
사회복지사: 편히 앉으세요. 궁금한 것 있으세요? 어떤 도움이 필요하세요?
진웅: 나는 숙소가 필요해요.
사회복지사: 현재는 어디서 주무시고 있나요?
진웅: 어젯밤엔 공원에서 잤어요.
사회복지사: 공원에서 주무시느라 매우 힘드셨겠네요. 어젯밤은 비가 오고 추웠었는데. 그럼 그저께는 어디서 보내셨나요?
진웅: 교도소에서요. 막 출감했어요.
사회복지사: 막상 나와서 갈 곳이 없으신 거군요?
진웅: 우-휴.

사회복지사: 그렇군요. 이곳에 이렇게 와서 상담하려고 하신 것은 참 잘하신 거예요. 저는 그렇게 춥고 불편한 공원에서 자는 것은 좋지 않다고 생각해요. 자, 그럼 어디서 살고 싶으신지 함께 얘기를 시작해보도록 하지요.

진웅: 난 정말로 갈 곳이 없습니다. 갈 곳이 있었다면 공원에서 잤겠어요?

사회복지사: 그렇군요. 괜찮으시다면 진웅 씨의 상황에 대해 좀 더 자세히 이야기를 들었으면 좋겠네요. 그럼 몇 가지 질문을 해도 될까요?

진웅: 그러세요.

사회복지사: 가족들은 없으세요?

진웅: 있긴 있는데, 그들은 내가 10년 전 구속되었을 때, 저를 거의 외면해 버리다시피 했지요.

사회복지사: 지금 연락하고 있는 친척은 하나도 없나요?

진웅: 없습니다.

사회복지사: 그럼, 친구들은요?

진웅: 몇 달 전 석방되어 나온 친구가 하나 있는데, 그 친구가 나가면서 내가 방문해도 좋다고 했어요.

사회복지사: 그를 찾을 수 있나요?

진웅: 실은 그렇지 못해요. 난 지금 그가 어디 있는지 모르거든요. 하지만 가석방된 것이니까 담당자에게 알아보면 그가 어디에 있었는지는 알 수 있을 겁니다. 선생님께서 전화를 걸어서 알아보시면 안 될까요?

사회복지사: 그렇게 해보지요. 그건 좀 이따 다시 이야기하기로 하고 친구를 찾지 못할 경우, 다른 방법은 없는지 살펴봅시다. 보호시설은 어떤가요?

진웅: 그곳은 더럽고 시끄럽다고 들었어요.

사회복지사: 아마도 몇몇 보호시설은 사실 그럴 거예요. 거주할 곳을 결정하기 전에 제가 먼저 진웅 씨에게 보여드릴게요.

진웅: 그거 좋겠네요. 감사합니다.

8) 적극적 경청

듣기(listening)는 클라이언트와의 관계형성에서 가장 기본이 되는 것이다. 단순히 듣는 것은 너무 단순하기에 기술이 아니라고 생각할 수도 있다. 그러나 잘 듣는다는 것은 매우 적극적인 과정이며, 정복해야 할 중요한 능력이기도 하다. 누군가를 돕는다는 것은 적극적 경청(active listening)을 요구하는데 이는 매우 힘든 일이며, 철저한 훈련이 필요하다. 적극적 경청은 우리가 주위에서 들려오는 소리에 아무런 관심 없이 수동적인 자세로 듣는 것과는 근본적으로 다르다. 적극적 청취를 위해서 실천가는 다른 것은 신경 쓰지 말고 클라이언트에게 집중해야 한다. 효과적으로 경청하기 위해서는 반드시 초점을 맞추고 마음속에서 그 외의 다른 문제는 지워버리고 클라이언트가 말하고 행동하는 것에만 주의를 기울여야 한다. 비록 다양한 기술이나 가치, 지식이 중요한 것이지만, 클라이언트에게 집중해서 들어주지 못한다면 그게 다 무슨 소용인가? 때때로 실천가가 아무 말을 하지 않고 집중하여 들어주기만 하는 것이 가장 커다란 선물일 수 있다. 실천가가 클라이언트의 이야기를 열심히 듣고 있다는 것을 전달하는 또 다른 방법에는 바꾸어 말하기(paraphrasing), 반영하기(reflecting), 요약하기(summarizing) 등이 있다. 또한 비언어적 행동도 이에 포함되는데 지속적 눈맞춤, 적당한 몸짓(예: 손으로 무릎 내려치기), 음성 신호(vocal cues)(예: 으흠, 어허) 등이 있다. 이런 기술에 대하여서는 다음 장에서 더욱 심도 있게 다루도록 하겠다.

사례

학교사회복지사인 유리는 학생의 부모로부터 전화를 받았다. 유리는 그 학부모가 자신의 이야기를 들어줄 사람이 필요하다는 것을 바로 알 수 있었다. 학부모는 아들의 산만한 행동에 대한 학교의 조치에 대해 분개하고 있었다. 학교에서는 부모가 와서 아동을 지켜보라는 것이었다. 유리는 주의 깊게 공감적인 자세로 경청하면서 반응해주었다. 10여 분 후 학부모는 좀 진정이 되었다. 그리고는 한숨을 쉬었고, 이렇게 이야기했다. "이제 좀 마음이 가라앉네요. 좀 있다 학교에 전화를 해서 이 문제를 좀 더 합리적으로 논의해보아야겠어요. 내 얘기를 들어주셔서 고마워요."

9) 인정하기, 정당화하기(validate)

클라이언트의 말을 경청하는 데 중요한 구성요소는 바로 클라이언트의 느낌을 비롯한 여러 생각들을 정당화시켜주는 것이다. 클라이언트의 느낌과 생각들이 고통스럽거나 황당하거나 슬프거나 비논리적일지라도 그렇게 하는 것이 필요하다. 정당화란 그 사람의 실제 상황과 감정들을 인정한다는 것이다. 언어와 비언어적 반응들(예: 얼굴 표정들)을 잘 구사하여 클라이언트로 하여금 실천가가 정말 자신의 이야기를 들어주고 있음을 알게 해야 한다.

사례

다음은 언어적, 비언어적 표현을 통해 클라이언트의 느낌을 정당화시켜주는 예다.

향미: 내가 방금 소식을 들었는데, … 어머니가 어젯밤 돌아가셨어요.
사회복지사: (숨을 크게 들이쉬며) 오, 이런 … 얼마나 놀라셨어요. (그녀의 팔을 잡으며) 어쩌면 좋아요.
향미: (침묵과 눈물)
사회복지사: (잠시 멈추었다가) 참 슬픈 일이에요. 제가 같이 옆에 있어 드릴까요. 아니면 혼자 있고 싶으세요.

클라이언트의 감정이 비록 지켜보기 어려운 것일지라도 클라이언트의 감정을 부정하는 것은 도움이 되지 않는다. 클라이언트의 감정이 잘못된 것이라거나 적절치 못하다거나 바보 같다거나 하면서 클라이언트를 설득하려는 것은 도움이 되지 않는다. 또한 상황이 나쁘지 않다고 거짓 확신을 주는 것도 바람직하지 않다. 자신의 감정이 존중되고 인정될 때 클라이언트는 자신의 감정을 더 쉽게 극복하고 새로운 현실감을 갖게 되는 것이다. 사람들은 종종 다른 사람의 감정을 무시하거나 부정하거나 중요시하지 않는데, 종종 무의식적으로나 도와주려는 뜻으로 이러한 행동을 한다. 그러나 다른 사람의 감정이나 경험을 부정하기보다는 인정해주는 것이 더욱 효과적임을 기억해야 한다.

다음의 사례를 보자. 상담가는 클라이언트의 감정을 정당화하기보다는 논쟁적이고 무시하고 있다.

사례

클라이언트: 나는 내 전남편 때문에 때때로 너무 화가 나요.
워커: 오! 어떻게 그렇게 이야기할 수 있어요. 그렇게 오랫동안 사랑한 사람에게 그렇게 성을 낼 수는 없어요.
클라이언트: 나는 요즘 맥이 빠져요. 우울해요. 허무하다는 생각마저 들어요.
워커: 너무 좋은 조건에 있는 사람이 왜 그래요? 뭐가 그렇게 우울해요? 받은 복을 한 번 세어보세요.
클라이언트: 나는 요즘 내가 바보 같게만 느껴져요. 나이도 들고 뚱뚱하고 못생기고 …
워커: 나는 네가 그런 식으로 말할 때가 제일 싫다. 넌 똑똑하고 훌륭해. 너도 알고 있잖아! 나는 네가 빨리 우울한 기분에서 벗어나길 바래.

위에서 언급한 사례를 다시 사회사업실천기술을 바탕으로 바꾸어보겠다.

클라이언트: 나는 내 전남편 때문에 때때로 너무 화가 나요!
워커: 기분이 정말 안 좋으신 것 같아요. 무슨 일이 있었나요?

클라이언트: 나는 요즘 맥이 빠져요. 우울해요. 허무하다는 생각마저 들어요.
워커: 요즘 몹시 피곤하고 우울하군요. 이렇게 낙담하게 된 원인에 대하여 조금 이야기해볼래요?

클라이언트: 나는 요즘 내가 바보 같게만 느껴져요. 나이도 들고 뚱뚱하고 못생기고 …
워커: 음, 나는 네가 네 자신에 대해 그렇게 나쁜 감정이 있는 줄 몰랐다. 무슨 일 있었어? 어떤 계기가 있었니?

10) 행위와 사람 그리고 행위와 감정을 구분하기

개인의 행위만을 보지 말고 행위와 인간으로서의 가치를 구분한다면, 개인의 강점과 관심사를 파악하는 것이 용이해지며 존중감을 개발할 수 있다. 인간은 후회스럽거나 잘못되거나 불법적인 행동을 할 수도 있다. 유능한 실천가는 개인으로 하여금 그런 행동이나 결정에 대한 책임을 받아들이고 헤쳐나갈 수 있도록 돕는 데 전력을 기울인다. 이는 개인을 인간으로서 존중하는 관계 속에서 가장 잘 성취될 수 있다. 행위와 인간을 구분 짓는 한 표현의 예를 들어보자. 어린아이에게 다음처럼 말한 경우다. "넌 멋진 아이야. 하지만 네가 한 일은 옳지 못한 것이야."

한편, 우리가 하는 말들은 우리의 생각과 감정을 표현하지만 행동으로는 옮겨지지 않는 경우가 많다. 또한 느끼고 생각하는 것이 반드시 현실을 정확하게 반영

사례

용호: 나는 쓰레기예요.

사회복지사: 어째서 자신을 그렇게 낮고 가치 없이 생각하게 되었나요?

용호: 난 술만 먹으면 나의 가족을 무시해요. 내 아이들의 어린 시절을 망쳐버렸어요. 나는 형편없는 사람이에요. 나는 그들이 내게 돌아오길 기대할 수도 없어요.

사회복지사: 용호 씨, 아내와 아이들에게 한 행동들을 후회하고 있군요. 술 취했을 때 한 행동들에 대해 미안해하고 있는 것이 분명해요. 내 생각에는 용호 씨는 좋은 사람 같아요. 나쁜 사람이라면 후회도 하지 않고 선생님처럼 절제도 하지 않을 겁니다. 용호 씨는 옳지 못한 일들을 했지만 나쁜 사람이 아니에요. 그런 차이점이 있다는 것을 아셔야 해요.

용호: 네. 그렇게 말씀해주시니 감사합니다. 그러나 내 자신에게 "그래. 난 괜찮아."라고 말하는 것이 힘들어요.

사회복지사: 그렇군요. 그 문제를 해결하기 위해서는 자신이 가치 있는 사람임을 깨달아야 하고 자신이 후회하고 있는 행동에 대해 책임을 받아들이며 또한 자신이 선한 사람임을 믿을 수 있어야 합니다.

용호: 맞는 말씀입니다. 노력해보지요.

하지 않을 수도 있다. 그러므로 중요한 것은 실천가들이 감정이나 생각이 항상 행위와 일치하는 것은 아니라는 사실을 인식하고, 또한 클라이언트가 감정이나 신념과 행위를 구분하도록 도와주어야 한다.

사례

A여사는 중년의 여성이다. 그녀의 어머니는 얼마 전에 암으로 사망했다. 사회복지사로서 A여사가 어떻게 지내는지 추후방문을 하고 있다. 그녀는 사회복지사에게 눈물을 흘리며 그녀가 지난 몇 주 동안 그녀의 어머니가 죽기를 바란 것에 대한 죄책감이 든다고 말했다. 그녀의 어머니는 굉장히 고통스러워했으며 A여사는 어머니를 간호하는 데 너무 지쳐 있었기 때문이다. 사회복지사는 A여사의 슬픔과 죄책감을 들은 다음, 그녀의 어머니를 향한 그녀의 행동이 전혀 소홀한 행위가 아니었음을 지적해주었다. 아무리 피곤하고 지쳐 있어도 어머니를 계속 극진히 간호했을 거라고 말했다. 사회복지사는 A여사에게 어머니가 돌아가신 후 좀 편안함을 갖는다고 해도 죄책감을 가질 필요는 없으며, 어머니가 살아계셨을 동안 좋은 딸이었다는 사실은 변하지 않는다는 것을 말해주었다.

11) 자기노출

자기노출이란 사회복지사가 자신의 개인적인 이야기를 말해주는 것을 의미한다. 사회복지사로서 자신의 개인적인 이야기를 공유하는 것은 클라이언트와의 관계에 도움을 줄 수도 있고 때로는 그렇지 않을 수도 있다. 때때로 무엇을, 누구에게, 언제 공유해야 하는지를 결정하기가 어려운 경우가 많다. 여기에 대한 해답을 찾기 위해서는 다음과 같은 요인들을 고려해보아야 한다.

① 자기노출의 위험: 자기노출은 신중히 고려되어야 한다. 워커 자신의 이야기를 하는 것이 위험한 이유는 (비록 간략하게 하더라도) 관심의 초점을 클라이언트로부터 워커에게로 옮기기 때문이다. 이는 도움이 필요한 상황에 처한 클라이언트에게는 별로 도움이 되지 않으며 사회복지사로서의 권위와 역할을 오

용하는 것이다. 또한 자신의 문제해결을 위해 클라이언트와의 관계형성을 이용하는 것처럼 보일 수 있다. 또 하나의 위험성은 클라이언트가 워커를 문제가 많고 도움이 필요한 사람으로 볼 수 있다는 것이다("나는 다른 사회복지사를 원해요. 이 사람은 형편없어요!").

② 적절한 자기노출: 사회복지사의 자기노출이 적절히 활용될 때는 클라이언트에게 혼자가 아니라는 느낌을 가질 수 있게 해준다. 다른 사람도 비슷한 상황을 거쳤고, 비슷한 느낌과 반응을 가지고 있다는 것을 알게 되는 '보편성' 은 치료 요소 중의 하나다. 자기노출이 적절하게 사용된다면 관계를 돈독하게 해주고 감정이입적 의사소통에도 도움이 된다. 사회복지사의 자기노출은 클라이언트의 신뢰감과 안정감을 촉진시킬 수 있다. 서로 공통점을 가지고 있으면 낯선 사람들도 빨리 친구가 된다. 많은 경우, 시간이 부족하기 때문에 사회복지사는 도움이 필요한 사람과 짧은 상호작용밖에 할 수 없다. 그러므로 사회복지사가 자신의 개인적인 일을 공유하는 것은 짧은 시간을 매우 현명하고도 효율적으로 활용하는 것이다.

클라이언트와 경험을 공유할 때, 클라이언트는 워커의 경험을 배울 수 있게 된다. 워커는 비슷한 상황에 있는 클라이언트에게 어떻게 문제해결을 하는지 모델이 될 수 있다. 지지집단이나 자조집단이 바로 비슷한 상황에 있는 사람들끼리 지혜를 공유할 수 있게 해주는 예다. 예를 들어, 지지그룹의 구성원은 자신의 경험을 통해서 서로에게 도움을 줄 수 있다.

③ 자기노출을 어려워하는 이유: 때때로 사회복지사는 공유할 수 있는 중요한 경험을 가지고 있으면서도 공유하지 않는다. 왜냐하면 경험을 공유하게 되면 당황스러워질 것 같고, 또한 클라이언트가 자신을 하찮게 생각할까봐 두려워하기 때문이다. 더욱이 자신의 이야기를 다시 꺼냄으로써 이전의 어려웠던 느낌을 다시 경험하게 되는 것을 원치 않기 때문이다.

④ 자기노출의 가이드라인: 다음의 지침은 적절하게 자기노출을 활용하는 데 도움을 줄 수 있을 것이다.

짧게 한다

워커의 경험을 공유하고자 한다면 짧게 하고, 곧 다시 클라이언트에게 포커스를 맞춘다. 예를 들어, 가족을 잃은 사람에게 "내 남동생이 죽었을 때 나는 정신을 잃은 것 같았다." 처럼 매우 짧고도 간단하게 말해주는 것은 슬픔에 쌓인 사람에게 매우 타당하다. 그러나 워커 자신의 슬픔에 대해서 너무 오랫동안 이야기하는 것은 적절하지 않다.

워커의 프라이버시를 지킬 권리가 있다

원하지 않는다면 자신의 이야기를 꼬치꼬치 다 이야기할 필요는 없다. 자신의 특수한 경험 때문에 특별한 분야에서 일하는 워커라면 어느 정도 자기노출을 해야 할 필요가 있다. 그러나 그런 경우에도 여전히 자신의 프라이버시를 지킬 권리를 가지고 있고, 자신에 관하여 말하지 않아도 된다. 예를 들어, 워커가 성폭력 센터에서 일한다고 해서 성폭력을 경험했다고 노출할 필요는 없다. 알코올중독이나 마약중독이었다는 사실도 모든 사람에게 이야기할 필요는 없다. 사회복지사라고 해서 모든 프라이버시를 희생할 필요는 없는 것이다.

반영

워커의 개인적인 경험에 대한 질문을 받는다면, 그에 대해 대답하지 않을 수도 있고 짧게 대답할 수도 있다. 중요한 것은 클라이언트가 왜 그런 질문을 던졌는지 그 밑에 깔려 있는 염려를 반영해주어야 한다. 클라이언트는 워커가 신뢰감이 있는지, 실로 자신의 문제를 이해하고 있는지, 워커는 무슨 이유로 이런 일을 하는지 궁금해한다. 클라이언트가 단순히 호기심으로 질문하는 것이 아니다. 워커는 그들의 관심사를 반영하려고 노력해야 한다.

사례

다음은 워커가 개인적인 질문을 받았을 때 반영해준 예다.

효리: 아이가 있으세요?

워커: 아니요. 아주머니는 제가 아이도 없으면서 어떻게 부모 교육을 시킬 수 있

는지가 궁금한 거군요. 그렇죠?
효리: 예. 선생님은 우리 아이들이 어떤지 몰라요. 얘들은 나를 미치게 해요.
워커: 좋은 지적입니다. 내가 아주머니의 상황을 모를 수도 있어요. 그러나 대학에서 제가 배운 것이 있으니 이를 한 번 시도해보고 어떻게 변화되는지 살펴보도록 해요.
유진: 혹시 학대받아 본 적이 있나요?
워커: 아주머니는 학대받아 본 여자만이 이런 일을 이해할 수 있다고 생각하는군요.
유진: 예.
워커: 그 말도 맞을 거예요. 아무도 남이 겪은 것을 완전히 이해할 수는 없어요. 그러나 아주머니의 상황을 이해하려고 매우 노력하고 있어요. 전 아주머니가 남편과의 관계에 대해서 계속 제게 이야기해주었으면 해요.

필요하다면 사과한다

만약 실수를 했거나, 워커 자신에 대한 이야기를 너무 많이 했거나, 개인적인 것을 너무 일찍 이야기했거나, 클라이언트에 대한 초점을 흐리게 했다면, 잘못을 인정하고 사과하고 즉시 클라이언트에게 초점을 맞추어야 한다.

거짓말하지 않는다

특별한 상황이나 문제를 경험한 것처럼 거짓말해서는 안 된다. 질문에 대답하지 않는 것은 괜찮지만 어떤 것을 꾸며내는 것은 안 된다. 때로는 사회복지사들은 클라이언트와의 관계에서 좀 더 믿음을 주기 위해 거짓말을 한다. 그러나 분명한 것은 거짓말은 신뢰를 돈독히 하는 데 전혀 도움이 되지 않는다는 것이다.

어려운 상황을 회피할 목적으로 자기노출을 해서는 안 된다

워커가 자신의 노여움이나 불쾌감을 해소하기 위해서 자신의 개인적인 경험을 노출하는 것은 적절하지 않다. 예를 들어, 한 사회사업 실습생이 아동학대를 겪은 사람들의 지지모임에서 보조 진행자로 일하고 있을 때, 몇몇 집단성원이 그녀에게 "우리에 대해 아는 척 좀 하지 말아요. 선생님은 그런 일을 경험해보지도 않았잖아요!"라고 하는 말을 듣고 매우 화가 났다. 실습생은 그들의 피드백을 수용하고 자신의 행동을 돌아보기보다는 "예. 나도 여러분들이 어떻게 느끼는지 알아요! 나도 양아버지로부터 학대받은 적이 있어요."라고 소리치며 눈물을 흘리면서 밖으로 뛰쳐나갔다. 그녀의 자기노출은 자신을 어려운 위치에서 벗어나게는 해주었지만 그 집단과정을 진전시키지도 못했고 집단 구성원들의 욕구도 충족시켜주지 못했다.

12) 비언어적 의사소통 이해하기

자신의 생각을 글로 쓰거나 말로 표현하는 것만이 인간의 의사소통의 전부는 아니다. 이는 단지 일부분에 지나지 않는다. 사실 비언어적 행위(nonverbal behavior)가 말로 표현하는 것보다 우리의 생각과 느낌을 더 잘 표현해주는지도 모른다(Kadushin, 1983; Nunnally & Moy, 1989). 한 연구조사에 따르면 우리의 메시지의 약 65%는 말 이외의 수단으로 전달된다고 한다(Birdwhistell, 1970). 실천가는 이러한 클라이언트의 비언어적인 행동에도 주의 깊게 관심을 기울여야 한다.

Biestek의 7대 관계론

사회사업실천의 핵심이 되는 워커와 클라이언트의 상호작용이 원활히 일어나기 위해서는 좋은 관계형성의 개발이 필수라고 할 수 있다. Biestek(1957)이 제시한 개별사회사업 관계형성의 7대 구성요소는 지금까지도 여전히 직접실천의 관계형성의 본질로 인정받고 있다. 이러한 요소들이 분명히 구별되는 면도 있지만 상호 겹쳐지는 부분도 있다. 이러한 구성요소들을 간단히 소개하면 다음과 같다.

- 자기-결정주의(self-determinism): 사회사업실천가는 어떤 결정을 할 때 클라이언트의 권리를 존중한다. 때때로 클라이언트의 결정이 클라이언트에게 최선이 아닌 경우도 있을 것이다. 그러나 그런 경우 실천가의 역할은 그런 선택을 하게 될 때 발생하게 될 잠재적인 역기능적 양상을 지적해주는 것이다. 클라이언트가 더 적절한 선택을 하도록 설득하기 위해 부당한 영향력을 행사하거나 클라이언트를 얕잡아 보는 것은 용납될 수 없는 행동이다. 사회사업은 민주적인 과정에 기초하고 있으며, 자기-결정주의는 그 과정에서도 기초적인 부분이다.

- 비밀보장(confidentiality): 클라이언트의 사생활이 보호받을 권리는 비밀보장의 원칙에 근거한다. 이는 클라이언트와 실천가가 주고받는 정보는 보호받을 특권이 있다는 것을 의미한다. 개입과정에서 드러난 정보의 내용은 법이 요구하지 않는 한 클라이언트의 동의 없이 공개되어서는 안 된다. 비밀보장의 원칙은 개입 중에 나타난 클라이언트의 느낌, 태도, 진술 등이 오용되지 않을 것이라는 확신을 클라이언트에게 준다. 실천가는 클라이언트의 정보를 오직 클라이언트를 위한 전문적인 목적을 위해서만 사용해야 한다.

- 개별화(individualization): 클라이언트의 문제가 어떤 성격을 띠는가와는 상관없이, 각각의 클라이언트는 고유의 특별한 욕구, 열망, 장점과 약점을 가진 개인으로서 대우를 받을 권리를 가진다. 개인을 군중의 하나로 간주해서는 안 된다.

- 수용(acceptance): 모든 개인은 사회사업가가 원하는 대로가 아닌, 있는 그대로 받아들여질 권리가 있다. 사회사업가는 클라이언트가 있는 그 위치에서 클라이언트를 이해해야 하고 거기서부터 개입을 시작해야 한다. 클라이언트의 복잡한 문제에도 불구하고, 모든 클라이언트는 인간으로서의 존엄성과 고유한 가치를 가지고 있다. '수용(acceptance)' 이란 동의와는 다른 뜻이다. 수용이란 클라이언트의 결정, 행동, 감정 그리고 관점을 인정한다는 것이다. Kadushin은 "수용(acceptance)이란 다른 사람과 다를 권리를 인정해주는 것이다."라고 하였다. 그 어느 누구도 처음부터 어떤 문제가 있는 사람으로 자신이 분류되거나 취급되기를 바라지는 않을 것이다. 효과적인 실천가가 되기 위해서는 개인적인 판단은 유보해야 한다. 실천가는 클라이언트의 독특한 개인적 문화나 배경 그리고 개성을 존중해주어야 한다. 나의 입장이 다른 사람의 관심사를 방해하지 않도록 하는 것이 중요하다. 일단 우리가 가치 있는 개개인으로 정당화되고 인정된다면 성장과 치료에 필요한 과업에 더욱 관여하게 될 것이다. 훌륭한 실천가는 클라이언트에게 관심과 존중을 표할 시간을 갖는다.

- 비심판적 태도(nonjudgemental attitude): 모든 인간은 장점과 약점을 가지며 어려운 문제에 부딪히기도 하고 그릇된 선택을 할 수 있으며 화가 날 수도 있고 좌절할 수도 있으며 가끔 부당한 행동을 할 수도 있다는 것을 실천가는 인정하면서 클라이언트의 행동에 대해 중립적인 태도를 유지해야 한다. 클라이언트를 심판하는 것은 클라이언트와의 의사소통을 방해하는 장벽을 세우는 것과 같다. 클라이언트의 관점에서 보면, 심판하는 워커는 자신에 대해 부정적으로 판단하는 일반인들과 다를 바가 없다고 간주된다. 비심판적 태도를 취한다는 것이 반드시 클라이언트의 부당한 행동을 대응하지 말라는 것은 아니다. 그런 행동 때문에 클라이언트를 비난해서는 안 된다는 것을 시사한다.

- 표현의 자유(freedom of expression): 느낌과 감정을 표현하고픈 클라이언트의 욕구는 존중되어야 한다. 때때로 억압된 감정, 특별히 부정적 감정은 클라이언트를 무력하게 하며 더 큰 문제 행동을 야기하기도 한다. 클라이언트는 자유로운 자기 표현을 실천할 수 있도록 고무받아야 한다(의도적 감정표현(purposeful expression of feelings)의 원리). 또한 워커는 클라이언트의 감정에 민감하고도 적절한 반응을 보여야 하고 그 감정의 의미를 이해한다는 것을 전달해야 한다(통제된 정서적 반응(controlled emotional response)의 원리).

제 3 장

면접기술과 의사소통기술

면접 및 의사소통 기술을 통해 사회복지사는 다른 사람의 감정, 사고, 사상, 욕구, 결정, 기대를 알 수 있게 되며 동시에 클라이언트에 대한 존중과 관심을 전달하게 된다. 직접실천을 위한 기본적인 기술 중의 하나가 바로 면접기술(interviewing skills)인데, 면접은 클라이언트와의 대화 그 이상의 것이다. 면접은 문제가 있는 클라이언트를 돕기 위해 사용되는 목표지향적 활동이다. 실천가에게는 클라이언트와 의사소통하는 동안 면접의 전문적인 목적을 유지시킬 책임이 있다. 일반적으로 그 목적은 클라이언트의 욕구를 충족시키거나 문제를 풀기 위한 작업에 필요한 정보를 습득하는 것이다.

워커는 면접에 대한 준비를 해야 한다. 먼저 물리적 상황을 고려해야 한다. 면접이 사무실에서 시행된다면, 워커는 클라이언트와의 대화가 잘 이루어지도록 의자와 책상의 배열에도 신경을 쓰고 산만한 물건들이 나열되지 않도록 해야 한다. 전화나 방문객이 방해하지 않도록 미리 준비해야 한다. 워커가 녹음기를 사용하거나 노트에 적을 계획이라면 클라이언트에게 미리 알리고 산만하지 않게 미리 준비한다.

면접의 내용을 계획할 때 워커는 서비스의 목적을 염두에 두고 질문의 구조를 미리 계획한다. 워커는 또한 효과적인 의사소통을 방해할지도 모를 자신의 감정과 태도를 잘 인식하고 있어야 한다. 자기인식(self-awareness)이 있어야 객관적인 면접을 진행할 수 있다.

면접을 사전에 잘 준비해야 클라이언트가 중요한 존재라는 점과 함께 작업하는 것이 중요하다는 점을 클라이언트에게 전달할 수 있다. 면접을 시작할 때는 클라이언트를 편하게 맞이하여 긴장이 없도록 한다. 워커는 면접의 목적을 규정하고 지난 회합에서 있었던 논의사항을 회상시킨다. 면접을 종결할 때는 면접 동안 논의된 사항을 요약하고 다음 회합 때까지 수행해야 할 과제를 내준다.

면접이 효과적으로 되기 위해서는 의사소통기술이 필수적이다. 여기에는 다음의 기술이 필요하다. 듣는 기술, 질문기술, 관찰기술, 해석기술, 정보제공기술, 종결기술이다. 워커는 자기 나름대로의 면접기술을 개발시켜 나갈 수 있다. 이 장에서 제시되는 면접기술 중 듣기기술, 질문기술, 관찰기술은 주로 이윤로 외(2003)의 내용을 참조한 것이다.

면접의 유형

Zastrow(1995)는 면접의 유형을 다음의 세 가지로 분류하고 있다.

1. 정보수집 또는 사회력 조사면접

정보수집면접은 클라이언트의 문제에 대한 배경과 생활력에 대한 자료를 얻기 위한 것이다. 클라이언트를 더 잘 이해하기 위한 목적으로 객관적 사실과 주관적 감정이나 태도에 대한 정보를 얻는다. 클라이언트와 관계된 사람들도 면접대상이 된다.

2. 사정면접

사정면접(assessment interviews)은 위의 정보수집면접과 중복될 수도 있으나 좀 더 초점을 갖고 시행하는 면접이다. 주로 서비스에 대한 구체적 결정을 내리기 위한 질문을 하게 된다. 어떤 진단이나 평가에 도달하기 위한 면접이다. 예를 들어, 학대가 실제로 발생했는지를 판단하기 위해 조사하거나 보조금이나 서비스에 대한 수혜자격을 결정하기 위한 질문을 하게 된다. 또는 어떤 서비스로부터 이득을 얻을 수 있는지를 결정하기 위한 면접을 한다.

3. 치료적 면접

치료적 면접은 클라이언트를 변화시키기 위한 면접으로 클라이언트가 더 잘 기능하도록 주변 환경을 변화시키기 위한 것이다. 예를 들어, 클라이언트가 좀 더 자기 표현을 잘하도록 하거나 자녀양육을 더 잘하도록 하는 데 초점을 두고 면접하는 경우다.

1. 듣는 기술

면접상황에서 클라이언트가 말하는 것과 질문에 대한 응답을 듣는 기술은 매우 중요하다. 경험이 없는 워커들은 질문하고 무엇을 말해야 할 것인가에만 강조를 둔다. 그러나 듣는 기술이 부족하면 면접의 완전한 가치가 실현되지 못한다. 클라이언트가 무엇을 전달하려고 하는지 이해하려고 노력해야 한다. 클라이언트의 감정이 어떻게 표현되는지 주목해야 하고 열린 마음과 수용적 태도로 임해야 한다. 대화를 중단하고 성급히 조언(advice)을 해서도 안 된다. 조언은 클라이언트의 의존심을 길러주고 만일 조언의 결과가 나쁠 경우 워커의 신뢰도는 떨어지게 된다. 사실상 많은 클라이언트가 조언을 요구하지만 그들이 필요로 하는 것은 그들의 상황을 분명히 이해하고 스스로 결정할 수 있도록 하는 정보인 것이다.

문제에 대한 정보를 잘 확보하려면 워커는 감정이입(empathy)을 전달해야 한다. 워커는 클라이언트의 진술과 감정에 대해 민감히 반응해야 한다. 클라이언트를 편하게 만들고, 클라이언트가 자신의 경험을 워커와 공유하도록 질문을 던지고 주의 깊게 듣는 기술은 면접의 생산성을 높여준다. 감정이입은 상대의 감정을 이해하는 능력이다. 클라이언트의 감정에 민감하고 그러한 감정을 이해한다는 것을 전달할 때 관계형성의 질이 높아진다. 이러한 감정이입, 즉 클라이언트의 입장에서 이해하는 능력이 바로 클라이언트로 하여금 워커가 정말로 자신들의 문제를 이해하고 있다는 것을 느끼게 하는 것이며, 이때 클라이언트들은 더욱더 안정감을 얻고 해결점을 찾아낼 수 있다는 희망을 갖는다. 워커는 상대의 입장에서 그를 이해해야 하고 그들의 가치는 워커의 가치와는 다를 수 있다는 것을 알아야만 한다.

단지 연민을 전달하는 동정과는 달리 감정이입은 문제해결을 고무하는 것이다.

연민은 상황을 개선시킬 행동을 취하도록 하기보다는 문제에만 집착하도록 고무한다. 예를 들어, 리더가 우울증을 가지고 있는 성원에게 동정을 전달한다면 그 사람은 자신의 슬픈 이야기만을 계속해서 할 것이다. 자신의 어려움에 대한 리더의 동정은 그런 행동을 더욱 강화시킨다. 그런 이야기를 지속해서 말하는 것은 과거의 상처를 다시 끄집어낼 뿐이고 우울증은 더욱 연장된다.

적극적 청취기술의 목적은 ① 개인의 의도, 관점, 견해를 정확히 알기 위해서, ② 의사소통하는 양 당사자가 서로의 감정과 의도를 충분히 이해하게 하기 위해서, ③ 청취자로서 실천가의 가정(assumptions)과 인지가 정확한지를 체크하기 위해서, ④ 의사소통의 수준과 원조관계를 더욱 향상시키기 위해서다.

적극적 청취를 해줌으로써 클라이언트로 하여금 자신이 실로 어떻게 느끼고 생각하는지 정확히 인식하는 데 도움을 줄 수 있다. 클라이언트가 혼란스럽고 어려울 때, 감정이입적 청취를 통해 자신들이 말했던 것을 다시 한 번 재음미하게 된다면, 클라이언트는 자신의 감정과 생각을 더욱 객관적인 측면에서 검토할 수 있게 된다. 그러면 어떤 기술들이 있는지 살펴보자.

클라이언트의 진술을 들으면서 특별히 관찰할 내용

① 처음 꺼내는 말과 종결하는 말의 내용: 이 내용은 중요한 경우가 많은데, 클라이언트가 자신의 자아나 환경에 대해 어떤 태도를 가지고 있는지 암시를 준다.
② 화제의 이동: 대화 도중 어떤 주제가 나올 때 화제를 바꾸는 경우는 특별한 주제가 고통스럽거나 토론하기 싫다는 것을 의미하는데, 그 이유를 나중에라도 알아낼 필요가 있다.
③ 반복적인 주제의 제시: 클라이언트가 계속해서 한 주제를 제시하는 경우, 이는 클라이언트에게 매우 중요한 문제이거나 클라이언트가 도움을 받기 원하는 문제다.
④ 불일치: 클라이언트의 진술 간에 차이가 나는 것은 면접내용이 클라이언트 자신에게 매우 위협적인 것이거나 공개하고 싶지 않다는 것을 시사한다.

짧은 촉진적 반응(minimal prompts)

짧은 언어적 반응이란 "음" "그리고?" "그래서" "아" "알겠다" "와!" 와 같은 워커의 반응을 말한다. 이러한 짧은 촉진적 반응은 워커가 주의 깊게 듣고 있다는 것을 전달해주며 클라이언트가 계속 이야기할 수 있도록 고무해준다. 짧은 촉진적 반응은 고개를 끄덕여주는 것과 같은 것이다.

강조 반응(accent responses)

강조 반응은 다른 사람이 방금 말한 것을 반복하는 것이다. 강조 반응은 질문하는 듯한 억양으로 또는 강조하여 반복한다. 이 반응의 목적은 의미를 분명하게 하고 이슈나 상황을 좀 더 자세히 설명하도록 하기 위함이다. 아래의 사례를 보자.

사례

워커는 다음 대화에서 강조 반응을 사용한다.

희진: 우리 가족은 장례식에서 내가 소리 내어 운 것을 부끄러워해요.
워커: 부끄러워한다고요?(강조 반응)
희진: 네. 그들은 나를 부끄러워하셔요. 왜냐하면 우리 가족들은 남들 앞에서 감정을 드러내지 않기 때문이에요.

환언(paraphrasing)

환언이란 다른 사람이 말한 것을 워커 자신의 언어로 바꾸어 다시 한 번 말해주는 것이다. 들었던 내용을 다시 내 말로 바꾸어 반복해주는 기술은 클라이언트가 이야기한 것을 분명하게 하는 데 도움을 주며 클라이언트가 계속해서 자신의 의견을 표현하도록 고무시키는 데 필요하다.

사례

다음에서 환언이 사용된 곳을 찾아보자.

희진: 내 딸이 일년 내내 아팠는데도 불구하고 우등으로 졸업했다니 믿을 수 없어요.
워커: 댁의 따님이 많은 어려움을 극복했군요. 그리고 따님의 성취가 자랑스

러우신 것 같아요.

상호: 아버지를 화나게 해서 너무 미안하더라구요. 왜냐면 아버지는 심장병이 있어서 건강이 안 좋으시거든요. 난 아버지가 오래 살기를 바래요. 하지만 때때로 나는 아버지가 죽기를 바래요. 나는 왜 우리가 잘 지내지 않는지 이해할 수 없어요.

워커: 네가 아버지를 걱정하고 또한 관계가 향상되기를 바라지만 때때로 아버지와 함께하는 것이 매우 어려운 것 같구나.

환언은 앵무새처럼 똑같은 말을 반복하는 것이 아니다. 환언은 클라이언트가 한 말을 자신의 말로 다시 한 번 반복해줌으로써 그 의미를 분명히 하고 정당화해주는 것이다.

사례

다음 대화는 자기의 아이에게 화를 낼 때 분노조절이 어려운 젊은 엄마와 아동학대방지센터의 워커 사이의 대화다.

유리: 나는 더 이상 참을 수가 없어요. 아이들이 망나니처럼 집에서 뛰어다니고 서로 치고 박고 소리지르고 … .

워커: 으흠(고개를 끄덕이며 …).

유리: 나는 아침에 일어나서부터 하루 종일 머리가 아파요. 그리고 아이들도 그것을 아는 것 같아요.

워커: 애들은 소리를 지르고, 아주머니는 머리가 아프고요.

유리: 나는 더 이상 참을 수가 없었어요. 나는 이성을 잃고 소리를 질렀어요.

워커: 그때 통제력을 잃은 것 같군요.

유리: 예. 하지만 나는 아이들을 때리지는 않았어요. 나는 아이들을 때리고 싶었지만 그렇게 하지는 않았어요. 나는 고함을 지르고 아이들을 자기들 방에 들여보냈어요.

워커: 와우, 이성을 잃었음에도 불구하고 아이들을 때리지는 않았군요.

유리: 예. 그 정도면 괜찮은 거 아닌가요?

워커: 예. 참 잘하셨어요.

감정의 반영(reflection)

반영은 환언과 비슷하지만 반영에는 들은 내용을 환언하는 것뿐만 아니라 다른 사람의 감정이나 비언어적 의사소통을 다시 한 번 재음미해주는 것을 포함한다. 반영은 말하고 있는 개인의 감정을 분명하게 파악하고 그것을 다시 그 사람에게 전달하는 것을 말한다. 반영은 말 속에 내포되어 있는 감정과 태도를 표면으로 이끌어내서 마치 거울처럼 당사자에게 보여주는 것이다. 반영의 예는 다음과 같다. "선생님이 저에게 장애인에 대한 특권을 거부당한 것에 대해서 말씀하실 때, 선생님은 매우 화가 나 보이고, 이 사회에 배신감을 느낀 것처럼 보였습니다. 내가 제대로 본 건가요?" 클라이언트가 표현한 감정에 대해 반응하는 기술은 클라이언트가 자신의 감정을 더 표현하도록 고무시키며, 클라이언트가 자신의 감정에 대해 더 잘 알고 운용해나가도록 돕는다.

반영기술을 적용할 때는 다음 문장을 활용하면 도움이 된다.

- 선생님은 마치 … 처럼 보인다.
- 마치 … 인 것 같다.
- … 라고 말하는 것 같다.
- … 하는 것은 꽤 어렵죠.
- 제가 느끼기에는 …
- 제가 듣기에는 …
- 저는 선생님이 … 느끼고 계신다고 생각합니다.
- 그래서, 선생님 입장에서는 …
- 확실히 잘은 모르겠지만 …

명확화(clarification)

인터뷰 중간 중간에 주기적으로 클라이언트가 하는 말의 의미를 분명히 하는 것이 클라이언트를 이해하는 데 도움이 된다. 문제가 무엇인지 분명하지 않은데도 빨리 듣고 지나가는 것은 도움이 되지 않는다. 또한 어떤 해결책이 수용 가능한 것인지, 이슈가 진정 무엇인지를 잘못 이해하고 있으면서 해결책을 마련하는 것도 도움이 되지 않는다. 의사소통에서 혼란은 항상 존재하기 마련이다. 왜냐하면한 사람이 다른 사람을 완전하게 이해하지는 못하기 때문이다. 사회복지사는 잘못 이해하고 넘어갈 수 있는 점이 있다면 이를 분명하게 할 책임이 있다. 질문이나 진술을 통해 이를 분명히 해야 한다.

사례

다음은 명확화를 위해 워커가 제시한 질문이나 진술의 예다.

워커: 여기서 약간 혼란스럽네요. 병원에 있는 아버지를 면회하지 못하도록 요청한 사람이 누구지요?

워커: 미안하지만 지금 말씀하신 마지막 부분이 이해가 잘 안 되네요. 그 진단이 구체적으로 무엇이지요?

요약하기(summarizing)

인터뷰 중간 중간에 이야기된 내용을 요약하고 강조할 필요가 있다. 요약을 통해 면접 동안 진전된 사항을 파악할 수 있고, 중요 이슈나 요점을 다시 한 번 생각할 수 있는 기회를 가질 수 있다. 또한 면접내용이 정확한지를 확인하는 기회를 제공한다. 이 기술을 통해 워커는 클라이언트가 전달하는 메시지를 잘 이해하고 있다는 것을 보여주게 된다. 이 기술은 말이 너무 많은 클라이언트를 잠시 제지시키는 데도 효과가 있다.

사례

다음 요약은 이야기 내용의 요점을 제시하고 있고, 클라이언트에게 확인하고 있으며, 상황의 어려움을 정당화시켜주고 있다.

워커: 선생님이 작년에 경험했던 일련의 일들에 대해 들으니 안타까운 마음을 금할 길이 없어요. 선생님은 매우 소중한 네 사람의 죽음을 경험했어요. 또한 실직했고, 재산을 처분했고, 친구와 가족으로부터 떨어져 알지 못하는 낯선 장소로 옮겨 왔어요. 선생님이 정신집중이 힘들고 잠

을 잘 이루지 못하는 것은 놀랄 만한 일이 아니에요. 선생님은 많은 것을 잃었고 슬픔에 잠겨 있음이 틀림없어요.

상호: 선생님 말씀이 맞아요. 전 그렇게 생각하지 못했어요. 결국은 잘 해낼 거예요.

워커: 유리 양은 이제 임신한 사실을 부모님과 애인에게 말해야 할지를 결정해야 하고 또한 유산을 해야 할지 말아야 할지, 학교를 그만두어야 하는지 다녀야 하는지, 약물치료를 해야 하는지 말아야 하는지에 대해서 결정해야 할 필요가 있는 것 같군요. 지금 처리해야 할 일이 많은데, 어떤 것을 먼저 말하고 싶은가요?

유리: 선생님께서 내가 어려워하는 것들을 모두 나열하고 나니, 왜 내가 요즘 그렇게 고통스러웠는지 인식하게 되었어요.

정보주기 혹은 교육

사회복지사는 때로 특별한 주제에 대한 전문가나 교육자가 된다. 그러나 이는 클라이언트가 행동해야 하는 방식에 대해서 설교하는 것과는 다르다. 유용하고 비심판적인 방식으로 필요한 도구나 사실을 제공하는 전문적 방법이다.

대응/직면/대결

'대응' 이란 또 다른 해석이나 시각을 고려하도록 유도하기 위해 사용하는 기술이다. 상황이 달리 보일 수 있음을 부드럽게 제시하는 방식이다. 적극적 청취를 할 때 대응이란 공격적이거나 적대적이거나 화를 내는 것을 말하지 않는다. 클라이언트가 말한 내용에 불일치한 점(때로 거짓말 포함)을 찾아내는 것이다. 대응은 조심해서 사용해야 한다. 클라이언트에게 사실을 드러내라고 대응해서 이야기하는 것은 적절하지 않다. 관계형성이 잘된 후에 이를 시행해야 할 것이다.

대응이 필요할 경우, 다음의 가이드라인이 고려되어야 한다.

1. 관계형성이 완전히 확립되었을 경우에만 대응을 사용한다.
2. 인간에 대한 대응이 아니라 그 사람의 행동에 대해서 대응한다.

3. 특별한 행동이나 사건에 대해 구체적으로 한다.
4. 사용 언어와 방법을 예의 바르게 한다.
5. 부드럽고 지지적으로 한다.
6. 정직하고 진실되게 한다.
7. 긍정적이고 건설적이어야 한다.
8. 비난하지 않는다.
9. '당신' 보다는 '나' 라는 단어로 시작한다.

사례

- **비효과적인 표현**: ○○ 씨는 다른 사람의 의견은 전혀 듣지 않는군요.
- **효과적인 표현**: 제 생각에는 ○○ 씨는 저의 도움을 요청했지만 제 제안을 받아들이기 꺼려하는 것 같군요.

- **비효과적인 표현**: ○○ 씨는 매우 자기-파괴적인 사람이군요.
- **효과적인 표현**: 저는 ○○ 씨가 자신의 건강보다 남편의 건강에 대해서 더 염려하는 것에 대해 걱정스럽습니다.

- **비효과적인 표현**: ○○ 씨는 매우 책임감이 없군요.
- **효과적인 표현**: 저는 ○○ 씨가 세 번이나 약속을 어긴 것에 대해서 약간 화가 났습니다. 왜냐하면 우리 약속이 ○○ 씨께는 별로 중요하지 않은 것이란 생각이 들기 시작했기 때문입니다. 이에 대해 어떻게 생각하십니까?

사례

유리는 '미혼모 기관' 에서 상담원 역할을 하고 있다. 유리는 임신을 한 16세 수연과 면접을 했다. 수연은 임신 3개월이었지만 어떤 의료 서비스도 받지 않았다. 유리는 수연에게 아기를 낳기 전에 필수적인 산부인과 검사를 받자고 했다. 수연은 말했다. "나는 그것을 원치 않아요. 나는 내 자궁에 누가 어떤 것을 넣는 것을 원치 않아요." 유리는 수연을 한 번 쳐다보고는 그녀에게 대응하기로 결정했다. 유리는 다음처럼 직면해주었다. "수연, 나는 네가 병원에서 검사받는 것에 대해서 두렵게 생각하는 것을 잘 알고 있어. 그러나 나는 왜 네가 깨끗하게 소독된 의료 기구는 자궁에 넣지 않으려고 하면서, 남성과 성교하는 것은 허락했는지 이해하기 어렵구나." 수연은 처음엔 놀란 얼굴로 유리를 한 번 쳐다보고는 크게 웃었다. 그리고 말했다. "선생님 말이 맞아요." 유리는 "그 검사는 너와 아기를 안전하게 해줄 거야. 우리는 네가 불편함을 느끼지 않도록 해줄 거다. 그리고 무엇을 하기 전에 미리 너에게 알려줄 거야."라고 반응해주었다.

듣기 반응 연습

예) 35세의 미망인. 내 남편이 죽었을 때 나의 인생은 끝났다. 애들을 부양할 능력이 없다고 생각한다. 내 남편이 늘 결정했다. 잠을 오랫동안 잘 수 없고, 점점 술을 많이 마신다. 게다가 살이 쪘다. 누가 날 고용하겠는가?

명확화: 지금 가장 큰 문제는 혼자서 결정할 능력이 없다는 말씀입니까?
환원: 남편의 죽음 이후 아주머니 혼자서 모든 책임을 떠맡게 되었군요.
반영: 가족의 책임을 지게 된 데 대해 걱정이 많으시군요.
요약: 남편이 돌아가셨으니까, 현재 몇 가지 어려움을 겪고 있어요. 가족부양, 결정하기, 자신을 돌보기.

예) 28세 여성. 내 인생은 부끄럽다. 직장을 잃고 친구는 떠나고 앞을 내다볼 수 없다.

명확화: 내다볼 수 없다는 것이 무슨 뜻인지 말씀해주시겠어요?
환원: 삶이 의도한 대로 나가지 않는 것을 깨달은 것처럼 보입니다.
반영: 삶이 혼동되어 두려운 것 같습니다.
요약: ○○ 씨의 삶이 망가졌다고 느끼고 있군요. 친구는 피하고, 직장은 없고, 문제를 풀려 해도 혼자서는 어렵고.

예) 나는 부모와 잘 지낼 수 없다. 나를 못살게 군다. 무엇을 하라면서 … 난 그들을 치고 싶다고 때때로 느낀다. 그러나 상황이 악화될까 봐 참는다.

명확화:
환원:
반영:
요약:

예) 4달 전 내 아내가 죽은 후 난 모든 것에 흥미를 잃었어요. 먹고 싶지도 않고 자고 싶지도 않아요. 몸무게가 줄었어요. 때때로 죽는 게 낫다고 느껴요.

명확화:

환원:

반영:

요약:

2. 질문기술

특별한 정보가 수집되어야 한다고 판단될 때 질문을 활용해야 한다. 질문을 할 때는 너무 강압적이지 않아야 한다. 한 번에 한 질문만 하는 것이 좋고 '왜' 라고 묻기보다는 '무엇' 을 사용하는 것이 좋다. '왜' 라는 질문은 비난조로 들리며 클라이언트를 방어적으로 만든다. 질문을 한 후에는 클라이언트가 대답할 시간을 충분히 준다. 너무 서두르는 것은 위협적인 인상을 주며, 무조건 워커가 좋아하는 대답을 해버리는 상황을 낳는다. 그러면 먼저 개방형 질문과 폐쇄형 질문에 대해 알아보자.

1) 개방형 질문 대 폐쇄형 질문

질문은 기본적으로 개방형 질문과 폐쇄형 질문의 두 가지 형태가 있다. 폐쇄형 질문은 주로 '예' '아니요' 또는 분명하고도 간단하게 응답되는 질문이다. 예로 "너 가고 싶지 않니?" "생일이 언제지요?" 와 같은 유형의 질문이다. 폐쇄형 질문은 구체적 대답을 구한다. 이러한 질문은 사실적, 구체적 정보를 얻기 위해 사용된다. 또한 토론의 주제를 좁혀나가기 위해서도 사용한다. 또한 너무 말이 많은 클라이언트를 중단시키고 주제에 초점을 맞추기 위해서도 사용한다. 개방형 질문은 질문받는 사람이 자유롭고 폭넓게 대답할 수 있다. 개방형 질문의 예는 다음과 같다. "그 전화 내용에 대해서 좀 말해줄래?" "나는 ○○ 씨의 대학 생활이 좀 궁금한데 말해줄 수 있나요?" "오늘 네가 기분이 나쁜 이유에 대해서 듣고 싶어."

폐쇄형 질문만으로는 더 이상의 의사소통 진행이 어렵다. 개인의 인지나 경험에 대해서 자세히 알기를 원할 때는 개방형 질문을 활용하는 것이 좋다. 개방형 질문은 클라이언트가 자신의 생각대로 질문에 대답하도록 허용하고 클라이언트가 감정의 표현을 할 기회를 주며 주제에 대한 클라이언트의 인지상태를 알 수 있게 한다.

2) 질문이 적절한 상황

다음의 상황에는 질문이 필요하다.

① 듣지 못했거나 이해하지 못했을 때다. 예를 들어, "미안하지만 마지막에 이야기한 구절을 듣지 못했어요. 다시 한 번 말해줄래요?"

② 인구학적 배경이나 재정적인 정보 같은 구체적 정보를 얻어야 할 때다. 예를 들어, "올해 몇이세요?"

③ 어떤 기입 양식을 채워넣어야 할 때다. 예를 들어, "주소를 말씀해주세요."

④ 클라이언트가 말한 의미를 명확하게 하기 위해서다. 예를 들어, "선생님은 삶의 의무가 있다고 얘기했습니다. 그것이 무엇이죠?" "선생님은 가족의 재결합 도중에 떠났다고 했습니다. 무슨 일이 있었던 것이죠?" "선생님은 애인이 전화했을 때 끊어버렸다고 했습니다. 그렇게 하게 된 배경은 무엇이죠?"

⑤ 좀 더 많은 정보를 얻고 인터뷰를 진행시키기 위해서다. 예를 들어, "선생님은 지난 번에 오늘의 주요 목적은 결혼을 위해 무엇을 해야 할지를 생각해보는 것이라고 했습니다. 그에 대해 생각하고 계신 것을 좀 더 말해줄 수 있습니까?"

⑥ 클라이언트의 진술이 구체성을 띠지 않을 때다. 클라이언트의 표현은 종종 완벽하지 못하다. 무엇인가 생략되어 있고, 잘못 이해하고 있으며, 한 가지 사건을 전체와 연결시켜 일반화시켜서 이야기하는 경우가 있다. 이때 이를 구체화하도록 질문한다.

질문이 정보를 얻기 위한 최선의 방법은 아니다. 이보다는 클라이언트 스스로 자신의 이야기를 하도록 하는 것이 더 좋다. 너무 많이 질문하게 되면, 면접이 상호 대화가 아니라 심문하는 것처럼 될 수 있다. 질의-응답 식의 면접은 마치 상담자가 무엇이 논의되어야 하고 어떤 방향으로 나아가야 한다는 것을 모두 다 알고 있다는 인상을 준다. 지시적이거나 권위적인 이미지를 주지 않기 위해서는 사회복지사가 반영적 진술을 많이 활용해야 한다.

3) 유용한 질문의 예

면접에서 질문을 사용하는 이유는 면접의 수준을 깊게 하고, 좀 더 많은 정보를 얻기 위해서다. 다음의 질문 유형은 면접을 좀 더 생산적으로 이끌 수 있다.

- … 라는 사실에 대해서 어떻게 생각하세요?
- 가장 큰 장애물은 무엇이라 생각하세요?
- 어떻게 반응하셨어요?
- 그녀에게 무엇을 말할 것인지 생각해보셨나요?
- 무엇이 최선이라고 생각하세요?
- 예를 든다면?
- 그것이 효과가 없다면 무엇을 할 생각이세요?
- 이것이 선생님에게 어떤 영향을 주었나요?
- 이것이 상황을 어떻게 변화시켰나요?
- 그 외에 다른 것이 있나요?
- 어떤 방식으로 할 예정이세요?
- 그것이 일어난 이유를 무엇이라고 생각하세요?
- 이제 어떻게 하실 건가요?
- 지금은 상황이 어떻게 보이세요?
- 그 예를 좀 들어주시겠어요?
- 지금 무슨 일이 벌어지고 있나요?

- 지금 그것은 어떻게 되어가고 있나요?

4) 피해야 할 질문

Benjamin(1969)은 적절하지 않거나 도움이 되지 않는 질문 유형을 다음과 같이 제시했다.

이중 혹은 삼중 질문을 피한다

때때로 사회복지사는 두세 가지 질문을 한꺼번에 하거나 이전 질문에 완벽히 대답하기도 전에 다른 질문을 하기도 한다. 이런 질문에는 대답하기가 곤란하고, 양쪽 모두를 혼란스럽게 한다. 예를 들면 다음과 같은 질문이다. "선생님은 오늘 밤 다시 그 쉼터에서 머물 겁니까? 아니면 친구 집으로 돌아갈 것입니까? 아니면 제가 거처할 장소를 마련해주길 원하십니까?" 워커는 한 가지씩 질문하고, 잠시 멈추어 클라이언트가 응답할 시간을 주어야 한다.

'왜' 라는 질문을 피한다

'왜' 라는 단어는 반감이나 불쾌감을 암시한다. '왜' 로 시작하는 질문은 사람들을 방어적으로 만든다. 예를 들어, "왜 여러분은 그 시험을 치지 않았나요?" "왜 여러분은 그 직업을 선택했지요?" "왜 ○○ 씨는 어머니와 잘 지내지 못하나요?" 와 같은 질문은 그런 상황에 대해 비난하는 것처럼 들린다. 공격적이지 않게 보이는 좋은 질문은 다음과 같다. "그런 결정을 내리게 된 배경이 있나요?" "그녀와의 관계를 어렵게 하는 것은 무엇인가요?"

사례

다음 사례에서 '왜' 로 시작하는 질문을 시작했을 때 무슨 일이 발생하고 있는지 보자.

상호: 저는 대학에 가기로 결정했어요.
워커: 왜 그렇게 결정했지?
상호: 선생님은 내가 해낼 수 없다고 생각합니까? 내 성적이 충분치 않습니까?

워커: 아니, 난 그런 뜻으로 이야기한 것이 아니야. 사과할게. 내가 말하고자 한 것은 그러한 결정을 내린 계기가 있었느냐는 거지. 지난번에 우리가 이야기할 때는 무엇을 해야 할지 확실히 정하지 못하고 있었으니까.

상호: 아, 알겠어요. 선생님과 지난주에 이야기를 한 후, 만약 내가 노력하지 않으면 '내가 해낼 수도 있었을 텐데.' 하고 내 인생 내내 후회할 것이라 생각했어요.

단순한 호기심에서 나온 질문을 피한다

질문은 항상 목적이 있어야 하고 양자에게 합당한 이유가 있어야 한다. 질문은 항상 타당하고 면접을 진행시키는 데 도움이 되어야 한다. 인터뷰하는 사람은 주제에서 벗어나거나 호기심으로 질문해서는 안 된다. 적절치 않은 질문의 예는 다음과 같다.

사례

클라이언트: 전 지금 혼돈스러워요. 내 딸이 지난주에 차 사고로 죽었어요.

워커: 오, 딸이 몇 살이죠?(이 상황에는 맞지 않는 단순히 호기심으로 한 질문)

유도성 질문을 피한다

유도성 질문은 워커가 생각하는 대로 말하도록 암시한다. 그 예는 다음과 같다. "○○ 씨는 여동생을 사랑하지 않지요? 그렇지요?" "그것을 정말로 하지는 않을 거지요? 그렇지요?" "… 라고 생각하지 않나요?" 워커가 그러한 의도를 가지고 있지 않았다고 하더라도 유도성 질문은 그러한 효과를 가진다.

사례

다음은 적절한 반응과 비적절한 반응의 예다.

• 비적절한 반응

진석: 내가 AIDS라는 사실을 어머니께 말하고 싶지 않아요.
워커: 어머니가 그 사실을 알고 싶어하지 않을까요? 어머니가 ○○ 씨를 걱정한다고 생각하지 않으세요?
진석: 글쎄요, 그렇게 생각해요. 아니, 모르겠어요. 무슨 의미로 말씀하시는 거죠?

• 적절한 반응

진석: 내가 AIDS라는 사실을 어머니께 말하고 싶지 않아요.
워커: 좀 더 자세히 한 번 말해보세요.
진석: 첫째, 어머니께 걱정을 끼쳐드리기 싫어요. 둘째, 어머니는 나를 붙잡아 놓고 설교할 것이에요. 그리고 세 번째로, 나는 어머니의 반응을 다룰 준비가 되어 있지 않아요. 좀 더 시간이 필요해요.

질문 가이드라인

(1) 클라이언트가 말한 것으로부터 질문한다(호기심을 앞세우지 말라).
(2) 반응할 시간을 충분히 준다.
(3) 한 번에 한 가지 질문만 한다.
(4) 질문할 때는 말의 반복기법과 반영기법을 병행하면서 질문해야 효과적이다.

3. 관찰기술(비언어적 행동의 이해)

클라이언트를 도울 때는 비언어적 행동의 이해도 필수요소다. 클라이언트는 비언어적 방식으로 정보를 주고 감정을 표현한다. 클라이언트의 앉아 있는 모습, 얼굴표현(얼굴이 붉어진다거나 초조해한다.), 목소리 색조의 변화, 손가락으로 탁자를 치는 행동 등 이러한 비언어적 표현에 민감해야 클라이언트의 진술의 타당성을 체크할 수 있고 피드백을 주기가 용이하다. 유능한 워커는 클라이언트의 비언어적 몸짓으로부터 민감한 주제에 대한 신호를 알아낼 수 있다. 비언어적 행동을 이해함으로써 현재의 상황을 사정하는 데 필요한 많은 정보를 얻을 수 있다.

1) 클라이언트의 비언어적 행동의 관찰

클라이언트의 비언어적 행동을 관찰하는 수단은 다음과 같다.

① 냄새: 술을 마셨는가? 담배를 피우는가? 위생 상태는 적절한가? 대소변을 잘 가리는가?

② 보기: 클라이언트의 자세, 몸짓, 얼굴표현, 차림새, 외모를 관찰한다.

③ 소리: 말의 톤과 명확성, 속도, 성량, 호흡, 울음 및 웃음소리 등

④ 거리: 클라이언트가 워커와 가까이 있고 싶어하는가? 떨어져 있고 싶어하는가?

이와 함께 사회복지사는 의미 있는 비언어적 행동을 반영해주어야 한다. 예를 들어, "아주머니는 오늘 매우 슬퍼 보여요. 오늘 기분이 어때요?" "우리가 선생님의 상사와 이야기할 때 선생님은 좀 불안해 보였어요. 선생님은 직장상사를 두렵게 생각하고 있나요?"

클라이언트의 비언어적 행동을 보고 선입견을 갖지 않는 것이 중요하다. 대신 어떤 생각이 들면 이를 확인해볼 필요가 있다. 클라이언트의 문화적, 개인적 특성 때문에 특별한 외모나 행동을 나타낼 수 있기 때문에 우리 자신의 관점만으로 그런 비언어적 행동을 해석하는 것은 유용하지 않다.

2) 사회복지사의 비언어적 의사소통

사회복지사에게 원조를 요청한 클라이언트의 비언어적 행동을 관찰하는 것도 중요하지만 사회복지사가 보내는 비언어적 신호도 중요하다. 감정이입적 의사소통은 사회복지사의 언어적 반응뿐 아니라 비언어적 반응도 포함한다. 다음의 비

언어적 반응은 라포 형성 및 워커의 관심과 염려를 전달하는 데 도움을 준다.

눈맞춤

'눈맞춤'은 눈높이를 맞추어 서로 쳐다보는 것이다. 예를 들어, 휠체어에 앉아 있는 사람이나 어린 아동과 이야기할 때는 그들과 높이를 맞춰서 상담하는 자세가 협력, 수용, 존중감을 전달해준다. 사회복지사는 외모가 좀 다른 사람, 예를 들어, 화상, 중풍, 장애를 가진 사람도 똑바로 쳐다보면서 상담할 수 있어야 한다.

많은 신입 사회복지사가 잘못 생각하는 한 가지는 바로 도움을 요청하는 사람이 자신과 계속 눈맞춤을 해야 한다고 생각하는 것이다. 클라이언트의 얼굴과 눈을 바라보는 것은 사회복지사의 책임이지 도움을 요청하는 사람의 책임은 아니다. 눈맞춤 시 주의할 점은 적절하게 시선을 맞추는 것이 좋지, 뚫어지게 계속 쳐다보는 것은 좋지 않다. 다만 클라이언트가 워커를 쳐다볼 때 워커가 관심을 가지고 집중하고 있다는 것을 보여주면 된다.

자세와 거리

상대를 받아들이겠다는 열린 자세가 좋다(다리를 꼬거나 팔짱을 낀 자세는 좋지 않다.). 클라이언트 쪽으로 몸을 기울이는 자세도 좋다. 책상 같은 인위적인 장애물 없이 적당한 거리를 유지하는 것이 좋다.

얼굴표현

중립적이고 관심을 보이는 표정이 대부분의 경우에 가장 좋다. 물론 슬픔이나 유머 같은 표정을 적절히 표현하는 것도 좋다.

목소리와 언어

워커의 목소리는 사람의 마음을 진정시킬 수 있어야 한다. 너무 크거나 너무 속삭이듯이 하지 않아야 한다. 사람을 무시하거나 건방진 언어도 옳지 않으며, 은어, 속어, 방언을 써서도 안 된다.

침묵의 활용

원조관계에서 침묵도 중요한 의사소통수단의 하나다. 침묵도 어떤 의미가 있는 의사소통의 구체적 유형이다. 침묵을 이해하고 해석하는 것은 적극적 청취, 효과적인 인터뷰 그리고 클라이언트의 경험을 이해하는 데 중요하다.

많은 사람들이 침묵의 의미를 이해하지 못하고 무관심, 지루함, 적의, 반항으로 해석한다. 물론 그런 경우도 있다. 그러나 침묵이 클라이언트의 생각과 느낌을 전달하고 있는 경우가 많음을 알아야 한다.

우리 문화에서는 많은 사람들이 침묵을 불편하게 느끼고 긴장한다. 많은 사회복지사들은 인터뷰 중의 침묵을 거북해하고 빨리 무엇인가 대화를 하려고 한다. 말하는 것이 침묵보다 낫다는 것이 일반적인 생각인 것 같다. 그러나 침묵은 실제로 의사소통에서 중요한 수단이고 활용되어야 한다.

만약 사회복지사가 이야기를 한 뒤에 침묵이 흐르면, 그것은 클라이언트에게 매우 중요한 순간이므로 방해해서는 안 된다. 물론 클라이언트가 워커에게 말을 한 후에 침묵이 흐르면, 그것은 워커가 말할 차례라는 뜻이다. 만약 반응할 내용이 없다고 생각되면 클라이언트에게 "계속하세요." "그래서요?" 라고 상대방으로 하여금 계속 말하도록 분위기를 만들어주는 것이 좋다.

효과적인 의사소통을 위해 눈을 마주치고, 앞쪽으로 몸을 당기는 비언어적인 행동으로 관심을 표명해야 한다. 또한 간단히 고개를 끄덕이면서 수용한다는 반응을 보여야 한다. 클라이언트가 잠시 이야기를 멈춘다고 해서 서둘러서는 안 된다. 초보 워커들은 불안한 나머지 계속 말하도록 서두르는 경향이 있다. 이는 실수하는 것이다. 이럴 경우 클라이언트는 주제를 바꿔버릴 수도 있다. 말하는 도중이라도 클라이언트에게 생각할 기회를 주는 것이 필요하다. 때때로 워커는 클라이언트의 단점을 지적하여 고치도록 해야 한다. 그러나 단점을 지적할 때는 그 클라이언트의 장점 또한 지적해야 한다. 단점이 언급될 때 개인은 상실감을 갖게 된다. 그러므로 그 개인이 가지고 있는 장점을 칭찬해줌으로써 무엇인가 돌려주어야 하는 것이다.

대화가 중간에 멈추는 것은 상대방이 다음과 같은 상태에 있다는 뜻이다.

- 인터뷰 내용에 대해서 생각하고 느끼는 중
- 주의 깊게 질문에 대한 반응을 생각하는 중

- 결정을 내리려는 중
- 어떤 것을 표현할 방식을 찾는 중
- 생각을 정리하는 중
- 민감한 것, 고통스러운 것, 사적인 것을 워커와 공유하는 것이 안전한가를 결정하는 중
- 방금 들은 것의 타당성을 생각하는 중
- 시간이 필요함
- 울지 않으려고 노력하는 중
- 방금 들은 내용 때문에 혼란스러움

사회복지사는 클라이언트에게 생각하고 느낄 수 있는 충분한 시간과 공간을 주는 것이 중요하다. 클라이언트의 의미 있는 침묵을 방해하는 것은 클라이언트가 말할 때 끼어드는 것만큼 무례한 것이다. 유능한 사회복지사는 클라이언트에게 필요한 시간을 허락한다. 사회복지사는 큰 불편 없이 침묵을 참아내는 것을 배울 필요가 있다. 조용하게 인내심을 가지고 침묵의 순간을 잘 활용해야 한다.

침묵은 두 가지 방식으로 다룰 수 있다. 한 방식은 바로 반영해주는 것이다. 다음의 예를 살펴보자.

- "말씀이 없으시군요. 지금 무엇을 생각하세요?"
- "매우 슬퍼 보여요. 이것이 아주머니에게 민감한 문제였나요?"
- "나의 질문에 어떻게 대답할지를 몰라서 침묵하고 있는 건지 궁금해요."
- "계속 이야기하기가 힘든 것 같아요."
- "울고 싶으면 울어도 좋아요."
- "말할 준비가 되면, 그때 이야기를 들도록 하죠."
- "무엇을 생각하고 있는지 궁금해요. 나도 좀 알 수 있을까요?
- "잠시 생각하는 것도 좋을 거예요."

두 번째는 침묵하는 동안 계속 기다리는 것이다. 대부분의 사람들은 침묵을 불

편해하기 때문에, 워커가 계속 조용히 앉아서 기다리면 침묵하지 않고 어떤 말을 시작할 것이다. 침묵은 종종 인터뷰가 계속 진행될 수 있게 해주는 데 효과적이고 적절하게 사용된다. 그러나 침묵 때문에 클라이언트가 너무 불편해지지는 않았는지 관심을 기울이고 체크해보아야 한다. 예를 들어, "제가 어떤 정보를 더 주기를 원하시는지, 아니면 우리가 얘기한 것에 대해서 더 생각할 시간이 필요한 것인지 모르겠어요. 어떻게 해드릴까요?"

사례

다음은 침묵을 적절하게 다루어주는 방안이다.

워커: 아주머니 아이가 자폐증이라는 것을 알고는 매우 슬퍼했다고 저에게 이야기하셨지요. 또한 부모님과 형제들에게는 이 사실을 말하지 않았다고 했어요. 이 사실을 그들에게 알려야 할지를 생각해봤나요?

미숙: (고개를 숙이고 잠시 침묵한 뒤) 그것에 대해서 생각해봤는데 아직은 어떻게 해야 할지 모르겠어요.

워커: (말을 못하고 우는 것을 보고) 천천히 생각해보세요.

미숙: (또 잠시 침묵) 우리 어머니께 어떻게 이야기해야 할지 모르겠어요. (소리 없이 욺)

(워커는 아무 말도 없이 휴지를 건네주며 잠시 기다린다.)

미숙: (침묵과 울음의 시간을 벗어난 뒤) 우리 어머니는 정말로 첫 손자를 기다렸어요.

워커: 어머니가 매우 실망하실 거라고 생각하는군요.

미숙: (또 한번 침묵) 단지 실망하는 정도가 아니라 진짜 상실감을 느낄 거예요. (침묵)

워커: 아주머니, 제가 자리를 좀 피해드릴까요?

미숙: 아니요. 선생님과 함께 있고 싶어요. 내가 말을 많이 하지 않아도 개의치만 않는다면, 함께 있어 주었으면 좋겠어요.

워커: 물론 저는 아주머니 곁에 있어요. 내가 도울 일이 있으면 언제든지 말씀하세요.

접촉

신체적 접촉은 매우 중요하고 상징적이다. 그런데 클라이언트가 접촉을 원하는지 어떤지가 확실치 않은 상태에서 그 사람의 개인적 공간에 침입하는 것은 적절치 않다. 원조관계에서 클라이언트와의 접촉은 결코 강제적이거나, 강압적이거나, 에로틱하거나, 성적이어서는 안 된다. 워커와 접촉하는 것을 거부하는 사람도 있게 마련이므로 항상 주의가 필요하다. 예를 들어, 클라이언트가 휠체어를 타고 이동하려고 애쓰고 있는 것을 보면 그 사람이 당연히 도움이 필요할 것이라고 생각할 수 있다. 그러나 도움이 필요한지를 먼저 물어보아야 할 것이다.

허락이나 동의를 받지 않고 접촉하는 것은 매우 위협적인 것이다. 그러나 접촉이 적절하게 활용된다면 클라이언트에게 안정감을 줄 수 있다. 클라이언트가 접촉에 대해서 어떻게 생각하고 느끼는지를 항상 체크하라. 단순히 팔이나 어깨 등을 가볍게 치는 것같이 부담스럽지 않은 접촉을 활용하는 것이 좋다. 만약 워커의 접촉이 클라이언트를 불편하게 한다면 그렇게 하지 말아야 한다.

효과적인 도움을 주기 위해서는 필요한 기술과 함께 진실된 관심이 필요하다. 보호와 관심이 전달되어야 한다. 성실하게 들어주고 효과적으로 반응하는 것이 필요하다. 좋은 기술은 가지고 있지만 신실하지 못한 워커는 신뢰를 얻을 수 없다. 반대로, 성실하지만 기술이 없는 워커도 효과적이지 못하다. 워커로서의 임무는 적극적 청취기술을 열심히 연습해서 그것이 자신의 스타일로 통합되고 자신의 인격과 통합되도록 하여 진실하고도 자연스럽게 그 기술을 활용하는 것이다. 예를 들어, 훈련을 많이 한 댄서는 힘들이지 않고 움직일 수 있는 것처럼, 훌륭한 청취자로서의 워커는 적극적 청취기술을 아주 자연스럽게 활용한다. 자신도 인식하지 못할 정도로 자연스럽게 능동적 청취기술을 사용할 때 정말 효과적이 된다.

4. 해석기술

클라이언트들이 전에는 인식하지 못했던 생각, 느낌, 행동 간의 관계를 이해하게 되면 클라이언트가 이전과의 사고방식과는 다른 사고의 전환을 가져올 수 있다. 이 점을 촉진시키는 사회사업가의 행위가 바로 해석(interpretation)이다. 해석이란 다양한 클라이언트의 행동들 사이의 의미, 관계에 대한 설명이나 가정을 하는 것이다. 해석의 목적은 다음과 같다.

(1) 클라이언트의 함축적 메시지와 행동 사이의 관계를 파악하기 위해
(2) 클라이언트가 다른 견해를 가지고 자신의 행동을 검토해보도록 하기 위해 (문제에 대한 더 나은 이해를 성취하도록 하기 위해)
(3) 클라이언트가 자기 패배적 또는 비효과적 행동을 더욱 기능적 행동으로 대치하도록 동기화시키기 위해

정신분석 이론에서 '해석'은 클라이언트가 그들의 무의식적 과정에서 인식하지 못했던 현상들을 이해하도록 돕는 것이다. 우리는 이런 제한된 의미로 '해석'이란 용어를 사용하지는 않지만 클라이언트의 삶 속에서 일어나는 사건들 사이의 관계를 클라이언트가 이해하는 데 유용하도록 해석을 사용한다.

행동주의자들이 해석을 사용하는 예를 들어보자. 클라이언트가 자녀의 신경질을 멈추기 위해서 사탕을 주는 것이 오히려 아이가 전보다 실제로 더 신경질을 내도록 강화시킨다는 사실을 설명하는 경우다. 또한 한 사회사업가가 그 아동은 그 부모가 행동했던 방식과 유사한 방식으로 지금 행동하고 있다고 설명하는 경우도 해석의 한 예라고 할 수 있다.

해석은 사회사업가가 일방적으로 한다기보다는 사회사업가와 클라이언트가 같이 참여해서 여러 사건 사이의 관련성을 클라이언트가 이해하게 되는 과정으로 인식하는 것이 중요하다. 사회사업가는 먼저 클라이언트가 각각의 사건을 인식하도록 돕고, 그 사건들 사이의 관련성을 이해하도록 돕는다. 다음 단계는 이러한 이해를 기초로 해서 앞으로 무엇을 할 것인지 결정하는 것이다.

해석(interpretation)의 예를 들어보면 다음과 같다

예 1

최 씨는 자신의 장애수당 신청이 마음에 내키지 않는다고 사회사업가와 이야기하고 있었다. 사회사업가는 최 씨에게 신청서를 작성하는 것에 대한 느낌을 물어보았다. 그는 마음이 매우 불안하다고 말했다. 그는 자신의 신청서가 거부당할 것이 분명하다고 말했다. 사회사업가는 이번 장애수당 신청과 관련해 연관되는 다른 무슨 일이 있었는지 물어보았다. 최 씨는 과거에 직장 내 사고로 인해 노동자 상해보험을 신청했는데 고용주가 작성한 보고서만 참작하여 거부당한 적이 있다고 말했다. 최 씨는 지금 그의 담당의사가 혹시 그가 장애수당을 받아야 할 적합한 대상자가 아니라는 서류를 낼까 봐 두려워하고 있었다. 워커는 최 씨가 위의 두 상황을 비슷하다고 보고 있으나, 지금은 그때와는 상황이 다르다는 것을 지적해주었다. 그 당시 고용주는 자신의 사업장이 안전하지 못하다는 평판이 두려웠을 것이지만 지금 담당의사는 전혀 다른 입장에 있다. 담당의사는 최 씨가 수당을 얻기를 원할 것이기 때문이다. 최 씨는 이러한 대화를 통해 많은 도움을 받았다고 말했다. 그는 지원서를 작성하기로 결정했다.

예 2

클라이언트: 난 내 친구와 잘 지내지 못한다. 그들은 내가 너무 종교적이라고 놀린다.

워커: 종교심이 깊다는 것은 신실함을 의미할 수 있으니 종교적인 것이 반드시 나쁘다고 보지는 않습니다. 혹시 그들이 화가 나게 하는 어떤 것을 말해서 그들이 종교적이라고 놀리지 않는지 궁금합니다.

Garrett의 면접기술론에서는 다음 사항을 지적하고 있다. 워커의 첫 번째 목적은 클라이언트의 문제를 가능한 한 완벽히 이해하는 것이다. 이를 위해 워커는 클라이언트의 행동과 대화를 통해 제시된 다양한 실마리를 가지고 해석을 해야 한다. 종종 클라이언트는 자신의 어려움에 대해 제대로 알지 못하거나 그 어려움의 요인에 대해 직접적인 정보를 주지 못하는 경우가 있다. 워커는 클라이언트의 문제의 근원을 발견하기 위해 지속적으로 다양한 가설을 구성하고 재구성해야 한다. 워커는 초기가설은 될 수 있는 대로 자신만이 알고 있어야 한다. 성급하게 클라이언트에게 그 가설을 노출하는 것은 워커와 클라이언트의 관계에 매우 해롭다. 그러나 상당한 자료를 수집한 다음에 워커가 클라이언트의 문제에 깔려 있는 요인들을 파악해낸 후, 워커는 신중하게 질문과 코멘트를 통하여 클라이언트가 이를 깨닫게 도울 수 있다. 예를 들어, 말하기를 두려워하는 한 클라이언트는 다음과 같은 해석적 질문을 통해 고무될 수 있다. "너의 엄마가 늘 그랬듯이 나도 너를 비난할까 봐 두렵니?" 이 질문은 클라이언트가 거절당했던 자신의 감정을 자유로이 표현한 후에 한 것이라면 매우 적절한 것이다. 일반적으로 해석은 신뢰관계가 돈독히 세워진 경우에 해야 한다. 중요한 것은 해석을 통해 클라이언트의 태도나 행동에 약간의 수정을 줄 수 있는 것만으로도 클라이언트가 자신 스스로 문제에 대해 결정할 수 있고 해결할 수 있도록 도울 수 있다는 것이다.

* 출처: Donner & Sessions, 1995.

마지막으로 해석 시 주의사항을 정리해보면 다음과 같다(Cormier & Cormier, 1991).

① 클라이언트가 해석에 대해 방어적이거나 불안, 저항을 보이면 해석을 보류한다.
② 해석은 클라이언트의 실제 메시지에 기반을 두고 해야 하며, 워커의 편견이나 가치로 해서는 안 된다.
③ 해석을 할 때는 "내가 틀릴지도 모르지만" "아마 ~아닌지 궁금하다" "~처럼 보인다" 같이 일시적으로 말한다.
④ 해석 후에는 워커의 해석이 정확했는지 클라이언트에게 물어본다.
⑤ 해석할 때는 문제의 긍정적 양상을 강조하는 것이 좋다.

5. 정보제공기술

클라이언트 혹은 내담자들은 특정한 교육용 자료나 지역사회 자원에 관한 자료 또는 특정한 질병이나 문제에 대한 정보를 요구하는 경우가 흔히 있다. 사회사업 실천가들은 이러한 요구를 자주 접하게 되므로, 공식적 · 비공식적인 지원체계와 가용한 서비스들을 잘 파악해두어야 한다. 이러한 정보를 찾는 데 많은 시간을 보내는 가족들에게 이러한 도움은 매우 유용한 일이다. 예를 들어, 한 병원을 통해 892명의 부모들을 대상으로 한 설문조사에 따르면, 가장 큰 어려움은 아이들에 대한 지원 서비스를 받으려고 할 때 서비스에 대한 정보가 부족하다는 것이었다(Friesan, 1989).

정보를 제공한다는 것은 어떤 사건이나 경험, 문제, 사람들에 대한 자료나 사실을 제공하는 것이다. 정보제공의 목적은 다양하다. 먼저 어떤 문제에 대해 클라이언트가 가능한 대안을 찾도록 돕기 위한 것이며 또한 어떤 특별한 계획에 대한 결과를 잘 모를 때 그 계획에 대한 평가를 도와주기 위한 것이다. 또한 잘못된 통념을 제거하고, 현재 피하고 있는 문제나 이슈를 검토하도록 동기화시키기 위한 것이다(예: 질환치료를 기피할 경우 가능한 결과를 이야기해주어 치료를 성실히 받도록 함).

클라이언트에게 정보를 줄 때는 다음의 가이드라인을 따르도록 한다(Cormier & Cormier, 1991).

① 클라이언트에게 필요한 정보가 무엇이며 가장 중요한 정보가 무엇인가를 파악한다.
② 클라이언트에게 주려는 정보가 타당한 것인지, 충분한지, 근거가 있는 것인지 평가한다.
③ 성급히 정보를 주는 것은 비효과적이므로 클라이언트가 정보를 받아들일 준비가 될 때까지 기다린다.
④ 어떻게 정보를 주어야 클라이언트가 잘 이해할 수 있을지 생각해본다.
⑤ 정보를 제공할 때 어느 정보부터 주어야 하는지 순서를 정한다.
⑥ 어떤 상황에 대해 모든 타당한 사실을 모두 제시해준다. 클라이언트가 마음이 상할까 봐 부정적인 정보는 숨기는 경우가 있는데, 부정적일지라도 제공해주어야 한다.
⑦ 한 번에 너무 많은 정보를 주지 말고, 한 번에 주어야 할 정보의 양을 정한다.
⑧ 정보에 대해 클라이언트가 어떻게 생각하는지 물어본다.
⑨ 핵심 정보에 대해서는 기록하여 강조해준다.

조언(advice)을 줄 때 주의사항

많은 사람들이 생각하기를 클라이언트를 돕는 것은 클라이언트에게 조언을 주는 것이라고 생각한다. 사실은 그 반대다. 사회복지사의 역할은 정확한 정보와 그 결과를 설명해주는 것이고, 그 사람이 스스로 결정을 내리는 데 도움을 주는 것이다. 워커가 직접적인 조언을 준다는 것은(예를 들어, "나는 ○○ 씨가 그에게 말해야 한다고 생각해요" 혹은 "만약 내가 선생님이라면 나는 떠날 거예요." 등) 워커가 그 사람의 개별성을 무시하는 결과를 낳는다. 즉, 각 개인은 자신의 문화, 가족, 종교, 기대, 가치, 인격에 맞게 스스로 결정을 내리도록 도움을 받아야 더욱 좋은 결과를 낼 수 있는 독특한 존재인 것이다. 훌륭한 사회복지사는 정보를 공유하지만 직접적인 조언을 해주지는 않는다.

물론 클라이언트가 정보나 자원과 지원을 요청할 때는 그들의 요구를 즉각적으로 다루어주어야 한다. 문제는 클라이언트가 워커에게 자기를 대신해서 문제를 해결해달라거나 결정을 내려달라고 하는 상황을 어떻게 다루어야 하는가다. 중요한 것은 클라이언트가 심지어 "제가 무엇을 해야 하나요?" "선생님은 무엇을 해주시겠어요?"라고 물을 때조차 클라이언트가 자기결정권을 포기한 것은 아니라는 것이다. 이런 말은 혼란이나 당황함의 표현이지 사회복지사에게 모든 권한을 양도하겠다는 뜻은 아니다. 클라이언트가 도움을 요청한다 해도 그것은 자신의 삶을 워커에게 넘긴다는 뜻은 아니다. 그것은 단지 무기력의 표현이고, 문제를 회피하고자 하는 시도이며, 도움을 구하는 절규이자 고통의 표현이다.

정보를 주어야 할 상황에서 조언을 하는 것은 원조관계에서 매우 위험하다. 만일 클라이언트가 워커의 조언을 받아들이지 않는다면, 워커는 상처받고 거부당한 느낌이 들 것이며, 심지어는 그 사람에게 화가 나서 일하기조차 어려워진다. 클라이언트가 워커의 조언을 받아들인다 해도 문제는 남는다. 만일 받아들인 충고가 문제해결에 도움이 되지 않고 클라이언트를 더 어렵게 한다면, 원조관계는 와해되고 회복하기 어려운 상태가 될 수 있다(예를 들어, "선생님이 저에게 임신사실을 부모님께 이야기하라고 해서 그렇게 했더니 부모님이 저를 집에서 쫓아내서 이제 갈 곳도 없어요."). 일이 잘 풀린다고 하더라도 이는 의존성을 길러주는 것이며 클라이언트 스스로 자신의 상황을 해결하는 방법을 배우지 못하게 되는 결과를 낳는다.

클라이언트가 워커에게 직접적으로 조언을 요구하는 경우가 있다면, 반영기술을 활용하여 관심을 표명해주는 것이 좋다. 다음처럼 이야기하는 것이 좋다. "선생님은 지금 혼란스럽고, 좌절감과 상실감을 느끼는 것처럼 보입니다. 또 그 문제를 누군가가 떠맡아서 풀어주기를 바라는 것 같아요. 그 문제는 매우 어려운 문제이지요." 또한 함께 해결책을 찾아보고 그 결과도 함께 직면하는 것이 좋다. 무엇을 어떻게 하라고 이야기하지 말아야 한다. 그것은 개인의 권리와 어떤 문제를 스스로 해결할 수 있는 능력을 무시하는 것이다.

사례

다음의 대화를 보고, 조언을 원하는 클라이언트를 어떻게 처리하는지 생각해 보자.

정현: 제가 무엇을 해야 할까요? 제가 무엇을 해야 한다고 생각합니까?

워커: 저는 정현 양이 저의 의견을 정말로 원하는 것인지 혹은 좌절감과 혼란스러움을 표현하는 것인지 잘 모르겠어요.

정현: 저는 선생님께 조언을 구하고 싶어요. 내가 지금 무엇을 해야만 하지요?

워커: 글쎄요, 저는 정현 양을 돕고 싶어요. 그러나 정현 양이 어떻게 해야 한다고 말해줄 수는 없어요.

정현: 왜요?

워커: 저는 정현 양에게 발생한 일이 정말 걱정스럽지만, 제가 정현 양의 인생의 주인이 아니기 때문이에요. 그렇기에 그것은 제가 결정할 일이 아니에요. 정현 양 자신만이 자신에게 가장 적합한 것을 알 수 있어요. 제가 할 수 있는 것은 가능한 모든 해결책을 열거해서 정현 양이 최선의 해결책을 찾을 수 있도록 돕는 거예요.

정현: 선생님이 말하는 것을 이해할 수 있을 것 같아요. 내가 선생님께 몇 시냐고 물으면, 선생님은 저에게 몇 시라고 생각하냐고 물을 것 같군요.

워커: 재밌네요. 지금 저를 놀리는군요. 그러나 내가 말하는 것이 뭔지 이해하겠지요?

정현: 예. 저는 제 스스로 결정해야 한다는 것을 알고 있어요. 그러나 너무 어려워요. 그게 전부예요.

워커: 저도 그것이 매우 어렵다는 것을 알고 있어요. 저는 우리가 무엇을 해야 하는지 알아낼 수 있을 때까지 포기하지 않을 거예요. 자, 그럼, 정현

양이 이 문제를 해결하기 위해 이미 시도해본 것이 무엇인지 먼저 이야기 해봅시다. 어때요?

정현: 좋아요.

유능한 워커가 되기 위한 조건

1. 유능한 워커로서 갖추어야 할 자질은 상당한 경험을 통해 얻을 수 있는 것이다. 특히 듣기와 질문기술을 쌓아야 한다.
2. 어려운 사례를 다루려는 노력으로부터 특별한 기술을 발견하게 된다. 워커들끼리의 토론 동안 발견된다.
3. 좋은 관계는 워커와 클라이언트의 성격이나 욕구가 맞을 때 만들어진다. 나의 단점을 잘 알아야 한다. 특정 클라이언트에 자신이 없는 경우, 다른 사람에게 맡기는 것이 좋다.
4. 어떤 사례에 대한 나의 감정과 반응에 대해 공개토론한다.
5. 조종하려는 워커, 설교하는 워커, 자신의 스타일이나 신념에 클라이언트를 맞추려는 워커는 훌륭한 워커가 못 된다.
6. 클라이언트와 사적인 관계로 발전해서는 안 된다.
7. 클라이언트의 문제를 다루는 과정 속에서 워커 자신은 노여움이나 슬픔 등의 감정을 갖게 된다. 이러한 감정을 잘 활용한다. 이때 이러한 감정을 직접 표현하지 말고 이에 대하여 코멘트를 한다. 예를 들어보자. 클라이언트의 이야기를 듣다가 매우 화가 난 경우, "제 생각에 이 경우 매우 화가 났을 것이라 생각되는데요?" 또는 "너무나 힘들었을 것 같아요."
8. 동료들과 자신의 감정에 대해 공개토론한다. 우리는 모두 실수할까 봐 두렵고 클라이언트가 오히려 해를 받지 않았는지 두려워한다. 실패에 대해 공개하라. 우리는 실패로부터 더 많이 배운다. 종종 어떤 해답도 없는 경우도 많다. 우리는 공개적이고 우리 자신에 대해 정직해야 한다. 그리고 계속 성장해야 한다.
9. 긍정적인 어떤 것이 개인의 위기경험으로부터 나올 수 있다는 것을 믿어야 한다. 그러므로 사회사업가는 개인의 고통스런 사건을 생존, 성장, 향상의 기회로 볼 수 있도록 개입해야 한다.
10. 정서적 지지욕구를 인식하고 충족시킨다. 감정이입적으로 듣고, 감정표현을 고무하며, 감정을 정당화하고, 희망을 제공해야 한다.
11. 도움을 찾고 활용하는 것은 약점을 드러내는 것이 아니라 강점의 표시라는 것을

설득시키고 재확인시킨다.
12. 수동적이고 간접적이기보다는 적극적이고 직접적으로 개입한다.
13. 과거 행동과 기억에 집착하기보다는 현재상황에 초점을 두고 계획과 행동을 고무한다.
14. 기관 내외의 공식적 자원뿐만 아니라 클라이언트의 비공식적 자원을 동원한다.
15. 초점을 가족의 이해, 욕구, 자원, 강점에 두고 이를 사정해야 한다.

6. 기타 면접기술들

상대방에게 집중한다

워커에게 말하고 있는 그 사람에게 집중한다. 제3자나 그 자리에 없는 사람 이야기를 꺼내면서 곁길로 가지 않는다.

중립을 유지한다

누구의 편을 들지 말고, 클라이언트의 입장을 이해하려고 노력한다.

사례

다음 두 반응의 차이점을 찾아보자. 하나는 누구의 편을 들고 있고, 다른 하나는 객관적이고 중립적이다.

- 비효과적인 반응: 너의 할머니는 진짜 심술쟁이구나.
- 효과적인 반응: 너와 할머니 사이에 많은 갈등이 있는 것 같구나. 할머니가 너를 자꾸 비난하는 것 같다.

- 비효과적인 반응: 분명히 선생님이 옳아요. 선생님 애인은 그것을 요구할 권한이 없어요.
- 효과적인 반응: 선생님은 애인과의 논쟁으로 상처를 받은 것 같습니다. 그 분이 불공평하다고 느끼는 것 같아요.

방어적인 행동에 대처한다

클라이언트가 방어적으로 행동할 때, 이에 대해 반영기법을 활용하여 반응해준다. 논쟁은 피한다.

사례

다음 두 반응의 차이점을 찾아보자.

- 비효과적인 반응: 선생님은 내가 말한 것은 다 잘못됐다고 하는군요. 너무 민감하게 굴지 마세요!
- 효과적인 반응: 선생님은 내가 말하는 모든 것에 대해 공격적으로 느끼는 것 같아요. 나는 이 점을 분명히 하고 싶어요. 선생님께 상처 주고 싶지 않아요. 미안해요. 선생님이 괜찮다고 느끼지 않으면 그에 대해 말하지 않겠어요.

노여움에 적절히 반응해준다

클라이언트가 워커에게 화를 낼 때 방어적이거나, 화내거나, 우는 것은 도움이 되지 않는다. 화를 내는 사람은 자신의 감정을 표현하고 있는 것이다. 화난 사람을 다룰 때 중요한 두 가지 지침을 제시하면 다음과 같다.

① 화를 내는 사람에게는 워커로서 할 수 있는 한계를 정해놓고 그 범위 내에서 일해야 한다. 워커의 안전이 중요하다. 만약 클라이언트가 폭력적으로 될 것 같으면 피하고 도움을 구하라. 만약 클라이언트가 워커를 모욕하면서 화가 나서 소리를 지르면, 그런 식으로 나를 대한다면 상대할 수 없다고 말해야 한다. "선생님께서 제게 소리를 지르면 저는 더 이상 이야기를 할 수가 없어요." 만약 클라이언트가 계속해서 위협하고 소리를 지르면 인터뷰를 중단하고 좀 진정이 되면 다시 이야기하자고 말한다.

② 클라이언트가 화를 내는 대부분의 상황을 보면, 클라이언트가 폭력적이라기보다는 단지 화가 나 있을 뿐인 경우가 많다. 그런 경우는 반영기법을 활용하는 것이 좋다.

사례

다음은 워커에게 화를 낼 때 반영해주는 방법이다.

워커: ○○ 씨는 제가 오늘 거처할 곳을 찾아드리지 못해 매우 화가 난 것 같아요. 저는 ○○ 씨가 화가 나고 불안해하는 것을 이해해요. 나도 또한 화가 나요. 제가 계속 알아볼게요.

워커: ○○ 씨는 제게 매우 화가 난 것 같습니다. 왜 그렇게 화가 나는지 말씀해주세요.

현재에 초점을 맞춘다

인터뷰는 현재에 초점을 맞추어 이루어져야 한다. 대부분의 상황에서 과거를 너무 깊게, 너무 오래 이야기하는 것은 적절하지 않다. 현재의 문제와 느낌이 중요하다. 클라이언트가 현재에 초점을 맞추도록 유도하라.

사례

다음의 대화는 현재로 대화를 이끌려는 시도다.

워커: 최근에 이런 죄책감이 들게 된 계기는 무엇인가요?

워커: 오늘 저에게 전화한 이유는 무엇인가요?

워커: 최근 무엇인가가 선생님을 화나게 하는 것 같아요. 선생님 생각에 그것이 무엇이라고 생각하는지 궁금해요.

면접 환경에 대한 인식

면접이 효과적으로 진행되기 위해서는 조용하고 다른 사람들의 방해를 받지 않는 공간을 확보하는 것이 중요하다. 물론 이것이 늘 가능하지는 않다. 매우 중요한 문제를 버스정류장이나 병원 복도에서 이야기하게 되는 경우도 있을 수 있다. 그러나 면접환경이 비밀보장이나 워커의 집중하여 듣는 능력에 중요한 역할을 한다는 점을 인식해야 한다. 가능하다면 텔레비전이나 라디오 같은 것은 끄고, 방해물도 미리 차단한다(만약 사무실에 있다면 문은 잠그고 걸려오는 전화는 잠시 보류해둔다.). 어떤 식으로든 조용한 공간이 확보되지 못한다면, 걸으면서 이야기할 수도 있다. 면접 공간 마련을 위해서는 클라이언트에게 제안을 하는 것도 좋다. 예를 들어, "저는 선생님과 개인적으로 조용히 이야기하고 싶습니다. 어디가 좋을까요?"

차단하지 않기

클라이언트가 말하는 것을 차단하지 않는다. 그리고 만약 차단했을 때는 사과를 해야 한다. 꼭 차단해야만 하는 경우는 차단해서 미안하다고 말하고 그 이유를 설명해야 한다. 예를 들어, "최근에 의사를 만난 이야기를 중간에 그만두게 해서 죄송합니다. 그러나 오늘은 시간이 없네요. 제가 선생님의 신청서를 오늘까지 처리하기 위해서는 더 많은 정보를 얻어야 합니다. 이야기 주제를 바꿔도 될까요?"

많이 이야기하지 않기

워커는 자신이 얼마나 많이 이야기하고 있는지 인식하고 있어야 한다. 클라이언트가 말을 더 많이 해야 한다. 너무 빈번히 이야기하는 자신을 발견한다면, '내가 필요한 말만 하고 있는지' 조용히 생각해보아야 한다.

명확히 하기

알아들을 수 없는 말, 속어, 진부한 말투, 잘못된 확신, 공허한 문장, 자기 전문분야가 아니면 이해하지 못하는 말은 피하는 것이 좋다. 의사소통은 명확하고 현실적이어야 한다.

기타 주의사항

무시하기, 경멸하기, 경고하기, 명령하기, 설교하기, 설득하기, 비판하기, 경시하기, 비난하기, 조소하기, 수치심을 느끼게 하기, 진단하기, 웃음거리로 만들기 등은 유용한 의사소통에 방해가 된다.

7. 종결기술

워커와 클라이언트가 원조관계를 무리 없이 종료하는 데도 상당한 기술이 요구된다. 워커가 사용하는 기술은 여러 가지 요인들, 즉 클라이언트가 목표를 성취하여 종료하는 것인지, 목표를 성취하지 못하여 서비스에 대한 비판적인 생각을 가지고 있는 경우인지, 워커가 기관을 떠나게 되는 경우인지, 서비스의 예정된 시간이 끝나게 되는 경우인지 등에 따라 다를 수 있다. 하지만 워커는 다음 과제를 수행해야 한다.

① 워커는 클라이언트가 원조과정에서의 경험을 평가하도록 돕는다.
② 종결에 대한 감정처리를 돕는다.
③ 종결 후에도 유익한 변화를 계속 유지하도록 돕는다.
④ 필요하다면 새로운 서비스를 모색하도록 돕는다.

클라이언트는 종결에 대해 어떤 감정을 가지곤 한다. 이런 감정은 목적을 이루게 된 것에 대한 기쁨이나 아니면 워커와 헤어지게 되는 슬픔 또는 목적을 이루지 못하게 된 것에 대한 분노의 감정일 수도 있고, 앞으로 클라이언트 혼자서 해낼 수 없다는 두려움일 수도 있다. 워커는 클라이언트가 이런 감정들을 표현하도록 돕고 그런 감정을 잘 처리하도록 도와야 한다. 이것이 클라이언트가 원조과정으로부터 배운 것을 잊지 않도록 도와주는 길이며 또한 클라이언트의 일생을 통해 일어날 수 있는 부득이한 종료과정을 잘 처리할 수 있도록 도와주는 것이다.

종결에 대한 반작용의 예를 들면 다음과 같다(Garland, Jones, & Kolodny, 1965).

① 부정(denial): 성원들은 워커가 종결에 관해 이야기했었다는 것을 기억하지 못한다. 매우 놀란 듯이 행동하며 언제 다시 집단이 시작되는지 묻는다.
② 퇴행: 대인관계나 어떤 과업을 수행하는 능력 면에서 이전의 단계로 후퇴한다. 워커에 대한 의존욕구가 증대한다.
③ 욕구의 표현: 성원들은 자신들이 아직 서비스를 필요로 함을 보여준다면 워커가 계속 치료를 진행할 것이라고 느낀다.

Pincus & Minahan(1973)은 다음처럼 몇 가지 종결에 대한 아이디어를 말해주고 있다. 클라이언트가 종결을 준비하도록 돕기 위해 워커는 초반부터 종결날짜에 대해 명백히 해두는 것이 좋고 클라이언트의 진전사항에 대해 정규적 검토를 하는 것이 좋다. 또한 실제 종결 몇 주 전에 종결에 대해 인식시켜 주어야 한다.

Reid & Shyne(1969)는 단기치료에서 종결날짜를 미리 정해놓은 경우는 클라이언트들이 잘 적응하는 반면, 종결날짜를 오픈해놓은 경우는 종결에 대해 부정적인 의사를 표현한 것을 발견했다. 종결이 가까울수록 만나는 빈도수나 회합의 길이를 짧게 하는 것도 때로는 유용하다. 간단한 파티 등의 계획을 하게 하여 종결의식을 행함으로써 종결이 실제로 일어나고 있다는 현실감을 심어주는 것도 좋은 방법이다.

워커 자신도 종결에 대한 감정을 가질 수 있다. 워커가 클라이언트의 진전에 대해 기쁜 감정을 갖는 것도 당연하지만 또한 의미 있는 관계를 가지고 있던 사람들과 이별하는 것에 대해 상실감을 가질 수도 있다. 내가 최선을 다했는가 하는 죄의식을 갖기도 한다. 워커는 클라이언트의 진전을 의심하고 회합을 늘리려고 할 수도 있는 것이다. 그러므로 워커는 자신의 감정에 대해 검토하여야 한다. 자기인식(self-awareness)이 필요한 것이다. 워커가 종결에 대한 자신의 감정에 대해 분명하지 않다면 클라이언트의 종결에 대한 반응에 쉽게 휩싸이게 된다. 워커는 종결이 갖는 전문적 가치와 적절성을 인식하여야 할 것이다. 각 사례를 종결한다는 것은 워커가 전문적 지식을 형성하는 귀중한 노력을 기울이는 것이며, 자신의 강점 그리고 필요한 지식과 기술에 대한 정보를 얻을 수 있는 것이다(Germain & Gitterman, 1980).

워커는 클라이언트가 변화를 유지할 수 있도록 여러 방법으로 도울 수 있다. 하나는 그런 변화들을 명확히 확인하는 것이다. 또 하나는 실제 환경 속에서 클라이언트가 여러 사람들과 부딪치면서 발생하는 문제를 어떻게 극복할 것인지 계획하는 것이다. 또한 워커는 클라이언트가 개입을 통해 얻은 변화들을 유지, 강화할 수 있는 방법을 찾도록 도와줄 수 있다. 또 서비스를 종결하기 전에 클라이언트가 새로이 얻은 유익한 기술을 한 번 더 연습해보도록 고무할 수도 있다.

클라이언트는 원조과정으로부터 많은 이익을 얻었지만 계속해서 또 다른 서비스를 요구하거나 필요로 할 수도 있다. 워커는 클라이언트의 이런 욕구를 인지하고 서비스를 계속 받을 수 있도록 해야 한다.

제 4 장

유능한 사회복지사의 조건과 생존기술

유능한 사회복지사가 되기 위한 조건은 무엇이며 스트레스가 많은 사회복지 현장에서 생존하기 위한 기술은 무엇인가? 이 장에서는 먼저 유능한 사회복지사의 조건을 제시하고자 한다. 여기서 제시되는 내용은 사회복지사들을 면담한 결과를 토대로 하고 있다(Woodside & McClam, 2003). 특히, 자기인식에 나오는 질문에 대한 답을 통해 본인이 사회복지사로서의 준비가 되어 있는지 검토해 보기 바란다.

1. 유능한 사회복지사의 조건

1) 다양한 역할 수행하기

사회복지사는 상담, 옹호, 중개자, 조정자, 교육자, 평가자, 감독자(gatekeeper), 계획가, 문제해결자 등 다양한 역할을 수행한다. 사회복지사는 핵심문제를 결정하고 계획을 세우며 이를 수행하는 동안 다양한 역할을 하게 된다. 예를 들어, 사회복지사가 미시적인 상담만 해서는 클라이언트가 자기 충족적이 되거나 클라이언트의 문제가 해결되는 목표에 도달하기 어렵다.

옹호가 사회복지사의 중요한 역할로 부각되는 경우가 많다. 한 사회복지사는 "서비스는 옹호와 함께 시작한다."고 제안하기도 했다. 성공적인 사회복지사는 다양한 기술을 가지고 있는 전문가다.

2) 조직 능력

클라이언트를 위해 사회복지사가 조직화한다는 것의 의미는 자신의 시간을 관리하는 것과 문서화하는 것을 의미한다. 사회복지사가 자신을 잘 조직화하지 않으면 종국에는 클라이언트들이 고통받게 된다. 시간관리가 스트레스를 완화시키는 도구로 지속적으로 언급되어 왔지만, 많은 사회복지사들은 자신의 업무상황을 통제할 수 없을 정도로 업무량이 너무 많다고 한다. 따라서 너무 분주하여 클라이언트의 문제를 해결하기 위한 방안을 찾을 시간조차 없다고 한다. 한 사회복지사는 "클라이언트가 내게 와야지 내가 가서 만날 수는 없다."고 말한다.

문서업무의 수행은 사회복지사들이 매일 접하게 되는 또 다른 조직기술이다. 클라이언트의 전체 삶을 문서화하는 것이 중요하다. 사회복지사가 기록하는 문서는 초기 사정, 가족력, 심리사회적 사정, 면접 일지, 목적, 서비스 계획, 평가가 포함된다. 전문가들은 보고서를 작성하는 방법에 익숙해야 하고 보고서를 작성할 시간을 잘 마련할 수 있어야 한다.

조직기술을 숙련하지 않으면 과다한 업무량, 좌절, 소진으로 직장을 떠나게 된다. 시간과 문서업무, 업무량, 매일의 스케줄, 비상상황에 대한 관리는 매우 중요한 생존기술이다.

3) 의사소통기술

의사소통기술은 다른 어떤 기술들보다 더욱 중요하다. 이는 원조관계를 형성하고, 욕구와 상황을 사정하며, 클라이언트를 설득하는 데 직접적으로 관련되는 기술이다. 의사소통기술에는 경청하기, 질문하기, 정보제공하기가 포함된다.

사회복지사들은 클라이언트와 원조관계를 잘 형성하기 위해, 문제를 잘 규정하기 위해, 원조과정의 원활한 진행을 위해 클라이언트가 말하는 것을 '진실로 경청하는 것'이 중요하다고 언급하였다. 유대감은 원조과정에서 매우 중요한 부분이다. 사회복지사는 클라이언트가 자신의 문제에 대해 이야기할 수 있을 만큼 사회복지사를 신뢰할 수 있도록 해야 한다. 이러한 관계 없이는 클라이언트가 서비스를 받으려 하지 않을 수도 있고, 오랜 기간 마음을 열지 않을 수도 있다. 사회복지사는 클라이언트와 친밀감을 형성해야 한다.

적극적 경청을 통해 사회복지사는 클라이언트가 자신의 숨겨진 문제를 말할 수 있도록 도와야 한다. 또한 적극적 경청은 클라이언트가 억눌린 감정을 토해내도록 하는 데 도움을 준다. 또한 클라이언트가 말하는 것이 무엇을 의미하는지 명확히 하도록 돕기 위한 질문들을 하는 것도 포함된다.

또한 경청은 사정과정을 촉진하는 의사소통기술이다. 많은 사람들로부터 정보를 모으고, 사람들의 욕구를 사정하며, 무엇이 중요한지의 여부를 파악하는 데 필요한 기술이다. 정보를 얻기 위한 질문을 던지는 기술이 필요한 것이다.

클라이언트로 하여금 서비스를 받도록 하고, 스스로를 보호하는 데 적극성을 띠도록 교육하기 위해 정보를 제공하는 데도 의사소통기술은 중요한 도구다. 때때로 사회복지사들은 클라이언트의 가족에게 문제가 무엇이고 중요한 이슈가 무엇인지 언급해야 하고, 필요하면 법적 조치에 대한 정보도 주면서 이야기한다.

다른 전문직과의 의사소통 또한 중요한 기술이다. 관계망(networking)은 클라이언트를 위한 자원을 찾는 데 중요한 도구다. 다른 전문직과 좋은 관계를 맺고 있는 것과 원조를 위해 연락할 사람들과 기관을 알고 있는 것은 궁극적으로 클라이언트에게 도움이 된다.

4) 다양한 지식

사회복지사는 다양한 상황에 대한 지식이 필요하다. 여기에는 일반적인 기술들, 예를 들어, 타이핑하기, 컴퓨터 활용하기뿐 아니라 더 전문화된 지식(의료용어, 처방과 부작용 등)이 포함된다. 인간행동, 심리사회적 문제들, 다양한 원조방법들에 대한 전반적인 이해가 클라이언트와 함께 일하면서 계획을 세우는 데 기초가 된다. 또한 의료급여, 보호처분, 아동복지, 임대주택, 기초생활보장수혜자격 등의 체계를 아는 것이 중요하며 필요하다. 이러한 지식을 통해 사회복지사가 다른 기관이나 서비스와 상호작용하기가 용이해진다.

5) 윤리적 의사결정

윤리적 의사결정도 중요한 이슈다. 사회복지사는 반드시 윤리적 이슈들(즉, 자기결정, 비밀보장, 역할 갈등)을 알아야 하고, 이러한 이슈와 관련된 질문을 제기해야 하며, 이에 대해 적절한 전문적인 반응을 해야 한다. 자기결정과 관련해 한 사회복지사는 다음과 같이 언급하였다. "우리는 그들을 교육하지만, 그들의 권리를 빼앗을 수는 없다." 사회복지사들은 클라이언트가 잘못된 결정을 내린 사례들을 제시했다. 클라이언트들은 서비스를 거부했고, 완벽한 서비스를 받는 것보다 독립을 유지하는 것을 선택했다. 약물 치료도 거부하고, 식사도 거르며, 학대적인 상황으로 되돌아가기도 했다. 사회복지사들은 클라이언트가 서비스를 거부하거나 조언을 무시했을 때 겪은 좌절에 대해 묘사했다. 그러나 그들은 클라이언트들이 자신의 운명을 스스로 결정해야 하는 권리에 대해서 열정을 가지고 있었다.

비밀보장은 또 하나의 윤리적 딜레마다. 사회복지사는 어떤 정보들을 보고해야 하고, 어떤 것을 생략해야 할지에 대한 의문을 종종 갖는다. 비밀보장과 관련된 또 다른 문제는 컴퓨터 사용과 관련된다. 컴퓨터 보안의 필요성이 증대되고 있는 것이다.

사회복지사가 직면하는 가장 어려운 딜레마 중 하나는 역할 갈등이다. 사회복지사는 서로 모순되는 이중의 책임감에 대해 생각해보아야 하는 상황을 종종 맞게 된다. 클라이언트를 지지하기 위해 새로운 서비스를 제공해 주어야 하지만 기관의 규정을 어겨야 하는 경우를 예로 들 수 있다.

6) 경계

사회복지사로서 자신과 클라이언트 사이에 경계를 세우는 것이 중요하다. 한 사회복지사는 "클라이언트와 매우 가까워질 수 있으므로 스스로를 잘 살펴야 한다."고 지적하였다. 또 다른 사회복지사는 "상황이 어떻게 진행되고 있는지에 대해 분명하게 이해하기 위해 때때로 한걸음 물러서서 다음과 같이 질문하는 것이 도움이 된다. 이것이 누구의 문제인가?" 비록 사회복지사들이 자신과 클라이언트 사이에 경계를 세우기 위해 노력한다 할지라도, 여전히 클라이언트가 직면한 어려운 상황에 대해 고민하게 된다. 사회복지사는 클라이언트의 문제 때문에 울기도 하고 클라이언트에 대한 꿈을 꾸기도 한다. 사회복지사는 때로 현실적일 필요가 있고, 자신의 감정을 잘 통제해야 한다.

7) 비판적 사고

사회복지사는 비판적으로, 명확하게 사고할 필요가 있다. 비판적 사고 기술 중 하나는 "개인적이고 작은 부분뿐만 아니라 전체를 보는 것"이다. 개별 사례들은 매우 복잡하게 얽혀 있는 경우가 많기 때문에, 세부적인 것에만 중점을 두고 숲을 보지 못한다면 문제를 해결하기 힘들 수 있다. 비판적 사고는 여러 사람으로부터 많은 정보를 모으고, 요약하고, 결정하는 것이다.

8) 개인적 자질

효과적인 사회복지사가 되기 위한 개인적 자질은 무엇인가? 유연성이 필요하다. 하루 동안의 계획이 예정대로 진행되지 않을 수 있다. 긴급한 클라이언트의 욕구가 발생하거나, 면접이 평소와는 다른 환경 속에서 이루어질 수 있다. 따라서 유연성을 갖고 상황에 따라 적절히 대처할 수 있어야 한다. 또한 사회복지사는 의사소통에서 '확고한' 면과 아울러 때로는 '부드러울' 필요가 있다. 클라이언트와의 좋은 업무 관계를 형성하는 능력은 매우 중요하다. 사회복지사는 '사람들과 이야기하고 잘 어울릴 수 있는 능력'이 중요하다.

사회복지사에게 필요한 또 다른 자질은 인내심이다. 한 사회복지사는 자신이 클라이언트와 함께 일할 때는 '한 번에 한걸음씩' 나아간다고 이야기했다. 때로는 인내하기 힘든 경우도 많다. 그럴 때마다 그들은 스스로에게 기다리는 것의 중요함을 상기한다. 클라이언트에 대한 현실적인 기대를 함으로써 인내심을 갖게 될 수도 있다. 한 사회복지사는 클라이언트가 새로운 기술을 배우도록 할 때, '서두를 필요가 없다.'는 점을 강조한다. 인내의 두 번째 부분은 지속성(persistence)이다. 많은 사회복지사들이 원조과정에서 클라이언트와 관료주의로부터의 저항과 어려움을 경험하기 때문이다.

자신감은 원조과정에서 접하게 되는 많은 어려움들을 극복할 수 있는 기반이 된다. 응답자들은 "반드시 자신감을 가져야 한다."고 말한다. 이러한 자신감은 상황이 잘 풀리지 않을 때 긍정적인 관점을 갖는 데 도움을 준다. 이러한 자신감은 다른 전문가들과 일할 때 또는 저항적인 클라이언트와 일할 때 단정적 행동(assertiveness)을 강화시켜준다. 다른 전문직과 일할 때 경험하게 되는 특별한 어려움은 바로 관료주의적 위계관계다. 많은 고위층 인사들은 사회복지사가 중요한 전문적인 공헌을 한다고 생각하지 않는다. 자신감을 통해 사회복지사들이 리더십을 발휘하게 되고 목표를 성취하는 데 필요한 권위를 갖게 된다.

끝으로, 사회복지사는 자신의 업무에 대한 '모험심'과 '흥미'를 가져야 한다. 인류학자나 탐험가처럼 문제를 정확히 파악하고, 클라이언트의 욕구에 맞는 서비스 계획을 세우며, 이러한 서비스를 찾아나서는 데 흥미를 느껴야 한다.

9) 자기인식과 정체감 형성

능력 있는 사회복지사가 되기 위해 필요한 것은 사람들과 관계를 잘 맺고 상담할 수 있는 능력이다. 이를 위해서는 자기인식이 필요하다. 훌륭한 상담가는 바로 자신을 알고 있는 사람들이라는 것이 밝혀지고 있다. 상담가는 클라이언트가 생각하고 느끼는 것을 인지해야만 한다. 이를 위해서는 상담가가 자신을 클라이언트의 상황 속에 놓을 수 있어야만 한다. 고난도의 자기인식이 없다면 자신을 클라이언트의 입장에 놓을 수가 없게 되고, 클라이언트가 진실로 생각하고 느끼고 있는 것을 인지하기 힘들어진다. 자기인식을 위한 한 가지 방법은 정체감 형성이다. 상담할 수 있는 자신의 능력을 향상시키는 데 자기인식은 본질적으로 중요하기에 사회복지사에게 특별히 중요하다.

정체감 형성은 일생을 통해 이루어지는 과정이고, 정체감은 일생에 걸쳐서 조금씩 변화한다. 청소년기나 성인 초기의 정체감은 다른 사람들에 대한 반응으로써 대부분 결정된다. 다른 사람들로부터 얻는 보상을 중요시 여긴다. 다른 사람들의 주관적 평가에 의존하는 정체감이 형성된다. 그리고 다른 사람들이 원하는 행동을 더욱 많이 하게 된다. 성인으로서 정체감 형성은 좀 달라야 한다. 어느 날 우리는 거울 속에 비친 자신을 보면서 다음과 같은 질문을 하게 된다. 내 삶은 가치 있었는가?

우리가 직면해야 하는 중요한 이슈는 다음과 같다.

① 어떤 부류의 사람이 되기 원하는가?

② 일생을 통해 무엇을 원하는가?

③ 나는 누구인가?

이러한 질문에 대한 해답 없이는 직장이나 주거, 생활스타일, 자녀양육에 대한 주요 결정을 내릴 준비가 되어 있지 않다고 봐야 한다. 많은 사람들이 이러한 질문에 대한 해답 없이 그럭저럭 삶을 살아간다. 이에 대한 해답은 쉽지 않다. 충만하고 만족스러운 삶을 원한다면 자신이 원하고 있는 것, 자신이 누구인지를 아는 것이 절대적이다. 다음 질문에 답해보자.

① 나에게 만족스러운/의미 있는/흥미로운 것은 무엇인가? 이것을 알아야만 자신의 삶을 성취할 수 있는 활동을 의식적으로 찾게 된다. 의미 없는 활동은 피할 수 있게 된다.

② 나의 도덕관은 무엇인가? (예: 다른 사람에게 해를 끼치지 않으면서 나의 욕구 충족을 추구한다.)
③ 나의 종교적 신념은 무엇인가?
④ 내가 원하는 직업의 종류는 무엇인가? (이상적으로는 자신에게 만족감과 자극을 주는 일, 능숙한 일 또한 생활하는 데 충분한 돈을 벌 수 있게 해줄 수 있는 일을 선택하면 좋을 것이다.)
⑤ 나의 성적(sexual) 기호는 무엇인가?
⑥ 나는 결혼하기 원하는가? (그렇다면 언제 어떤 사람과 할 것인가? 본인의 인생 목적과 어느 정도나 일치하는가?)
⑦ 나는 아이들을 갖기 원하는가? (얼마나, 언제? 본인의 인생목적과 어느 정도나 일치하는가?)
⑧ 나는 어디서 살고 싶은가? (시골, 도시, 친구나 친척이 있는 곳, 이웃의 특성)
⑨ 여가시간에는 무엇을 즐기고 있는가?
⑩ 다른 사람들에게 나의 어떤 이미지를 보여주고 싶은가? (자신의 이미지는 옷차림이나 몸치장 습관, 성격, 단정적 행동, 의사소통 유형, 소유하고 있는 물건, 도덕관, 목소리 등으로 나타날 수 있다. 자신의 강점과 단점을 정직하게 사정해 보아야 한다.)
⑪ 나는 어떤 유형의 사람과 함께 있는 것이 즐거운가? 왜?
⑫ 나는 나의 삶의 질과 다른 사람의 삶의 질을 향상시키길 바라는가? 그렇다면 어떤 방법으로?
⑬ 친구나 친척, 이웃과 어떤 관계를 형성하기 원하는가?
⑭ 죽음에 대한 나의 생각은 무엇인가?
⑮ 지금부터 5년 후에 나는 무엇을 하고 있기를 원하는가? 10년 후에는? 20년 후에는?
⑯ 위 15번의 목적을 어떻게 성취할 수 있을까?

위의 질문 중에서 응답하지 못한 질문은 무엇인가? 위의 질문 대부분에 응답할 필요가 있다. 물론 모든 질문에 합리적이고 일관되게 응답하기는 어렵다.

자신의 장점과 단점에 대해 정직해질 필요가 있다. 시간이 지남에 따라 개인의 삶의 목적에 변화가 있기도 하며 신념이나 태도에서 변화가 일어나고 흥미로운 활동에서도 변화가 있게 마련인데, 여러분은 어떠했는가? 앞의 질문에 대한 답을 통해 자신에 대한 인식을 높여야 한다. 정체감 없이는 최상의 결정이 무엇인지 알 수 없으며 삶이 완성될 수 없다. 정체감이 형성되어야 자신의 인생의 목표를 향하여 나아갈 수 있고 의미를 찾을 수 있다.

성공 정체감의 형성

성공 정체감을 가지고 있는 사람들은 일반적으로 자신이 성공했다고 본다. 이들은 사랑과 가치 측면에서 볼 때 다른 사람들이 자신을 사랑하고 있고 자신도 다른 사람을 사랑하고 있다고 느낀다. 또한 다른 사람들이 자신을 가치 있는 사람이라고 믿어주며 자신도 가치 있다고 느껴야 한다. 성공 정체감을 갖기 위해서는 사랑과 가치 모두를 경험해야 한다. 많은 것을 이루었지만 사랑받지 못한다고 느끼면 실패 정체감을 갖게 된다. 실패 정체감을 갖는 사람들은 우울, 외로움, 불안, 우유부단함, 도전에 직면하길 주저함 중의 몇 가지를 경험하곤 한다. 알코올이나 고립, 정서적 문제를 갖기도 한다.

정체감은 일생을 통한 과정이기에 중대한 긍정적 변화가 충분히 일어날 수 있다. 중요한 원리는 바로 과거를 변화시킬 수는 없지만 우리가 원하는 것을 성취하기 위한 동기가 우리의 미래를 결정하는 데 더 중요하다는 점이다. 실패 정체감에 비해 성공 정체감을 형성한 사람의 특징을 알아보자.

성공 정체감을 가진 사람은 다음과 같은 자기독백(self-talk)을 한다. "나는 많은 것들을 성취했다. 나는 능력 있고 가치 있는 사람이다. 나는 특별한 재능을 가졌다. 새로운 것을 시도하는 것은 흥미로운 것이다. 새로운 시도가 좀 어렵다 하더라도 그 일이 보상을 줄 것이다. 감사와 성취가 넘치는 매일이 되길 기대한다."

우리는 이러한 긍정적인 자기독백을 하고 있는가? 아니면 다음과 같은 부정적인 자기독백을 하는가? 다음은 실패 정체감의 특징이다. "나는 어떤 것도 성취할 수가 없어. 나는 다른 사람에 비해 열등해. 나는 왜 다른 사람처럼 매력이 없고 능력이 없을까? 나는 실패자야. 내 약점이 드러날까 봐 새로운 것을 시도할 수가 없어. 나는 사람들이 내 약점에 대해 코멘트하지 못하게 할 거야. 나는 삶의 에너지를 고갈시키는 많은 문제들을 가지고 있어. 더 나은 내일이 올 것이라는 희망이 없어. 내 문제가 확실히 점점 더 혼란해지고 풀 수 없게 되어가고 있어. 인생을 살아갈 가치가 없어. 왜 이렇게 내게 상처를 주는 거야. 내가 뭘 잘못했다고 이렇게 고통을 당하는 거야."

이러한 독백은 걱정과 불안, 우울, 외로움, 비참함을 갖게 만든다. 클라이언트와 일할 때 그들에게 용기를 주기 위해 우리는 긍정적이고 성공 정체감을 갖는 것이 중요하다. 우리 자신의 부정적인 자기독백을 파악하여 긍정적으로 바꾸어야 한다.

10) 긍정적 사고

훌륭한 사회복지사의 핵심적 특징은 바로 용기를 주는 사람이 되는 것이다. 이는 긍정적 사고와 밀접히 연관되어 있다. 긍정적 사고는 클라이언트를 상대하는 데도 중요하지만 인생을 즐기는 데도 중요하다. 긍정적 사고를 하게 되는 기본원리 중 한 가지를 제시하면, 만나는 사람마다 미소를 주고, 친절한 말을 하며, 고마움을 표현하고, 용기와 희망을 줄수록 사회복지사도 이를 똑같이 받게 되고, 더욱 긍정적인 사고를 하게 된다.

자기 충족적 예언(self-fulfilling prophecies)을 잘 알고 있을 것이다. 자신이 맞이하는 모든 상황은 자신이 생각한 결과다. 부정적 사고를 하는 사람은 부정적인 것에 이끌리어 그런 차원에서 결정을 내리게 된다. 반면 긍정적인 사고를 하는 사람은 좋은 것에 이끌리어 그런 차원에서 결정을 내리게 된다. 긍정적 사고를 하면 일이 잘 풀리고, 부정적 사고를 하면 실제로 일이 잘못되게 마련이다. 이러한 조건은 사고를 바꾸기 전까지는 변하지 않을 것이다. 우리는 무엇을 마음속에서 그리고 있는가? 그것이 그대로 실현되기 원하는가? 여러분의 미래의 성공과 실패는 바로 여러분의 손에 달려 있다. 긍정적 사고가 여러분의 삶과 직업을 즐겁게 만들 것이다.

나는 진정 사회복지사가 되기를 원하는가?

사회사업은 다양한 것을 선택할 수 있어 지루해지면 다른 영역으로 옮겨갈 수 있다. 그러나 사람을 상대하는 것을 좋아하지 않는다면 좋은 직업이 아니다. 사회사업은 도전도 많고 좌절도 많은 직업이다. 많은 클라이언트가 동기화되어 있지 않다. 모든 클라이언트의 문제는 독특하다. 각각의 클라이언트와 상호작용하고 새로운 전략을 개발하는 것은 도전적인 과제다. 좌절도 있다. 직원 간의 갈등, 적은 보수, 클라이언트를 돕기보다는 자신의 이익을 위해서 일하는 동료를 볼 때 좌절하기도 한다. 그러나 사람을 도우면서 자신도 성장하고 자신에 대해 배우게 된다.

직장을 선택할 때 서두르지 말자. 40대, 50대, 60대, 70대에도 새로운 직장을 갖고 시작한다. 한 직장에서 만족하지 못하면 새로운 곳을 시도하자. 옛 경력은 없어지는 것이 아니다. 현재가 마지막 직장이라고 생각하지 말라. 시간이 흐르고 기관은 변하고 우리의 흥미와 가치도 변한다.

앞으로 유망한 사회사업 진출분야

노인인구의 증가로 인한 노인보건 및 사회서비스 수요 급증(각종 노인대상 치료 프로그램 가능자)

중년의 위기나 직장문제에서 야기되는 우울과 정신건강

의료산업의 개방화에 따른 경쟁력 확보 차원에서 의료사회복지사의 수요 증가 가능성

아동의 안전에 대한 관심증대로 인한 아동보호서비스

약물 및 알코올 문제의 치료중심 정책으로 인한 기회의 증대

공립학교의 학교사회복지사 채용 가능성

기업에서 근로자원조프로그램(EAP) 도입 가능성

군사회사업 도입 가능성

개업사회복지사-가족 및 부부상담의 수요 증가

사회복지공무원, 장애인고용촉진공단, 국민연금관리공단 등 각종 공사

2. 소진으로부터의 생존기술

복잡한 사례에 대한 개입을 하려면 다양한 역할 수행, 의사소통 능력, 윤리적 결정에 대한 지식, 유연성과 인내심과 같은 능력이 필요하다. 사회복지사의 업무는 스트레스와 정서적인 소모가 많으며 이는 소진을 가져올 수 있다. 사회복지사는 자신의 일이 긍정적인 결과를 가져온 것을 보지만 노력에 비해 극히 적은 보상을 받고 일하곤 한다.

시간관리와 단정적 행동기술은 사회복지사에게 다가오는 여러 도전들을 극복할 수 있는 요인이 된다. 그러면 소진의 특성에 대해 살펴보고, 어떻게 시간관리와 단정적 행동이 소진을 예방하거나 완화시킬 수 있는지를 설명하고자 한다.

1) 소진의 예방

Christine Maslash(1978)가 처음으로 정의한 '소진(burnout)'은 인간 서비스 영역에서 근무하는 사람들이 경험하는 현상이다. 소진을 경험하는 사람들은 주로 사회복지관련 클라이언트, 중환자, 병약한 노인, 재소자 등과 같은 수혜자들과 직접 관련된 사람들이다. Maslash에 의하면, 소진은 "개인 간 만남의 스트레스에서 오는 정서적 탈진" 상태다. 사회복지사들은 특히 소진에 민감하다. 왜냐하면 소진에 영향을 주는 많은 요인들이 그들의 업무과정에 통합되어 있기 때문이다. 그러한 요인들 중에는 클라이언트의 특성, 관료주의에 대처하는 데서 오는 스트레스, 스트레스 상황에서 부정적으로 반응하는 개인의 성향이 포함된다.

사회복지와 관련된 많은 업무는 매우 복잡하고 장기적인 어려움을 가진 클라이언트를 다루는 데서 나온다. 바로 위험에 처한 아동들, 장애가 있는 성인 또는 노인, AIDS나 암과 같은 의료적 문제가 있는 사람들이다. 사회복지사는 매일 희망이 거의 없거나 장기적인 질병으로 고생하고, 심각한 사회적 어려움이 있는 클라이언트와 대면한다. 어떤 사회복지사는 장기간 집중적인 서비스를 필요로 하는 클라이언트와 함께 일한다.

사회복지사는 기관의 경직성과도 투쟁한다. 또한 사회복지사들은 담당 클라이언트의 수가 너무 많아 각각의 클라이언트에게 질적인 개입을 주기 위한 충분한 시간이 없다. 또 가장 적절한 서비스를 결정해야 하지만 제공되는 프로그램들과 가용한 자원들은 종종 클라이언트의 욕구와 맞지 않기도 한다. 사회복지사들은 종종 클라이언트의 욕구를 너무 잘 알지만 체계의 한계를 알고 있기에 미궁에 빠지곤 한다.

다양한 심리적, 신체적 건강과 관련된 특정 증상들은 사회복지사들이 스트레스에 부정적으로 반응하고 있다는 것을 나타낸다. 장기결근과 높은 이직률은 소진과 관련된 지표다. 사회복지사는 또한 위장병, 약물 남용, 수면장애, 낮은 자아개념, 낮은 집중력, 대인관계에 어려움을 가질 수 있다. 이러한 증상들 때문에 사회복지사의 업무 태도와 업무 패턴이 변화할 수 있다. 동료와 협력이 어려워질 수 있고, 자신의 문제에 대해 클라이언트를 비난하고, 클라이언트를 비꼬는 듯한 표현으로 그들을 비인격화할 수 있다. 이러한 변화는 업무 수행에도 영향을 미치고, 사회복지사는 점점 절망하게 되고 소진된다. 소진은 기관과 사회복지사, 클라이언트를 모두 황폐화시키는 문제다.

시간관리와 단정적 행동 기술을 획득하는 것은 사회복지사를 소진에서 벗어나게 하는 데 도움이 된다. 두 기술 모두 효과적인 사회복지사가 되는 데 도움이 된다.

2) 시간관리하기

시간관리는 사회복지사에게 특히 중요한 기술이지만, 업무 특성상 이를 어렵게 만든다. 클라이언트와의 인터뷰에서 요구되는 다양한 종류의 활동에는 보고서 작성, 팀 멤버와 중요한 타인들과의 만남, 서비스 조정, 클라이언트를 이동시키기, 서비스 모니터링 등이 포함된다. 이러한 활동 각각은 구체적인 기술과 충분한 시간을 요한다. 또한 동료, 클라이언트, 가족을 포함한 많은 사람들과의 상호작용을 요한다. 이들 각각의 만남에는 시간이 필요하다. 시간관리에 어려움을 가져오는 또 다른 업무 특성에는 각 사례의 독특성에 있다. 클라이언트와 업무를 시작할 때, 개별 클라이언트에게 필요한 서비스의 전 영역을 예측하기가 어렵고 클라이언트가 어느 정도의 지지가 필요한지를 예측하는 것은 매우 어렵다.

또 다른 어려움은 업무 수행 시간이 일정하게 유지되지 못하는 현실적인 상황과 관련이 있다. 예를 들어, 위기상황이 수시로 발생하게 되어 예상하지 못한 업무를 수행해야 하는 경우가 많다. 따라서 정기적인 계획을 세우는 것 그리고 약속된 시간에 업무를 수행하는 것이 매우 어렵다. 복잡한 업무가 발생하면 사회복지사는 계속해서 우선순위를 따져보아야 한다. 최상의 시간관리자라 할지라도, 하루 동안 발생할 부가적인 책임들(위기상황과 주의가 요구되는 상황)을 예상하고 이에 대해 반드시 별도로 계획을 세워두어야만 한다.

개인의 시간관리 방식을 알아보기 위해 Cassell과 Mulkey(1985)는 다음의

4가지 질문을 제안한다.

- 개인적 성격은 어떠하며, 강점과 약점은 무엇이고, 이것이 시간을 관리하는 데 어떠한 영향을 미치는가?
- 정확히 어떻게 시간을 보내는가?
- 시간을 조절하기 위해 사용하는 기술은 무엇인가?
- 시간관리를 하는 원칙들이 있는가?

사회복지사가 효과적으로 시간을 관리할 수 있기 전에 반드시 해야 할 것은 자신의 근무 시간 동안 시간을 정확히 어떻게 사용하는가에 대한 사정이다. 시간일지를 통해 소요 시간과 성취한 성과를 측정한다. 매 20분마다 자신의 주요 활동을 기록하고 내용을 요약하는 것을 적어도 2주 정도 지속해야 한다. 일단 한 일지가 완성되면 시간이 어떻게 할당되었는지가 분석된다.

자료를 분석하는 데는 여러 방법들이 활용된다. 한 방식은 인테이크, 보고서 읽기, 팀 미팅, 지역사회기관 방문과 같은 활동들에 대한 시간의 안배를 조사하는 것이다. 이것은 얼마나 많은 시간을 문서작업이나 서비스를 제공하는 데 보냈는지 파악하는 데 도움을 준다. 〈표 4-1〉과 같은 형식이 그러한 분석을 위해 활용될 수 있다.

시간관리기술들

하루 동안의 업무에 대한 시간 분석은 시간관리의 기초를 제공한다. 시간관리의 한 요소는 시간에 대한 계획이다. 먼저 하루 일과의 목적과 우선순위를 세우고, 특정한 활동이 가장 잘 완수될 수 있는 시간에 그 활동을 할당한다.

Laekin(1976)은 목표를 기간별로 분류할 것을 추천했다. 향후 5년, 향후 3개월 그리고 오늘 성취해야 하는 목표다. 그 다음 단계는 목표들의 우선순위를 정하는 것이다. 예를 들어, 가장 중요한 목표는 A, 다소 중요한 목표는 B, 덜 중요한 목표는 C로 순위를 설정한다. 결과적으로 장기, 중기, 단기 목표별로 중요한 순위를 설정하게 된다. 가장 중요한 활동에 초점을 맞춘다. 단기, 중기, 장기의 각 영역에서 A로 평가된 업무들에 초점을 맞추어 하루계획을 수립하고

표 4-1 사회복지 원조 활동에 대한 시간분배

	주당 시간	%
관리		
인테이크		
보고서 작성		
팀 미팅		
지역사회기관 방문		
의뢰		
점검		
아웃리치		
하위 총계		
직접 서비스		
CT에 대한 직접 서비스		
가족에 대한 직접 서비스		
하위 총계		
총계		

수행한다. 다음의 가이드라인은 매일 매일을 어떻게 계획해야 하는지 결정하는 데 도움을 준다.

① 책무성

- 가장 중요한 목표 2가지를 정하고, 먼저 그것들을 추구한다.
- 다루기 힘든 업무를 먼저 시작한다.
- 어렵고 쉬운 업무를 번갈아 실시한다.
- 비슷한 업무들을 묶는다.

② 시간계획

- 누구에게도 방해받지 않는 시간을 계획한다.
- 갑작스러운 상황 또는 위기를 위한 시간을 계획한다.

- 마감일을 고려하면서 시간을 할당한다.
- 계획을 위한 시간을 지정한다.
- 보고서 작성을 위한 시간을 지정한다.
- 급히 처리될 업무들은 리스트화한다.

③ 동료와의 협력

- 과업을 완벽히 이해한다.
- 다른 사람이 할 수 있거나 해야만 하는 업무는 위임한다.
- 다른 사람의 업무를 모니터하는 체계를 개발한다.
- 과업이 부적절하다고 생각될 때, 업무를 수행할 충분한 시간이 없을 때는 'no' 라고 말한다.

시간관리는 사회복지사가 우선순위를 세우고, 어떤 상황에서의 요구를 파악하고, 가용한 전문적인 자원들을 파악하는 데 도움이 될 수 있다.

시간관리

시간을 낭비한다는 것은 우리의 삶을 낭비하는 것과 같다. 시간이 흘러갈 때 우리의 인생도 흘러가기 때문이다. 그러나 불행히도 시간은 돌이킬 수가 없다. Harold Taylor는 시간은 과거의 성취로서 측정된다고 말했다. 성취한 것이 없는 사람은 시간을 마냥 흘려보냈다고 느끼고 결국은 속고 산 느낌을 받을 것이다. 사람들이 중요한 과제를 성취하지 못하는 주요 이유 중의 하나는 그들의 생활이 잘 조직화되어 있지 못하기 때문이다. 지금처럼 복잡한 세상에서 특별히 주의를 기울이지 않는다면 우리의 생활은 자칫 폭풍 속에 휘말려드는 나룻배처럼 방향을 잃고 표류하기 쉽다. 경쟁력이 요구되는 요즘이야 말로 시간의 소중함을 깨닫고 좀 더 제한된 시간을 효과적이고 효율적으로 사용하겠다는 의지가 우리에게 점차 요구되는 시대다. 그러면 시간을 잘 관리한다는 것은 무슨 의미인가? 시간관리라는 것은 한마디로 앞으로 수행해야 할 최상의 과제를 선정하고 이를 가장 생산적 방법으로 수행하기 위한 전략이라고 할 수 있다. 다음에 시간관리를 위한 몇 가지를 간단히 제시해 본다.

시간관리의 첫걸음은 목표의 설정이다. 삶으로부터 진정 무엇을 원하는가? 우리는 이 질문에 대답해야 한다. 자신이 아직 무엇을 성취하기를 원하는지 모르고 있다면 무엇이 자신을 만족시켜주는지도 모르고 있는 셈이다. 나의 장기적 목표는 무엇인가?

나의 금년 상반기 목표는 무엇인가? 직장경력, 재정문제, 결혼문제, 종교, 교육, 운동, 휴가, 퇴직, 여가 등 다양한 분야에 대해 장단기 목표를 구체화해야 한다.

다음 단계는 이들 목표의 우선순위를 정하는 것이다. 가장 가치 있는 목표별로 A, B, C 등으로 번호를 매기고 순서를 정한다면 우리는 쉽게 현재 이 시점에서 내가 원하는 것은 무엇인지를 알 수 있게 된다. 목표가 정해졌다면 다음은 그 목표를 성취하기 위한 과제를 정해야 한다. 생각나는 대로 과제를 나열해 보고 우선순위를 정한 다음 시간표를 작성하여 due dates를 정한다.

매일 저녁에는 내일 해야 할 중요한 과제를 수첩이나 달력에 적는다. 내일을 계획하면서 오늘은 안락과 편안을 느낀다. 과제를 수행해야 할 계획을 방해하는 어떤 일을 친구나 친척이 요청해 온다면 "No."라고 말할 수 있는 준비를 해둔다. 해야 할 일을 미루지 않는다. 일이 제대로 되지 못했다고 해서 이를 후회하거나 걱정하는 데 대부분의 시간을 보내지 않는다. 잠을 30분 줄여보고 견딜 만한지 체크해 본다. 곧 할 수 있는 것부터 먼저 끝내놓고 힘에 부치는 일은 잘게 나누어 하나하나 다루어 나간다. 일의 일부가 끝나면 다음 단계는 무엇인지 미리 계획한다. 누울 수 있거나 누구를 만나거나 TV를 보는 등의 유혹이 따르지 않는 시간이나 장소를 택해 유혹이 뒤따를 수 있는 진로를 미리 차단한다.

시간관리는 삶의 한 방식이다. 시간관리는 단기간에 배우는 기술도 아니고 지식도 아니다. 시간에 대한 존엄성을 가지고 우리 자신을 더욱 효과적으로 운영해 나가는, 결코 끝나지 않는 연속적 과정이다. 중요한 것은 자신에 맞는 새로운 방법, 기술, 아이디어를 계속 찾아나가는 것이다. 효과적으로 시간을 관리하는 사람은 쉽게 알아볼 수 있다. 그들은 주어진 시간 내에 양질의 일을 수행해 낸다. 그들은 주저함이 없고 우물쭈물하지 않는다. 그들은 자신에 대해 확신에 차 있는 성공적인 사람들이다. 그들은 언제 어떻게 쉬는지를 알고 있다. 그들은 바로 우리가 같이 일하고 싶어 하는 사람들이다. 그들은 결코 해야 할 일을 뒤로 미루지 않기 때문이다.

이제는 우리의 소중한 시간을 빼앗아 가는 우리의 나쁜 습관을 과감히 벗어버리고 새로운 습관에 젖어야 한다. 목표를 항상 마음속에 두고 검토하며 수정해 나가고 우리가 하는 모든 것을 그 목표와 관련지어 생각해야 할 것이다.

3) 단정적 행동

의사소통은 '생각과 감정을 교환하는 과정'이다. 의사소통은 한 사람에게서 다른 사람에게 의미가 언어적, 비언어적으로 전달될 때 일어난다. 개인 간에 이루어지는 중요한 의사소통은 침묵 속에서도 이루어진다. 효과적으로 의사소통하는 것은 우리가 늘 추구해야 하는 것이며 의사소통 능력은 노력을 통해 향상될 수 있다. 원조과정 업무는 단정적 행동으로 촉진될 수 있다. 단정적(assertively)으로 의사소통하는 것은 자신에 대해 자신감과 확신을 가지고 있다는 것을 나타낸다. 또한 단정적 의사소통은 '자아 개념을 만들고, 자신감을 키우며, 스트레스와 걱정을 감소시키는' 것과 관련된다.

단정적으로 의사소통하기 위한 여러 요소들이 있다. 먼저 화자와 청자의 동일한 권리를 인식하는 것이다. 둘째는 의사소통에 대해 긍정적인 태도를 유지하는 것이다. 단정적 의사소통을 하는 사람은 또한 부정적인 감정들(걱정, 화, 좌절)에 대해 자유롭다. 단정적 의사소통의 목표는 각각의 대화 참여자들을 위한 긍정적 성과를 이끄는 것이다. 대화에 참여하는 모든 사람들은 그들이 존중받고 있고, 그들의 생각이 가치 있다는 것을 알아야 한다. 의사소통에 대한 이러한 태도는 신뢰를 구축하게 한다.

단정적 행동은 다른 방식의 의사소통(소심하거나 수동적이고 공격적인)과는 대조적이다. 수동적인 개인은 침묵을 유지하는 것을 제외하고는 의사소통 과정에 참여하지 않는다. 중요한 것은 그러한 수동성은 사고 또는 행동의 명확화, 변화를 초래할 수 있는 대화의 기회를 차단한다는 것이다. 수동적인 사람들은 종종 자신이 말할 가치가 없는 사람이거나 말하면 혼이 날 것 같이 느낀다. 수동적인 의사소통을 하는 사람들은 다른 사람들이 자신의 권리를 침해하도록 허용함으로써 자신의 권리를 소홀히 한다.

공격적으로 의사소통하는 사람들은 다른 화자와 청자의 권리를 침해하는 방법으로 의사소통한다. 단정적 의사소통과 대조적으로 공격적인 의사소통은 적대적, 경쟁적, 일방적이다.

원조과정은 모든 면에서 타인과 의사소통하는 것과 관련되어 있으므로, 단정적 의사소통은 사회복지사에게 좋은 결과를 가져다준다.

임파워먼트와 옹호 모두는 단정적 의사소통을 통해 수행되고 성취된다. 옹호는 스스로 표현하지 못하는 사람들의 편에 서는 것을 의미한다. 옹호 활동에 종사하는 사회복지사는 단정적으로 행동해야 한다. 임파워먼트는 클라이언트 스스로 문제를 해결할 수 있는 능력과 권리가 있다는 신념을 주입시키는 활동이다. 단정적 행동은 자신감과 자아 존중을 촉진하고 임파워먼트를 지지한다. 종종 클라이언트와 가족들은 권한강화되고자 하지 않을 때가 있다. 이러한 상황은 원조과정을 매우 어렵게 하는데, 이때 단정적 행동이 필요한 경우가 많다.

단정적 행동을 위한 가이드라인

단정적 행동을 배우는 데는 두 가지 가이드라인이 유용하다. 첫째는 개인적인 감정을 존중하는 것이고, 둘째는 개인의 권리를 아는 것이다. 개인들이 단정적으로 행동하지 않을 때는 보통 이런 원칙들 중 하나가 잊혀지곤 한다.

- 개인적 감정을 존중하기: 단정적으로 행동할 때, 사회복지사는 반드시 자신의 감정과 타인의 감정을 존중해야 한다. 사회복지사는 특정 상황에 대한 자신의 관점에 대해 확신을 가지고 있어야 한다. 사람들은 자신의 감정이 어떠한지를 모르고 자신의 감정을 신뢰하지 않거나 자신에게 그러한 감정에 대한 권리가 있다고 생각하지 않는 경우가 많다. 자신의 개인적인 감정을 탐색하고, 그것을 인식하며, 타인의 감정을 경청하는 것은 단정적 의사소통을 위한 기초를 제공한다.
- 개인의 권리를 알기: 각각의 개인은 수많은 권리를 가지고 있는데, 이것이 개인의 가치와 존엄의 기초가 된다. 이러한 권리를 알고 수용함으로써 단정적으로 되는 방법을 더 쉽게 배우게 된다.

사회복지사는 단정적 행동에 대해 배우고 이러한 기술들을 다양하게 적용한다. 종종 사회복지사는 클라이언트나 동료들에게서 특정 문제에 대한 판단을 내리도록 요구받는다. 또한 그들 스스로 피드백을 제공할 필요도 있다. 이 모든 상황에서, 비판적이거나 공격적이 아닌 원조적이고 사려 깊게 의사소통할 수 있는 방법을 활용해야 한다. 종종 사회복지사는 클라이언트나 다른 전문가들과 직면해야만 한다. 단정적 행동은 화자와 청자 모두의 권리를 존중하는 방법으로 긍정적인 성과를 촉진한다.

사회복지사는 동료나 클라이언트로부터의 요구에 대해 'no'라고 하기가 어렵다. 타인을 돕기 위한 헌신적인 태도를 갖고 있어 어떠한 요구에 대해서도

'yes' 로 답하게 되는 경향이 있다. 그러나 분명 어떤 요구는 비합리적일 수 있다. 그러한 요구들에 대해서는 클라이언트와 동료의 권리뿐 아니라 사회복지사의 권리도 반드시 고려되어야 한다.

때때로 공격적인 방법으로 의사소통하는 사람들을 만난다. 공격성이 너무 충격적이기 때문에 수동적인 반응을 하는 사람이 있을 수 있고, 공격성을 똑같이 맞받아치는 사람도 있다. 이러한 반응은 권리가 침해된 느낌과 의사소통이 닫히는 상황을 남겨놓는다. 단정적 행동은 사회복지사를 공격성에서 합리성으로 전환시키는 데 도움을 준다.

제 5 장

기 록

1. 기록의 중요성

클라이언트에게 기관이 수행한 업무에 관한 정확한 문서기록을 해야 한다. 대부분의 사회사업기관은 서비스 신청자가 서명한 동의서를 작성한다든지, 직접면담이나 전화통화 시 면담내용에 대한 간략한 내용을 기재한다든지, 클라이언트의 상황이 변할 때마다 파일을 갱신한다든지, 서류양식 보관순서를 마련해 둔다든지 하는 사례기록을 위한 최소한의 기준을 가지고 있다. 기록(recording)은 사회사업실천과 서비스 전달에 중요한 역할을 해 왔다. 사회사업가들은 클라이언트에 대해 기록을 해야 하고 서비스의 목적, 과정, 영향에 대해서도 기록을 해야 한다. 즉, 클라이언트의 상황을 측정한 내용을 기록해야 하고 서비스의 목적과 과정을 서술해야 하며 활동의 결과와 진전내용도 평가해야 한다. 논리적으로 분명하게 기록된 클라이언트의 문제, 목적, 치료계획은 클라이언트와 실천가 모두가 초점을 유지하는 데 도움을 주기에 실천의 효과성을 증진시킨다. 기록은 정보를 보존하고(케이스에 대해 알 필요가 있는 사람에게 언제든지 정보를 줄 수 있도록 하기 위해), 서비스 전달을 촉진하며, 기관 내외의 전문가들과의 의사소통을 가능케 한다. 또한 실천가들을 교육 및 감독하고, 서비스 질을 높이며, 조사연구를 돕는 데 사용된다. 무엇보다도 기록의 주요 목적은 책임성(accountability)이다. 사회사업실천가들은 자신의 서비스를 기록하고 설명하고 평가함으로써 클라이언트, 기관, 지역사회에 대한 법적, 윤리적 책임을 져야 하는 것이다(Kagle, 1995). 병원기관에서는 철저한 기록을 통해서 보험수가를 인정받을 수 있기에 기록이 중요하다. 또한 기록을 통해 사례의 진전상황을 모니터링할 수 있으며, 정확하고 논리적인 기록은 치료개입이나 서비스를 신속하고 정확하게 그리고 중복되지 않게 전달할 수 있게 하므로 효율성도 증진시켜준다.

기관에서는 문서작업과 서비스 제공 업무 간의 균형을 맞추는 것이 중요하다. 일부 사회복지사들은 마치 사례기록 및 서류양식이 클라이언트들보다 중요한 것처럼 행동하는 우를 범하기도 한다. 사례기록 및 서류양식은 단지 활동과 과정을 문서화하고 기록하도록 고안된 사례관리의 도구에 불과한 것이다. 반면, 기록하는 일을 무신경하게 등한시하는 것 또한 실수다. 사회사업에서 기록이 없다면 실제로 일어난 일들을 증명 해낼 수 없다. 유능한 사회복지사는 정확하면서도 간결한 기록을 통하여 업무를 문서화할 수 있으며, 클라이언트도 만족시킬 수 있어야 한다.

문서화의 역할

1. 의사소통 및 서비스 제공의 일관성

팀 성원이 사례기록을 보고 서비스 계획에 대한 이해를 할 수 있으므로 언제든지 일관되게 클라이언트를 대할 수 있다.

2. 평가보고서 및 자금지원요청을 위한 자료

행정가들은 서비스에 관한 정확한 자료를 제공함으로써 계약 및 보조금 지급에 수반되는 요구사항을 충족시킬 수 있다. 자금지원 대한 계획안을 개발하기 위해서는 정확한 정보가 있어야 한다.

3. 보호의 질에 대한 모니터링

슈퍼바이저는 사회복지사가 클라이언트의 요청에 가장 적절한 방식으로 대처하였는지와 지역사회의 자원이 충분한지를 판단하기 위한 수단으로서 사례기록을 활용할 수 있다.

4. 진전 및 변화 사항의 추적

사례기록을 통해 시간 경과에 따른 특정 개인의 행동변화를 알 수 있고, 서비스 계획의 목표가 충족되고 있는지에 관한 정보를 알 수 있다.

5. 일정관리

클라이언트에 대한 다음 방문이나 전화통화가 언제 어느 시점에서 이루어져야 하는가를 기록함으로써 사회복지사가 규칙적으로 클라이언트를 접촉할 수 있도록 돕는다.

2. 기록의 유형

기록의 유형에 무엇이 있는지 살펴보도록 하자. 현재 다양한 기록체계가 존재하지만 여기서는 최소기본기록, 이야기체 기록(narrative recording), 구조적 기록(structured recording)(예: 문제중심기록이나 목적중심기록), 과정기록(process recording)에 대해서 알아보고자 한다(Epstein, 1985).

1) 최소기본기록

최소기본기록(minimum basic recording)은 단순하고 경제적인 기록양식이다. 이 기록유형은 먼저 기본적인 신상 정보, 즉 클라이언트의 이름, 주소, 전화번호, 직업과 수입, 가족이나 친척의 주소와 전화번호를 포함한다. 그리고 면접 날짜와 주요한 클라이언트 문제, 목적, 개입계획, 클라이언트의 반응, 탐색이 필요한 영역, 필요한 자원, 클라이언트를 위해 필요한 행동, 종결상태를 기록한다.

2) 이야기체 기록

이야기체 기록(narrative recording)은 기본적으로 시간대별로 할 수 있고 또한 요약해서 할 수 있다. 시간대별 서술은 일지형식과 비슷하다. 사건이 있을 때마다 기록을 해두는 것이다. 그러므로 서비스의 연속성과 전문가 간의 의사소통 면에서 매우 유용하다. 사건 후 한참 후에 재구성하는 서술은 정확도와 신뢰도가 떨어지므로 사건 후 바로 기록하는 것이 바람직하다.

이야기체 요약기록(narrative summary recording)은 일정 기간별로 서술되는 형태인데 일지기록을 바탕으로 작성된다. 요약기록을 언제 할지는 세팅에 따라 다양하다. 케이스가 종결될 때 단 한 번 만들어지기도 하지만, 케이스가 한 달 이상 지속된다면 일지의 양은 너무 많아질 것이고 이때 요약서술은 매우 유용할 것이다. 시간이 허락된다면 단계별로 요약을 해두는 것이 좋다. 첫 번째 요약은 문제가 규정되고, 목적이 설정되고, 계획이 성립되었을 때 하는 것이 좋다. 그 다음 개입과정 동안에 한두 번 요약을 해야 하고 종료상태에서 마무리 요약을 해야 한다. 개입 전반에 관한 이야기체 요약기록의 윤곽을 제시해본다 (pp. 115-116).

요약은 모든 접촉 날짜를 기록해야 하고 누구와 어디서 접촉이 이루어졌는지 기록해야 한다. 기록 날짜와 본인의 사인을 남겨야 한다.

한편 구조화된 이야기체 기록(the structured narrative record)이 있다. 이 유형은 미리 정해진 기록양식을 사용한다. 이 기록유형은 서비스 전달에 가장 핵심이 되는 내용을 커버하는 기록 틀을 활용하는 것이라고 말할 수 있다. 물론 이 기록 틀은 기관에 따라, 실천분야에 따라 다르게 만들어진다. 구조화된 기록유형의 주요 이점은 가장 타당하고 유용한 정보만을 간결히 기록하고 진부한 내용은 최소화하며 초점을 분명히 한다는 것이다.

요약기록의 가이드라인

1. 면담(날짜, 대상, 장소)
2. 문제 탐색
   1) 처음에 제시된 문제
      * 클라이언트가 제시한 문제
      * 중요한 타자들이 제시한 문제
      * 사회사업가의 판단

2) 측정 정보
  * 사회적 맥락
  * 건강, 정신적 상태
  * 성격적 특성
  * 문제 상황
  * 측정 요약

3. 표적 문제, 개입, 계획, 계약

1) 표적 문제 설정
  * 클라이언트의 표적 문제 우선순위
  * 우선순위가 설정된 방식
  * 목표수립

2) 보충적 또는 재측정된 정보: 사회적 맥락, 건강, 정신 상태, 성격, 문제 상황

3) 개입 전략 요약

4) 개입에 대한 소개
  * 클라이언트에게 소개
  * 클라이언트의 반응
  * 클라이언트의 동기에 대한 사회사업가의 판단

5) 계약
  * 표적 문제
  * 계약 날짜
  * 회합 스케줄
  * 기간
  * 목적(일반적 과제)
  * 개입계획

4. 개입

1) 클라이언트 수행
  * 할당된 과업
  * 성취 정도
  * 장애물
  * 장애물의 해결: 계획 및 수행된 개입과 결과
  * 새로이 할당된 과업: 그 이유

2) 표적 문제의 상태
  * 처음과 비교해서 변화된 정도
  * 전체적인 문제 상황의 상태

3) 사회사업가의 수행 점검

5. 종결

1) 문제 상태 평가

2) 남아 있는 문제에 대한 계획

3) 추후지도 계획

6. 기타 필요한 정보

3) 문제중심기록

문제중심기록(problem-oriented record; POR)은 더욱 정교하고 진일보한 기록방법으로 단순히 기록차원을 넘어 문제해결접근방법을 반영한다. 이 방식은 원래 병원에서 의료기록을 표준화하고 이에 대한 일치정도를 점검하기 위한 방법에서 유래되었다. 이 방법은 1960년대에 병원에 소개되었고 그로부터 약 10년 후 정신의료분야에도 소개되었다. 부분적으로 다양한 서비스분야에도 보급되었다.

문제중심기록은 다음 영역을 강조하기 때문에 실천에도 영향을 준다. ① 문제를 파악하기 위한 자료수집(데이터베이스 구축), ② 클라이언트 문제의 규정, 구체적 문제목록이 만들어짐, ③ 문제에 대한 치료계획, ④ 문제가 해결될 때까지 치료개입을 수행하고 점검(이를 진행노트에 기록)이다. 개입 시작부터 클라이언트의 조건이 어떤지 분명하게 보여주고, 계획을 기록하며, 무엇이 수행되고 클라이언트가 어떻게 반응하는지를 서술하며 마지막으로 종료단계에서 클라이언트의 상황을 서술하게 되는 이 방법은 초점을 극대화하고 효율성을 향상시킨다.

문제중심기록은 다양한 구조를 갖고 있다. 문제중심기록체계를 창출하는 한 방식은 틀을 따라 서술하는 것이다. 이는 앞에서 제시한 요약기록의 가이드라인(pp. 115-116)의 예와 비슷하다. 또 하나의 방식은 극도로 구조화시키는 것으로서 자료수집, 문제규정, 계획, 점검을 위한 일련의 체크리스트와 측정도구를 포함시키는 것이다. 기본적으로 문제중심기록은 측정도구와 코멘트를 조합하는 기록양식이라고 하겠다.

POR방식은 SOAP 포맷을 사용하여 행동계획을 묘사하는 것이 도움이 된다. SOAP란 다음과 같다.

- S: 주관적 정보(subjective information)란 클라이언트가 상황을 어떻게 느끼고 인지하는가를 말한다. 이는 클라이언트의 자기보고를 통해 도출된다.
- O: 객관적 정보(objective information)는 전문가의 관찰, 임상적 검사, 체계적 자료수집 같은 방식으로 얻어진 정보를 말한다.
- A: 측정(assessment)은 주관적 및 객관적 정보로부터 얻어진 정보를 검토

하여 얻은 전문가의 결론을 말한다.

• P: 계획(plan)은 전문가가 어떻게 구체적 문제를 해결할 것인가에 대한 방안이다.

표 5-1 문제중심 의료기록체계에 기초한 자료

제시된 문제들	발병일
1. 요통	1997년 5월
2. 약물중독	1998년 7월
3. 우울증	미확실
문제 1: 요통	
S: 환자는 1997년 5월 사고 이후로 허리 부분과 다리가 심하게 아프다고 한다. 수술을 받았으나 회복되지 않는다고 한다. 1998년 7월 수술 이후로는 정기적으로 약물(진통제)을 투여받고 있다. O: 환자는 과체중(90kg)이다. 간호사들은 그녀가 거의 대부분의 시간을 병상에 누워서 치료를 요구한다고 말하고 있다. 보험회사에서는 환자에게 매주 10만 원씩 장애 보상을 제공하고 있다고 한다. A: 전반적 무기력증과 약물에 의존하는 만성적 고통 증후군 P: (1) 그룹 및 개인상담, (2) 활동 수준을 높이기 위한 물리치료, (3) 체중감량 프로그램, (4) 약물의존을 해소하기 위한 해독자료를 계획	
문제 3: 우울증	
S: 자신에게는 더 이상 아무것도 중요치 않다고 생각되며 기분이 처진다고 한다. 누군가가 자신의 체중에 대한 문제를 지적한 이래로 이러한 감정을 느끼게 되었다고 한다. 장기간 누군가로부터 사랑받지 못한 것에 대해 이야기한다. 계속해서 고통에 대한 불만을 토로한다. O: 환자는 매일 운다. 벽을 보고 침대에 누워 있다. 병실에만 있고 커튼도 내려져 있다. 활동은 둔하고 혼란 상태다. A: 환자는 우울증을 가지고 있다. 고통을 대처기제로 사용한다. P: 환자는 다음과 같은 목표를 가지고 매일 상담 세션에 참여할 것을 동의한다. (1) 아픈 문제에 대한 통찰력을 개발한다. (2) 문제들을 피하기보다는 문제들을 규명하는 것을 배운다. (3) 문제해결기술을 배운다. (4) 긍정적인 자아상을 개발한다.	

계획이 완성되면 개입이 뒤따르고 점검이 수행된다. 각 문제에 대한 치료계획을 진행할 때, 워커는 문제를 좀 더 완벽히 이해하기 위해 추가적인 정보를 기록하기도 한다. 점검사항이나 사후지도에 대한 내용은 진행노트(progress notes)란에 기록되고, 각종 양적(quantitative) 정보는 체크리스트나 표 또는 그래프로 구성된 순서도(flow sheets)에 기록되며 이러한 정보에 기록자의 코멘트가 첨가된다.

POR처럼 구조화된 기록의 단점은 너무 기계적이라는 것이다. 클라이언트를 총체적으로 보는 점이 부족하고 문제를 단순화시킨다는 것이다. POR은 간결한 정보서술이 장점이지만 같은 것을 지속적으로 체크하고 코멘트하기 때문에 반복적이라는 지적이 있다.

4) 목표중심기록

목표중심기록(goal-oriented record; GOR)은 1970년대에 개발되었다. 목표중심기록은 과제중심모델이나 목표성취척도(Goal Attainment Scaling)로부터 발전을 보게 되었다. 목표중심기록의 특징은 목표의 구체화다. 클라이언트의 목표성취를 돕기 위한 과업이나 활동의 기록 또한 특징이다.

두 가지 강조점이 있는데 문제에 대한 구체적 기록과 목적에 관해 구체적으로 기록하는 것이다. 목표를 성취하기 위한 과제가 점검된다.

문제 중심기록의 단점

1. 문제를 강조하기 때문에 클라이언트의 강점, 욕구, 자원에 대한 관심을 등한시한다.
2. 개인과 환경의 상호작용 측면에서 클라이언트의 문제를 보는 측면이 부족하여 클라이언트를 총체적으로 보는 점이 부족하고 문제를 단순화시킨다.
3. 문제를 부분적으로 분리하여 다루므로 통합적이며, 체계적인 쟁점들을 왜곡시킬 수 있다.
4. 기계적이며 반복적이다.

5) 과정기록

과정기록(process recording)은 번거롭고 비용이 많이 들며 시간소모적인 경우가 많다. 그래서 일상에서는 거의 사용되지 않고 있다(홍순혜 · 한인영, 1997). 요즈음은 녹음이나 비디오촬영을 활용한다. 물론 사전에 클라이언트에게 동의를 얻어야 한다. 전체 인터뷰를 철저히 분석할 수 있는 장점이 있다. 정확한 피드백을 얻을 수 있기 때문에 학생이나 수습직원의 사정기술이나 면접기술 등의 훈련에 많이 활용되기도 한다.

제 2 부

집단사회사업 실천

재준이는 전형적인 15세 소년이다. 재준의 부모는 중산층으로 전문직업을 가지고 있고 만족스러운 결혼 생활을 하고 있다. 재준이 친구들과 어울리면서 약물을 남용하게 되었다는 소식을 듣고, 재준의 부모는 충격을 금할 수 없었다. 도움을 얻기 위해 재준의 부모는 가족상담소를 찾았고, 거기서 박철순 사회복지사를 만나게 되었다. 박 사회복지사는 약물 전문가로서 재준의 부모와 함께 적절한 개입 방안은 무엇인지 논의하였고, 재준과 부모는 도움받는 것에 동의하였다. 재준은 청소년 약물남용집단에 참여하기로 하였고 부모는 약물남용 청소년의 부모들로 구성된 자조집단에 들기로 하였다.

집단사회사업은 19세기 동안 종교 및 자선조직의 실천 모델로서 개발되었다. 가장 초기에는 YMCA와 YWCA에서 집단 프로그램 및 활동을 제공하였다. 그 후 19세기 후반에 인보관 운동이 시작되었고 런던의 Toynbee Hall, Jane Adams의 Hull House에서는 집단 프로그램을 통해 소외계층을 도왔다. 이 기관들은 이민자들이나 공장 노동자들에게 집단경험을 통해 도시의 환경을 극복하도록 도움을 주었다. 20세기 초에는 보이스카웃, 걸스카웃, 4H Clubs 등의 집단지도 기관이 등장하였는데 이러한 기관들 중에서 인보관이 가장 영향력이 있었다. 이 당시 집단은 주로 사회화, 기술훈련, 교육, 레크리에이션을 위해 활용되었다.

1930년대 초에 케이스워크(social casework)와 구별하기 위한 목적으로 social group work라는 용어가 사용되었다. 1935년에는 National Conference on Social Work에 집단지도 분과가 설립되었고 1946년에 American Association of Group Workers에 의해 집단지도실천에 대한 공식적 정강정책이 채택되었다.

집단사회사업의 이론이 지속적으로 발전하면서 1950년대에는 집단사회사업이 사회사업 전 분야에서 실천되는 약진을 보였다. 1960년대까지 다양한 모델이 개발되었는데, 사회적 목표모델, 치료모델, 성장 및 지지모델을 들 수 있다. 제2부에서는 집단을 기획하고 진행하는 데 필요한 기술을 소개한다.

제 6 장

집단의 기획

1. 집단의 이점

집단사회사업은 구조화된 집단 상호작용을 통해 개인들로 하여금 좀 더 적응적인 사회적 기술과 기능을 수행하도록 지지하고 자극하는 활동이며 과정이다. Euster(1975)와 Konopka(1963)는 집단경험을 통해 성원들이 의사소통 능력, 적응적 대처기술, 효과적인 문제해결기법을 개발하도록 하는 것을 집단사회사업의 목적으로 강조하였다. 효과적인 집단지도가 되기 위해서는 집단 성원들 사이에서 발생하는 상호작용의 역동성을 활용하여야 한다. 집단성원들은 집단의 목적 성취를 위해 의사결정 과정이나 경험의 공유, 상호지지에 적극 참여하도록 권고받는다.

집단을 통한 개인의 변화는 시간과 비용의 절약이라는 이점만 있는 것은 아니다. 많은 심리적 어려움은 기본적으로 대인관계에서 나오고 결과적으로 이러한 어려움은 다른 사람들과의 협력 속에서 다루어져야 한다는 신념 속에 집단지도의 당위성이 있다. 그러면 구체적으로 집단은 무엇을 제공하는가? Yalom(1985)은 11개의 치료적 요인을 제시했다.

① 희망: 집단치료는 클라이언트에게 그들이 변할 수 있다는 희망을 심어주고

이는 커다란 치료적 가치를 갖는다.

② 보편성: 클라이언트는 종종 자신의 불행한 측면은 남들과 달리 매우 독특하다고 믿으며 치료에 임한다. 즉, 그 어느 누구도 자신처럼 고통스럽고 두려운 감정을 갖고 있지 않을 것이라 생각한다. 집단을 통해 자신의 문제가 꽤 보편적으로 일어나고 있다는 것을 발견하고 위로를 얻게 된다.

③ 정보: 집단지도자로부터 클라이언트는 일반적 심리장애 및 자신들의 문제에 대한 정보를 얻을 수 있다. 또한 다른 클라이언트로부터 대처 방안 등 각종 귀중한 정보를 얻게 된다.

④ 사회적 지지: 집단성원은 조언과 격려와 동정을 통해 서로를 돕는다. 도움을 주는 자는 자신이 누군가에게 도움을 제공할 수 있다는 것을 배우게 된다. 도움을 받는 자는 자신이 혼자가 아니라는 것을 배우게 된다.

⑤ 가족집단으로의 재현: 집단은 마치 가족의 성격을 재현할 수 있다. 리더는 부모를 나타내고 다른 성원들은 형제가 되는 것이다. 이렇게 일종의 새로운 가족으로서의 집단은 클라이언트들이 원래 가족으로부터 받은 상처를 치료하는 데 도움이 된다.

⑥ 사회기술의 개발: 집단성원들로부터 받는 피드백을 통해 대인관계적 행동에서의 단점(예: 비웃는 듯한 목소리, 경멸적 행동 등)을 수정할 수 있다.

⑦ 모방행동: 집단의 리더와 성원들은 새로운 행동을 배우는 데 유용한 모델이 될 수 있다.

⑧ 대인관계 학습: 집단과의 상호작용을 통해 클라이언트는 자신에 대한 통찰을 얻고 자신이 가지길 원하는 관계형성에 대한 아이디어를 찾을 수 있다. 더 나아가 집단은 클라이언트의 새로운 관계형성 방식을 시험해보는 장이 될 수 있다.

⑨ 집단응집력: 집단 내에서 발달하는 소속감이나 친밀감은 클라이언트에게 위로와 용기를 제공한다.

⑩ 카타르시스: 집단 내의 보호적 분위기 속에서 성원들은 자신의 행동에 장애까지 초래해 왔던 억눌려 있던 감정을 자유로이 표현할 수 있다.

⑪ 실존적 요인: 클라이언트들은 자신들의 경험을 공유함으로써 인생은 종종 공정치 못하다는 것과, 비록 다른 사람들의 지지가 매우 도움이 될지라도 그들

은 자신 스스로 결정을 내려야 한다는 것을 배운다.

2. 집단의 유형

사회복지사들은 다양한 집단을 활용하게 된다. 집단 유형에는 치료, 상담, 감수성 훈련(encounter and sensitivity), 자조 그리고 지지집단이 포함된다. 물론 학자에 따라 집단의 유형도 달라진다. 예를 들어, Zastrow(1999)는 레크리에이션집단, 교육집단, 문제해결집단, 사회화집단, 치료집단, 감수성훈련(참만남)집단 등으로 분류하기도 했다. Toseland와 Rivas(1984)는 치료집단(therapeutic groups)을 교육집단(educational), 성장집단(growth), 교정치료집단(remedial), 사회화집단(socialization)으로 나누어 분류함으로써 치료집단의 개념을 폭넓게 제시하고 있다. 먼저 가장 공통적으로 분류되는 다섯 가지 집단 유형을 제시하고자 한다(Yalom, 1995; Maguire, 2002). 그리고 Zastrow가 제시하고 있는 교육집단과 사회화집단을 소개한다.

과제집단과 치료집단

Toseland와 Rivas는 집단을 과제집단(task group)과 치료집단(treatment group)으로 구분하였는데 이 두 집단은 모두 형성집단(formed groups)이다. 치료집단은 교육집단, 성장집단, 교정치료집단(remediation), 사회화집단을 포함한다. 이 치료집단들의 공통적인 점은 변화를 추구한다는 것이고, 주요 목적은 성원들의 욕구를 충족시킨다는 점이다. 과업집단은 주로 특정과업을 완성하거나 명령을 수행하기 위한 목적이 주를 이룬다. 치료집단과 과제집단의 주요 차이점은 다음과 같다. 치료집단에서는 유대형성이 성원들의 공통된 욕구에 기반을 두나 과제집단성원들은 과제수행과 결과물 생산에서 유대를 형성한다. 치료집단에서는 역할이 집단형성 전에 정해지지 않고 상호작용을 통해 형성되지만 과제집단에서는 주로 역할이 할당된다. 치료집단은 개방된 의사소통이 요구되지만 과제집단은 특정과제에 대해서만 의사소통하는 경향이 있다. 성원 구성에서도 치료집단은 공통된 문제나 욕구를 중심으로 이루어지지만 과제집단은 과업성취를 위한 전문성이나 자원 위주로 성원이 구성된다. 치료집단에서는 자기노출이 높이 기대되지만 과업집단은 그렇지 않다. 비밀보장의 측면에서도 치료집단에서는 성원들의 사생활을 집단 내에서 유지해주어야 하지만 과업집단은 보통 대중에게 노출된다. 평가에서도 치료집단은 집단목적 성취는 물론 개인의 치료목적의 성취를 중요시 여기는 반면, 과업집단에서는 집단과업완성을 중시하고 집단 결과물(예: 보고서나 조항, 추천사항 등)을 생산했는지를 중시한다.

1) 치료집단

치료집단(therapy groups)은 중대한 대인관계적 또는 정서적 문제를 심도 있게 다룬다. 행동을 수정하거나 교정하거나 재활하는 것을 목표로 한다. 이 집단의 성원은 입원환자일 수도 있고 외래환자일 수도 있으며 종종 DSM(정신장애 진단분류)상에 나타난 문제를 가지고 있다. 치료집단의 목적은 심각한 장애나 장기간의 부적응적 행동 유형을 탐색하고 대응하여야 할 필요가 있는 환자에게 정신치료적 방식으로 집단의 역동성을 활용하여 변화를 초래하기 위한 것이다. 치료집단에는 정신역동치료집단, 인지치료집단, 행동치료집단 등이 있으며 섭식장애, 외상후 스트레스 장애, 성폭행 같은 문제를 다루는 집단이 포함된다.

2) 상담집단

상담집단(counseling groups)은 성원들의 상호작용 과정을 활용함으로써, 현재적 관점(a here-and-now perspective)에서 성원들의 대인관계적 문제를 다루도록 돕는다. 또는 교육적, 직업적, 사회적 문제를 다루어준다. 집단성원들은 문제가 되어 왔던 지속적인 관계형성이나 행동을 향상시키기 위해 집단과정에서 배운 것을 응용하고 활용하도록 훈련받는다. 주로 학교나 대학상담센터, 지역사회 건강센터 같은 기관세팅에서 수행된다. 이 집단은 치료집단과는 달리, 주요 성격변화를 목적으로 하지 않으며, 심각한 심리적 행동적 장애의 치료를 목적으로 하지도 않는다. 이 집단의 대상은 성격개조나 발달적 장애를 가진 사람들이 아니라 기본적으로 잘 기능하는 개인들이다. 개인의 강점을 잘 파악하고 자기개발을 할 때 장애물을 잘 다루어나갈 수 있도록 돕는 데 주안점이 있다.

3) 감수성 훈련집단

감수성 훈련집단(encounter and sensitivity groups)은 외국에서 1960년대와 1970년대에 폭넓게 사용되었다. 성원 자신과 자신의 행동에 대한 새로운 통찰력을 개발하고 대인관계 기술을 향상시켜 건강하고 잘 기능하는 개인으로 성장하기 위한 기회를 제공하기 위한 것이다. 자아실현에 대한 동기화가 이루어진 사람들 사이에서의 참된 만남(personal encounters)에 강조를 둔다. 고용인들을 잘 감독하고 관리하기 위한 기술을 개발하기 위한 방법으로 일반 회사에서 많이 활용된다. 이러한 집단은 일종의 성장집단으로 간주할 수 있다.

4) 자조집단

자조집단(self-help groups)은 공통의 문제나 관심사를 가진 사람들 또는 그 문제를 해결하고자 하거나 이해하고자 하는 사람들로 구성된다. 전형적으로 자조집단에서는 집단의 일반 구성원인 비전문가가 리더로 활동하게 된다. 자조집단은 소규모로 구성되어 상호지지를 제공하는 유형(예: 단주모임, 편부모모임)이 있고 외부활동이나 정치적인 활동을 주로 하는 전국적 기구(예: 정신장애인가족협회, 한국치매가족협회)로 구성되기도 한다.

5) 지지집단

지지집단(support groups)은 일종의 자조집단으로 고려될 수도 있지만 자조집단에 비해 보통 사회복지사나 전문가가 이끌게 된다. 지지집단의 목적은 아이디어나 제안, 조언을 공유하고 지지를 제공하기 위한 것이다. 지지집단은 종종 사회적 어려움이나 비극에 관한 문제로 구성되는 경우가 많다. 지지집단의 성원들은 자기비난을 해서는 안 되며 건설적인 방법으로 다른 사람들의 편견에 반응하는 방법을 배워야 한다는 점을 인식하도록 강조받는다. 예를 들어, 한 성원이 자기에게 발생한 어떤 사건에 대해 자기비난을 하면서 우울해한다면, 동료성원은 그 성원에게 당신은 희생자이며 가해자는 따로 있다는 사실을 직시하도록 한다(예전에는 자기 자신에 대해 이러한 생각을 한다는 것이 전혀 가능하지 못했을 것이다.). 집단은 성원들이 자신의 경험을 표출하도록 도와 다른 동료 성원들과의 관계 속에서 자신의 경험을 보게 함으로써 그 경험을 객관화할 수 있도록 돕는다. 성원들은 자신의 죄의식이나 자기비난이 부정확했다는 것을 곧 의식적으로 인식하게 된다. 따라서 성폭행 희생자나 알코올중독 부모 모임 등은 자신들의 경험을 공유하고 공통된 반응을 논의하고 반영하면서 커다란 도움을 받는다.

6) 교육집단

전문적 기술이나 지식을 가르치는 집단이다. 아동양육, 스트레스 관리, 자기주장 훈련, 성교육 등이 그 예다. 교육집단은 보통 수업 분위기를 띤다.

7) 사회화집단

사회화집단의 주요 목적은 성원들이 사회적으로 좀 더 수용할 만한 행동이나 태도를 개발하도록 하여 지역사회에서 효과적으로 기능하도록 하기 위한 것이다. 비행청소년들이 사회적 적응기술을 배우거나 자신의 미래를 계획하도록 돕는 것, 노인들이 지역사회 활동에 관여하도록 재동기화시키는 것, 사회적 관계형성에 어려움을 갖는 소심한 청소년들에게 의미 있는 관계형성을 할 수 있도록 돕는 것, 미혼모들이 미래를 계획하도록 돕는 것 등을 예로 들 수 있다. 사회화집단은 단순히 토론만을 하기보다는 주로 프로그램 활동(게임이나 outings 등)을 통해 개인의 목적을 성취하도록 돕는다. 사회화집단은 활동을 통해 배우기(learning-through-doing)를 특징으로 한다.

치매가족 지지집단

지지집단은 치매노인과 같이 살고 있거나 같이 살았던 경험이 있거나 치매노인을 친족이나 가족구성원으로 가지고 있거나 치매에 대해 상당한 관심을 가지고 있는 사람들로 구성된다. 집단성원들은 ① 질병의 효과적 관리에 대한 지식과 지혜를 나눈다. ② 앞으로 예상되는 문제와 부양자 자신의 역할은 무엇인지를 알 수 있게 됨으로써 질병에 대한 통제감을 얻게 된다. ③ 지지집단은 하나의 지지망을 재건하기 위한 장을 제공해준다. 지지집단은 부양자들을 서로 연결시켜주며 고립을 막아주고 멤버들이 서로 긍정적 강화를 주고받게 함으로써 멤버들이 자신들의 삶을 새롭게 조직할 수 있게 된다.

치매가족 지지집단에는 기본적으로 폐쇄형 집단과 개방형 집단의 두 가지 유형이 있다. 폐쇄형 집단은 한정된 시간을 정해놓고 주로 교육적인 면에 초점을 맞추는 경향이 강하다. 대개 8주 내지 10주의 제한된 시간 동안 멤버들은 매주마다 모임을 가지며 대개 전문가의 도움을 받고, 치매에 대한 교육을 받으며, 이용할 만한 서비스 자원에 대해 정보를 얻게 된다. 이 집단은 보통 6명에서 25명으로 구성된다. 이 모델의 한계는 다음과 같다. 스트레스 상황하에 있는 보호자들이 얼마나 많은 정보를 짧은 기간 내에 흡수할 수 있을까? 집단활동이 끝난 후에 멤버들은 어디에 의존해야 하는가?

개방형 집단들은 지정된 종결날짜가 없다. 이 집단은 참가자들의 욕구가 있는 한 지속된다. 이들 집단은 보통 10명 내지 12명으로 구성된다.

집단의 조직 유형은 보통 리더십에 의해 좌우된다. 몇몇 지지집단은 보통 비전문가들이나 집단성원이 조직하고 운영한다. 이러한 집단은 주로 멤버 상호간의 지지를 주요 목적으로 한다. 또 다른 유형으로는 전문가가 진행하고 치료적 방향으로 나가는 집단을 들 수 있다. 마지막으로 전문가와 비전문가의 절충된 운영방식을 갖는 집단이 있다.

집단에 처음 들어오는 멤버들의 경우 몇몇 멤버들은 안정감을 느낄 수 있는 반면, 일부는 그들의 첫 번째 모임을 매우 어렵게 느끼는 경우도 있다. 다른 멤버들로부터 듣는 치매노인 보호부양 경험담이 매우 당황스러울 수 있을 것이다. 이런 문제가 특히 개방형 집단에서 집단이 한참 진행중일 때 새로운 멤버가 들어가게 되는 경우 발생하곤 한다. 이러한 어려움을 극복하기 위해서, 새로운 멤버를 기존 진행집단에 참여시키기 전 특별 적응교육모임에 참여시키는 것이 바람직하다. 이 모임에서 지지집단 지도자는 질병의 전형적 과정에 대해 윤곽을 잡아주고, 치매노인 때문에 멤버가 직면하는 과거 및 현재의 문제들을 들어주며, 환자의 질병과 관련된 자료를 주게 된다.

지지집단은 질병의 진행단계에 따라 여러 방식으로 사용될 수 있지만 일반적으로 노인성치매를 지적 및 정서적으로 잘 다룰 수 있는 장을 가족구성원들에게 제공해준다.

지지집단의 중요한 경험은 바로 치매노인을 다루는 것을 정상생활로 느낄 수 있게 되는 것이다. 집단성원들은 이미 자신의 불행이 혼자만의 것이라고 느끼지 않게 된다. 이 과정은 집단경험의 보편화라고 불리기도 한다. 집단에 참여함으로써 성원들은 노인에 대한 부정적 감정과 자신의 역할에서 오는 스트레스를 표현할 수 있는 우호적 환경을 제공받는다.

보편성의 경험과 더불어 집단성원들은 희망을 갖게 된다. 더 많은 경험을 한 부양자들을 만남으로서 성원들은 치매노인 보호 중에도 개인생활이 있다는 것을 배우고 개인의 의미 있는 미래를 위한 계획을 세우도록 고무받는다. 또한 집단성원들과 전체로서의 집단은 새로운 사회연결망의 기초가 되기 때문에 지지집단은 새로운 관계 설정을 위한 기회를 제공한다.

3. 집단사회사업 모델

집단사회사업의 세 가지 모델은 Papell과 Rothman(1966)이 개발하였다. 이 중 사회적 목표모델(social goals model)과 상호작용적 목표모델(reciprocal goals model)은 인보관 운동으로부터 성장했다. 최근에는 세 가지 모델을 통합하여 활용하는 시도가 늘고 있다(Toseland & Rivas, 1995).

1) 사회적 목표모델

사회적 목표모델(social goals model)은 '집단 활동을 통해 더욱 광대한 지식 기반을 창출할 수 있고, 능력 있는 시민을 배양할 수 있다.' 는 개념에서 출발하였다. 사람들은 어떤 사회적 이득을 획득하기를 희망하기 때문에 집단에 참여하게 된다. 이 모델은 지역사회 내의 문제, 즉 범죄, 빈곤, 쓰레기 같은 문제를 해결하기 위해 활용된다. 사회적 목표모델은 지역복지관, 시민 조직, 보건 또는 복지위원회 등에서 자주 활용된다. 이 모델은 민주적 집단 과정을 중요시하며 집단사회사업 실천가들은 소집단 내에서 민주적 절차를 개발하고 유지하는 데 힘을 모으게 된다.

리더는 성원들을 사회화시키기 위해 캠핑이나 토론 또는 민주적 과정에 대한 교육 같은 프로그램을 활용하며 가능케 하는 자(enabler)로서 활동한다. 리더는 성원들이 합심하여 결정을 내리도록 도우며 그들이 단합하여 일하도록 도우면서 그들의 권한을 강화시켜 사회가 그들의 욕구에 좀 더 반응적이 되도록 한다.

2) 교정모델/치료모델

교정모델(remedial goals model)은 임상지향적인 치료모델로서 집단이 변화대행자로서 활용된다. 이 모델에서 집단지도자는 집단성원들 간에 상호작용을 촉진하여 변화를 이끌어낸다. 워커는 전문적 기술을 적용하여 개인들이 자기 인식을 하도록 돕고 사회적 기능을 향상시키도록 돕는다. 집단은 개인들이 좀더 새롭고 적합한 기능을 하도록 고무하고 지지한다. 개입의 초점은 각 성원의 관계형성 면에서 역기능적 유형에 맞추어진다. 이 모델은 교정 시설, 정신병원, 가족 서비스 기관, 기타 치료중심 프로그램에서 가장 자주 활용된다. 리더는 변화대행자로서 행동하며 리더중심의 접근을 한다. 심각한 행동문제나 사회기술이 부족한 사람들에게 많이 활용된다.

3) 상호작용모델

상호작용모델(reciprocal goals model)은 개인과 집단 사이의 상호작용적 관계형성을 가정하고 있기 때문에 상호작용모델이라고 불린다. 이 모델은, 개인은 그가 연결되어 있는 많은 여러 체계 및 그 하위 체계와 관련해서만 이해되고 다루어질 수 있는 실체라고 가정한다. 이 모델의 개인과 사회 사이의 유기체적, 체계적 관계를 가정하고 있고 개인과 더 광범위한 체계 사이의 상호의존에 초점을 둔다. 이런 상호의존이 사회사업의 초점이고, 소집단은 바로 개인적 그리고 사회적 기능이 조성되고 조정되는 장이 된다. 워커는 집단성원들이 자신의 욕구와 사회적 요구 간에 공통기능을 찾도록 돕는 중재자 역할을 한다. 워커는 또한 성원들이 상호원조체계를 형성하도록 돕는다. 이 모델은 집단 내에 치료적 환경을 형성하기 위해 집단과정을 중요시하며, 인본주의적 접근을 강조한다. 인본주의적 접근을 통

표 6-1 집단사회사업의 세 모델

특성	사회적 목표모델	교정모델	상호작용모델
목적	사회적 의식고양, 사회적 책임감, 시민정신, 정치적 및 사회적 운동 함양	역기능적으로 행동하는 성원들을 회복시키고 재활시킴	성원 간에 상호원조체계를 형성하여 적응능력을 성취하고 사회화시킴
해당 기관	인보관 또는 지역사회센터	임상세팅	임상세팅 또는 지역사회센터
작업의 초점	환경 속의 개인, 사회환경	개인의 변화	자조 및 상호원조체계 형성
워커의 역할	역할모델, 가능케 하는 자	조사, 진단, 치료를 통해 개인들이 치료목표를 달성하도록 돕는 변화대행자	성원의 욕구와 집단 및 사회의 욕구 사이에서 중재자 역할
성원의 유형	일반 시민	적절히 기능하지 못하고 생활과업을 극복하는 데 도움이 필요한 클라이언트	공통 관심사(문제)를 가지고 함께 일할 수 있는 사람들
집단에서 사용되는 방법	사회운동이나 지역사회변화를 위해 필요한 기술을 성원들이 획득하도록 집단과업, 지역사회조직, 프로그램을 개발하고 수행하기 위한 토론, 참여, 동의를 이끌어냄	성원들의 행동 유형을 변화시키기 위해 직·간접적으로 영향을 주며 구조화된 프로그램을 시행함	성원들은 관심사를 토론하고 서로 지지하며 권한은 동등하게 공유됨.

* 출처: Papell, C. P., Rothman, B. (1980). Social group work models: Possession and heritage. In A. Alissi (Ed.), *Perspectives on social group work practice* (pp. 116-132). New York: The Free Press.

해 성장에 대한 잠재력을 강조하며 상호원조노력을 통한 성원들의 적응능력 향상을 유도한다. 또한 기관이나 지역사회가 개인의 욕구를 더 잘 이해하고 충족시킬 수 있도록 워커가 많은 노력을 기울일 것을 권고한다.

교정모델과는 달리 상호작용모델은 의도하는 결과를 미리 선정하지 않고 시작한다. 어떤 치료적 목적이나 정치적 변화 문제도 미리 가지고 있지 않다. 집단을 구성하는 개인들의 만남을 통해서만 방향이나 문제가 결정된다. 이 모델은 상호원조하는 체계로서의 집단을 구상한다. 강조점은 대인관계의 과정에 관여하도록 하는 데 맞추어진다. 이러한 집단에서 사회복지사의 역할은 주로 구성원들이 서로 협력하여 생산적으로 일할 수 있도록 돕는 중재자(mediator) 역할을 한다. 개인과 집단 사이에서 그리고 집단과 다른 집단 또는 지역사회 사이에서 중재자 역할을 한다. 개인과 집단 그리고 사회와의 역동적 상호작용이 관심의 대상이다. 이 모델은 개인의 정신 건강을 강조하고, 지역사회 참여와 심리적 기능 사이에는 강력한 유대 관계가 있음을 가정한다. 지지집단이나 자조집단이 이 모델의 대표적 예가 될 수 있다.

4. 집단의 규모

집단의 규모는 성원의 만족도, 상호작용 및 결과에 영향을 준다. 집단의 규모는 클라이언트의 연령이나 목적, 문제 유형에 따라 달라진다. 보통 5~12명이 친밀한 관계형성을 위해 적정한 수라고 간주된다(Reid, 1991). Rose(1987)는 3~8명이 적정 수라고 추천하고 있다. 8명을 초과하면 모든 성원이 자신의 문제 상황을 꺼내 놓기가 어려워진다고 한다. 작은 규모의 집단이 일반적으로 좋게 평가된다. 그러나 큰 규모의 집단이 종종 복잡한 문제를 푸는 데 더욱 성공적인 경우도 있다. 복잡한 과업을 수행하는 집단의 경우에는 많은 능력과 기술이 필요하므로 좀 더 커다란 규모의 집단이 필요할 것 같다. 대집단의 성원들은 의사소통의 어려움과 스트레스를 좀 더 경험할 가능성이 있지만 문제해결 측면에서 더 많은 재원을 갖게 된다.

Slater는 집단의 규모에 대한 자신의 연구에서 5명이 가장 만족스러운 크기였다는 것을 발견했다. 5명으로 구성된 집단에서 친밀감이 형성될 수 있었고, 정보의 교환이나 수집, 의사결정 면에서도 매우 효과적이었다. 홀수이기에 투표가 필요한 상황에도 가부를 결정하기에 적절하였다. 집단 구성을 짝수로 하는 경우는 대립이 심화되는 경우가 많다. 5명 미만의 집단에서는 서로 거리감이 생길까 봐 두려워하여 의사표현을 주저하게 되는 경우가 많았고 5명을 초과하는 집단에서도 성원들의 참여가 줄어들었다. 또 다른 연구는 6명까지는 성원들의 만족도가 높아졌지만, 그 후에는 다소 감소했다는 것을 지적하고 있다(Yalom, 1985).

5. 개방형 대 폐쇄형 집단

집단은 새로운 성원을 언제든 받아들이는 개방형과 새로운 성원을 받아들이지 않는 폐쇄형이 있다. 개방형 집단은 새로운 성원을 추가함으로써 시너지 효과를 갖기도 한다. 새로운 성원이 합류함으로써 이들은 집단에 새로운 견지를 제공해줄 수 있고 욕구가 있는 성원에게 즉각적인 지지를 줄 수도 있다. 그러나 멤버십에서의 변화가 항상 긍정적인 것만은 아니다. 어떤 주제를 심도 있게 다루기 위해서는 신뢰감이 필요한데 멤버십의 변화는 성원들 간의 신뢰감이나 마음의 문을 여는 데 방해가 될 수도 있다. 더욱이 새로운 성원에게는 집단에 대한 정보를 새로이 주거나 집단 활동을 다시 반복해야 하는 경우도 발생하므로 집단 발달을 저해할 수도 있다. 새로운 성원은 또한 다른 성원을 사귀어야 하는 것에 대해 염려하기도 한다. 새로운 성원을 받아들일 때는 항상 구성원 중의 한 명을 선정하여 새로운 성원에게 미리 오리엔테이션을 충분히 시켜주는 것이 좋다.

폐쇄형 집단은 개방형 집단에 비해 같은 성원끼리 활동하므로 효과적으로 기능할 수 있다. 성원들 간의 협동심이 증가할 수 있고 역할이 안정적일 수 있다. 그러나 성원의 하나라도 이탈하는 경우 집단에 심각한 손상을 줄 수 있다. 집단성원의 이탈을 고려하여 처음부터 구성원을 모집할 때 필요한 수보다 한두 명 더 모집하는 것도 고려해볼 수 있다.

6. 집단의 지속 기간 및 회합의 빈도

집단의 지속 기간은 응집력이 발생할 수 있을 정도로 충분히 길어야 하지만 그렇다고 너무 지루하게 길어서도 안 된다. Reid(1991)는 약 20회의 회합을 권고하고 있다. 시간제한을 두는 집단은 보통 일주일에 한 시간씩 8주 동안 진행하는 것이 보통이다. 예방적 목적을 갖는 집단은 8회 회합이면 충분하다고 본다. 물론 매우 구체적이고 제한된 목적을 추구하는 집단은 더 적은 회합으로도 충분할 것이다. 이질적 집단은 다양한 문제를 다루어야 하므로 보통 10~16회합이 필요하다고 본다(Rose & Adeleson, 1987).

한 회의 회합은 한두 시간씩 일주일에 한두 번이 적합하다. 한 시간보다 짧으면 제기된 이슈를 충분히 토론하지 못하게 되고 두 시간을 넘게 되면 성원들은 지루해하고 집중하지 못하게 된다.

집단의 길이에 대한 한 연구는 성인치료집단에서 8회의 2시간 회합이 4회의 2시간 회합보다 더 효과적이었음을 보여주고 있다(D' alelio & Murray, 1981).

7. 집단성원의 구성

집단성원을 선정하는 데 최우선이 되는 요인은 후보자가 동기가 있는지의 여부고, 또 하나의 요인은 다른 성원들과 조화될 수 있는지의 여부다. 실천가들은 또한 성별, 연령, 결혼 유무, 지적 능력, 교육, 사회 경제적 지위, 자아의 강도, 문제 유형과 같은 특성들을 일반적으로 고려한다.

이러한 특성 면에서 동질적인가 이질적인가가 집단의 구성에서 중요한 이슈가 된다. 개인적 특성과 집단에 들어가려는 목적 면에서 상당히 동질적이어야 의사소통 및 집단응집력이 촉진된다. 그러한 동질성 없이는 상호작용을 위한 기반이 마련되지 않는다. Toseland와 River(1984)는 교육수준, 의사소통 능력, 집단 과제수행 능력 면에서 동질적일 것을 권고한다.

한편, 대처기술, 인생 경험, 전문성 수준 면에서의 다양성은 학습을 촉진시키고 다양한 견지와 의사소통 방식 및 문제해결 방식을 양산할 수 있다. 지지나 상호원조, 학습을 위한 다차원적인 기회를 제공하는 것이 목적이라면 다양한 배경(성별, 직업, 사회계층)을 가진 성원으로 집단을 구성할 수 있을 것이다. 이질성은 다양한 범위의 재원을 확보할 수 있게 해주고 복잡한 과제수행에서 효율적인 노동의 분업화를 이룰 수 있다. 목적 성취를 위해 동질성과 이질성을 최적으로 균형 있게 조절하는 것이 관건이다.

Corey(1990)는 극도의 행동 문제를 보이는 성원을 집단에 포함시키는 것은 집단의 에너지를 낭비시키고 집단응집력의 발달에 커다란 장애를 발생시킨다고 경고하고 있다. Garvin(1987)은 집단성원들과 아주 다른 사람을 집단에 포함시키는 것은 그 성원이 집단에서 고립되거나 희생양이 되거나 또는 집단에 대한 부정적 감정을 갖게 되기 때문에 좋지 않다고 권고하고 있다.

집단응집력이란 집단성원들 간의 관계형성 및 집단 리더와의 관계형성을 말한다. 집단 구성은 응집력에 중요한 영향을 미친다. 성원들이 다른 성원을 자신과 유사하다고 인지할 때 응집력은 증대된다. 만일 성원 중에 몇 명이 자신들은 다른 성원들과 다르다고 주장한다면 갈등과 권력투쟁이 발생하고 응집력은 성취되기 어렵다. 집단 구성에서 남녀 성비를 특히 신경 써야 하는데, 만일 여성의 수가 너무 많으면 여성에 대한 고정관념을 도출시키는 역동성이 나타날 수 있다. 반면 여성의 수가 너무 적으면 여성은 소외감을 느낄 수 있다.

자조집단과 지지집단의 차이

보통 자조집단에서는 리더십이 일반 성원에게 주어지며 전문가의 역할은 최소화된다. 일반 구성원의 기술과 지식, 관심으로 집단이 운영되다. 그러나 지지집단에서는 전문가가 주요 리더를 맡게 된다.

제 7 장

집단의 진행

집단의 초기부터 종결까지 집단지도자가 적용할 수 있는 기술들을 정리해본다. 이 장에서 소개되는 내용은 주로 Hepworth 외(2002) 그리고 Zastrow(1993)를 참고하였다.

1. 집단 준비

치료집단을 이끌기 위해서는 철저한 사전준비가 필요한데 다음의 질문에 대해 고려해볼 필요가 있다. 집단의 전반적 목적은 무엇인가? 이러한 목적이 어떤 방식으로 성취될 수 있나? 집단성원의 특징은 무엇인가? 각 성원의 개별 목적은 무엇인가? 개인의 문제를 잘 다루어 나가도록 돕기 위해 어떤 자원이 필요한가? 첫 미팅의 형식은 어떻게 구성할 것인가? 음식물이 필요한가? 의자 배열을 어떻게 할 것인가? 성원들은 리더에게 무엇을 기대하고 있나?

아마도 집단의 성원들은 다음과 같은 질문과 관심사를 마음속에 간직하고 있을 것이다. 나는 왜 이 집단에 참여하는가? 나의 개인적 목적이 이 집단 속에서 충족될 수 있을까? 집단에 참여하는 동안 불편하지는 않을까? 다른 성원들이 나를 수용해줄까? 내가 얘기하는 것을 존중해줄까 아니면 비웃을까? 다른 성원들도 나와 비슷한 배경이나 관심사를 가지고 있는 사람들일까? 집단에서 나는 무엇을 말해야 하고 어떻게 행동해야 할까? 내게 어떤 압력이 가해지지는 않을까? 리더는 이러한 사항을 고려하면서 집단의 첫 미팅을 계획하여 집단성원들의 궁금증을 풀어주고 집단성원들이 편안해질 수 있도록 도울 수 있어야 한다.

다음과 같은 모양으로 세션을 준비한다면 매우 도움이 될 것이다.

> 나는 모임 장소에 일찍 도착해서 성원들을 반갑게 맞이할 것이다. 성원들에게 관심을 보이기 위해 각 성원에게 적절한 작은 화젯거리를 몇 개 준비해놓고 말을 걸어야겠다.
>
> 내 자신을 소개하면서 집단 회합을 시작할 것이다. 먼저 집단성원들이 서로 친숙해질 수 있도록 다음과 같은 Ice-breaker 연습을 할 것이다. 집단성원 모두에게 빈 카드를 하나씩 나누어주고, 각 성원에 대해 궁금한 점 4~5개씩 적어내도록 한다. 그러면 각 성원은 자신을 소개하면서 적혀진 항목에 대해 답을 하게 된다. 내 자신도 그 항목에 대해 대답할 것이다.
>
> 다음은 집단의 전반적 목적을 이야기해주고 이에 대한 질문이 있는지를 물어볼 것이다. 성원들이 궁금해 할 점은 아마도 ________일 것이다. 그런 질문이 나오면 나는 ________라고 대답해줄 것이다. 그 다음은 …

회합이 시작되기 전 리더는 종종 초조해하곤 한다. 너무 불안해하는 것은 집단을 효과적으로 이끄는 데 방해가 된다. 나름대로 자신의 마음을 이완시킬 수 있는 방법을 강구해두는 것이 좋다(예: 음악 듣기, 근육이완기법, 산책 등).

리더는 회합 시작 이전에 오는 것이 좋다. 일찍 와서 무엇이 필요한지 미리 체크해보고 의자도 잘 배치해두는 것이 좋다. 의자 배열은 성원들이 서로 눈맞춤(eye contact)을 잘할 수 있도록 하는 것이 중요하며, 특히 리더가 성원들과 눈을 마주칠 수 있도록 하여 성원들의 감정과 생각에 대한 비언어적 피드백을 얻을 수 있도록 해야 한다. 원으로 둘러앉는 것이 일체감을 주고 개방감을 줄 수 있다.

성원들은 주로 자신이 잘 아는 친구 옆에만 앉으려는 경향이 있는데, 잘 알지 못하는 성원 옆에 앉도록 요청할 필요가 있다. 그래야 분파가 만들어지지 않고 서로 잘 알 수 있게 된다.

2. 소 개

소개 시간에 성원들이 리더에 대해 신뢰감을 가질 수 있도록 해야 한다. 즉, 성원들의 기대가 성취될 수 있다는 확신을 줄 수 있어야 한다. 누군가 리더를 소개한다면, 리더는 현 분야에서 상당한 신임을 얻고 있다는 내용을 간결하게 알려주는 것이 좋다. 리더 본인이 소개한다면 너무 겸손할 필요 없이 자신의 중요한 경력을 요약해서 전달해야 한다. 지식이 많고 도움을 줄 수 있으며, 돕길 원하는 이해심 있는 인물로서 표현하면 좋을 것이다.

집단성원의 이름을 빨리 외는 것이 매우 중요하다. 이를 위해 이름표를 달도록 하는 것이 좋다. 성원들은 자신의 이름을 불러주는 데 고마워하며 이름을 불러준다는 것은 성원들이 중요한 존재라는 암시를 전달하는 것이다.

성원들이 자신을 소개할 때 집단에 대한 기대가 무엇인지 표현하도록 하는 것도 좋다. 이는 숨겨진 의제(hidden agenda)를 파악하는 데 도움이 된다. 만일 그 기대가 집단이 다루기에는 너무 높은 것이라면, 나중에 성원들이 실망하지 않도록 미리 논의할 필요가 있다.

집단성원도 자발적인 성원과 비자발적인 성원이 있다. 자발적인 집단에서는 리더가 덜 지시적이고 좀 더 비형식적인 접근으로 시작해도 좋다. 성원들이 가벼운 잡담(날씨, 스포츠, 뉴스 등)을 할 기회를 갖도록 하면서 집단을 시작해도 좋다. 가벼운 대화는 서로를 친숙하게 하는 데 도움이 된다.

비자발적 집단에서 치료자는 집단의 목적에 대한 공식적 발언을 하면서 시작하는 것이 좋다. 일반적으로 비자발적 집단에서는 성원들이 동기가 없고 열의가 부족하기 때문에 자발적 집단에 비해 성원 스스로 많은 것을 할 여지를 두지 않는다.

회합을 시작할 때는 어떤 사실적 정보를 제시하면서 시작하는 것이 도움이 된다. 특히 비디오 테이프나 사진 등을 활용할 수 있다. 만일 음주운전을 한 경험이 있는 성원들로 구성된 집단이라면 알코올 섭취가 인지 기능에 어떤 영향을 주는지에 대한 영화를 보여줄 수 있을 것이다. 이런 사실적 정보는 교육 목적으로 제시하는 것 외에 토론을 활성화시키기 위한 수단이 된다.

지난 번 회합에서 과제물을 내주었다면 이번 회합은 그 과제물을 점검하는 멘트로 시작할 수도 있다. "영희야, 지난 시간에 ~을 하기로 했었는데, 어떠했는지 말해주겠니?"

비자발적 집단에서 리더는 다음처럼 시작할 수 있다.

"저는 여러분 중 다수가 여기에 오길 원치 않는다는 것을 잘 알고 있어요. 자, 그렇다면 먼저 여러분의 불만이나 여러분이 원하는 것이 무엇인지부터 한 번 들어보고 시작하면 어떨까요?" 그 후 리더는 집단의 목적과 어떻게 집단이 진행될 것이고 최소한의 요구사항이 무엇인지를 알려준다. 다음에는 아래의 사항 중에서 하나를 각 성원들이 선택할 수 있다고 말해준다. ① 적극적으로 참여하여 많은 것을 얻는다. ② 조용히 앉아 다른 사람들이 말하는 것을 듣는다. ③ 노여움과 불행감을 폭발시키면서 집단을 방해한다. ④ 집단에 오기를 거절한다.

리더는 모든 선택이 여러분에게 달려 있고, 리더는 어느 것도 강요할 수 없다고 말한다.

이렇게 하면 대부분의 성원들은 1번이나 2번을 선택한다. 성원들은 리더가 자신들의 노여움을 이해하고 있다고 느낀다.

3. 역할 정립

리더는 자신의 역할과 책임을 분명히 이해해야 한다. 리더가 업무의 대부분을 떠맡는 것은 좋지 않다. 집단은 전 성원이 공헌을 하는 경우에 가장 생산적이라고 할 수 있다. 성원이 집단에 공헌할수록 집단의 일부라고 느끼는 경향이 있다.

원조자 치료원리(helper therapy principle)가 일반적으로 집단에 적용되는데, 역할분담이 좋은 이유를 이 원리를 통해서도 알 수 있다. 성원들은 때때로 역할을 교환하고 누군가의 문제에 대해 원조자가 된다. 원조역할을 통해 성원들은 자신도 남을 도울 수 있다는 심리적 보상을 받게 된다. 또한 남들도 자신과 비슷한 문제를 가지고 있다는 것을 깨달으면서 자신의 문제에 대한 통찰을 얻을 수 있다. 즉, 남을 도우면서 자신도 치료받는 것이 원조자 치료원리라고 할 수 있다.

종종 성원들은 집단 리더의 역할이 무엇인지 혼란스러워하는 경우가 있다. 기회가 주어진다면 리더 자신의 역할과 책임은 물론 성원의 역할과 책임을 분명히 설명해줄 필요가 있다. 리더의 역할을 설명할 때는 자신이 가지고 있는 기술과 자원에 대해서도 솔직하게 말해주는 것이 좋다. 리더십은 공유되는 것이 가장 바람직하고 공유된 책임감을 가져야 한다. 모든 성원이 상황에 따라 리더십 역할을 떠맡을 필요가 있다(기능분배접근; distributed-functions approach). 한 리더가 집단을 지배하려고 해서는 안 되며 집단을 이끌어나가는 데 모든 책임을 맡아서도 안 된다. 집단의 생산성과 응집력은 모든 성원이 공헌하는 가운데 증대된다.

4. 라포의 형성

치료자는 비위협적인 집단 분위기를 조성하려고 노력해야 한다. 성원들이 수용감을 갖고 자신의 문제를 모두 내놓을 수 있는 안전한 장을 마련해주어야 한다. 치료자는 집단성원의 감정을 이해하며 돕고 싶다는 메시지를 줄 수 있어야 한다. 치료자는 성원들이 자신의 문제를 이야기할 때 충격받는 모습이나 웃는 모습을 모여서는 안 되며 침착해야 한다. 그런 모습은 치료자 자신들의 어려움을 이해하지 못한다는 인식을 줄 수 있기 때문이다.

치료자는 집단성원들을 동등하게 다루어야 한다. 초보 치료자는 종종 집단성원 중 누군가가 집단 분위기를 조성에 매우 힘썼다고 해서 그를 매우 중요하다고 간주하고 다른 성원에 비해 높은 지위를 주는 경우가 있다. 성원들은 자신이 열등하게 다루어진다고 느낀다면 자신의 개인적 문제를 드러내지 않으려 할 것이다.

치료자는 성원들의 수준에 맞는 용어를 사용해야 한다. 이는 효과적인 대화를 촉진시키기 위해서다. 성원들이 이해할 수 있는 용어를 선택해야 한다.

치료자와 성원들은 집단에서 있었던 대화 내용을 비밀에 붙여야 한다. 비밀보장의 원칙이 어겨진다면 집단의 신뢰는 급속히 파괴된다. 치료자는 비밀보장의 중요성을 강조할 필요가 있다.

5. 회합을 시작하고 마칠 때

회합을 시작하고 마칠 때 리더는 다음 사항을 유의함으로써 성원들의 참여와 만족을 증대시킬 수 있다. 먼저 Corey & Corey(1992)는 미팅을 시작할 때 다음 절차를 따르도록 하고 있다.

① 성원들에게 오늘 회합에서 다루고 싶은 것이 무엇인지 말할 기회를 주라.
② 지난 회합 이후 성원들이 성취한 사항을 서로 나누도록 하라.
③ 지난 회합에 대한 피드백을 주라.

미팅을 마칠 때는 집단경험을 통합하고 요약할 필요가 있다. Corey & Corey (1992)는 다음 절차를 추천한다.

① 오늘 집단 활동이 어떠했는지 성원들에게 물어본다.
② 집단경험을 통해 성원들이 배우고 있는 것을 간단히 파악해보도록 요청한다.
③ 다음 회합에서 탐색해보고 싶은 주제나 문제가 있는지 물어본다.
④ 집단 회합을 떠나 실제 생활에서 연습해보고 싶은 새로운 기술이 있는지 물어본다.

집단 회합의 시작과 종료기술을 잘 개발해야 집단경험의 지속성을 증가시키며, 그러한 지속성은 집단경험에서 배운 행동과 통찰력을 실제 생활로 전이시켜주는데 도움이 된다.

6. 문제의 탐색

치료자와 집단성원은 문제의 심각성 정도, 문제가 얼마나 지속되어 왔는가, 원인은 무엇인가, 성원이 문제에 대해 어떻게 느끼는가, 성원이 가지고 있는 신체적 · 정신적 강점은 무엇인가를 먼저 검사해야 한다. 문제는 종종 다차원적이다. 즉, 여러 문제가 관련되어 있다. 그 모두를 탐색해야 한다. 먼저 어떤 문제를 다루어야 할 것인지를 결정하는 좋은 방법은 성원에게 어떤 문제를 가장 힘들게 느끼는지를 물어보는 것이다. 한 가지 문제를 해결하는 데 성공하게 되면 리더에 대한 확신감을 갖게 되어 라포가 더욱 증대된다.

7. 집단의 목적 설정

모든 집단은 목적을 가지고 있다. 집단은 단기 및 장기 목적을 정하는 것이 좋다. 집단의 효과성은 이 목표의 성취 여부로 결정되기에 목적을 분명히 정하는 것이 중요하다. 또한 목적을 설정해야 집단 프로그램의 방향을 잡을 수 있다. 집단 목적은 성원 간의 갈등해결에도 도움이 되는데, 갈등은 집단 목적을 성취하는 방향으로 해결되곤 한다.

목적은 성원들에게 매력적으로, 성취 가능성이 있게 보이고, 또한 다소 도전적이어야(약간의 실패의 위험도 있지만) 한다. 집단 목적은 정기적으로 검토되고 필요하다면 수정되어야 한다.

집단에 합류하는 각 성원은 개인적인 목적을 가지고 있다. 개인의 목적과 집단의 목적 간에 유사성이 많을수록 성원들이 집단에 열심히 참여하게 된다. 그러나 다른 사람이 모르는 나만의 개인 목표, 즉 숨겨진 의제(hidden agendas)가 있을 경우는 집단 활동을 방해하는 경우가 많다. 집단 리더는 집단 목적에 개인 목표를 어느 정도 반영해야 한다. 숨겨진 의제가 있다는 신호로는 집단 활동을 방해하는 말이나 행동을 하고 집단에 공헌하지 못한다는 점을 들 수 있다. 그런 행동에 대해 대응할 필요가 있고, 그 대응 결과를 평가해봐야 한다. 그러나 대응할 때 비난이나 비판은 피하고, 공개 토론 등으로 서로 간의 신뢰를 형성할 수 있도록 이끌어야 한다. 개인적 목적이 때로는 합리적일 수 있으므로 그때는 그 멤버를 돕기 위한 노력을 해야 하며 집단 목적을 수정할 수도 있다. 집단의 목적과 개인의 목적이 너무 차이가 날 때는 집단 외부에서 도움받도록 도와주어야 한다.

집단의 목적을 설정할 때는 리더가 집단 목적에 대한 자신의 견해를 피력한 후에 멤버들에게 집단에 들어오게 된 개인 목적을 물어보고 리더와 성원들이 토론을 통해 최종합의에 도달하는 것이 바람직하다. 집단 미팅 전에 전 성원을 상대로 개인 면담을 통하여 목적 리스트를 만들고, 첫 미팅 때 모든 성원들에게 분배하여 대다수 멤버가 만족할 만한 집단 목적에 도달할 때까지 토론 및 수정을 하는 것도 좋은 방법이다.

목적은 구체적이고 측정 가능해야 한다. 그래야 리더가 무엇을 해야 할지 쉽게 알 수 있게 해주고, 평가하기가 쉬우며, 다른 그룹과 의사소통하기가 쉽다. 멤버 간 갈등해결도 쉬워진다. 분명한 목적을 세우는 일은 시간과 노력이 많이 들지만 그만큼 가치 있는 일이다.

8. 집단발달단계와 리더의 역할

여기서는 Garland, Jones, & Kolodny(1965)의 집단발달 5단계를 제시하면서 발달단계에 따른 집단성원들의 반응에 리더가 효과적으로 대응하는 방안을 제시하고자 한다(Hepworth & Larson, 1993).

1) 제1단계

제1단계는 친밀 전단계(pre-affiliation)다. 성원들의 접근-회피행동(approach-avoidance behavior)이 나타난다. 책임을 맡거나 성원들과 상호작용을 하거나 프로그램 활동에 참여하는 데 자신의 분명한 입장을 나타내지 않는 경향이 있다. 성원들은 불안감이나 두려움에 사로잡힌 모습으로 침묵을 지키거나 유보적인 대답을 하면서 집단 활동의 참여에 주저하는 모습을 보여주곤 한다.

리더는 집단과정의 기본사항에 대해 분명히 말해줌으로써 성원들을 준비시켜야 한다. 즉, 집단발달단계, 치료적 작업 환경을 창출하는 방향, 효과적으로 작용하는 집단의 행동 및 태도적 특성, 집단의 목적과 구조를 유지하기 위한 가이드라인, 집단의 중요사항을 결정하는 데 적극 참여하여야 할 필요성 등을 알려주어야 한다(Corey & Corey, 1992).

리더는 성원들의 초기 관심사를 해결하도록 노력해야 한다. 집단 초기에 성원들은 집단에서 얻을 수 있는 이점에 대해 회의적일 수 있고 집단경험에 대해 두려움을 갖기도 한다. 리더는 성원들이 자신의 감정을 터놓고 이야기하도록 요청함으로써 그러한 불안을 경감시키도록 도와야 한다. 한 방법은 성원들이 현재의 자신의 감정을 1부터 10까지의 숫자로 표시하도록 하는 것이다. 여기서 1은 "나는 여기 있고 싶지 않다."이고 10은 "나는 아주 편안하다."를 나타낸다. 그 다음에 리더는 성원들에게 그렇게 표시한 이유를 설명하도록 한다.

리더는 성원들이 아주 솔직하게 자신의 감정을 표현하는 것이 중요하다는 것을 강조하고 집단은 그러한 점을 표현할 수 있는 안전한 장소라는 것도 강조해야 한다.

리더는 다음과 같은 설문지를 돌리면서 초기 성원들의 관심사를 해결하는 데 진전이 있는지 여부를 측정할 수 있다.

① 오늘의 회합이 얼마나 유용했습니까?
② 오늘의 회합에 본인이 관여한 사항을 적어보세요.
③ 오늘 본인 또는 본인의 문제에 대한 정보를 어느 정도나 집단성원들에게 노출시켰습니까?
④ 본인과 다른 성원들이 오늘 토의한 문제나 상황이 본인에게 얼마나 중요한 것이었습니까?
⑤ 오늘의 회합은 얼마나 만족스러웠습니까?

초기 회합에서 리더는 집단의 목적, 집단이 진행되는 방식, 기본 규칙에 관한 기본 정보를 여러 번 주지시켜야 한다. Reid(1991)는 반복적인 정보의 제시가 필요한 이유를, 성원들은 집단의 목적이나 자신의 역할, 워커의 역할에 대해 이해하지 못하고 있다고 스스로 생각하고 있기 때문이라고 지적하고 있다.

또한 첫 미팅에 목적을 설정하는 작업이 필요하다. Henry(1992)는 다음과 같은 두 개의 질문을 던지고 토론을 함으로써 집단 목적의 설정을 촉진할 수 있다고 지적하고 있다.

① 본인은 왜 오늘 여기에 오게 되었다고 생각하십니까?

② 여러분 모두가 함께 성취하려고 하는 것은 무엇입니까?

• 약물남용 청소년 집단의 초기 또는 형성 단계에서 주의할 점

집단이 효과적이기 위해서는 신뢰, 편안감, 진실됨 같은 특성이 나타나야 한다. 그러나 이러한 특성이 나타나기까지는 시간이 걸린다. 약물남용 청소년들은 법원의 명령으로 집단에 참여한 경우가 대부분이다. 법원의 명령에 따라 약물절제가 집단의 목적으로 이미 설정된 상태다. 그렇기에 약물남용 청소년들은 처음에는 저항을 보이고 방해행동을 한다. 이 단계에서는 약물청소년들로 하여금 공통 관심사를 발견하도록 하고, 서로에 대해 비심판적으로 수용하는 것이 필요하다. 참여자들 간에 경쟁심은 절제되어야 한다.

약물성원들의 자기노출은 천천히 시간을 가지고 진행되어야 한다. 너무 빨리 자기노출이 시작된다면 자기방어가 나타나 집단과정에 참여하지 않으려 할 수 있다. 또한 너무 빨리 자기노출을 하는 것은 집단과정에 참여하는 데 불안감을 가지고 있는 다른 성원들을 두렵게 할 수도 있다. 물론 어떤 성원들은 흥미를 갖고 집단과정에 열심을 내려는 준비가 되어 있기도 하다. 그러나 리더는 보조를 맞추면서 천천히 상호작용을 이끌어야 한다. 비유를 한다면 볶음밥을 만들 때 각각의 재료들이 잘 섞여 음식이 완성되기까지는 시간이 필요한 것과 같다고 할 수 있다.

노여움은 약물남용 청소년들이 제대로 관리하지 못하는 감정이다. 리더는 노여움의 감정을 표현할 기회를 주어야 한다. 리더는 노여움을 표시하는 방법을 보여줄 필요가 있다.

2) 제2단계

제2단계는 권한 및 통제 단계(power and control stage)다. 성원들은 집단경험이 잠재적으로 안전하고 가치 있다고 판단함에 따라 자치, 권한, 통제에 관한 문제에 관심을 갖게 된다. 즉, 집단의 역동성이나 분위기가 종종 갈등적인 시기에 접어들게 된다. 이 단계의 준거 틀은 '과도기(transition)' 다. 이 단계에서 성원들은 비친밀에서 친밀로의 관계형성이 변화되는 과도기적 혼란을 참아내야만 한다. 그리고 안정된 상황을 만들어내야 한다.

집단 내에서 지지와 보상을 더 얻기 위해 개인성원들은 자신과 유사한 사람들을 찾아 하위집단을 만들어 나가고 지위의 상하 관계를 만들어 나간다. 또한 개인들이 어떤 역할과 책임을 맡는 과정 그리고 집단 과업을 수행하기 위한 규범과 방법을 설정하는 과정에서 권력 갈등이 발생되곤 한다. 집단은 종종 개인들이나 하위집단 사이의 분열, 집단 목적, 과정, 구조에 대한 불평, 리더십에 대한 도전 등에 휩싸이게 된다. 언어적 폭력, 낮은 지위의 성원에 대한 거부 등도 발생한다. 특히 리더와 집단성원 중 누가 주요 권한을 갖게 되는가에 대한 이슈가 부각되기도 한다. 이러한 불확실성은 불안을 초래한다. 이 단계에서 성원들의 이탈률이 매우 높은데, 고립된 성원이나 반항을 보이는 성원은 탈락하기도 한다. 리더는 개인들 간의 차이를 성원들이 표현하고 받아들이도록 능력을 발휘해야 하고, 신뢰를 형성해야 하며, 집단의 자치력을 끌어낼 수 있어야 하는데 다음 전략을 활용할 수 있다.

① 리더는 집단의 장소나 구조 면에서 변화를 최소화하여 스트레스를 주지 말아야 한다. 새로운 성원을 더하거나 리더를 바꾸는 것은 매우 스트레스를 준다.

② 리더는 긍정적 피드백과 부정적 피드백이 균형 있게 나오도록 개입해야 한다. 집단성원들이 서로 피드백을 주는 첫 경험은 앞으로의 집단 분위기를 결정하는 데 매우 중요하다. 리더가 성공적인 경험과 긍정적인 것에 초점을 두도록 개입하여, 집단은 긍정적인 것에 관심을 둔다고 성원들이 인식을 하게 되면 성원들은 참여 수준을 높이게 되고 주도적으로 집단의 피드백을 받고자 한다.

③ 효과적인 의사소통이 일어나도록 개입한다. 의사소통기술을 통해 만족스런 관계형성을 창출할 수 있는 능력이 생기게 된다. 리더는 다음과 같은 몇 가지 코치 역할을 통해 성원들의 의사소통기술을 형성시켜줄 수 있다.

- 부정적 의사소통의 제거: 나는 여러분이 다른 사람을 낙인, 비판, 조롱, 훈계하는 식의 말을 삼가길 바랍니다.

- 'I-메시지' 의 강조: 다른 사람에게 무엇인가 불평할 것이나 요구할 것이 있다면 '나는' 을 먼저 꺼내면서 말을 시작하도록 합시다. 여러분의 감정과 여러분이 원하는 것을 '나' 를 중심으로 해서 표현하는데, 중요한 것은 상대방을 비난하지 않으면서 나에게 미치는 상대방의 행동의 결과를 표현하는 것입니다. 예를 들면 "어떻게 해라" "하지 마라" 같은 비난조의 해결책을 제시하는 'You-메시지' 대신 "나는 네가 … 해서 … 게 느낀다." 라고 상대방의 행동의 결과를 표현하는 것입니다. 'I-메시지' 는 건설적으로 상황을 다룰 수 있게 하고 논쟁을 줄일 수 있게 해줍니다.
- 차례대로 이야기하기: 지금 여러 명이 동시에 이야기를 하고 있어요. 차례대로 이야기하는 규칙을 준수하도록 합시다. 그래야 여러분 개개인의 의견을 하나라도 놓치지 않고 듣게 되니까요.
- 해당자에게 직접 말하기: 지금 박 군은 집단 전체에게 이야기하고 있어요. 그렇지만 내가 생각하기에 박 군이 의미하는 것은 ___________인 것 같군요. 그렇다면 그에게 직접 이야기하는 것이 더 좋겠지요.

④ 치료적 규범을 창출한다. 많은 집단 규범이 권한 및 통제 단계에서 형성된다. 리더는 권력구조, 의사소통 유형, 집단이 문제를 풀고 협상하는 방법을 형성하는 데 개입할 수 있다. 성원들이 권한 및 보상을 얻기 위한 갈등 속에서 역기능적 행동으로 집단과정을 방해하는 경우 리더는 단정적으로 개입하는 것이 필수적이다. 주의할 점은 그런 역기능적 행동은 개별적으로 해석하기보다는 집단과정이라는 맥락에서 분석되어야 한다. 그런 행동은 집단에 영향을 줄 뿐만 아니라 집단에 의해 발생, 강화되기 때문이다. 역기능적 행동에 대한 책임을 집단 전체에 두는 개입이 필요하다. 다음 상황을 보자.

"김 군과 박 군, 또 떠들고 집단을 방해하고 있군, 집중 좀 하자." 라고 리더가 말했다. 이 메시지는 산만한 행동에 대한 책임을 두 사람에게만 남겨두고 있고 집단에 무엇이 일어나고 있는지는 고려하지 않고 있다. 이러한 메시지는 부정적 행동을 강화시킬 뿐이다. 왜냐하면 '착한 성원들' 과 '나쁜 성원들' 로 이원화하고 있기 때문이다. 또한 개인적으로 문제를 해결하도록 하고(예: 집중 좀 하자) 집단이 문제를 다루도록 유도하지 않기 때문이다. 이 경우 다음 메시지가 더욱 적합하다. "나는 지금 우리 집단에서 일어나고 있는 상황이 매우 염려스러워요. 몇 명은 참여를 하지 않고 있고, 한 명은 무엇을 쓰고 있고, 단지 몇몇만이 토론에 참여하고 있는데, 여러분은 집단이 아닌 다른 곳에 개별적으로 와 있는 것처럼 보입니다. 나는 여러분 각자가 지금 경험하고 있는 것을 한 번 점검해보길 바랍니다." 이 메시지는 모든 집단성원에게 초점을 맞추고 있고, 현재 일어나고 있는 행동을 중립적으로 묘사하고 있으며, 집단과정을 촉진시키고 있다. 리더는 권위자라기보다는 촉진자로서의 역할을 하고 있다.

3) 제3단계

제3단계는 친밀(intimacy stage)단계다. 갈등이 사라지고 성원들 사이에 개인적 관심이 깊어진다. 집단경험의 중요성에 대한 인식이 증가한다. 사기와 공동체 의식이 높아지고 집단 목적을 이루려는 동기가 높아진다. 자신의 삶을 탐색하고 변화시키려 노력하면서 집단경험이란 도대체 무엇인가 검사해보려고 노력한다. 서로의 독특성을 인정해감에 따라 상호 신뢰도 높아지고 자신의 감정과 문제를 자발적으로 노출시키며 집단의 의견을 구한다. 그러나 바람직한 친밀감을 성취하기 위해 성원 간의 갈등을 양산할 수 있는 부정적 감정은 억압되는 경우도 있다. 초기와는 반대로 결석한 성원에 대한 염려를 표하고, 다시 집단으로 돌아올 수 있도록 노력한다. 분명한 규범이 설정되고 역할도 형성되어 있으며 리더십 유형도 확고히 안정된다. 집단의 준거 틀은 가족과 같은 '친숙' (familial one)이다. 성원들은 마치 형제로, 리더는 부모로 비유되기도 한다.

4) 제4단계

제4단계는 분화(differentiation stage)다. 이 단계는 확고한 집단응집력과 조화로서 특징지어진다. 집단의 정체감이 개발된다. 집단은 자기 고유의 구조와 습성을 창출하며 이는 내부 준거 틀이 된다. 고도의 신뢰와 자유로운 감정의 표현, 안정감, 분화된 역할, 개방된 의사소통이 나타난다. 관계형성은 더욱 동등해진다. 리더십은 더욱 균등하게 공유된다. 권력갈등은 최소화된다. 성원들은 특별한 전문성과 능력에 대한 욕구가 나타나면 리더 역할을 자발적으로 떠맡기도 한다. 개별 차이에 대한 완벽한 수용이 일어나므로 의견의 불일치가 억압되지 않고 반대 의견을 가진 성원의 지위를 주의 깊게 고려하면서 토론을 통해 일치점을 이끌어낸다. 집단은 상호원조 체계가 되어 성원들 각 개인의 욕구에 상응하는 정서적 지원을 자발적으로 준다. 개인적 목적을 성취하기 위해 집단 밖에서 작업하기도 한다. 집단은 다른 집단과 연합하는 데 관심을 갖기도 한다. 분화단계는 마치 어린아이가 성인기에 도달하여 성공적으로 자신의 삶을 추구하는 모습과 비교된다.

제3단계와 4단계는 본격적인 작업단계라고 할 수 있다. 이 작업단계에서 리더는 갈등을 해결하고 성원들이 자신의 문제를 공공연히 노출하며 그 문제에 대한 책임을 스스로 지도록 성원을 도와야 한다. 작업단계에서 리더는 치료적인 집단 조건을 심화시켜야 한다. 리더는 피드백과정을 촉진시켜 성원들이 올바른 피드백을 서로 간에 줄 수 있도록 해야 한다. 성원들로 하여금 문제행동뿐만 아니라 장점에 관한 피드백을 주고 비심판적 방식으로, 구체적으로 피드백을 주도록 한다 (Corey & Corey, 1992). 한 예로 문제에 대해 가능한 해결책을 찾는 경우를 들어보자. 리더는 다음과 같은 질문을 문제 당사자에게 던진다. "이 문제를 풀기 위한 방법을 생각해본 적이 있나요?" 리더는 그 성원이 제시하는 대안들을 다 받아 적은 다음, 다른 성원들에게 그 대안들의 장단점을 철저히 검토해보도록 요구하고 피드백을 주도록 요청한다. 또한 그 문제에 대한 다른 해결 방안을 알고 있는지 물어본다. 이때 대안 및 피드백을 제시하는 성원들은 돕는 역할을 맡게 되는 것이며, 이러한 역할에 '원조자 치료원리' (helper therapy principle)가 적용된다.

리더는 성원들이 공유하고 싶어하는 욕구, 감정, 이슈 같은 보편적인 것에 초점을 맞춤으로써 개인 및 집단의 성장을 함께 향상시킬 수 있다. 이러한 공통 주제로는 외로움, 거절당하는 데 대한 두려움, 열등감, 고통스런 기억, 죄의식, 후회, 부모와의 갈등을 들 수 있는데 이러한 공통적 주제를 다룰 때 집단은 가장 응집력 있게 된다.

또한 리더는 분화를 향한 지속적인 움직임을 지지해야 한다. 성원들이 자신의 독특성을 설정하도록 자극해야 한다. 예를 들어, 성원들이 색다른 것을 드러낼 때, 즉 자신의 숨겨진 재능, 아무도 접근할 수 없을 것이라고 생각되는 자원에 대한 접근 방안, 필요한 기술을 소유한 것, 예전에 말하지 않았던 욕구 또는 다른 사람들이 생각지 못했던 해석과 질문 등에 대해 말할 때 리더는 성원의 이러한 독특성을 더욱 자극하고 고무시켜야 한다.

작업단계는 또한 성원들의 목적이 성취되는지에 대하여 집중해야 하는 시간이다. 리더는 성원들이 자신의 목적을 잘 알고 있을 것이라고 가정해서는 안 된다(Toseland & Rivas, 1984). 리더의 주요한 역할은 정기적으로 성원들의 목적을 확인하고 체계적으로 목적 성취를 위해 노력해야 한다. 리더는 또한 과제수행에 대해서도 체계적으로 점검해야 한다. 이렇게 해야 모든 성원들이 똑같은 관심을 받게 된다.

리더는 각 성원에게 할당되는 시간을 점검할 필요가 있다. 집단이 한 성원의 목적 성취에만 너무 많은 시간을 보내고 있다면 모든 성원이 이득을 얻을 수 있도록 개입해야 한다. 예를 들어, 도움을 받고 있는 성원과 비슷한 경험을 서로 나누도록 나머지 성원들을 고무해야 한다. 이렇게 상호원조라는 규범을 세울 수 있다. 덧붙여 집단으로부터 관심을 받지 못하는 성원의 목적 성취 상황을 체크해야 한다. 그리고 다음 회합에서는 잘 참여하도록 고무해야 한다.

마지막으로 리더는 성원들로 하여금 역기능적 행동을 유지시키고 악화시키는 신념이나 사고를 분석할 수 있도록 도와야 한다. Toseland와 Rivas는 "사건을 과도하게 일반화시키는 경우, 사건의 일부에만 초점을 맞추는 경우, 자신이 통제할 수 없는 사건에 대해 과도한 책임을 맡는 경우, 앞으로의 사건에 대해 최악의 결과를 예상하는 경우, 흑백 논리로 접근하는 경우, 과거 사건의 결과를 바탕으로 미래 사건을 그대로 예상하는 경우" 에 역기능적 행동이 유지된다고 지적하고 있다.

5) 제5단계

마지막 단계는 분리(separation)단계다. 집단 목적이 성취되고 성원들이 새로운 행동 유형을 학습하게 되면 마지막 단계로 접어든다. 종결이 늘 쉽게 수행되는 것은 아니다. 집단에 매우 깊이 관여해 왔던 성원들에게는 특히 힘든 시간이다. 성원들은 집단의 존재를 더 유지시키고자 퇴행적인 행동을 보이기도 한다. 성원들은 불안감과 노여움을 표시하기도 하고 종결을 부정하기도 한다. 리더에 대한 의존성이 나타나기도 하고 싸움을 벌이기도 한다. 집단경험의 긍정적인 의미를 부정하는 것도 흔히 발생한다. 예전의 버림받은 감정, 거절당한 감정을 다시 경험할 수도 있다.

종결은 또한 평가의 시간이다. 성취한 과업을 숙고하고 학습한 것을 다지는 시간이다. 미완결된 과업을 마무리하고 집단에 대한 피드백을 주고받는다.

리더는 다음과 같은 방법으로 종결을 준비해야 한다. 리더는 종결 몇 주 전부터 종결이 다가옴을 알리고 준비시켜 자신들의 안건을 완성하도록 남아 있는 시간을 활용하게 한다. 충분한 시간이 주어지도록 하여 남아 있는 문제에 대해 계획을 세울 수 있도록 한다. 리더는 성원들이 노여움, 슬픔, 손실감, 버림받은 느낌 등을 숨김없이 드러낼 수 있도록 돕고 리더 자신의 감정도 공유한다. 리더는 집단에서 얻은 변화가 지속되도록 그리고 실제 생활에서 일반화되도록 성원들을 도와야 한다. 이를 위해 처음 회합부터 마지막 회합까지 학습했던 사항들을 말로써 되뇌게 하여 성취감을 심어준다. 또한 마지막 회합 시간에는 지금까지 획득한 기술을 실제로 한 번 더 수행하게 한다. 실제 생활에서 부딪치게 될 어려움을 제시하여 그에 대해 토론해보는 것도 좋다.

사회사업 실천가들의 책임성(accountability)은 사회복지 분야에서 주요한 강조점이 되어 왔다. 이러한 책임성의 필수 요소는 바로 평가다. 평가에는 과정평가와 성과평가, 만족도 조사가 있다(Zastrow, 1993). 리더는 이와 같은 방법으로 평가를 시행한다.

(1) 과정평가

과정평가(process evaluation)는 일반적으로 집단성원들이 집단에서 유용했던 또는 그렇지 못했던 양상에 관해 측정하는 것이다. 집단과정을 향상시켰거나 방해했던 사건이나 기법에 관한 피드백은 리더에게 매우 가치 있는 정보가 된다. 이러한 정보를 가지고 리더는 어떤 기술을 연마할 수도 있고, 어떤 자료는 빼기도 하고 덧붙이기도 한다. 피드백이 매우 비판적이라면, 이는 매우 자존심 상하는 일이지만 이를 부정하거나 거부하기보다는 제시된 의견에 따라 변화를 주는 것이 바람직하다. 리더는 마음을 열고 비판을 받아들여야 하며 건설적으로 이에 반응할 준비가 되어 있어야 한다.

과정평가는 집단성원들에게 건설적이었던 사건, 기법, 자료, 양상과 비생산적인 것들을 토론하도록 요청함으로써 구술적으로 수행될 수 있다. 이러한 구술적 평가의 장점은 대부분의 성원들은 쓰는 것보다는 말로 이야기하는 것을 즐긴다는 것이다. 단점은 부정적인 피드백을 주기를 꺼린다는 것이다. 한편 과정평가는 간단한 설문지를 돌리면서 수행될 수도 있는데 전형적인 3개의 질문을 다음과 같다.

① 이 집단의 장점은 무엇입니까?(장점을 쓸 때 구체적으로 자료나 사건을 지적하고 리더가 사용한 기술이나 기법도 쓰시오.)

② 이 집단의 단점은 무엇입니까?(단점을 쓸 때 구체적으로 자료나 사건을 지적하고 리더가 사용한 기술이나 기법도 쓰시오.)

③ 앞으로 어떻게 변화를 주면 좋을지 간단히 제안점을 써 주세요.

과정을 평가하는 또 다른 방법은 동료평론(peer review)으로 수행하는 것이다. 동료평론은 다른 집단의 리더를 한두 명씩 정기적으로 집단에 참여시켜 관찰하게 하는 것이다. 직접 참여하지 않고 대신 비디오 촬영을 하고 나중에 동료 리더가 검토하는 방법도 있다.

(2) 성과평가

성과평가(outcome evaluation)는 집단이 시작될 때 설정된 목적이 성취된 정도를 측정하는 것이다. 여기에는 단일사례 디자인, 과제성취척도, 집단실험설계의 방법이 동원된다. 단일사례 디자인은 제20장을 참고하기 바라며, 집단실험설계를 활용하는 방법은 제21장을 참고하기 바란다.

① 과제성취척도(Task Achievement Scaling)

이 접근의 목적은 집단성원이 과업을 완성한 정도를 측정하는 것이다. 과제는 성원들의 동의하에 선정되고, 각 성원은 자신의 목적에 도달하기 위한 구체적 과업을 할당받는다. 보통 과업수행 기간이 정해진다. 과제성취척도는 보통 4점 척도로 구성되는데, 4 = 완벽히 수행, 3 = 상당수 완성, 추가 조치 필요, 2 = 부분적 완성, 상당한 추가 조치 필요, 1 = 거의 미완성을 나타낸다. 여기에 덧붙여 기회, 노력, 동기, 의도 면에서 어떠했는지도 평가된다. 이 평가 방법은 매우 간단하다는 이점이 있고, 다른 평가 방법이 시간이 없거나 자료가 부족하여 가능하지 못할 때 흔히 사용된다. 이 방법의 단점은 다음과 같다. 클라이언트의 문제를 해결하는 데 별로 타당하지 않은 과업이 선정되었을 경우 그 과업의 완성도가 높더라도 실제로 클라이언트의 문제를 해결하는 데는 별로 효과를 내지 못할 것이다.

② 단일사례설계

단일사례설계에 대해 이 장에서 자세히 설명할 수는 없고 간략히 몇 가지 원리만 설명하도록 한다. 자세한 설명은 제20장을 참고하기 바란다. 집단 프로그램으로부터 개인들이 이득을 얻었는지를 결정하기 위해 프로그램이 시작되기 전에 개인들의 상태를 여러 차례 반복 측정한다. 프로그램 이전에 개인의 문제 상태를 측정하는 것을 기초선(baseline)이라고 부른다. 기초선의 예는 다음과 같다: '집단이 시작되기 전, 부모가 하루 동안 정신장애인 자녀를 비난한 횟수를 일주일간 측정한다.' '집단이 시작되기 전 자기주장척도를 활용하여 개인의 의사표현능력을 측정한다.'

기초선 확보를 위해 몇 번의 측정횟수가 필요한지는 한마디로 이야기하기 어렵지만 최소한 3회의 측정을 권고하는 학자들이 많다. 물론 횟수가 많을수록 좋지만 현실적으로 10회 이상을 측정하기가 어려운 일이다. 단일사례설계에는 많은 유형이 있지만 가장 흔히 활용되는 방법은 AB설계로써 기초선을 측정하고 개입 동안에도 여러 번의 반복측정을 하여 그 결과를 그래프로 나타내어 개입 전과 후의 클라이언트 상태를 비교한다.

(3) 만족도 설문

만족도를 재는 설문은 상대적으로 간단하고 비용이 저렴하다. 집단 마지막 회합시간에 설문을 돌리거나 집단 종결 후 우편으로 돌릴 수도 있다. 만족도 설문도

단점이 있다. 설문에 대한 응답은 응답자의 기분에 따라 영향을 받는다. 덧붙여 우편으로 할 경우 불만족한 성원들은 만족한 성원들보다 설문을 돌려보내지 않는 경향이 많다. 만족도 설문의 예는 다음과 같다.

※ 다음 각 문항에 5점 척도로 응답하여 주세요.

① = 매우 반대한다, ② = 반대한다, ③ = 보통이다, ④ = 동의한다, ⑤ = 매우 동의한다

1. 나는 이 집단이 목적을 성취했다고 생각한다.
2. 나는 지금까지 수행된 집단 활동에 대해 매우 만족한다.
3. 이 집단을 통해 나의 개인적 목적이 성취되었다.
4. 나는 이 집단의 성원이 되어 매우 즐거웠다.
5. 리더는 집단을 매우 잘 이끌었다.
6. 이 집단에 참여함으로써 인격적으로 크게 성장했다.
7. 집단의 성원들에 대해 매우 만족한다.

9. 집단의 규범

규범(norms)은 기대되는 행동의 기준이다. 집단 활동이 원활히 수행되기 위해서는 집단에도 규범이 필요하다. 규범을 통해 집단이 안정되게 방향을 갖고 나갈 수 있다. 여기서는 Garland, Jones, & Kilodny(1965)의 작업에 근거를 두고 있는 몇 가지 규범을 제시하고자 한다.

(1) 집단이 행동 단위라는 점이 강조된다. 리더는 응집력을 강조해야 하고 집단의 역동성을 강화해야 한다. '우리' 라는 용어를 많이 활용하고 집단으로서 아이디어를 창조하고 행동할 것을 강조한다.

(2) 각 성원 모두가 중요하다. 각 성원은 모두 다른 성원을 도울 수 있는 가치가 있다. 처음에는 집단성원이 다른 동료 성원의 이야기를 듣는 것이 치료적 차원에서 별로 도움이 안 된다고 생각할 수 있다. 그러나 리더가 동료들에게

서로의 경험을 공유하여 새로운 통찰력을 갖도록 고무한다면 이러한 태도는 곧 변하게 된다. 리더는 모델이나 촉진자(facilitator)로서의 역할을 맡는 것이 좋다. 그럼으로써 각 성원이 갖고 있는 생각이나 아이디어를 표현하도록 열성적인 지지를 보낸다면, 이는 구성원들의 가치를 인정하는 것이며 이것이 바로 치료적 요인이 된다.

(3) 비심판적이며 개방적 태도를 취한다. 다른 사람들의 생각이나 태도, 행동을 개방적이고 진실하게 수용하는 것을 말한다. 물론 모든 행동을 지지해야 한다는 의미는 아니다. 다만 성원들이 개방적이고 자유롭게 자신의 삶에 대해 이야기할 수 있어야 한다는 의미다. 자신의 상처받은 점을 자유롭게 탐색할 기회를 가져야 하기 때문이다.

(4) 집단은 신뢰를 필요로 한다. 성공적인 집단은 성원들이 서로를 믿고 자신의 생각과 감정과 행동을 솔직히 표현할 수 있는 집단이다.

(5) 집단은 유연해야 한다. 토론의 주제나 구조가 유연해야 되고 즉흥적으로 주제가 잡힐 필요도 있다는 것이다. 상황에 따라 다루어야 할 주제가 갑자기 발생할 수도 있다. 물론 치료집단이 분명한 방향 없이 진행되어야 한다는 것은 아니다. 그러나 상황에 따라 리더의 판단상 어떤 중요한 주제나 이슈를 다루어야 할 필요가 있다고 보고 즉흥적인 토론을 유도할 수 있는 것이다.

(6) 집단의 규범은 토론을 통해서 결정되어야 한다. 어떤 규범은 절대 바뀌어서는 안 되지만 어떤 규범들은 성원들의 토론을 통해서 수정될 수도 있다. 또한 회기가 진행되면서 새로운 규범을 창출할 수도 있다.

청소년 집단 프로그램은 어느 정도 구조화(예: 규범의 제정)되어야 응집력이 높아진다. 청소년들은 집단이 구조화되어 있어야 안도감을 느낀다. 구조화를 통해 수용되는 행동과 그렇지 않은 행동을 구분할 수 있게 되고 집단에 기여하는 행동을 배울 수 있다.

청소년 집단을 진행할 때 다음의 몇 가지 구체적 가이드라인을 활용하면 집단을 좀 더 구조적으로 만드는 데 도움이 된다.

1. 그룹에서 공유하는 정보는 모두 비밀이 보장되어야 한다.

비밀보장을 하는 것이 최우선 순위가 되어야 하는데, 이것 없이는 신뢰가 형성되기 어려우며 따라서 그룹 자체도 없어질 수 있기 때문이다. 그러나 누군가 생명을 위협하는 행동, 특히 자살에 대해 이야기한다면 그룹 지도자는 비밀보장을 깨고 필요한 도움을 확보하기 위해 부모에게 알릴 필요가 있을 것이다. 그러나 그룹 지도자가 비밀보장을 깨야 한다면, 관련 학생과 개인적으로 그 문제를 토론해야 한다. 문제에 대해 상의하지 않는다면 그 학생은 배신감을 느끼게 되고, 그룹 활동에 매우 필수적인 신뢰를 저버리는 결과를 낳게 된다.

2. 한 번에 한 사람만이 말할 수 있다.

말하는 사람 외에 주변에서 대화가 일어나지 않아야 하는데, 이런 행동은 그룹 상호작용을 혼란시킨다.

3. '공격성 발언' 이 없어야 한다.

이것은 그룹 내에 갈등이 일어나지 않는다는 것을 의미하는 것은 아니다. 그러나 공격적이고 다른 사람의 감정을 상하게 하거나 누군가를 희생양으로 만드는 행동은 다른 사람을 수용하고 존중하는 데 방해가 되므로 허용되어서는 안 된다.

4. 그룹 참가자들은 집단 시작 시간에 정확히 와서 시작할 준비를 해야 한다.

5. 과거에 잘못된 행동을 미화해서는 안 된다.

이러한 발언은 항상 대응할 필요가 있다.

일반적으로 그룹성원들은 그룹의 규칙을 스스로 결정할 수 있다. 성원들이 스스로 결정한 규칙은 더 잘 준수될 것이다. 하지만 성원들이 위의 다섯 가지 규칙을 만들지 않는다면 그룹 지도자는 이들을 첨가할 필요가 있다.

10. 집단 리더의 역할

집단 리더는 보통 이중 역할을 맡게 된다. 즉, 회합을 이슈중심 또는 문제해결중심으로 구조화하거나 진행해야 하는 것이며 동시에 상호작용적 역동성을 알고 있어야 한다는 것이다. Bales(1950)는 과업전문가(task specialist)와 집단유지전문가(group maintenance specialist)(Zastrow, 1993)의 두 가지 리더십 기능을 제시했다

과업역할은 집단이 규정한 목적을 성취하기 위해 필요한 역할이다.

① 정보 및 의견 제공자: 집단의 토론을 돕기 위해 필요한 정보나 아이디어 또는

사실을 제공한다.

② 정보 및 의견 탐색가: 집단의 토론을 돕기 위해 성원들에게 정보나 아이디어, 느낌 등을 묻는다.

③ 주창자(starter): 집단 내에서의 행동을 주도하기 위해 목적이나 과업을 제안한다.

④ 방향제시자: 수행되어야 할 과업에 대한 관심을 모으고, 추진 방법에 대한 계획을 개발한다.

⑤ 요약자: 아이디어나 의견을 모아 재정립하고 토론된 주요 요점을 요약한다.

⑥ 조정자: 다양한 아이디어 간에 관련성을 보여주면서 의견을 조정하고, 집단 성원 간의 활동이 조화를 이루도록 한다.

⑦ 진단자: 집단 목적을 성취하는 데 장애물이나 어려움의 요소를 찾아낸다.

⑧ 충전자(energizer): 집단이 양질의 일을 할 수 있도록 자극한다.

⑨ 가능성 검증자(reality tester): 아이디어의 실용성과 가능성을 검토하고 대안을 평가하며 실제 상황에 적용해 본다.

⑩ 평가자: 집단의 목적이 성취되었는지를 평가한다.

집단유지 역할은 집단의 사회적 · 정서적 유대를 강화하는 역할이다.

① 참여고무자: 모든 사람들이 집단과정에 참여하도록 고무한다. 다른 사람의 아이디어를 개방적으로 수용하는 방법을 보여준다.

② 화합가(harmonizer): 의견 차이를 건설적으로 분석하고, 공통요소를 찾도록 설득한다.

③ 긴장완화자: 긴장을 완화시키고 집단 활동에 즐거움과 재미를 갖도록 제안한다.

④ 의사소통촉진자: 훌륭한 의사소통 기술을 보여주며 성원들 서로가 말하는 것을 이해할 수 있도록 한다.

⑤ 분위기평가자: 성원들에게 집단이 진행되는 방식을 어떻게 느끼는지 묻고, 성원들이 자신의 감정을 공유하도록 한다.

⑥ 진행관찰자: 집단이 진행되는 과정을 지켜보고 관찰한 내용을 활용한다.

⑦ 적극적 경청자: 성원들의 의견을 적극적으로 들으며 반응해준다.
⑧ 신뢰형성자: 성원들이 개방적일 수 있도록 지지해주고 수용해주며 각 성원의 개별성을 인정하고 고무한다.
⑨ 대인관계문제해결자: 갈등을 공공연히 토론하도록 하여 갈등을 해결하고 집단 응집력을 증대시킨다.

성원들이 구체적 과업을 성취하는 데 성숙도가 떨어진다면 리더는 과업역할에 중점을 더 두어야 하는데, 이때 리더는 성원들의 역할을 규정하고 과업을 언제, 어떻게, 어디서 해야 하는지를 구체적으로 말해주는 것이 필요하다. 과업에 대한 이해가 증가할수록 과업숙련도가 증가하기 때문이다. 그러나 과업에 초점을 두는 리더는 공격적이고 적대감을 표현하게 되는 경우가 많아 성원들에게 호감을 주지 못할 수도 있다. 집단의 조화와 갈등해소에도 초점을 둘 수 있도록 해야 한다.

1) 리더십에 대한 접근

리더십이란 집단을 유지하고 그 목적을 이루도록 돕는 수행활동이라 규정된다. 리더십 기능에는 목표설정, 과업설정 및 수행, 집단의 응집력을 유지하고 개인성원의 욕구를 충족시키면서 동시에 집단의 목적을 성취하기 위해 자원을 제공하는 것 등이 포함된다.

리더십의 유형에는 권위적 리더, 민주적 리더, 자유방임형 리더로 구분할 수 있다. 그러나 (같은 집단 내에서도) 상황에 따라 다른 리더십 유형이 필요하기 때문에 최근 연구들은 어떻게 리더십 기능이 분배되는지에 초점을 두어왔다(Zastrow, 1993). 리더십은 공유되는 것이 가장 바람직하고 공유된 책임감을 가져야 한다. 즉, 모든 성원이 상황에 따라 리더십 역할을 떠맡을 필요가 있다(기능분배접근: distributed-functions approach). 한 리더가 집단을 지배하려고 해서는 안 되며 집단을 이끌어나가는 데 모든 책임을 맡아서도 안 된다. 집단의 생산성과 응집력은 모든 성원이 공헌하는 가운데 증대된다.

공동리더십의 장단점

공동리더십을 활용하는 경우 지도자 간의 정기적 의사교환은 필수다. 두 지도자 간에 권력다툼이나 갈등이 있다면 집단에 부정적인 영향을 미치므로 바람직하지 않다.

• **장점**

1. 지도자의 소진을 예방한다.
2. 역할 분담이 가능하다. 한 지도자는 과업목표에 중점을 둘 수 있고, 한 지도자는 집단유지(정서적 유대)에 중점을 둘 수 있다.
3. 한 지도자가 참석하지 못하더라도 집단을 이끌 수 있다.
4. 공동지도자가 있으므로 역전이를 방지할 수 있다. 즉, 한 지도자가 성원에 대해 비합리적으로 반응하는 것을 지적해줌으로써 역전이를 방지할 수 있다.
5. 지도자 간에 서로 다른 관점을 교환하여 서로 배울 수 있다.
6. 초보 리더를 훈련하는 기회가 될 수 있다.

• **단점**

1. 지도자 간에 경쟁관계가 형성될 수 있다. 갈등관계가 형성될 수 있다.
2. 한 지도자가 다른 지도자에 대항하기 위해 성원들과 결탁할 수 있다.
3. 지도자 간에 의사교환이 정기적으로 이루어지지 않아 의사일정에 혼선이 올 수 있다.

*출처: Corey, M. S., & Corey, G. (1992). *Groups: Process and Practice*. Belmont, CA: Brooks/Cole.

11. 방해행동 다루기

적대적이고 방해적인 행동은 다음의 세 가지 방식으로 다루어질 수 있다(Zastrow, 1993). ① 방해적 행동을 허용하고 불만족을 표현하도록 하여 그 효과를 최소화한다. ② 리더가 그 행동에 대해 대응한다. ③ 집단성원들이 그 행동을 대응한다. 상황에 따라 어느 방식을 선택할지 결정한다.

① 방해행동을 최소화하기: 방해적 행동을 하는 성원에게 집단에 대한 불만족을 표현하도록 허용한다면 시간이 지남에 따라 환기효과나 나타남으로 방해행동이 줄어들 수 있다. 방해행동이 나타날 때마다 리더가 그의 관심사를 표현

하도록 하는 것이 전략적으로 도움이 된다. 이때 집단성원들에게 그 관심사를 다룰 수 있도록 하여 그 관심사가 해결된다면 그 성원은 집단에 대해 더욱 만족하게 된다. 그의 관심사를 토해내도록 허용하고 그에 대해 응답해주고 그의 불만을 이해한다는 것을 전달한다면 집단을 더욱 효과적으로 운영할 수 있다.

② 리더의 대응/직면: 리더는 방해행동을 하는 성원을 개인적인 만남을 통해 대응할 수도 있고 다른 성원들이 있는 자리에서 대응할 수도 있다. 다른 성원들이 있는 자리에서 대응하게 된다면, 방해행동이 어떻게 집단에 방해가 되는지를 성원들이 함께 표현할 수 있게 되고 문제의 심각성이 강조되는 측면이 있다. 그러나 그 방해행동을 하는 성원이 마치 못된 사람이 되는 느낌을 갖게 되는 단점이 있다. 리더가 성원을 대응할 때는 명령이나 비하발언, 위협, 비난을 하기보다는 "I-messages"를 활용해야 한다.

단순히 성원의 행동에 대응해주는 것이 변화를 이끌어내기도 하는데, 그 성원이 자신의 행동의 부정적 효과를 알고 있지 못해 왔는데, 누군가 알려주었기에 자신의 행동을 바꿀 수도 있기 때문이다. 그러나 대응이 항상 방해행동을 멈추게 하지는 못한다. 방해행동이 계속되거나 다른 유형의 방해행동으로 바뀌기도 한다. 리더는 다시 한 번 대응할 필요가 있고, 리더는 그 성원에게 불리한 결정이 내려질 수 있음을 알려주고 그 결과를 설명해주어야 한다. 예를 들어보자. 집단 토론을 독점하는 성원이 있다고 하자. 주제와 동떨어진 이야기를 계속하는 성원에게 개인적인 미팅을 통해 "말하기 전에 손을 들고 하고, 두 번 정도만 기회가 있다."고 알려주었다. 그러나 그 성원은 그 후로도 지속적으로 방해행동을 하였다. 리더는 다시 만나서 계속 그렇게 행동한다면 성원들에게 의견을 물어서 토론 규정을 새로 만들고 벌칙도 정하도록 하겠다고 하였다. 두 번째 대응을 통해 독점행동을 줄일 수 있었다.

③ 집단성원의 대응: 이 방법은 리더가 아닌 다른 집단성원이 방해행동에 대응하도록 하는 것이다. 리더보다 제3자가 다룰 때 더 적합한 상황이 있다. 제3의 성원이 방해행동을 하는 성원을 만나서 모두를 위해 협력해줄 것을 요청할 수 있다. 대응이 필요하다면 누가 할 것인지를 미리 결정해야 한다.

방해행동의 가능성 줄이기

① 집단성원들은 자신의 개인적 목적이 집단 목적에 포함될 때는 방해행동을 덜 하게 되는 경향이 있다. 모든 집단성원들이 협력하여 집단 목적을 정하고 결정을 내리도록 함으로써 집단의 의사소통과 응집력이 증대된다.

② 집단성원들 스스로 방해행동의 결과를 논의하도록 하고 비협조적 행동에 대한 규범을 정하는 것도 좋은 방법이다.

③ 리더는 성원들의 정서적, 사회적 욕구를 충족시키기 위해 성의를 다하고 모든 성원들이 의사결정에 참여하도록 고무할 때 방해행동은 줄어든다. 리더가 좋아하는 것만 해서는 안 되고 집단이 처음부터 의도했던 것을 수행해나가야 한다.

④ 리더는 자신감 있고 능력 있는 모습을 보여주어야 신뢰를 형성할 수 있다. 그러나 리더가 공격적이라면 성원들은 위협감을 느끼고 수동적으로 공격할 수도 있다.

⑤ 어떤 성원은 좀 더 책임감을 떠맡길 바라고 방해행동을 하기도 하므로 그에게는 일부 리더십을 맡길 필요도 있다.

제 3 부

가족치료

가족은 하나의 사회기관이며 사회체계다. 전통적으로 가족은 결혼, 혈통 또는 입양으로 연결된 사람들이 공유된 가구에서 함께 살고 있는 집단이라고 규정되었지만(Coleman & Cressey, 1990, p. 125) 최근에는 다양한 가족 유형이 출현함에 따라 가족의 개념도 바뀌어가고 있다. 예를 들어, 부부가 각자 떨어져 지내야만 하는 가족도 있고, 자녀가 심한 장애가 있어 지역사회 치료시설에 입소시켜야 하는 가족도 있다. 최근에는 동거하는 남녀들도 많아지고 있으며, 또한 동성애 가족도 출현하고 있다.

이러한 많은 다양성에도 불구하고 사회학자들은 크게 두 가지 유형으로 가족체계를 분류한다. 즉, 확대가족과 핵가족이다. 확대가족은 부부, 조부모, 손자녀와 더불어 다양한 친족들로 구성된다. 핵가족은 부부와 자녀로 구성된다. 확대가족은 산업사회 이전에 일손이 많이 필요했던 시대에 더욱 기능적이었다. 핵가족은 산업사회의 복잡한 요구 및 빠른 변화에 대응하는 데 더 기능적이라 할 수 있고 우리나라에서 가장 대표적인 가족유형이 되었다. 그러나 핵가족화 때문에 다양한 가족문제가 대두되고 있는 것도 사실이다.

다양한 가족 유형이 출현하고 있지만 공통적이며 핵심적인 가족의 기능을 찾아볼 수 있다. 첫째, 인구의 재생산 기능이다. 가족은 일반적으로 자녀를 출산한다(물론 동성애 가족이나 불임부부는 예외다.). 이러한 역할로 사회는 안정성을 유지한다. 둘째, 가족은 아동을 보호하는 기능을 한다. 가족은 아동양육의 1차기관이다. 셋째, 사회화 기능이다. 아동이 그 사회의 생산적인 성원이 되기 위해서는 그 문화 속으로 사회화되어야 한다. 언어를 습득해야 하고, 사회의 가치를 배우며, 사회의 규범에 따라 행동해야 한다. 가족은 이 사회화 과정에 중요한 역할을 한다. 넷째, 성행동을 규제한다. 성행동을 규제하는 데 실패한다면 개인들 간의 충돌을 일으키게 된다. 또한 성행동을 적절히 규제하지 못한다면 사회의 혼란이 초래된다. 아버지 없는 아동이 많아지고 버림받는 아동이 많아진다. 마지막으로 가족은 애정의 원천이 된다. 인간은 애정과 정서적 지지 그리고 긍정적 인정을 필요로 한다. 그러한 애정과 인정 없으면 개인의 정서적, 지적, 신체적, 사회적 성장은 부진하게 된다. 가족은 애정과 인정을 받을 수 있는 중요한 소스다.

한편, 가족은 모든 체계들 중에 성원들 사이의 상호작용이 가장 복잡하고 상호관계가 가장 뚜렷한 체계다. 개인은 가족체계에 밀접히, 상호의존적으로 그리고 공생적으로 존재하는 하나의 하위체계이기 때문에 가족은 개인에게 막중한 영향을 미치게 되고 또한 가족성원 중 누군가에게 문제가 발생했을 때도 가족 전체가 영향을 받는다. 예를 들어, 아버지가 직장을 잃는다면 의식주와 가족 레크리에이션을 위한 수입은 한정되게 되고 따라서 가족의 일상적 생활 패턴은 변형된다. 아버지는 의기소침해질 것이며, 그것은 아내와 아이들과의 관계에도 영향을 준다. 또한 십대의 자녀는 정서적 문제를 경험하게 되고 학업에도 어려움을 갖게 된다. 이렇듯 모든 가족은 이 문제에 영향을 받는다. 가족 내의 한 성원의 문제가 모든 가족성원에게 영향을 줄 수 있고, 가족의 모든 성원이 가족 내의 문제에 영향을 주고받을 수 있다는 사실을 인식할 때 사회사업가가 문제해결을 위해 가족체계를 다루어주어야 한다는 것은 자명한 이치다. 제3부에서는 가족치료이론과 기법, 진행단계를 소개한다.

제 8 장

가족치료기법

1. 가족주기의 개념 및 단계

가족의 형성과 유지 그리고 해체의 과정을 이해하기 위해 발달단계적 접근을 고려해볼 수 있다. 발달단계적 견해에서는 가족생활주기가 일련의 단계로 구성되어 있고, 가족들이 겪는 다양한 문제는 한 단계에서 다음 단계로의 전이가 어떻게 이루어지는가와 연관이 있다고 본다.

가족주기는 가족이 결혼, 자녀출생 및 출가, 퇴직, 배우자 사망 등 일련의 가족 생애사건들을 단계적으로 경험하면서 형성-확대-축소-해체되어 가는 과정을 의미한다.

가족주기는 2세대 핵가족을 중심으로 부부가 가족을 이루는 초혼연령에 기반해서 산출한다. 세계보건기구(1976)에서는, 가족주기를 가족형성기, 가족확대기, 확대완료기, 가족축소기, 가족축소완료기, 가족해체기의 6단계로 구분한다.

우리나라의 경우, 부부만 생활하는 가족형성기간은 짧아지는 추세에 있다. 즉, 초혼연령이 늦어지기 때문에 결혼 후 바로 자녀를 낳게 되어 첫 자녀 출산시기가 빨라진다. 출산기간에 해당되는 가족확대기는 막내아의 출생과 함께 종료되며 이

확대기는 점점 짧아지는 추세다. 또한 출산완료와 자녀의 첫 결혼시점에 이르는 확대완료기는 길어지고 있는데 막내아 출산이 빨라지고 자녀의 초혼연령은 높아지기 때문이다. 자녀가 결혼을 시작하면서 확대완료기가 끝나고 축소기가 시작된다. 자녀의 첫 결혼에서 시작하여 자녀의 결혼이 완료되면서 축소기는 끝나고 (출산율 저하로 축소기가 점차 짧아지는 경향이다.) 노인부부만 남는 빈둥지 시기인 축소완료기가 시작된다. 축소완료기는 점차 길어지고 있다. 마지막으로 배우자의 사망시기부터 본인이 사망할 때까지를 가족해체기라 한다.

표 8-1 핵가족의 가족주기 기본모형

가족주기의 단계	단계의 시작	단계의 끝
형성기	결혼	첫째아 출생
확대기	첫째아 출생	막내아 출생
확대완료기	막내아 출생	첫째아 출가
축소기	첫째아 출가	막내아 출가
축소완료기	막내아 출가	배우자 사망
해체기	배우자 사망	본인 사망

WHO (1978). *Health and the Family: Studies on the Demography of Family Life Cycles and their Health Inplications*. Geneva, p. 20.
참조: 김승권 외(2000). 한국가족의 변화와 대응방안. 한국보건사회연구원.

Carter와 McGoldrick(1980)은 가족주기단계를 다음처럼 구분하였다.

1. 원가족으로부터의 독립기
2. 결혼을 통한 가족형성기
3. 아동을 둔 가족기
4. 청소년을 둔 가족기
5. 자녀진수기
6. 노년 가족기

각 단계에서 나타날 수 있는 문제를 요약하면 다음과 같다.

먼저 원가족으로부터의 독립기를 둔 것이 특징인데, 성인이 원가족으로부터 분리되어 독립성을 유지할 것을 강조하였다. 이 과정에서 자신의 고유한 정체감을 형성하고 성인과의 친밀한 관계형성을 배우며, 직업정체성을 확보해야 한다고 보았다.

성인이 결혼을 하면서 가족을 형성하고, 부부는 자신의 파트너에게 헌신하는 방법을 배우게 된다. 새로운 관계형성, 즉 부부간 그리고 확대가족 및 친구들간의 관계를 새로이 정립하는 과업 속에서 문제가 발생할 수 있다.

아동이 태어나면서 부모로서의 관계형성이라는 새로운 과업이 나타나고 남편과 아내는 아버지와 어머니가 된다. 기존의 부모는 할머니와 할아버지가 된다. 새로운 역할을 맡는 것은 적응과정을 필요로 하고 어려움을 야기시킨다. 청소년 자녀는 가족에게 새로운 스트레스를 안겨준다. 예를 들어, 부모는 청소년 자녀를 보호하기 위해 자녀를 가두려 하고 청소년 자녀는 독립을 추구한다.

자녀가 성인이 되어 가정을 떠나게 될 때 새로운 문제가 나타난다. 빈둥지 현상을 잘 다루어야 하고, 부부간의 관계를 재정립해야 한다. 또한 할머니, 할아버지 역할을 맡을 준비를 해야 한다. 또한 노후준비도 해야 한다. 마지막 단계에서 부부는 노인으로서의 역할을 수용해야 한다. 신체적 질환이나 배우자의 죽음을 준비해야 한다.

많은 가족들이 이러한 어려움을 맞이한다. 각 문제를 심각하게 경험하는 경우도 많다. 가족이 성공적으로 어려움을 이겨내지 못할 때 소위 '이탈가족(derailed families)' 이라고도 한다.

가족주기모델은 가족이 발달하면서 경험하게 될 고충이나 사건을 예견할 수 있게 해준다. 그러한 고충을 당연한 것으로 인정함으로써, 가족이 비난받는 것을 방지할 수 있다. 가족 내에 어떤 상황이 잘못될 때 그것이 반드시 가족의 잘못은 아닌 것이다. 사회복지사는 이 모델을 활용하여 이탈된 가족을 다시 정상 궤도로 올려놓는 데 도움을 준다. 가족치료기법을 통해 가족성원들은 가족생활주기와 관련된 과업을 수행하도록 도움을 받는다. 그리고 한 단계에서 다음 단계로의 전이(transitions)를 잘 수행할 수 있게 된다.

가족생활주기 모델의 한계는 어떤 문제가 발생할 수 있을지를 묘사해주기는 하지만, 왜 어떤 가족은 그러한 문제를 잘 해결하고 어떤 가족은 그렇지 못한지를 설명해주지는 않는다는 데 있다.

2. 가족치료이론 개관

가족치료는 1950년대에 출발하여 꾸준히 인기를 모으고 있다. 현재 미국 내 가족치료 전문 학술지가 20여 개에 이른다. 가족치료의 이론은 여러 가지가 있지만 공통적인 가정(assumption)은, 가족의 한 성원이 증상을 가지고 있다 할지라도 장애요인은 단지 문제를 가지고 있다고 지목된 사람에게만 있는 것이 아니라 전체 가족에게도 있다는 것이다. 가족은, 전체는 부분의 합 이상이라는 논리가 적용되는 체계(system)로 간주된다. 사회사업가는 가족을 개입의 한 단위로 간주하여 초점을 맞춘다. 가족 내의 한 성원의 문제가 모든 가족성원에게 영향을 줄 수 있다는 사실을 인식할 때 개입의 방향은 가족체계를 다루어주어야 한다는 것은 자명하다. 가족의 모든 성원이 가족 내의 문제에 영향을 주고받을 수 있기 때문에 가족치료는 모든 성원이 치료과정에 모두 참여할 것을 요구한다.

가족치료에는 다양한 접근방법이 있는데, 먼저 의사소통(communications) 또는 전략적(strategic) 접근방법이 있다(Haley, 1976; Satir, 1967). 이는 정신분열증 가족의 이중구속(double-bind)이론을 확대시키면서 발전했다. 이중구속이론은 정신분열증의 중요한 원인이 아동이 부모로부터 상호모순되는 메시지에 노출된 데 있다고 본다. 의사소통이론가들에 따르면, 그러한 메시지는 정신분열증에만 영향을 미치는 것이 아니라 대부분의 가족 장애에 영향을 미친다고 한다. 가족치료에서 의사소통에 관심을 두는 치료자들은 모순적 메시지를 찾아내어 메시지를 전달하는 사람에게 그들이 무엇을 말하고 있고, 어떻게 그런 메시지가 상대방을 약화시키는지를 지적한다. 일반적으로 치료자들은 가족성원들을 자극하여 서로가 진정 느끼고 있는 것을 말하고 또한 그들이 진정 어떤 종류의 관계형성을 맺고 싶은지를 전달하도록 설득한다.

종종 잘못된 의사소통 체계를 깨기 위해 치료자는 역설적 의도(paradoxical

intention)라는 기법을 활용한다. 즉, 치료자는 가족성원들에게 그들이 이미 행하고 있는 부적응적인 행동 유형을(그것이 무슨 행동이든 간에) 그 행동을 지속하라고 지시한다. 예를 들어, 아버지가 자신의 딸이 말하는 것을 중간에 계속적으로 방해하고 차단한다면 치료자는 아버지에게 다음 주에는 딸이 말할 때마다 계속 방해하고 차단하라고 말한다. 이러한 전략은 부적응적 유형을 뒤엎고 그들의 문제를 다룰 수 있는 유용한 방법을 찾도록 자극시켜준다.

가족치료에 대한 두 번째 접근방법으로서 구조적 가족치료(structural family therapy)가 있다. 주로 Minuchin이 개발한 치료기법이다. 구조적 가족치료는 가족의 구조를 변화시키면 체계 내의 성원이 행동을 변화시킬 수 있다고 보고 가족치료의 목표를 가족의 구조(예: 가족 경계, 역할 등)를 재구조화하게 도와줌으로써 역기능적인 유형이 지속되지 못하게 하는 것이다. 예를 들어보자. 치료자는 상호 맞물려 있는 역할의 장으로서의 가족의 단위를 분석한다(Minuchin & Fishman, 1981). 어느 집단이나 마찬가지로 가족성원들은 서로에 대한 역할을 창출한다(교육훈련가, 희생양, 보호를 필요로 하는 사람, 모든 사람을 돌보아야 하는 사람 등). 이러한 역할은 어떤 욕구를 충족시켜준다. 더 나아가 각 성원은 다른 성원들이 그들의 역할을 계속할 수 있도록 하기 위해 자신의 역할을 계속 진행시켜야 한다. 결과적으로 개인성원이 자신에게 암묵적으로 주어진 역할에서 빠져나가려 한다면 가족의 나머지 성원들로부터 저항을 받게 된다. 구조적 가족치료에서는 그러한 역할이 가족 장애를 일으키는 기본 요소가 된다고 본다. 사실 어떤 치료자들은 한 가족성원이 '아픈' 것은 가족의 역할 체계가 아픈 성원을 요구하기 때문이라는 점을 인정한다(Minuchin, 1974). 구조적 가족치료는 이렇게 역할의 분석에 초점을 두며 성원들이 좀 더 편안하고 유연한 역할을 행하도록 고무한다.

Bowen의 가족체계론적 접근도 유명하다. Bowen은 정신분석학적 접근에 한계를 느껴 체계분석방법으로 전환하였는데, 가족은 하나의 체계로서 체계 내의 한 부분의 변화는 다른 부분에서의 보상적 변화를 일으킨다고 보았다. Bowen의 가족치료의 주요 목적은 가족 내의 성원이 자아의 분화(differentiation of self)를 이루도록 돕는 데 있다. 즉, 미분화된 가족자아 혼합체(undifferential family ego mass)로부터의 단절을 추구한다. 예를 들어, 어머니와 아들이 분화가 일어나지 않아 감정적 결속이 심각한 경우, 아들이 어머니로부터 독립적이 될 수 있도록 돕는 것이다. 이는 마치 구조론적 가족치료에서 나오는 '밀착된 경계'를 좀 더 융통성 있는 경계로 변화시키는 것과 유사하다고 볼 수 있다.

그 외 가족치료로는 정신역동적, 행동주의적 가족치료가 있다. 1980년대 중반부터 정신역동적 가족치료가 부활되었다. 현재의 관계형성의 어려움은 무의식적 충동과 그것에 대한 방어에 기인한다는 기본 아이디어에 기초를 둔다. 치료자와의 전이관계(transference relationships)를 통해 가족 내의 문제나 부모의 가족의 문제를 드러낼 수 있다고 본다. 정신역동적 가족치료의 기법은 정신역동적 개인 심리치료의 기법과 유사하다. 즉, 듣기와 해석기법이 중요시된다. Nathan Ackerman이 유명하다.

행동주의 가족치료(behavioral family therapy)는 예를 들어 생각해보도록 하겠다. 품행 장애나 기타 장애가 있는 아동들의 부모를 훈련시켜, 아동들의 반사회적 행동을 줄이고 친사회적 행동을 늘릴 수 있는 방식으로 아동들과 상호작용하도록 하는 형식이 있다. 이러한 형태의 치료 속에서 부모들은 아동의 나쁜 행동을 강화시키지 않도록 교육받는 것이다. 또한 효과적인 보상과 벌을 전달하는 방법도 배우게 된다. 한 가지 예를 더 들면 정신분열증 환자 가족에 대한 치료의 경우, 가족들이 정신분열증 환자가 심각한 반응을 일으키는 자극(예: 고도의 감정 표현)을 주지 않도록 조용하고 마찰을 일으키지 않는 방법으로 문제를 풀어나가게 교육시켜 주는 것을 들 수 있다. Gerald Patterson, Neil Jacobson이 유명하다.

지난 10여 년 동안 가족치료는 변화를 거듭해 왔다. 1990년대 들어서 새롭게 대두되는 모델로는 해결중심모델을 들 수 있다. 이 모델은 전략적 치료에 그 기초토양을 두고 성장했다. 그러나 이 모델은 문제에 초점을 두지 않는다. 전략적 가족치료사가 문제를 둘러싸고 있는 상호작용에 관해 클라이언트와 이야기를 한다면 (지금까지 가족들이 시행해봤지만 효과가 없는 해결방안을 발견할 목적으로), 해결중심 치료사들은 클라이언트로 하여금 효과가 있을 법한 해결책에 초점을 두도록 한다. William Hudson-O'Hanlon, Insoo Kim Berg, Steve de Shazer와 Bill O'Hanlon이 대표적 인물이다.

이 치료자들은 문제가 어떻게 발생했는가에 관해서는 별로 관심을 기울이지 않는다. 많은 가족치료이론이 문제가 유지되고 있는 현재에 초점을 둔다면 해결중심치료사들은 미래, 즉 문제가 해결된 시점에 초점을 둔다. 문제의 성격에 초점을 두지 않고 적용할 수 있는 해결책의 성격에 관해 알고자 한다.

이 치료에서는 다음 두 가지 질문이 중요하다. 첫째는 '기적의 질문(miracle question)'으로서 다음과 같은 질문을 한다. "어느 날 밤 잠을 자고 있는 동안 기적이 일어났고 이 문제가 해결되었다고 상상해보십시오. 문제가 해결되었다는 것을 어떻게 알 수 있을까요? 현재와 무엇이 다를까요?" "실제로 그렇게 되었다면 몇 점을 주시겠습니까?" 이런 질문은 클라이언트로 하여금 목적이 무엇인지를 알 수 있게 함으로써 문제해결을 촉진시킨다. 또한 문제를 넘어 그들이 실제로 원하는 것이 단순히 문제의 제거가 아니라 문제가 방해하고 있었던 어떤 것을 할 수 있기를 원한다는 것을 깨닫도록 해준다.

두 번째로 '예외발견 질문(exception question)'이 있다. 이는 문제를 가지고 있지 않았던 과거의 시간으로 관심을 돌려보게 하는 것이다. 문제가 없었던 그 당시는 무엇이 달랐었는가를 탐색하게 함으로써 클라이언트가 무엇을 해야 할지 실마리를 찾게 한다. 한 예로 미리는 섭식장애를 가지고 있는데 지난주에는 먹고 토하는 일이 거의 없었다. 미리는 그 당시 부모와 떨어져 여행을 하고 있었는데, 그때의 기분은 자신이 부모에 대해 염려할 것이 아무것도 없던 것처럼 느껴졌다. 미리는 이제 부모에게서 좀 더 독립적이 될 때라고 결심했다.

3. 가족치료기법

가족치료의 학파가 다양하기 때문에 적용하는 기법도 다양하고 복잡하다. 그러나 최근에는 어떤 공통적인 기법들이 출현하고 있다. 간결하면서도 효과적인 방법으로 인정받고 있는 기법으로는 재명명기법(reframing), 질문하기(questioning), 상호작용의 연속성 검토(examining interactional sequences), 방향 제시하기(providing directives)가 있다(Maguire, 2002).

1) 재명명기법

재명명기법은 문제를 새롭게 해석하거나 재규정하는 것이다. 예를 들어, 혼자서 살아가는 어머니가 너무 쉽게 우울해하고 스트레스를 받을 때, 청소년 아들이 어머니의 행동을 단지 '초라하다' 고 해석할 수도 있다. 그러나 치료사는 어머니의 행동을 '걱정이 많고 열심히 몰두하는 모습' 으로 이해하도록 돕는다. 초점을 어머니를 비난하는 것으로부터 가족에 대해 염려하는 것으로 옮겨주는 것이다.

재명명은 가족이 새롭고 건설적으로 상호작용할 수 있는 방식을 찾도록 도와주는 것이다. 재정적인 문제로 아내와 남편 사이가 멀어지고 아내가 거절당한 느낌을 갖는다면, 문제는 거리감이 아니라 남편이 도움을 필요로 한다고 생각해야 한다. 재명명을 통해 초점을 거리감에서 지지가 필요하다는 것으로 옮겨야 한다.

재명명의 또 다른 측면은 문제에 대한 긍정적인 함의(positive connotations)의 개발이다. 가족의 협력을 이끌어내기 위한 방법으로 문제가 발생한 데는 '고귀한 의도(noble intentions)' 가 있었음을 제시하는 것이다. 치료사가 긍정적인 의도가 있음을 덧붙임으로써 문제를 병리적인 것으로만 보지 않게 되며, 가족이 보통의 사건으로 간주하여 터놓고 그 사건에 대해 이야기할 수 있다.

사례

한 10대 소년이 자신의 양아버지가 자신을 학대한다고 신고하였다. 양아버지는 아들이 학교폭력조직에 가입하였다고 의심하고 있고 가장으로서 매질을 했다고 인정했다. 가족치료사는 아버지의 매질이 아들을 학대하기 위한 것보다는 가족의 규범을 만들고 아들이 가정과 학교에서 더 잘하도록 하기 위한 의도가 있었다는 점을 부각시켰다. 그 다음으로 치료사는 아들에게, 어떻게 하면 아버지에게 학대자라는 낙인이 붙지 않고도 그런 목적을 성취할 수 있을지 아이디어를 주라고 요청했다. 가족 모두는 신체적인 제재 없이 상호존중하는 방안을 찾아야 한다는 데 동의하였다.

2) 질문하기

질문내용과 질문방식 모두 중요하다. 질문의 목적은 정보를 얻기 위한 것뿐만 아니라 가족으로 하여금 역동성을 현실적으로 생각하고 검토하도록 하기 위한 것이다. 가족의 문제가 어떻게 진행되어 왔고 상호작용에 영향을 주는지 이해하고, 현재의 가족 구조와 유형화된 행동을 파악하기 위해 다음과 같은 질문을 던질 수 있다.

- "여기에 어떻게 오시게 되었지요?"
- "누가 그런 결정을 내리셨고 그 결정과정은 어떠했는지요?"
- "가족 중대사에 대한 결정은 어떻게 내려지는지요?"
- "누가 가장 집안일을 잘 돕고 누가 그렇지 않은지요?"
- "이런 문제는 보통 어떻게 해결해 오셨는지요?"
- "가정에서는 애정이나 노여움을 어떻게 표현하는지요?"

가족의 반복적인 문제행동을 인식하도록 유도하고 변화를 자극하기 위해 다음과 같은 질문을 던질 수 있다.

- "저는 가족성원 간에 ______________한 상황이 일어나는 것을 보았습니다. 이 상황에 대해 어떻게 생각하세요?"
- "어머니가 그 말씀을 하실 때 다른 성원들이 어떻게 반응하는지 보셨지요?"
- "이 문제를 어떻게 해결하고 싶으세요?"
- "어떻게 관계가 변하길 바라시는지요?"

가족성원의 욕구를 분명히 하기 위해 '기적의 질문(miracle question)'을 할 수 있다. "어느 날 밤 잠을 자고 있는 동안 기적이 일어났고 문제가 해결되었다고 상상해보십시오. 문제가 해결되었다는 것을 어떻게 알 수 있을까요? 현재와 무엇이 다를까요?" '예외발견 질문(exception question)'을 통해 문제를 가지고 있지 않았던 과거의 시간으로 관심을 돌려보게 하여 클라이언트가 무엇을 해야 할지 실마리를 찾게 할 수도 있다.

3) 상호작용의 연속성 검토

가족치료자는 종종 가족으로 하여금 자신의 상호작용하는 방식을 볼 수 있도록 도와준다. 누가 누구에게 말하고 있는가? 누가 누구를 대신하여 말하는가? 누가 주로 듣는가? 누가 리드하고 누가 따르는가? 누가 누구의 말을 차단하는가? 언제? 왜? 어떻게? 동맹관계가 있는가?

구조적 가족치료자(structural family therapists)는 부부, 형제, 부모자녀 같은 다양한 하부체계의 구조와 기능을 명확히 하기 위한 질문을 던진다. 전략적 가족치료자(strategic family therapists)는 좀 더 증상 중심적(symptom oriented)이고 가족으로 하여금 가족문제가 어떻게, 왜, 언제 발현되는지를 탐색하도록 돕는다. 두 모델 모두에서 사회사업가는 가족이 자신의 상호작용유형을 객관적으로 보고 이러한 상호작용방식이 가족의 역기능에 어떻게 기여하는지를 파악하도록 한다(Hanna & Brown, 1995).

상호작용의 연속성과 유형은 거의 무의식적으로 가족 내에서 발현된다. 예를 들어, 부모는 종종 그들이 일관되게 서로를 깎아내리고 있다는 것 또는 한 자녀만을 편애한다는 것을 모르고 있다. 뿌리 깊은 동맹관계가 있다는 것을 모르고 있을 수도 있다. 또한 안다고 하여도 변화시킬 수 있는 능력이 없다. 가족치료자는 가족의 구체적인 행동과 그 결과에 초점을 맞춘다(태도나 감정이 아닌). 이렇게 행동과 결과에 초점을 두는 것은 가족이 객관적으로 자신의 행위를 볼 수 있기 때문이다(옳고 그름의 여부는 일단 제쳐두고 겉으로 드러나는 행동만을 일단 검토하는 것이다.). 사회사업가는 점차적으로 가족이 상호작용의 구조를 알아가도록 돕는다. 다음은 가족 상호작용의 예다.

① 아버지가 딸에게 집안일을 거들라고 말할 때마다 할머니는 아버지를 비난한다.

② 청소년 아들이 약물을 하는데도 어머니는 아들을 변호한다. 아버지는 술 주

정을 계속한다.

③ 홀로 된 어머니가 데이트를 하러 나갈 때마다 아들은 위통을 호소하고 딸은 엄마가 집에 있기를 바라며 운다.

④ 누나가 공부를 잘해서 상을 탈 때마다 동생은 자신에게 관심을 불러일으키는 일을 만든다.

⑤ 아버지가 새엄마와 데이트를 할 때마다 12세 된 딸은 새엄마의 머릿결, 화장, 성격 등에 대해 비난하고 자신의 친엄마와 비교한다.

사례

김미선 씨는 6년 전에 알코올중독인 남편과 이혼하였고 3세 된 딸과 함께 마지 못해 부모의 집으로 들어갔다. 할머니는 손녀딸 예진이를 돌보았고, 예진이는 엄마가 하루 종일 일하는 데 대해 불만이 많았다. 김미선 씨는 점차 우울해졌고 아무도 자신을 사랑하지 않는다고 느끼고 있다. 미선 씨는 자주 폭음을 하게 되었고, 술만이 자신을 위로해준다고 말한다.

사회사업가는 첫 미팅 후 미선 씨에게 딸과 어머니 모두 함께 와줄 것을 요청했다. 그 다음 치료세션에 온 가족이 왔을 때 사회사업가는 딸 예진이가 아주 귀엽게 옷을 입고 있고 할머니 옆에 앉아 있는 것을 보았고, 미선 씨는 좀 후질근한 차림으로 약간 떨어져 앉는 것을 보았다. 할머니는 딸을 보면서 말했다. " 꼭 네 아버지 같구나. 네 아버지도 알코올중독이었어. 내가 예진이를 돌보지 않는다면 이 애에게 무슨 일이 일어날지 모르겠다."

예진이는 금방 눈물을 머금으면서 엄마를 바라보았다. 엄마 역시 글썽이고 있었다. 몇 분의 침묵이 흐른 후 미선 씨는 사회사업가를 바라보면서 말했다. "보셨죠? 나도 술주정뱅이고 아버지도 그랬어요. 엄마는 아버지를 쓰레기 취급했고 아버지는 항상 비난을 받았죠." 이 시점에 예진이는 울기 시작했고 할머니는 예진이를 무릎에 앉혔다. 미선 씨는 일어나서는 치료사에게 "모두 소용없는 일이에요. 술이나 마시러 가야겠어요." 라고 말했다. 치료사는 다음처럼 반응해주었다. "잠시 좀 안정을 찾으시고 상황을 좀 보도록 하죠. 앉으세요. 미선 씨가 매우 힘들다는 것 알고 있어요. 지난주에 미선 씨는 상황이 좀 나아지길 원한다고 했잖아요. 자, 함께 상황을 좀 분석해보죠."

나머지 시간 동안 치료사는 그 짧은 대화 동안 일어났던 것을 검토하기 위해 토론을 시작했다. 사실에만 입각하여, 각각은 다음 사항에 동의하였다. 때때로 할머니는 미선 씨에게 화를 내고 그때 미선 씨는 술을 마시거나 친구를 만난다. 이때 예진이는 엄마가 자신을 사랑하지 않는다고 느끼면서 화가 나서 운다. 그러면서 할머니에게 다음처럼 말한다. "엄마는 나빠. 난 할머니가 좋아."

다음 회합에서 치료사는 가족성원들이 미래에 대한 희망과 열망도 표현하도록 했다. 또한 그들의 상호작용방식이 일정한 구조를 가지고 있고 수정될 필요가 있음을 논의했다. 미선 씨는 엄마 때문에 술을 마신다고 말하는 것이 도움이 되지 않으며 또한 정확한 것도 아니라는 것을 깨닫게 되었고 단주자조집단에 가입하기로 하였다. 할머니는 미선 씨가 최선을 다하고 있음을 인정했다. 미선 씨는 어머니의 도움을 고마워했으나 어머니가 자신과 예진이 사이를 멀어지게 하고 있다고 두려워했다. 다음 회합에서 할머니는 미선에게 화를 내는 것이 알코올중독으로 사망한 전 남편에 대한 노여움일 수도 있다는 것을 인식하게 되었다. 미선이가 늘 남편과 더 친하게 지냈었고 자신은 그에 대해 화를 냈었다. 그래서 손녀딸의 사랑을 독차지하려 했는지도 모른다.

치료사는 이런 상호작용의 구조 속에서 각자가 무슨 역할을 했는지 돌아보도록 했다. 또한 그들의 두려움과 서로에 대한 관심사를 솔직하게 털어놓도록 했다. 미선 씨는 어머니가 자신에게 화를 낼 때마다 술을 마실 필요가 없게 되었다. 할머니는 자신의 손녀딸을 잃게 될지도 모른다는 두려움이 없기에 미선 씨를 비난할 필요가 없게 되었다. 예진이도 언제든 엄마에게 다가갈 수 있다는 것과 그렇게 해도 할머니가 화를 내지 않을 것이라는 것을 깨닫게 되었다.

일단 행동 유형이 이해된다면, 그 행동 유형은 좀 더 건설적인 방법으로 대치될 수 있는 것이다. 이러한 상호작용의 연속성이 의식적으로 인식되지 못한다면 변할 수도 없다. 그런데 누군가가 도와주어야만 그러한 상호작용을 인식하게 된다.

4) 방향 제시하기

가족에게 방향을 제시함으로써 가족의 상호작용에 변화를 줄 수 있다. 구체적 기법들을 소개하면 다음과 같다. 가족구성원에게 과제물을 줌으로써 가족의 상호작용을 재구조화시킬 수도 있다. 예를 들어, 야단만 치는 어머니가 있다면 칭찬해 주는 과제물을 내주는 것이다. 가족 내에 힘의 균형을 유지하도록 변화를 줄 수도 있다. 예를 들어, 아버지가 모든 권한을 가지고 있다면 청소년 자녀가 엄격한 규제 속에서 좀 더 자유로울 수 있도록 아버지에게 좀 더 유연해질 것을 권한다. 새로운 가족규범을 줄 수도 있다. 예를 들어, 자신의 감정에는 스스로 책임을 져야 하며 자신의 문제에 대해 다른 가족성원을 비난하지 말아야 한다는 규범을 줄 수 있다.

가족이 변화하도록 방향을 제시하는 것은 신뢰를 요구하며 성원과 치료자 사이에 열린 대화가 가능해야 한다. 변화는 가족의 구조나 균형의 이동을 말하며 한 성원이 다른 성원에게 무엇인가를 양도해주는 것을 포함한다. 부모가 자녀에게 일정 권한을 넘긴다든지 남편이 아내에게 권한을 넘기는 것 또는 어떤 행동을 삼가는 것 등이 그 예다. 변화가 있기 위해서는 주고받는 것, 잃고 얻는 것, 희생이 뒤따른다는 사실을 공개적으로 논의할 필요가 있다.

제 9 장

가족개입의 단계

가족개입의 단계는 가족치료의 이론적 배경에 따라 다양하지만 공통된 내용을 부각하여 제시하고자 한다. 여기서 제시되는 개입단계모델은 주로 Maguire(2002)의 논점을 따른 것이다.

1. 시작단계

가족체계중심의 치료자들은 상당히 많은 시간과 관심을 초기 회합에 투자한다. 즉, 초기 관계형성이나 연합(joining)의 중요성을 강조한다. 초기 관계형성이 나머지 개입 부분에 대한 분위기를 좌우하기 때문이다. 가족치료적 접근에 따라 관계형성의 유형도 다양한데 한 가지 예를 들면 다음과 같다. Minuchin & Fishman (1981)은 가족과 초기에 연합할 시 활용될 수 있는 세 가지의 독특한 연합 유형을 제시했는데, 접근(the close position), 중립(the median position), 분리(the disengaged position)다. 먼저 접근국면(the close)에서 사회사업가는 가족의 한 성원과 동맹을 맺고 작업을 시작하여 차례차례로 모든 성원과 치료적 동맹을 맺어나간다. 중립국면에서는 사회사업가가 객관적이고 중립적인 입장에서, 적극적 경청자로서 각 가족성원이 자신의 이야기를 하도록 고무한다. 세 번째인 분리국면에서는 '분리된 치료자(disengaged therapist)' 로서의 입장을 활용한다. 치료자는 다양한 가족 갈등으로부터 객관적으로 떨어져 나온 위치에서, 객관적 사실을 바탕으로 하여 어느 가족성원의 입장에 대해서는 지지나 고무를 하고 어느 가족성원의 입장은 좀 제지하는 지시자 또는 중립적 전문가로서 역할을 한다.

가족개입의 초기단계에서는 보통 가족의 강점과 문제에 대한 정보를 수집하게 된다. 이를 위해서는 가족의 규범과 가족성원들의 역할에 대하여 자료를 수집하고 관찰을 해야 한다. 예를 들어, 사회복지사는 규범에 대한 의사소통이 개방적인지 폐쇄적인지, 어느 가족원 의견에 무조건 따르는지, 의사결정은 어떻게 이루어지는지를 관찰한다.

규범을 사정하기 위해서는 가족의 가치나 사회적 활동에 대하여 개방형 질문을 던지고 그에 대한 응답을 살펴보면 된다. 예를 들어, 가족이 지역사회활동에 어느 정도나 관여하고 있는지를 묻는다면 그에 대해 다양한 응답이 나올 것이다. 이때 관찰해야 하는 것은 바로 얼마나 개방적으로 응답하는지 또는 숨기거나 주저하거나 방어하는 것은 없는지의 여부다. 그런 질문이 던져졌을 때 성원들은 누구를 쳐다보는가? 누가 누구의 편을 들고 있는가? 누가 동의하고 동의하지 않는가? 누군가 대답하는 동안 화를 내거나 불안해하거나 두려워하는 사람은 누구인가? 다른 가족원을 보면서 감정상태가 변하는(예: 불안해지는) 사람이 있는가?

사례

사회복지사는 김씨 가족과 인사를 나눈 후, 가족에 대한 정보를 얻을 목적으로 각 가족성원으로 하여금 현재의 가족 상황에 대해 말해보라고 하였다. A 부인이 가족 상황에 대해 말한 후, 부인과 아이들은 모두 아버지의 눈치를 살폈다. 사회복지사는 가족성원들이 어떤 두려움이나 주저함을 가지고 있다고 감지했다. 아버지는 좀 방어적으로 다음과 같이 말했다. "우리 큰딸 아이가 나쁜 애들과 어울리기 전까지는 아무런 문제가 없었다." 큰딸은 아버지의 눈을 피해 엄마를 바라보면서 엄마가 무엇인가 말해주기를 바라는 눈치였다. A 부인은 마침내 입을 열고는 "우리 가족은 오랫동안 많은 문제가 있었어요."라고 말했다. 그러나 지금은 그 문제를 말하고 싶지 않다고 했다. 사회복지사는 가족에게 숨기고 싶은 어떤 비밀이 있다는 것을 인식하고 앞으로 한 사람씩 만나서 이야기하기로 결정했다. 사회복지사는 가계도를 그려보았고, 가족 각각의 역할과 사회생활에 대해 서로 말해보도록 하였다.

가족 내 역할이나 책임에 대해 질문을 하는 경우, 그에 대해 각 성원들이 인지하는 상태는 다를 수 있다. 어느 성원은 가사일의 대부분을 맡아서 한다고 이야기할 수 있지만 다른 성원은 그에 대해 동의하지 않을 수 있다. 어느 수준에서 동의가 이루어지는지 살펴보고 모든 가족성원이 동의하고 있는 각 가족성원의 역할은 무엇인지 알아본다.

가계도나 생태도를 그리면서 가족의 사회적 네트워크를 알아보는 것도 중요하다. 각 가족성원에게 이러한 그림을 그리도록 한 후 서로 비교해보는 것도 좋다. 이러한 도구를 활용한다면 효율적이면서도 객관적으로 가족 간 그리고 사회적 관계형성에 대해 토론을 시작할 수 있다(Maguire, 2002).

가족이 갖고 있는 문제를 사정하기 위한 방안을 살펴보자. 다양한 방법이 있지만 가장 커다란 관심을 받는 방법은 바로 생태도(eco-maps)와 가계도(genograms)일 것이다.

생태도는 사회복지사와 가족이 함께 작성하게 된다. 생태도는 가족과 환경과의 관계형성을 그림으로 표시하여 가족에 대한 총체적인 견해를 갖도록 도와주는 도구다. 생태도는 중요한 상호작용에 대하여 즉각적으로 그림으로 보여줌으로써 문제에 대한 통찰을 얻도록 도와준다. Ann Hartman(1978)이 이 도구의 주 개발자라고 할 수 있다. 생태도는 작성하는 사람이 자유롭게 각종 상징을 활용하여 그릴 수 있으나 대표적으로 활용되는 상징은 [그림 9-1]과 같다.

먼저 원을 종이 한 가운데 그린다. 그리고 가족구성을 그 원 안에 표시한다. 다음은 다른 원들을 가족구성을 그린 원 둘레에 그린다. 이 원들이 바로 가족과 상호작용하는 체계를 의미한다. 다음은 선을 그린다. 이 선들은 다른 체계들과의 관

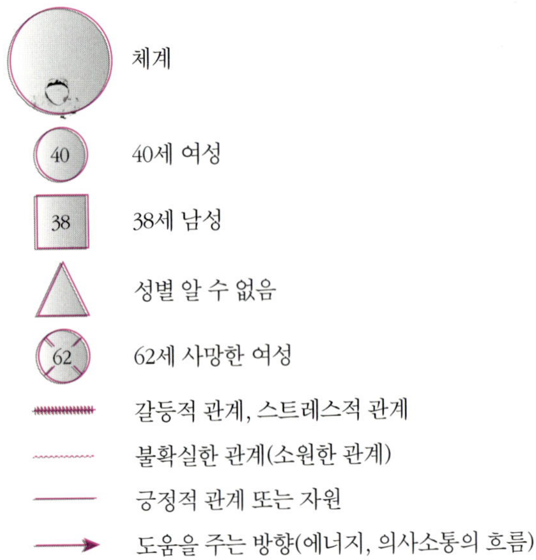

[그림 9-1] 생태도 심벌

계형성의 성격을 나타낸다. 에너지(자원, 의사소통)의 흐름을 화살표로 나타낸다([그림 9-2] 참조). 생태도의 주요 가치는 워커와 클라이언트 모두 생태학적인 견지에서 가족을 보도록 도와준다는 데 있다. 생태도를 그리게 되면 문제상황의 역동성에 대한 통찰력을 갖게 해준다.

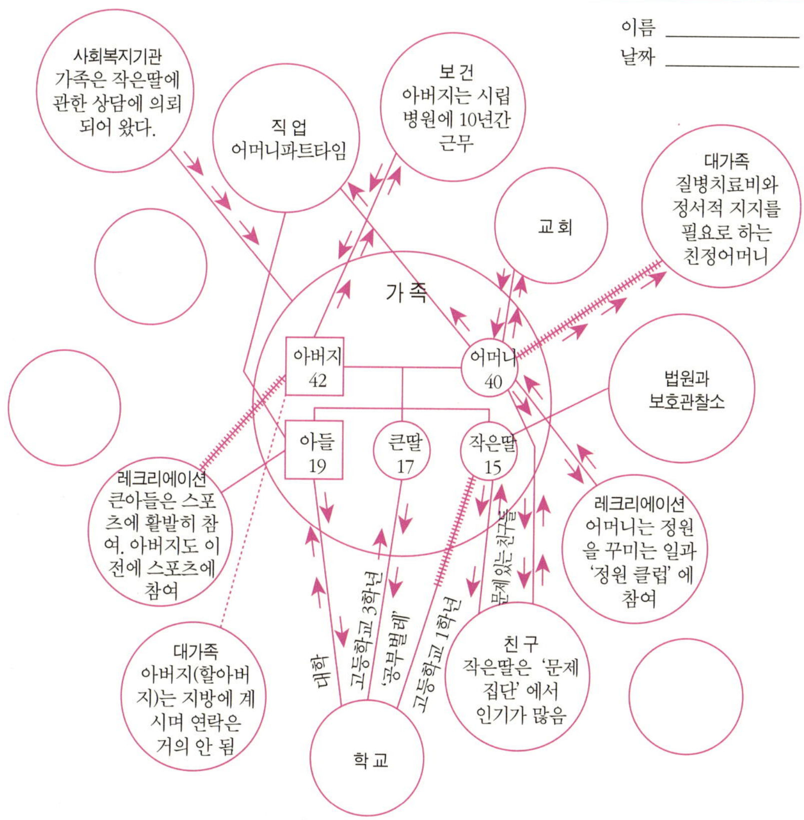

* 해당하는 빈칸에 관련정보를 기록하시오.
* 단어나 선들로 속성을 표시하시오.
: ——— 관계가 강함, ... 관계가 약함, ++++++++ 관계가 스트레스를 줌
* 에너지, 자원 등등의 흐름을 나타내는 화살표를 그리시오.
* 필요한 경우엔 빈 원에 중요한 인물을 명시하여 채우시오.

[그림 9-2] 생태도의 예

가계도는 클라이언트나 클라이언트 가족이 제시하는 문제의 기원을 조사하기 위해 최소한 3세대에 걸쳐 도식화하는 방법이다. 가족과 워커가 협력하여 가계도를 그려나가는 것이 바람직하다. Murray Bowen(1978)이 본 기법의 주 개발자다. 가계도는 문제가 될 만한 정서적, 행동적 유형을 세대 간 맥락 속에서 찾아보는 데 도움을 준다. 그러한 문제유형은 세대를 걸쳐 반복되는 경향이 있다. 가계도는 가

족으로 하여금 가족의 관계형성 유형을 파악하고 이해하도록 도와준다. 다음 [그림 9-3]은 가계도에서 자주 활용되는 상징들이다(Zarit, 1993). 각 상징을 통해 각 개인이 누구이고, 이름, 연령, 성별, 형제서열, 결혼상태 등을 표현해줄 수 있다. 또한 각 상징 옆에 정서적 어려움, 행동문제, 종교, 직업, 중대한 사건 등 타당한 정보를 덧붙일 수가 있다. 가계도는 생태도와 비슷한 점도 있지만, 생태도가 가족 외부의 체계와 상호작용하는 유형에 초점을 두는 데 비해 가계도는 세대 간 가족의 역기능적 유형에 초점을 맞춘다.

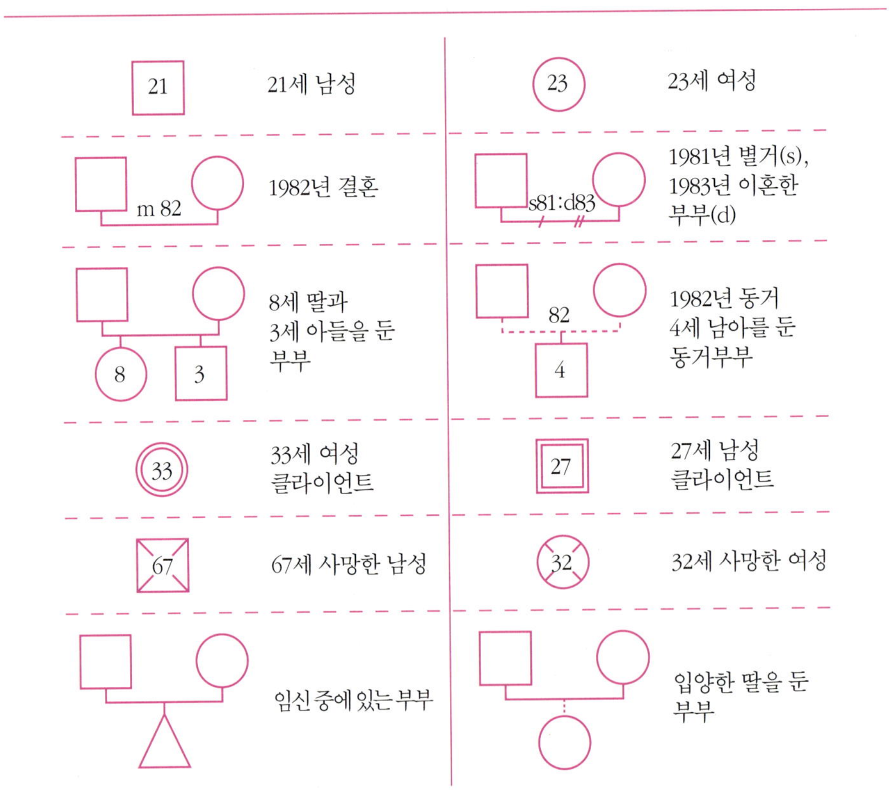

[그림 9-3] 가계도 심벌

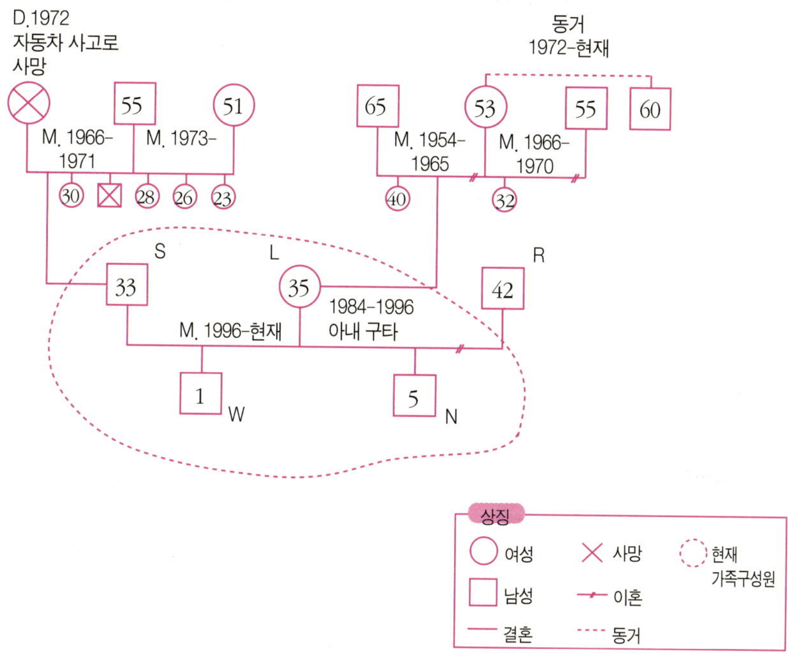

[그림 9-4] 가계도

가족사정의 차원

1. 가족의 상황(음식, 보건, 주택, 재정 등 기본 자원에 대한 접근성 정도)
2. 가족의 강점
3. 가족의 경계(경계가 너무 밀착되었거나 경직되어 있는가?)
4. 가족의 권력 구조(한쪽 배우자가 너무 많은 권력을 가지고 있는가?)
5. 가족의 의사결정과정(민주적인가? 독단적인가?)
6. 가족의 목표(각 성원의 목표와 조화를 이루는가?)
7. 가족의 신화(왜곡된 인지 유형)
8. 가족성원의 역할(희생자 역할을 하는 성원이 있는가?)
9. 가족의 의사소통 유형(간접적 메시지, 이중구속 메시지를 전달하는가?)
10. 가족의 생활주기: 가족의 생활주기를 방해하는 예견치 못한 사건(갑작스러운 죽음, 장애아 출산, 이혼, 질병)
11. 규범(명시적 규범과 암묵적 규범은 무엇이고 이것이 합리적인가?)

* 출처: Hepworth et al. (2002). *Direct Social Work Practice*, p. 272.

2. 분위기 조성

가족성원들은 보통 가족치료 시간 동안에 사회복지사가 보이는 행동을 모방하는 경향이 있다. 따라서 사회복지사가 가족에게 모델이 될 만한 적절한 행동을 보여줄 필요가 있다. 이러한 행동에는 가족성원 각각에 대한 존중감, 개방성, 정직함, 객관성, 온화하게 반응하기 등이 포함된다.

(1) 각 성원에 대한 존중을 표한다는 것은 바로 각 성원들이 의사표현을 하도록 지지하면서 각 성원이 자신을 표현할 기회를 주는 것이다. 80세의 할머니이건, 6세 아동이건, 알코올중독 아버지이건 모두에게 의사표현을 할 동등한 권리를 준다. 비록 그동안의 가족규범이 개인의견을 무시해왔을지라도 그렇게 한다. 이러한 존중의 분위기를 마련함으로써 이미 워커는 가족구조를 좀 더 균형적으로 바꾸어놓게 되는 것이다. 이러한 방법은 가족 중에서 지배적 역할을 해 왔던 성원의 권한을 줄여주는 효과를 내기도 한다. 그 성원은 이러한 방법에 대해 저항을 보일 수도 있다.

(2) 개방성과 정직은 의사소통의 핵심이지만 문제가 있는 가정은 이를 회피한다. 사실 대부분의 가족은 '비밀' 이라는 공통주제(숨겨진 의제)를 가지고 있다. 가족 비밀은 보통 학대, 근친상간, 중독 등의 비밀을 가지고 있다. 어떤 경우는 한 가족성원이 다른 가족성원에게 이러한 비밀을 워커에게 털어놓지 말도록 주의를 주는 경우도 있다. 워커는 신뢰를 얻어 가급적 빨리 이러한 비밀을 파악할 수 있어야 한다. 개방된 의사소통이 초기개입에 필요한 핵심적 요소다. 가족의 비밀은 죄의식이나 당황스러움을 야기시킬 수도 있는데, 가족성원에게 그러한 문제에 대해 개방적이고 정직하게 의견을 표하도록 고무해야 한다.

(3) 객관성 또한 모델로 삼아야 할 중요한 자질이다. 어떤 상황이나 사실은 개인

적인 해석에 따라 달라지는 경향이 있는데, 어느 쪽으로 치우치지 않도록 상황을 해석할 수 있어야 할 것이다. 예를 들어보자. 16세 된 딸이 밤을 지새우고 돌아왔기에 아버지가 매를 댄 상황을 보자. 딸은 아버지가 자신을 학대한다고 주장할 수 있으며, 아버지는 딸이 더 엄격한 훈육을 받아야 한다고 주장할 수 있다. 이 경우 아버지와 딸 모두 자신의 행동에 변화를 줄 필요가 있을 것이다. 이때 워커는 가족의 상황에 대해 객관적인 평가를 내려 시범을 보여주어야 한다. 그렇게 되어야 더욱 건설적인 행동변화를 논할 수 있게 된다. 회합을 이끌다보면 각 성원은 워커가 자기편에 서주길 바라는 경우가 많고 또한 누가 누구의 편을 드는 것에 매우 민감한 것을 보게 된다. 워커는 객관적이고 중립적인 위치에 서서 가족의 역동성에 대한 평가를 내려주고 가족들로 이를 배우도록 해야 할 것이다.

(4) 온화한 반응(moderation in response)이란 들어주고, 존중하고, 개방적인 의사소통을 고무하는 분위기를 만들어나가도록 하는 것이다. 종종 가족성원들은 극단적인 행동을 하는 경우가 많다. 즉, 소리를 지르고, 비난하고, 방어적이고, 편파적인 경우가 있다. 워커가 하는 식으로 부드럽게, 조용히, 지지적으로 상호 존중하는 의사소통을 하도록 하면 극단적 행동은 줄어들게 된다. 소리를 지르거나 비난하는 것을 멈추게 될 때 가족은 진정으로 서로의 의견을 들어줄 수 있게 된다.

3. 상호작용의 명확화

이 단계에서 사회복지사는 가족 내 성원들의 상호작용에 대해 관찰한 바를 토론하기 시작한다. 이때 사회복지사는 너무 권위적이지 않도록 하고 온화한 분위기를 띠도록 한다. 가족성원들은 논의되는 다양한 가족의 이슈에 대해 동의하지 않을 수도 있음을 분명히 해둔다. 이 단계의 목적은 각 가족성원들의 행동과 역할분담을 명확히 하는 것뿐만 아니라 진실된 의사소통을 시작하도록 하기 위한 것이다.

상호작용을 명확히 한다는 것은 모든 가족성원들이 지금까지 관찰되어 온 가족 유형이나 동맹관계에 대해 개방적이고 숨김없이 대화하도록 이끄는 것을 말한다.

다음 예를 보자. 사회복지사는 다음처럼 토론을 유도한다. "내가 보기에는 어머니와 따님이 취미생활이나 TV 프로그램에 대해 서로 통하는 것이 있는 것 같습니다. 그러나 따님의 남자친구인 인성 군에 대해서는 좋아하시지 않는 것 같습니다. 어머니는 물론 아버지와 할머니도 따님이 남자친구 선택을 잘못한 것으로 생각하고 있는 것 같습니다." 이때 어머니가 다음처럼 반응한다. "저는 남편이나 할머니가 생각하는 것처럼 그렇게 크게 인성이를 반대하지 않아요. 다만 딸이 다른 사람도 좀 사귀어보고 또 좀 일찍 집에 들어오길 바래요."

이때 아버지가 말한다. "나도 집사람과 동감이에요. 15살 난 여자애가 밤늦게 돌아다녀서는 안 된다고 봐요." 다음으로 워커는 어머니와 딸이 그렇게 동맹관계를 이루고 있는 것에 대해 질문하였다. 이는 결혼생활의 문제에 대한 토론으로 이어졌다.

이 대화를 통해 문제가 좀 더 분명해졌다. 남자친구 그 자체보다는 늦게 집에 들어오는 것이 가족들의 마음을 상하게 한 것이다. 또한 아버지가 딸의 문제를 심각히 다루는 것은 부부간의 문제에 어느 정도 기인한 것으로 나타났다.

사회복지사는 이런 대화를 활용하여, 문제에 대한 개방된 토론과 상황에 대한 분명한 이해를 통해 의견의 불일치나 문제가 해결될 수 있음을 지적할 수 있다. 앞에서 사회복지사는 자신이 관찰한 상호작용이나 동맹관계에 대해 언급하고, 가족성원 모두에게 현 상황에 대해 어떻게 생각하는지를 피력하도록 유도하는 방법을 활용하였다. 이를 통해 가족성원들이 좀 더 의식적으로 다른 사람에 대한 자신의 반응을 인식하도록 할 수 있다. 결과적으로 어떤 상호작용 유형에 대해 재고할 수 있는 능력을 키우게 된다. 가족이 현재의 상호작용에 대해 토론하고 명확히 해나감에 따라 사실관계가 더욱 분명히 드러나게 된다.

4. 재구조화

이 단계에서 워커는 좀 더 지시적이 되어 가족들로 하여금 지금까지 파악해온 정보나 통찰을 적극적으로 활용하도록 유도한다. 가족들은 이제 자신의 상호작용과 행동 유형을 알게 되었고 역기능적 유형을 변화시킬 준비가 되었다. 가족 간에 동의가 이루어지고 명확해진 역기능적 행동을 재구조화해야 한다. 구체적이고 쉽게 변화될 수 있는 행동을 먼저 선정한다. 급격한 변화보다는 점진적인 변화시도가 성공하기 쉽다는 것을 염두에 두어야 한다.

재구조화시킬 행동의 예를 들면 다음과 같다.

① 아버지는 10대 딸의 복장에 대해 될 수 있는 대로 부정적인 코멘트를 삼간다.
② 부모는 10대 아들의 친구들에 대해 비난하는 것을 삼간다. 아들은 9시까지는 집에 귀가한다.
③ 아이들은 자신의 방을 청소하는 데 동의하고 금요일 밤은 무조건 가족과 함께 보낸다.
④ 아버지는 매주 2회 AA미팅(단주모임)에 참여하고, 다른 가족성원은 아버지의 과거행위에 대해 더 이상 이야기하지 않는다.
⑤ 어머니는 아들에게 매일 최소한 2회의 칭찬을 한다.

5. 점 검

변화와 재구조화는 지속적인 노력이 요구되는 과정이다. 장기화되고 상습화된 상호작용 유형은 변화가 더욱 어렵다. 가족성원이 새로운 노력을 시도할 때 많은 지지를 해주어야 한다. 가족과 사회복지사가 변화시킬 행동을 명확히 구체적으로 규정해놓는다면 점검이 훨씬 용이해진다. 앞의 예에서 아버지가 딸의 복장에 대해 부정적 코멘트를 삼간다고 했는데, 이것이 수행되었는지는 쉽게 점검할 수 있다. 만일 과업이 수행되지 못했다면 그 이유에 대해 객관적으로 논의해보아야 한다.

6. 종 결

가족개입의 마지막 단계는 지금까지의 과정을 검토하고 긍정적 변화를 지지하며 앞으로 충족되어야 할 욕구를 요약하는 것이다. 가족개입이 보통 8~12회로 진행된다면 마지막 2회 정도는 종결을 준비하도록 한다.

지금까지 이루어낸 다양한 변화를 논의하면서 각 성원들로 하여금 자신 및 다른 성원의 변화를 코멘트하도록 하면 도움이 된다. 이러한 과정은 변화를 명확히 할 수 있고 강화시키는 효과를 낸다. 또한 그 변화에 대해 많은 지지를 보내주어야 한다. 예전의 행동이 쉽게 다시 나타날 수 있음을 주지시켜야 하며, 그런 변화를 유지하는 데 장애물이 될 만한 사항을 미리 파악해두어야 한다. 변화된 행동이 언제, 어디서, 어떻게, 왜 지속되어야만 하는지를 명확히 하는 것도 변화를 유지시키는 데 도움이 된다.

지금까지 변화된 행동을 목록으로 만들어 두는 것도 유익하다. 가족개입 동안 얻은 이점은 사회복지사가 생각한 것 이상으로 많을 수 있다.

7. 가족치료 사례

다음은 좀 더 구체적으로 가족치료가 어떻게 시행되는지 살펴보도록 하자.

가족치료사는 다음의 가이드라인을 따라 가족문제를 측정해나간다.

① 가족 성원이 서로 문제를 토론토록 한다.

② 그들의 언어적, 비언어적 대화 패턴을 관찰한다.

③ 가족의 가치관, 규범을 이야기하도록 요청한다.

④ 숨겨진 의제(hidden agenda)를 탐색한다.

⑤ 각 가족성원에게 문제가 무엇인지 규정해보라고 하고 가족의 목표도 정해보라고 한다.

가족을 지켜보면서 우리가 생각해야 할 내용은 다음과 같다.

① 가족 내의 의사소통 유형은 무엇인가?

② 비언어적(nonverbal) 메시지와 언어적(verbal) 메시지는 일치하는가? 이중구속(double bind) 메시지가 있는가?

③ 어떤 가족 규범이 작용하고 있는가?

④ 각 가족성원은 어떻게 가족의 문제를 규정하고 있나?

⑤ 문제를 규정하는 데 서로 차이를 보이고 있는가?

⑥ 각 가족성원의 개인 목표는 무엇인가?

⑦ 가족의 목표는 분명한가?

⑧ 숨겨진 의제는 무엇인가?

다음은 가족치료의 사례를 살펴보자. 이 사례에서는 가족성원의 숨겨진 의제를 찾아내는 데 초점이 모아지고 있다.

사례

4명으로 구성된 가족으로 엄마, 아빠, 두 딸이 있다. 큰딸의 문제행동 때문에 가족치료소에 오게 되었다. 큰딸은 학교도 가지 않고 밤늦도록 돌아다니며 화장도 진하게 한다. 가족은 어떻게 통제해야 할지 방법을 몰랐고 도움을 청하기로 결심했던 것이다. 가족치료사는 두 번째 미팅에서 가족문제에 대한 측정을 시행했다.

딸 1

16세로 가족문제를 일으키는 장본인이다. 담배, 음주 및 본드를 하고 이런 부류의 청소년들과 어울려 지낸다.

숨겨진 의제는 다음과 같다. 딸은 실제로 매우 영리하고 민감하며 신중한 성격이나 낮은 자아개념을 가지고 있다. 그녀는 부모로부터 사랑받고 수용되길 원하지만 그녀는 방법을 모르고 있었다. 부모의 싸움을 걱정하고 이혼에 대해서도 걱정이 많았다. 동생을 사랑하지만 질투심도 느끼고 있다.

아버지

아버지는 40세로 조용하고 상대적으로 숫기가 없다. 자신을 인텔리로 생각하고 있다. 조그만 중소기업을 운영(대부분의 시간을 여기에서 보냄)하고 있다. 그는 딸 1에 대해 매우 걱정을 한다. 그녀가 문제를 일으키기 때문이다. 도울 수 있다면 무엇이라도 하겠다는 의지가 있다.

아버지의 숨겨진 의제는 다음과 같다. 현재 일어나고 있는 일에 대해 매우 혼동감을 느낀다. 자신의 전 삶이 깨져버리는 것 같기 때문이다. 자신의 감정을 표현하는 것이 매우 어렵다고 느낀다. 아내는 최근 너무 화를 잘 내고 자주 싸운다. 그가 할 수 있는 것이라곤 그저 일에 몰두하고 TV 스포츠를 보는 데 열중하는 것뿐인 것 같다. 그는 가족을 사랑하고 가족생활이 정상으로 돌아가길 진심으로 원한다.

엄마

38세로 활달하고 열정적이다. 자신을 멋있는 사람으로 생각한다. 딸 1에 대해 매우 염증을 느낀다. 현 가족상황에 지쳐버렸다. 딸 1을 돕기 위해 할 수 있는 것은 다했다고 느끼기 때문이다.

숨겨진 의제는 다음과 같다. 그녀를 괴롭게 하는 것들이 많이 있다. 아이들은 점점 커가고 곧 시집가게 되어 자신을 떠날 것이다. 그녀는 전문대학을 나왔지만 한 번도 직장에 다닌 적이 없다. 그래서 장래가 걱정된다. 남편과는 수년 동안 관계가 피상적이었고 최근에는 싸움만 했다. 남편은 이혼 얘기를 꺼내기까지 했다. 그녀는 아직 남편을 사랑하고 함께 있길 원한다. 그러나 어찌해야 할지 모른다. 남편은 늘 조용하고 다른 부부들과 함께 있을 때는 모두 그녀 혼자서 이야기해야 한다.

딸 2

12세로 쾌활하고 명랑하다. 학교에서의 성적은 늘 상위권이다.

숨겨진 의제는 다음과 같다. 가족에 대해 걱정이 많다. 어찌되었든 문제는 모두 자신의 잘못이라고 느껴 죄책감을 갖고 있다. 자신이 없었다면 엄마가 행복했을 것이고 직장도 가졌을 것이라고 생각한다. 언니가 문제를 일으키는 데 대해 화가 나 있다.

이처럼 각 가족성원은 다른 성원이 알지 못하는 의제를 가지고 있는 경우가 많고, 이는 가족의 목적을 성취하는 데 방해가 된다. 숨겨진 의제가 표면으로 드러나면 가족은 효과적으로 기능하게 된다.

8. 가족치료 연습

우리 자신의 가정을 뒤돌아보자. 편안한 자세로 눈을 감고, 복식호흡을 두 번 한 후에 다음 질문과 함께 가족에 대해 생각해보라.

- 누가 가정의 주요 리더인가?
- 누가 주요 결정을 하고 있는가?
- 리더는 독재적, 민주적, 자유방임적 중 어느 쪽인가?
- 각 영역에 따라 리더십이 공유되고 있나?
- 일반적으로 누가 물리적인 과제의 해결사 역할을 하는가?
- 누가 정서적 과제의 해결사 역할을 하는가?
- 누가 가장 큰 권한을 갖고 있나? 그 권한의 기반은 무엇인가?
- 그 권한은 강제적인가? 적합한가? 전문적인가?
- 다음에 대한 가족 규범은? 데이트, 음주, 옷 입는 법, 종교, 대학
- 누가 규범을 정하는가? 어떻게 정해지는가?
- 가족에서 당신의 역할은?
- 가족에서 논쟁은 어떻게 해결되는가? 누가 지고 이기면서 끝나는가?
- 주요 결정은 동의해서? 아니면 투표로? 독단적으로?
- 아버지가 화났을 때 어떻게 비언어적으로 표현하는가?
- 엄마가 화났을 때 어떻게 비언어적으로 표현하는가?
- 가족성원들은 자신의 노여움을 표현하는가, 아니면 갈등을 피하려고 숨기는가?

- 가족의 분위기는 협력적인가 경쟁적인가?
- 가족 중 한 명이 가족의 도덕성을 파괴시킨 적이 있는가?
- 가족원을 하나하나 생각해보자. 누가 비단정적인가? 누가 공격적인가? 누가 단정적인가?
- 현재 주요 스트레스의 원인은 무엇인가?
- 어떤 해결 방법을 사용하고 있는가?-여행, 휴식 또는 친구들과 토론
- 일을 미루기만 하는 사람이 있는가? 어떻게 그걸 멈출 수 있다고 생각하는가?
- 당신 가족은 무엇에 대해 슬퍼하는가?
- 그 슬픔을 다루는 방법은 무엇인가?
- 가족 중 약물에 중독된 사람이 있나?
- 다른 가족성원은 이에 대해 어떻게 대응하는가? (무시, 싸움) 달리 무엇을 할 수 있을까?
- 가족에서 진행되는 보이지 않는 power game은 무엇인가? 파괴적 game을 어떻게 변화시킬 수 있을까?
- 가족성원들은 자기 정체감이 뚜렷한가? 낮은 자존심을 가진 성원이 있다면 어떻게 향상시킬까?
- 가족의 가치는 무엇인가? (종교, 대학, 담배 피는 것 등에 대한 가족의 의견)
- 가족의 의사소통이 원활한가? 누군가 애매모호한 간접 메시지를 보내는가? 비밀 차원의 간접 메시지를 보내는가?
- 가족성원 중에 자신의 욕구표현을 주저하는 사람이 있는가?
- 어떻게 가족 대화를 향상시킬 수 있을까?
- 부모 체계의 역기능은 무엇인가?
- 부부 체계의 역기능은 무엇인가?
- 형제 체계의 역기능은 무엇인가? 어떻게 향상될 수 있을까?

제4부

임상사회사업의 이론

임상사회사업 또는 직접실천의 필요조건은 인간행동에 영향을 미치는 요인을 이해하는 것이다. 클라이언트의 다양한 인생경험과 문제행동의 상호관계를 이해하는 능력이 있어야 개입목표를 설정할 수 있는 틀을 설정할 수 있다. 즉, 클라이언트의 문제를 이론적 틀 안에 놓을 수 있는 능력이 있어야 문제해결을 위한 적절한 개입전략을 선정할 수 있다. 실천가는 인성론을 이해하고 인생주기에 대한 지식을 가지고 있어야 할 뿐만 아니라 인간행동이 일어나는 환경적 맥락 내에서 인간행동을 평가, 이해할 수 있어야 한다. 성, 종교, 사회계층, 신체조건, 직업, 가족구조, 연령, 수입, 교육 정도 같은 요인들은 사회적 맥락 속에서 인간행동을 이해하는 데 도움이 되는 변인들로서 고려의 대상이 된다. 수십 년에 걸쳐 직접

사회사업 실천을 안내해 주는 이론이나 모델, 접근과 같은 개념적 준거틀은 다음과 같은 유용성이 있다(Sheafor & Horejsi, 2003).

① 복합적이고 정서적인 인간문제와 상황을 분석할 수 있는 구조를 제공한다.
② 정보, 신념, 가정을 의미 있게 조직화한다.
③ 활동과 의사결정하는 데 합리적인 이유를 제공한다.
④ 체계적이면서 예측가능한 접근을 촉진한다.
⑤ 전문가 사이에 의사소통을 촉진한다.

실천에 관한 많은 이론적 접근방법이 개발되었다. 실천가는 인간행동에 관계된 모든 지식을 명백하게 알 수는 없으나, 그동안 제시된 여러 이론들은 우리가 클라이언트의 문제와 관계된 요인들을 논리적으로 측정할 수 있도록 인간행동에 대한 가정들(assumptions)을 제시해준다. 그러므로 직접실천가는 역기능의 원인을 찾을 수 있고, 클라이언트의 문제들을 해결하는 데 이론적으로 가능한 개입방법들을 설정할 수 있다.

대부분의 실천가들은 다양한 모델들을 채택하여 절충적인 접근을 시도한다. 즉, 실천을 위한 이론적 틀을 만들기 위해 여러 이론을 통합한다. 물론 몇몇 실천가들은 어떤 문제 유형에는 어떤 특별한 모델이 적합하다고 고집하기도 한다. 예를 들면 어떤 워커는 어린이들에게는 행동치료를 사용하고 어른들에게 자아심리학을 사용한다. 인간행동에 대한 새로운 지식과 이해가 출현함에 따라 워커들은 항상 새로운 이론적 관점을 실천양식에 적용시켜 나가도록 노력해야 한다.

사회복지사가 실천을 위한 모델이나 이론을 선정할 때는 다음 사항을 고려해보아야 한다. 어떤 유형의 클라이언트, 어떤 유형의 문제, 어떤 세팅, 어떤 상황에서 실천하는 것인가? 이러한 클라이언트의 독특성을 다루는 데 도움이 될 것인가? 사회복지사는 몇 가지 이론을 절충적으로 동시에 활용할 수도 있고, 연속적으로 바꾸어가면서 활용할 수 있다. 예를 들어, 초기단계에서는 체계이론을 활용하고 중기단계에서는 행동수정을 통해 행동변화를 추구할 수도 있다. 그러나 사회복지실천을 위한 이론이나 모델을 선정할 때는 다음과 같은 기준을 충족시켜야 한다(Sheafor et al., 2003).

① 전문직의 목적, 가치, 윤리와 일치해야 한다(활동이 전문직 분야와 일치해야 한다.).
② 개념, 원칙, 가설들이 명확하게 설명되고 정의되어 다른 사람들과 의사소통이 가능해야 한다.
③ 일반 클라이언트들이 자신의 관심사나 인생경험과 이론과의 관련성을 이해할 수 있어야 한다.
④ 매우 복잡하고 혼란스러운 상황을 분석하고 이해하는 데 사회복지사에게 도움을 줄 수 있어야 한다.
⑤ 경험적이고 과학적 기반에 의존해야 한다.
⑥ 변화과정의 다양한 국면에 대한 지침과 방향을 제시해야 한다.

제 10 장

정신분석/정신역동이론

정신역동이란 의식적, 무의식적으로 인간의 행동에 여향을 주는 인지적, 정서적, 동기적 과정을 말한다. Sigmund Freud(1856-1939)는 정신분석이론의 창시자다. 그는 신경학을 전공한 의사였다(사회과학자가 아님). 히스테리 문제에 대한 지대한 관심이 정신분석이론의 개발에 주요 동기가 되었다. 프로이트의 이론은 주로 중산층 여성 환자들(정신적으로 건강한 사람이 아닌)에 대한 임상실천(엄격한 실험적 방법이 아닌)의 경험에 근거했다는 점에서 비판의 대상이 되고 있다. 그는 진화이론에 영향을 받았다. 진화론자들은 인간도 동물이며 자연법칙에 기반을 둔 행동 유형과 발달을 보인다는 데 관심을 둔다. 예를 들어, 정신분석이론은 점성원리[1](epigenetic development)를 포함하고 있다.

다음의 기본 가정이 이론의 근간을 이룬다(Norlin et al., 2003).

1. 행동의 주요 결정요인은 성적, 공격적 충동(drives)에서 발생한다.
2. 행동은 무의식적 요인에 의해 결정된다.

1) 유기체는 미분화된 일련의 수정란으로부터 일련의 고정된 단계를 거쳐 성숙한 상태로 발달한다는 개념. 그러한 단계의 어느 것도 건너뛸 수 없는 것이며, 한 단계에서의 어려움은 다음 단계에서의 역경적 결과를 가져오는 경향이 있다.

3. 발달은 점성원리에 따르며 성적 성숙과 관련된다.
4. 행동은 쾌락원리(pleasure principle), 즉 쾌락은 최대화하고 고통은 최소화하는 원리에 따른다. 쾌락원리는 현실원리(reality principle)에 의해 통제된다. 현실원리는 자아(ego)의 행동을 안내한다.

정신역동모델은 프로이트와 그의 동료들의 과업에 기반을 두고 있다. 이 이론은 행동이 인간 마음속의 움직임과 상호작용으로부터 나온다는 점을 강조하며 또한 정신이 행동을 자극하는 방식과 정신과 행동이 인간의 사회환경에 영향을 주고받는 방식을 강조하고 있기 때문에 정신역동적이라고 불린다.

다른 사회사업이론을 검토하기에 앞서 정신역동이론을 이해하는 것이 선행되어야 할 만큼 정신역동이론이 사회사업이론에 미친 영향은 상당하다고 할 수 있다. 프로이트 이후에 다양한 학파가 생성되고 발전해 왔는데, 현대정신분석이론은 행동에 대한 기본적 영향력을 본능적 충동(drives)의 개념으로 보는 관점에서 벗어나 어떻게 개인들이 사회와 상호작용하는지에 더욱 관심을 갖고 있다. 이는 자아심리학의 영향에서 비롯되었다(Goldstein, 1984). 그러면 정신분석의 기본개념과 주요 기법에 대해 알아보자(Payne, 1997).

1. 정신분석의 기본개념

행위는 단지 우연히 발생한다기보다는 인간의 사고과정으로부터 일어난다는 원리인 정신적 결정론(psychic determinism)과, 어떤 생각과 정신행위는 우리의 지식으로 알 수 없게 숨겨져 있다는 개념인 무의식(the unconscious)에 대한 강조가 정신분석이론의 핵심이며 이러한 아이디어는 폭넓게 받아들여지고 있다. 예를 들어, 말을 실수하는 것은 인간의 사고과정의 숨겨지거나 알려지지 않은 혼돈상태를 반영한다는 가정(assumption)은 바로 이런 아이디어를 토대로 한 것이다. Yelloly(1980)는 몇 가지 무의식에 대한 예를 제공해준다. 어떤 생각이나 감정이 우리가 강력히 믿고 있는 신념과 양립하지 않을 때 우리는 그런 생각에 저항을 하게 된다. 이 경우 우리의 마음은 소위 억압이라는 과정을 통해 그러한 생각이나 감정이 의식 속으로 흘러 들어가는 것을 막는다. 이렇게 억압된 많은 생각들은 우리가 인식하지 못할지라도 우리를 어떤 방식으로 행동하도록 부추긴다는 의미에서 역동적이다. 정신역동적 무의식은 이렇게 강제로 숨겨진 아이디어들로 구성되어 있다. 대부분 그런 무의식은 깊이 숨겨져 있기 때문에 우리가 그것에 대해 생각해본다 해도 가능한 일이 아니다.

정신분석이론은 크게 세 가지 측면으로 나눌 수 있는데, 인간발달, 성격과 비정상심리 그리고 치료의 이론이다. 먼저 정신분석의 발달이론 측면에서 볼 때 아동은 일련의 발달단계를 거쳐나간다. 이런 단계들은 본능적 충동과 함께 진행되는데(각 단계마다 독특한 본능적 충동이 나타난다.), 이 본능적 충동은 바로 배고픔이나 갈증 같은 신체적 욕구를 충족시키도록 하는 정신적 압력이다. 그러한 욕구를 갖게 되면 그 욕구를 충족시키기 위한 행동을 취할 수 있도록 에너지를 주는 리비도(libido) 또는 긴장이 창출된다.

각 단계마다 중요시되는 특별한 행동이 있으며, 단계를 거쳐나가면서 이전 단계의 중요한 행동들이 다음 단계에 계속적으로 영향을 미치게 된다. 예를 들어, 초기단계에서 아동의 만족은 엄마의 젖을 빠는 것에서 얻어진다. 이런 빨기 행동은 나중에 담배를 피우고 사탕을 먹는 습관으로 연결되어 개인에게 만족을 주기도 한다. 어떤 사람들은 무의식적으로 특별한 단계에 고착되기도 하는데 그러면 그들의 행동반경이 줄어들어 만족을 얻기 위한 수단으로 비이성적일 정도로 특이한 행동을 추구하게 되기도 한다.

아동은 자신의 욕구의 만족만을 추구하는 초기 나르시시즘(primary narcissism)의 단계에서 차츰 발전하여 사회적 상호작용을 학습해나간다. 각 단계마다 초점의 대상은 특별한 욕구에 맞추어진다. 구강기(배고픔), 항문기(배설), 남근기(본능적 충동이 오이디푸스 갈등의 해결을 통해 다루어진다: 동성 부모와의 동일시), 잠재기(동성친구) 그리고 생식기-사춘기(이성친구, 사회적 학습)다.

표 10-1 프로이트의 심리성적 발달단계

단계	성적 초점	핵심과제	고착
구강기(0-1세)	입	이유하기(젖떼기)	강박적 식습관, 흡연, 알코올중독, 수다스러움
항문기(1-3세)	항문	배변훈련	강박증, 소유욕, 완고함
남근기(3-6세)	생식기	오이디푸스 위기의 극복, 부모 동일시	동성애, 자기도취, 거만함, 현란함
잠재기(6-12세)	없음	사회적 관계형성(동성친구)	
생식기(사춘기)	생식기(성교)	이성과의 친밀한 관계형성 개발	

다음은 각 단계에 대해 자세히 알아보자.

- 구강기: 구강기는 출생에서 약 18개월의 기간을 말한다. 빨기 반사를 시작으로 아기는 빠는 그 자체에서 쾌락을 추구한다. 어머니나 보호자로부터의 영양공급과 보호를 통해 중요한 관계형성을 시작한다.
- 항문기(anal stage): 18개월부터 약 3세까지 지속된다. 장 운동과 배설로부터 쾌락을 얻는 데 관심을 갖는다. 배변훈련의 시작되는 시기다. 배변훈련이 너무 강력하게 이루어져 아동이 심한 어려움을 겪는다면 성격상의 문제(예: 강박증)를 갖게 된다.
- 남근기(phallic stage): 이 단계는 3세부터 6세까지 지속된다. 남근이 관심의 대상이 된다. 소년은 자신의 어머니를 첫 사랑의 대상으로 삼는다. 아버지를 경쟁자로 생각하게 된다(오이디푸스 콤플렉스). 아동은 이때 거세불안(castration)을 느끼게 되어 아동은 아버지를 닮으려 노력한다(동일시). 오이디푸스 콤플렉스를 극복하기 시작하면서 초자아가 출현하기 시작한다. 여아도 비슷한 경험을 하는데, 엘렉트라 콤플렉스를 경험한다. 아버지에 대한 애착을 발달시키고 남근선망(penis envy)의 심리를 갖게 된다. 남근을 가질 수 없

다는 것을 인식하면서 어머니를 동일시하게 된다.

- 잠재기: 이 시기(6세에서 사춘기 이전)에는 아동의 자아에 기반을 둔 방어 구조가 많이 발달해 왔기에, 본능과 관계된 공격적이고 성적인 충동은 잠복하게 된다. 이드의 충동으로부터 일시적으로 자유로워지면서 자신의 에너지를 스포츠, 학교, 놀이 등으로 돌린다. 학습의 시간이라 할 수 있다. 가족을 벗어나 외부세계, 주로 동성친구에 관심을 갖는다.
- 생식기(genital stage): 이 시기는 사춘기와 함께 시작되어 성인기까지 이르는 시기다. 여아는 보통 11세, 남아는 13세 정도에 사춘기가 시작된다. 청소년은 다시 나타난 오이디푸스와 엘렉트라적 충동을 잘 다루어야만 한다. 이 문제는 이성적 배우자를 선택하고 결혼하여 부모로부터 분리되면서 해결된다. 이 시기에 이성에 대한 성숙한 행동 유형을 배우게 된다. 청소년들은 자신의 쾌락의 욕구의 충족뿐만 아니라 타인의 쾌락의 욕구도 인식하게 된다.

또한 발달이론에는 퇴행/회귀(regression)라는 개념이 있는데, 이는 후기단계로 발달해 간 개인이 현재의 스트레스 때문에 이전 단계와 연관된 행동으로 되돌아갈 때 발생한다.

다음은 정신분석 성격이론에 대해 살펴보자. 정신분석적 성격이론은 인간은 원초아(id, 알려지지 않은 원천으로부터 나오는 일종의 분화되지 않은 압력)를 형성하고 있는 본능적 충동의 복합체라고 가정한다. 이드는 우리의 욕구를 해결하도록 우리에게 압력을 넣지만 우리의 행동이 반드시 의도된 결과를 가져오지는 않는다. 원초아에 뒤이어 자아(ego)가 발달한다. 자아는 우리에게 환경이 어떻게 이해되고 조작될 수 있는지에 대한 현실적 아이디어를 제공하는 아이디어 세트다. 그러므로 자아는 이드에 통제하게 된다. 예를 들어, 아동의 자아가 부적절한 배변할 때는 꾸지람이 뒤따른다는 것을 배우게 되면 아동의 배변을 통제할 수 있게 된다. 이렇게 자아는 인간과 외부와의 관계를 운용해나간다. 프로이트는 이를 대상관계(object relations)라고 이름 붙였다. 다음으로 초자아(super ego)가 발달하게 되는데 초자아는 자아를 안내하는 도덕적 원리를 발전시킨다.

성격이론의 중요한 특징은 원초아를 통제하려는 자아와 초자아의 욕구가 갈등을 빚어내는 방식과 자아가 갈등을 운용해나가는 방식에 있다. 불안은 그러한 갈등으로부터 발생한다. 자아는 승화, 투사, 합리화, 억압 같은 다양한 방어기제를 사용해 불안을 다루어나간다. 부정과 투사는 미성숙한 방어기제다. 정신병 환자의 경우 부정, 투사, 퇴행 등의 원시적 방어를 많이 사용한다. 부정과 투사를 사용하는 사람은 억압과 승화에 의존하는 사람보다 전반적인 성격기능에서 미성숙한 사람으로 간주된다(이인정 외, 2000). 개인이 활용하는 방어기제를 이해함으로써 개입에 대한 통찰을 얻을 수 있다.

2. 주요 기법

고전적 정신분석에서 치료이론은 치료자가 '빈화면(blank screens)'이 될 것을 요구한다. 즉, 환자들이 자신의 상상이나 기억 그리고 갈등을 가지고 있는 대상을 투사할 수 있는 빈 화면이 되는 것이다. 클라이언트가 자신의 과거나 기억에 대해 자유롭게 이야기하는 동안 치료자는 일반적으로 환자의 뒤에 앉아 자신의 개인적인 견해는 제시하지 않고, 중립적이며 비관여적인 자세로 듣도록 노력한다. 치료자 자신을 되도록이면 드러내지 않는다. 프로이트는 환자들이 종종 자신의 삶에서 중요한 사람들(보통 부모나 배우자)에 대한 감정을 치료자에게 전이시킨다고 지적한다. 예를 들어, 전이(transference)는 환자가 치료자를 마치 자신의 부모처럼 여겨 환자가 부모에 대한 무의식적 감정을 치료자에게 투사시킬 때 발생한다. 이런 경우, 환자는 마치 어린아이처럼 행동하고 치료자는 환자와 갈등을 겪었던 대상인 바로 그 아버지의 역할을 하게 된다. 전이를 통해 부모와의 초기 관계형성의 어려움으로부터 발생하여 현재의 어려움의 원인이 되었던 갈등이 드러나게 된다. 이처럼 전이는 환자가 어린 시절에 겪었던 갈등의 대상을 치료자에게 옮겨서 그 갈등을 재경험하는 것이다. 전이는 무의식적 생각을 드러내는 한 방법으로 치료의 핵심이 된다. 치료자는 환자가 전이한 사람에 대한 환자의 무의식적 사고나 감정을 인식하도록 돕고, 현재의 어려움의 기원에 대해 환자에게 해석해 준다. 억압된 감정이 드러나고 어려움의 기원에 대해 통찰력을 얻게 되면서 환자의 갈등적 감정이 자사에 의해 대응되고 통제될 수 있게 된다. 이러한 개념은 사회사업에도 적용되었는데, 개인의 현재 행동은 특히 관계형성 면에서 과거의 관계형성과 경험에 의해 영향을 받는다는 가설을 태동시켰다(Irvine, 1956). 역-전이(counter-transference)는 치료자들이 관계형성에 대한 과거경험을 털어놓는 클라이언트에게 비합리적으로 대응할 때 발생한다. 감정적 객관성을 유지하지 못할 때 역전이가 일어나는데, 예를 들어, 클라이언트를 과도하게 보호하려 하거나, 너무 이로운 측면만을 강조하거나, 클라이언트의 욕구가 너무 많다고 판단하여 거부하거나 클라이언트를 너무 승인 · 보상하려 하거나, 클라이언트와 애정관계를 발전시키거나, 클라이언트에게 강요적인 충고를 주려 할 때 발생한다고 할 수 있다.

대부분의 정신분석기법은 숨겨진 생각과 감정을 드러내는 데 주로 초점을 둔다. 억압된 갈등이 원인이 되어 다양한 형태로 표현되는 바람직하지 못한 행동을 해결하기 위해서는 그 뿌리를 찾아 해결하려는 노력이 필수적이라고 가정된다. 그 갈등이 노출되고 적절히 이해된다면 그 갈등은 더 이상 행동 장애를 일으키는 원인이 되지 못한다. 이렇게 정신분석치료는 개인들에게 그들의 억압된 감정에 대한 통찰력(insight)을 주는 데 주 목적이 있다.

> 정신분석에서는 환자가 이야기를 하고 치료자는 무의식과의 어떤 관계를 해석한다. 그 과정에 사용되는 방법으로는 자유연상(free association), 꿈의 해석, 저항(resistance)에 대한 해석, 전이(transference) 등이 있다. 자유연상은 머릿속에 떠오르는 것(꿈, 상상, 고통스러운 사건, 생각, 감정 등)을 아무리 사소한 것이라도 말하도록 하는 것이다. 편안한 상태에서 자유롭게 연상하다보면 방어도 줄어들고 고통스러운 무의식이 드러나게 된다. 보통 편안한 의자에 누워 치료자를 보지 않고 하게 된다. 45분 정도의 연상 후에 치료자가 그 내용을 해석해 주어 고통에 대한 통찰력을 갖게 한다. 저항에 대한 해석이라는 것은, 클라이언트가 어떤 특별한 주제에 대해서는 이야기를 꺼리거나 방어기제를 활용하면서 회피하는 현상을 보일 때 치료자는 그런 클라이언트의 저항을 알아차리고 그 저항을 해석해나가는 것을 의미한다. 전이는 무의식적 감정을 드러내는 한 방법으로서 앞에서 이미 설명하였다.

정신역동적 치료에 대한 비판론자들은 이러한 치료는 과학적으로 정당화될 수 없다고 주장하며, 엘리트주의적이고 비용이 많이 드는 치료기법이라고 평가절하하고 있다. 지지자들은 정신역동치료가 통찰을 통해 자기발견으로 이끌 수 있다고 반론을 편다.

사회사업에서는 가장 현대적 형태의 정신분석이론을 사용하고 있다. 사회사업이론은 정신분석이론에 강한 영향을 받아 왔다. 실제적으로 정신분석적 접근방법이 거의 모든 사회사업실천의 기저에 어느 정도는 깔려 있다고 봐야 할 것이다. 예를 들어, 무의식, 통찰, 갈등, 불안, 전이 같은 용어들은 흔히 사회사업실천현장에서 많이 활용되고 있고, 개방적이고 수용적이며 잘 들어주는 관계형성에 대한 강조 같은 것도 정신분석적 치료이론의 영향이라고 볼 수 있다. 특히 Hamilton과 Hollis의 심리사회적 치료, Goldstein의 자아심리학(자아중심적 케이스워크), Eric Berne의 교류분석은 정신분석이론의 영향을 강하게 받은 이론이라 할 수 있다. 또한 정신분석이론은 위기개입에 많은 영향을 주었다. Perlman의 문제해결과정이론도 자아심리학에 그 근원을 두고 있으므로 어느 정도 정신분석이론의 영향을 받았다고 할 수 있다(Payne, 1997).

제 11 장

행동주의 이론

행동주의모델은 선행조건이나 행동 그 자체 또는 강화요인을 관찰하고 통제한다면 행동을 예견할 수 있고 통제할 수 있다고 주장한다. 이 모델에서는 행동은 학습되고 조건화되는 것으로 간주되며 무의식같이 관찰할 수 없는 개념은 치료목적으로 부적합하다고 본다.

행동수정의 기법은 대부분 학습이론에 기반을 두고 있는데, 학습이론은 사람들이 상황에 대한 반응을 학습한다고 본다. 아동들이 보통 그렇다. 신경질을 낼 때마다 보상을 받은 아동은 나중에도 다른 목적을 성취하기 위해 신경질을 낼지도 모른다. 그러나 그러한 반응은 나중에 다른 상황에서는 비적절하고 비생산적일 수 있다. 예를 들어, 신경질을 내면서 목적을 성취한 어린 아동이 성인이 되어서도 그러한 행동으로 목적을 성취하려 한다면 이는 더 이상 받아들여지기 힘들 수 있다.

많은 행동주의자들은 클라이언트에게 원인과 결과 또는 자극과 반응의 개념이라는 행동주의의 기본개념을 교육한다. 예를 들어, 자신이 어떤 방식으로 행동한다면 논리적으로 어떤 반응을 기대할 수 있고, 사람들은 어떤 자극이 오면 어떤 반응을 보이게 된다는 점을 분명히 한다(그러한 반응은 대부분 학습된 것이라는 점도 알려준다.). 또한 자신의 행동이 다른 사람에게 영향을 주고 만일 그 반응이 매우 부정적인 결과를 가져온다면, 그러한 반응을 최소화할 수 있는 새로운 행동을 배울 필요가 있다는 것도 교육시킨다. 또한 자극이 왔는데 반응이 부적절하다면, 그 반응을 없애거나 최소화할 수 있는 행동도 배울 필요가 있다는 것도 강조한다.

행동주의 기법은 Ivan Pavlov나 B. F. Skinner, Hans J. Eysenck, Joseph Wolpe가 발전시켜 왔으나 사회사업학자들도 공헌한 바가 크다. Arthur Schwartz의 *The Behavioral Therapies*(1982), Edwin Thomas의 *Behavior Modification Procedure*(1974), Sheldon Rose의 *Group therapy: A Behavioral approach*(1977)가 사회사업에서 선구자 역할을 하였다.

행동치료의 주요 강조점은 다음처럼 요약해볼 수 있다(Maguire, 2002).

① 행동주의는 관찰할 수 있고 측정 가능한 행동에 초점을 둔다. 문제를 추상적이고 철학적으로 규정하기보다는 경험적이고 객관적으로 규정한다. 구체적 행동의 결과를 볼 수 있게 하기 위해서다.

② 선행적 사건(자극)과 결과로서의 행동(즉, 자극과 반응)에 관심을 둔다.

③ 긍정적 및 부정적 강화요소를 활용하여 행동을 수정한다.

④ 모델링 학습을 통해 행동을 수정한다.

⑤ 목적성취를 위해 단기적이고 쉽게 성취할 수 있는 과제부터 시작하여 점차 단계적으로 확대시켜나간다.

⑥ 상호협의된 계약서 작성을 중시하고, 문제중심 기록 또는 목표중심 기록을 한다.

⑦ 치료과정에 배우자나 부모, 교사, 이웃, 친구 등 중요한 타자를 포함시킨다.

1. 행동주의 사정의 특징

행동주의 사정은 다음 4가지 측면에서 특징적이다(Maguire, 2002).

① 문제에 대한 클라이언트의 진술에 기반을 두고 개입한다(사회사업가의 문

제에 대한 견해보다는). 행동주의자들은 클라이언트의 인식을 수용한다. 다른 학파의 실천가들은 보통 클라이언트가 우울이나 방어기제 때문에 문제에 대해 클라이언트가 잘못 알고 있다고 간주하는 경향이 있다. 행동주의자들은 클라이언트가 자신의 문제를 규정할 수 있는 능력이 있다고 평가하며, 그 문제를 구체적으로 규정한다.

② 행동주의 사정의 두 번째 특징은 충분한 자료가 모아져 기초선을 확보할 때까지 클라이언트가 자신의 행동을 변화시키지 않도록 하는 것이다. 행동주의에서는 제시된 문제에 대한 정확한 자료를 바탕으로 개입할 것을 강조한다. 제시된 문제가 진정한 문제인지를 파악하기 위해 그 추이를 어느 정도 지켜봐야 한다고 주장한다. 그러나 이는 긴급을 요하는 문제에 대해 윤리적 딜레마를 발생시킨다.

③ 행동주의 사정에서는 단지 2~4개 정도의 문제만을 행동주의적 용어로 구체적으로 규정한다. 사회사업가는 클라이언트에게 2~4개 정도로 표적 문제를 구체화하도록 도와준다. 행동주의자들은 초점을 좁히고 단기적인 것이 특징적이다.

④ 문제행동이 발생하기 전의 선행적 사건이나 자극이 무엇인지 알아보고 문제행동 뒤에 따라오는 결과가 무엇인지 파악한다.

2. 행동치료의 주요 기법

행동치료는 클라이언트의 비적응적 행동, 즉 부적절한 행위를 변화시키기 위해 학습의 원리를 사용한다. 주요 기법은 조작적 조건형성, 고전적 조건형성 그리고 모델링으로 나누어 알아보도록 한다. 이러한 행동주의 기법은 한 가지씩 따로 사용하기보다는 여러 가지 요소를 한꺼번에 응용하여 사용하는 것이 효과적이다.

1) 조작적 조건형성

스키너가 개발한 조작적 조건형성(operant-conditioning) 기법에는 수반관계의 조작(contingency management)이나 자극 통제(stimulus control) 기법이 있는데, 이는 외부적으로 나타나는 자발적 행동(overt, voluntary behavior)을 변화시키고자 할 때 사용된다. 수반관계의 조작은 강화나 벌(punishment) 또는 과거에는 강화된 행동이 더 이상 강화를 받지 못하게 하는 방법, 즉 강화의 중지(조작적 소멸)를 통해 행동의 결과를 조작하여 행동을 변화시키는 기법이다. 조작적 소멸의 한 예는 과자를 달라는 아이의 요구를 어머니가 계속 무시하면(강화의 중지) 아동의 요구는 점차 줄어드는 경우를 들 수 있다. 보상받지 못하는 행동은 소멸된다. 대부분의 행동은 긍정적 강화물 및 부정적 강화물에 의해 결정된다. 긍정적 강화물이란 어떤 행동 뒤에 제시될 때 그 행동을 증진시키거나 강화하는 자극을 말한다. 긍정적 강화물에는 1차적 강화물과 2차적 강화물이 있다. 1차적 강화물(primary reinforcers)은 다른 강화물과 연합하지 않은 보상 그 자체로서 음식, 물, 사탕 등을 들 수 있다. 2차적 강화물은 1차적 강화물과 연합하여 가치 있다고 학습된 강화물을 말한다. 처음에는 가치가 있는지 몰랐지만 1차적 강화물과 연합되면, 후에는 1차적 강화물이 없어졌을 때도 강화물로서 작용한다. 2차적 강화물의 예는 미소, 칭찬, 토큰 강화물을 들 수 있다. 부정적 강화물은 될 수 있으면 피하거나 종료하고 싶은 자극으로 혐오적 자극을 말한다. 예로 전기충격이나 비난을 들 수 있다. 부정적 강화물이 철회되면 행동이 증가하는 효과를 낳는다.

강화물과 관련된 4개의 학습원리는 〈표 11-1〉과 같다(Zastrow, 2003). 표에서 보는 것처럼 강화는 행동을 증대시키고 벌은 행동을 감소시킨다. 주의할 점은 부정적 강화와 벌이 강조점이 다르다는 것이다. 부정적 강화는 행동을 증대시킨다. 소멸과 벌의 차이도 구분해야 한다. 소멸은 특정행동을 감소시키는 것인데 제공되고 있던 강화를 멈추어 특정행동을 줄이는 것이다. 소멸과 벌이 행동을 줄인다는 점은 같지만 차이가 있다. 벌은 특정 행동 뒤에 부정적이거나 혐오스러운 사건(회초리, 야단치기, 전기쇼크 등)을 제시하거나 또는 긍정적 강화물

표 11-1 강화와 관련된 학습원리

(1) 긍정적 강화물(예: 음식)이 어떤 반응(행동) 뒤에 제시된다면 그 결과는 긍정적 강화다. 긍정적 강화를 통해 특정 행동이 증대된다. (2) 긍정적 강화물을 어떤 반응(행동) 뒤에 제거한다면 그 결과는 벌이 된다. (3) 부정적 강화물(예: 전기충격)이 특정 반응(행동) 뒤에 제시된다면 그 결과는 벌이 된다. (4) 부정적 강화물이 특정 반응(행동) 뒤에 제거된다면 그 결과는 부정적 강화다. 부정적 강화를 통해 특정 행동이 증대된다. 예를 들어, 안전벨트를 매지 않을 때 나는 시끄러운 종소리(부정적 강화물)가 안전벨트를 매면(특정 반응) 멈추는 경우다. 종소리가 제거되기 때문에 안전벨트를 매는 행동이 증대된다. *출처: Zastrow, 2003.

을 제거한다(아동이 트림을 하면 식사 후 제공해 오던 아이스크림을 주지 않음). 소거는 단지 강화되었던 행동을 무시하는 것이다(예를 들어, 과자를 달라는 아이의 조르는 행동을 무시해 버린다.). 벌처럼 어떤 것을 새롭게 제시하거나 기회나 특권을 빼앗지 않는다. 벌의 단점은 벌을 가하는 사람에 대해 나쁜 감정을 갖게 할 수 있다는 것이다. 또한 벌은 지속적인 감독하에 지속적으로 이루어지지 않는다면 일시적 효과만을 갖게 된다. 또한 벌은 바람직한 행동의 예를 제시하지 못한다는 단점이 있다.

자극통제는 어떤 행동을 발생시키는 선행조건에 관심을 기울인다. 즉, 어떤 바람직한 행동이 일어나는 자극을 찾는 한편, 바람직한 행동을 일으키지 않는 자극은 제거하여 결과적으로 바람직한 행동과 어떤 자극 간의 관계를 형성시켜 주는 것이다. 흡연을 줄이고 싶은 사람이 있다고 하자. 방에 있는 재떨이를 제거하고 재떨이가 있는 곳에서만 담배를 필 수 있다고 구체화시키는 것은 바로 자극통제의 한 예가 된다.

행동형성/조형(shaping)은 조작적 조건화에서 활용되는 방법으로 새로운 행동을 만들기 위한 것이다. 형성은 조건화가 한 번에 모두 이루어지기보다는 전형적으로 점진적 과정을 통해 발생한다는 개념이다. 바람직한 행동은 일련의 단계를 통해 성취할 수 있는데, 목표하는 행동의 성취를 위해 각 단계의 난이도를 점차 올려나가게 된다. 예를 들어, 수영하는 법을 배울 때, 먼저 욕조에 머리 담그기부터 시작하여 수영장에 머리 담그기, 숨 쉬는 법, 손과 발 움직이는 법 등을 교습하면서 수영을 가르치는 것을 들 수 있다. 각 과제를 수행할 때마다 보상을 주면서 진행시키게 된다.

조작적 행동을 개념화하는 방법으로 ABC 모델을 들 수 있다. A는 선행적 사건(Antecedents), B는 행동(Behavior), C는 결과(Consequences)를 뜻한다. A는 행동 전에 발생하는 사건이나 인지, 감정 등을 말한다. B는 관찰 가능한 행동을 말한다. 여기서 행동은 인지나 감정 등을 포함하는 넓은 의미의 개념이다. C는 행동의 결과로서 주로 강화와 벌로 나타난다.

2) 고전적 조건형성

Pavlov가 발견한 고전적(반응적) 조건형성(respondent-conditioning)은 정서적 반응이나 심장박동이나 혈압 같은 자율신경체계와 관련된 반응을 변화시키고자 할 때 사용된다. 이 기법에는 역조건화(counter-conditioning)시키는 방법과 반응적 소멸(respondent extinction)을 들 수 있다. 역조건화 방법에는 체계적 둔감화(systematic desensitization)와 혐오치료(aversion therapy)를 들 수 있다. 역조건화는 조건반응에 '대응' 되는 새로운 반응이 조건자극의 존재 속에서 만들어진다면 기존의 조건자극과 조건반응의 관계는 깨질 수 있다는 원칙에 기반을 둔다. 먼저 체계적 둔감화의 예를 들어보자. [그림 11-1]을 참조하라. 광장 공포증을 가지고 있는 클라이언트가 있다고 하자. 광장에서 걷다가 넘어진 사건(무조건적 자극) 때문에 기분이 나빴던(무조건적 반응) 일이 있었다. 광장은 이전에는 중립적 자극이었는데, 넘어진 사건이 우연히 광장과 짝 지어져 광장이 조건자극이 되어버린 것이다. 결국 광장(조건자극)은 공포증이라는 조건반응을 일으키는 것이다. 이때 클라이언트는 공포증에 대응되는 새로운 반응, 즉 이완(relaxation)을 배우고 이런 새로운 반응을 광장(조건자극)과 반복적으로 연합시켜(상상을 통해서든 직접 하든 상관없이) 공포 반응을 없애게 된다. 역조건화의 두 번째 방법인 혐오치료는 부정적 감정을 일으키는 혐오적 자극(전기쇼크, 구토를 하게 하는 약물)을 음주나 과식, 흡연같은 비바람직한 행동에 연결시키는 것이다. 예를 들어, 술을 끊고 싶은 알코올중독자가 있다고 하자. 그가 알코올 냄새를 맡는 동안 예전에는 즐거움의 반응을 일으켰지만 그가 매우 불편한 어떤 감정을 경험하도록 만들기 위해 구토가 나게 하는 약을 먹도록 할 수 있다. 역겨움이라는 새로운 반응을 술이라는 조건자극과 지속적으로 연합시키면 술로부터 일어나는 즐거움의 반응이 없어지게 되는 것이다. 이 치료기법에 대해서는 윤리적 찬반 논쟁이 많이 일고 있다.

소멸은 어떤 반응을 일으키는 사건, 즉 조건화된 자극을 반복적으로 제시하여서 문제적인 정서적 반응을 제거하는 것이다. 예를 들어, 어른들 앞에서 이야기할 때 불안을 느끼는 아동이 있다고 하자. 그 아동을 점차적으로 또는 단계적으로 어른 앞에서 이야기하는 상황에 지속적으로 노출시켜 불안이 일어나는 것을 막는 것이다.

걷다가 넘어짐(무조건적 자극) → 공포를 느낌(무조건적 반응)
↓
광장이 넘어진 사건과 짝 지워짐
↓
광장 그 자체(조건자극) → 공포를 느낌(조건반응)

[그림 11-1] 반응의 조건화

3) 모델링(사회학습이론)

사회학습이론은 모방과 대리습득의 과정에 관심을 기울인다. 인간은 대리학습할 수 있는 능력을 가지고 있다. 즉, 모델역할을 하는 사람을 관찰함으로써 일련의 복잡한 행동을 마음속에 그릴 수 있고, 그 행동을 생각할 수 있으며 모방할 수 있다. 예를 들어, 아이들은 부모나 동료나 텔레비전을 보면서 친사회적 또는 반사회적 행동을 배울 수 있는 것이다. 고전적이고 조작적 조건형성의 학습이론은 심리적이고 인지적인 과정을 고려하지 않고 있다. 이 이론들은 보상을 추구하는 어떤 기본적이고 실리적 욕구를 넘어서는 심리적 중재기능이나 인지, 동기, 태도 등을 가정하지 않는다. 고전적 조건형성에서의 학습은 완전히 수동적인 개인을 가정하고 있다. 조작적 조건형성에서는 환경에 의해 제공되는 보상과 벌이 행동을 생산한다고 가정하고 있다. 즉, 아주 최소한의 의미에서 교류다.

반두라는 외부자극이 대부분의 인간행동을 통제한다는 스키너의 가정을 비판하면서 인간이 스스로 계기를 만들고 자기강화를 가능하게 하는 인지능력을 고려하지 않은 점에 반론을 제기하였다(이인정 외, 2000).

그러면 모델링에 대해 좀 더 자세히 알아보자. 모델링은 어떤 행동의 관찰결과에 따른 원래 행동의 모방적 변화를 말한다. 즉, 대리경험이나 모방에 따른 학습을 말한다. 모델링은 실제 모델을 사용하기도 하고 상징화된 모델(예: 비디오)을 사용하기도 한다. 모델링은 새로운 행동을 가르쳐주기 위해서도 사용하지만 분노나 공포를 제거하기 위해서도 사용된다(예: 개에 대한 영화를 보여주면서 아동이 개에 대한 두려움을 감소시키는 경우). 사회사업 실천분야에서 모델링으로서 자주 사용되는 방법은 역할극이다. 워커와 클라이언트가 역할극을 수행할 때는 먼저 워커가 시범을 보인 후, 서로 역할을 바꾸어서 시행해야 한다. 모델과 관찰자 간의 유사성이 높고 모델이 지위나 신분 및 전문성이 높을 때, 모델의 수가 많을 때 더욱 효과적이다(Kazdin, 1994).

3. 행동주의에 대한 평가

행동주의 기법은 사회과학적 조사나 연구에 활용되기 쉬운 '관찰할 수 있는 행동'을 강조하기 때문에 가장 과학적이라 평가받고 있다. 사회사업이 비효과적이라 비판받던 시기에 행동주의 기법은 사회사업학계의 호응을 받았다. 또한 행동주의 기법은 환경요인의 중요성을 인정한다는 점에서 지지를 받았다.

행동치료는 사람들에게 특별한 기술을 가르치는 데 효과적이고 비용이 많이 들지 않으며 통찰치료보다 효과가 빨리 나타난다. 과학적이지만 클라이언트의 자율성이나 독창성을 무시하고 통제한다는 비판이 있다. 바람직하지 않은 행동을 수정하기 위해 사회행동적 원리를 활용해보지 않은 사회사업가는 거의 없을 정도로 행동주의 기법은 많이 활용되고 있다. 그러나 이 방법을 통해 사회개혁을 창출하기 위한 노력은 많이 시도되지 못하고 있다. 행동수정은 한때 사회적 조건을 변화시키는 데 관심이 많은 젊은 사회개혁가들에게 호응을 얻었던 사회운동이었다는 점을 상기해 볼 필요가 있다(Stuart, 1989).

4. 행동치료의 사례

1) 강화(Reinforcement)의 사례

이 군은 숙제를 제출하지 못하곤 했다. 사회사업가는 선생님에게 이 군이 숙제를 제출하는지 매일 차트에 기록해줄 것을 요청했다. 그리고 주말에 이 군은 이 차트를 사회사업가에게 가져오기로 했다. 만일 일주일에 4번 이상 숙제를 하면 사회사업가는 이 군에게 점심을 사주기로 했다. 3주 후 이군은 매일 숙제를 하게 되었다. 이 기간 후에도 이 군은 3주 이상 사회사업가에게 그의 차트를 계속해서 가지고 왔다. 사회사업가는 이 군이 숙제를 잘 해내고 있는 것을 칭찬하여 숙제하는 습관이 지속되도록 했다. 여기서 강화의 요소로 작용한 3가지의 반응은 선생님의 차트 표시, 사회사업가의 보상(점심), 사회사업가의 칭찬이다.

2) 모델링(Modeling) 사례

지체장애인인 손 양에게 사회사업가는 의사표현을 좀 더 적극적으로 하는 방법에 대해 도움을 주었다. 주제는 손 양과 그의 상사와의 관계에 관한 것이었다. 상사는 손 양이 받는 봉급에 비해 너무 과중한 업무를 손 양에게 요구해왔다. 손 양은 그런 과업을 끝내기 위해서 야근을 해야 했고 매우 화가 나 있다. 그러나 손 양은 이 문제에 대해 상사에게 무어라고 말을 해야 할지 몰랐고, 어떻게 대화를 시작해야 할지조차도 몰랐다.

사회사업가는 손 양이 상사의 역할을 하고 사회사업가는 손 양의 역할을 맡는 역할극을 제의했다. 사회사업가는 상사에게 어떻게 이야기할지 한 가지 방법을 보여주었다. 그는 상사의 눈을 쳐다보면서 "저는 진심으로 회사에 도움이 되길 바라고 있습니다. 그러나 저는 다른 책임도 맡고 있어서 야간작업까지 계속할 수 없습니다."라고 말했다. 이렇게 한 후에 사회사업가는 역할을 바꾸어서 자신이 상사가 되어 손 양이 직접 상사에게 말하는 연습을 하도록 했다. 그런데 손 양은 처음에 사회사업가가 보여준 시범과는 좀 다르게 했다. 손 양은 상사에게 자신의 문제로 괴롭혀 드려서 죄송하다며 고개를 수그리고 눈을 아래로 내리깔며 미안하다는 말로 시작했다. 사회사업가는 방금 한 역할극에 대해 손 양과 토론하며, 이야기할 때 눈을 내리깔지 말 것과 미안하다는 말로 시작하지 말 것을 제안했다. 이 같은 장면을 반복하면서 손 양은 자신의 의사표현을 할 때 좀 더 자신 있게 할 수 있었다. 사회사업가는 손 양을 칭찬했고, 앞으로 손 양이 실제 상황에서는 어떤 어려움이 있을 것인지에 대해 의견을 나누었다.

사회기술훈련은 행동치료의 모델링에 해당되는 것으로서, 여러 가지 행동문제가 내적인 정서적 갈등에 기인하기보다는 어떤 대인관계적 상황을 다루는 기술(예를 들어, 비판 주고받기, 칭찬 주고받기, 이성 다루기 등등)이 부족하기 때문이라는 전제에 기초한다. 사회기술훈련은 개인적으로 시행되기도 하고 집단을 통해 시행되기도 한다. 기관에서 시행되기도 하고 지역사회의 자연환경 속에서 시행되기도 한다. 자기보호능력이 부족한 사람에게 시행되기도 하고 의사소통이나 직장찾기, 친구 만들기에 어려움이 있는 사람들에게도 시행된다. 사회기술훈련이 집단에서 시행될 때는 유사한 문제를 가지고 있는 사람들로 구성하는 것이 좋다. 예를 들어, 청소년 비행집단이라면 치료자는 선생님에게 반응하는 방법, 공격적 행동에 반응하는 방법, 면접하는 법 등에 초점을 맞출 것이다. 정신분열증 집단에서는 청결한 모습, 대화, 여가선용, 돈 관리, 직장 찾기 등을 연습할 수 있을 것이다.

사회기술훈련을 시행하기 전에 사회사업가는 클라이언트의 전반적인 사회적 기능을 측정해야 한다. 가족성원과의 면접을 통해 클라이언트의 사회적 수행능력에 대한 중요한 정보를 얻을 수 있다. 또는 표준화된 측정도구, 예를 들면 Rathus Assertiveness Schedule(RAS; Rathus, 1973), Social Interaction Schedule(SIS;

Liberman et al., 1989), Wallace Functional Assessment Scale(Wallace, 1986)은 유용하게 사용될 수 있다. 측정과정을 통해 개발될 필요가 있는 기술을 파악한다. 자기결정의 원리를 지켜가면서 클라이언트와 함께 훈련목적을 협상해나간다. 클라이언트가 변화시키고 싶어하는 행동을 표적으로 삼는 것이 좋다. 구체적이고 자주 하게 되는 행동, 손쉽게 성취할 수 있는 행동을 목표로 삼는 것도 좋다.

사회기술훈련은 문제상황에 대한 일련의 역할극을 통해 효과적인 상호작용기술을 가르친다. 주요 기법은 행동연습, 모델링, 강화, 코칭 등이다(Liberman, 1988). 행동연습(behavioral rehearsal)은 역할극을 통해 사회기술을 연습하는 것이다. 먼저 클라이언트는 과거에 자신이 해온 대로 기술을 수행하도록 요청받는다. 클라이언트가 어려움을 호소하게 되면 새로운 대안이 제시되고 클라이언트는 새로운 기술을 수행하게 된다. 모델링은 모델의 행동을 관찰하고 모방하여 학습함으로써 의도하였던 기술을 수행하는 것이다. 클라이언트가 모델의 행동을 따라할 때 강화나 승인을 제공해준다. 코칭(prompting 또는 coaching)이란 치료자나 트레이너가 클라이언트에게 힌트나 신호를 줌으로써 어떤 상황에서 필요로 되는 사항이나 기술을 클라이언트가 쉽게 인지할 수 있도록 해주는 것이다. 예를 들어, 치료자는 역할극 동안에 클라이언트가 눈을 마주치고 목소리를 조절하도록 조언한다.

사회기술훈련의 맹점은 훈련을 통해 배운 기술을 실제 상황에 적용하기가 힘들다는 것이다. 이를 용이하게 하기 위해서는 과제물을 내주어 현장에서 해보도록 하는 것이다. 클라이언트가 만나기로 되어 있는 사람에게 사인을 받아오라고 하여 과제물을 수행했는지 점검해보는 방법도 있다. 실제 현장에서 사회기술훈련을 하는 것도 일반화를 촉진하는 좋은 방법이다. 덧붙여 가족이나 친구가 강화나 코칭을 제공하도록 한다면 효과가 클 것이다.

사회기술훈련의 한 유형이 바로 자기주장훈련(assertiveness training)이다. 자기주장이란 다른 사람의 권리를 방해하지 않으면서 자신의 권리를 나타내는 능력으로 규정된다. 이 방법의 몇 가지 규정을 제시하면 다음과 같다.

① 말로써 자신의 감정을 표현한다. 즉, 슬프고 행복하고 화날 때 다른 사람이 이런 감정을 알도록 한다.
② 비언어적으로 자신의 감정을 표현할 수도 있다. 즉, 행복하면 웃고 화가 나면 찌푸린다.
③ 누구 의견에 동의하지 않는다면 조용히 앉아 있지만 말고 의견을 표현한다.
④ 가능한 한 '나는' 이란 말을 많이 사용한다.

제 12 장

인지치료기법

인지치료는 부적응적 행동 유형을 바꾸기 위해 그 행동을 유지시키는 사고 유형을 변화시키는 것이 필요하다는 아이디어에 기반을 둔다. 인지이론에서 개발한 많은 기법들은 한마디로 인지적 재구조화(cognitive restructuring)라고 불리기도 한다. 자기지시적 훈련(self-instructional training)을 통해 클라이언트는 건설적인 자기독백(self-talk)을 하도록 훈련받는다. 인지치료의 대표적 모델인 Ellis의 합리적-정서적 치료(rational-emotive therapy)는 어떤 정서적 어려움은 외부적 사건의 결과가 아니라 그 사건의 해석을 안내하는 비합리적 신념의 결과라고 본다. 따라서 어떤 사건에 대한 비합리적 해석을 유도하는 클라이언트의 비합리적 신념을 파악하고 교정시켜주는 데 목적을 둔다. 이와 유사하게 Beck의 인지치료는 정서 장애가 주로 비합리적인 부정적인 사고, 즉 자기비하, 생활경험에 대한 부정적 견해, 미래에 대한 비관적 견해의 결과라고 본다. Beck은 Ellis보다 클라이언트에게 그들의 신념이 옳다는 증거를 댈 것을 요구한다. Ellis는 다소 일방적이고 설교적인 접근을 하는 데 비해, Beck은 대화적 접근을 통해 비적절한 사고를 찾아내도록 질문을 던진다. 인지치료는 효과적이라고 보고되고 있지만 환경 속에 실로 존재하는 비합리적인 사건과 문제를 인정하지 않으려 한다는 비판과 함께 자신의 사고를 바꾸는 것이 반드시 적절한 반응은 아니라는 비판을 받는다. 요즈음은 행동치료에 인지적 요소를 가미한 인지행동치료(cognitive behavior therapy)를 많이 행한다.

1. 인지치료의 일반적 기법

인지치료에서는 정신역동기법이나 행동주의 접근에서 빌려온 기법들을 많이 활용한다. 질문기법이나 도전하기는 정신역동기법에서 빌려온 것이며, 이완기법이나 스트레스해소기법은 행동주의 기법이다. 상상기법, 사고정지, 세-칼럼 기법은 순수한 인지기법이다(Maguire, 2002).

질문하기(questioning)

질문하기는 주요 기법으로 그 유형은 직접적이고 구체적인 질문으로부터 추상적이고 철학적인 질문까지 다양하다. 직접적이고 실용적인 질문은 클라이언트로 하여금 애매하고 모순된 사고나 감정, 행동을 분명히 하도록 돕기 위한 것이다.

예 1

김 선생님, 선생님은 방금 직장일이 너무 힘들고 스트레스가 많다고 하셨어요. 그런데 또한 지루하고 책임 맡을 만한 일이 없다고 암시를 하고 계시네요. 어떻게 생각하세요?

예 2

박 선생님, 아내에 대하여 분노감과 적대감을 느낀다고 하시면서 또한 아내의 우울증에 대해 매우 걱정하고 계신 것으로 보입니다. 선생님이 말씀하시는 것을 보면 아내를 꽤 많이 존중하고 신뢰하는 것 같습니다. 좀 더 분명하게 선생님의 감정을 말씀해 주시겠어요?

예 3

희선 씨, 희선 씨는 알코올 문제가 있는 남성과 사귀기 시작했다고 하셨고, 그 남자가 희선 씨에게 모욕감을 주면서 절망에 빠뜨린다고 했어요. 우리가 그동안 이야기해 본 결과, 희선 씨는 아버지처럼 알코올 문제가 있는 사람과 결혼하는 것을 원치 않는다고 계속적으로 말해 왔거든요. 그런데 계속해서 벌써 3명이나 알코올 문제가 있는 남성을 사귀어오고 있는 이유를 설명해주시겠어요?

소크라테스식 질문기법(철학적 질문)도 활용할 수 있다. 이는 클라이언트가 방향감을 찾고 자신의 진실한 내면의 신념을 차근차근히 찾아내도록 도와주기 위한 것이다.

예 1

김 군, 김 군은 삶의 희망도 목적도 의미도 없기 때문에 자살을 시도했다고 했지. 그런데 나는 모든 사람이 같은 방식으로 살아가는 것은 아니라고 생각해. 어떤 사람은 자신을 위한 목적과 의미를 만들어놓고 그것을 이루려고 추구하고 어떤 사람은 그렇지 않지. 김 군에게 중요한 것은 무엇이지? 자신에 대한 목적을 세우고 그것을 추구하는 것은 김 군 자신에게 달려 있다고 생각해본 적은 없어?

예 2

지현 씨는 싫어하는 것에 대해서는 이유가 분명한 것 같아요. 예를 들어, 현재 직장이 마음에 들지 않고, 남편도 마음에 들지 않는 것 같군요. 자, 그러면 지현 씨가 좋아하는 것은 무엇인지 리스트를 작성해볼까요? 지현 씨에게 기쁨과 만족감을 주는 것은 무엇인지 함께 생각해볼까요?

도전(challenging)

도전은 클라이언트의 모순이나 불일치, 애매모호한 진술에 대해 좀 더 강력히 직면/대응하는 것이다. 이러한 도전을 하면 클라이언트와 거리감을 갖게 될 것이라 염려되기도 하지만 사실은 그렇지 않다. 상황에 따라 강력한 대응을 통해 클라이언트가 새로운 행동을 취하도록 유도할 필요가 있다. 특히 과거부터 지속적으로 반복되는 모순적 행동(예를 들어, 폭력을 행사하는 남편에 도움을 요청하면서도 동시에 그 상황에 계속 안주하려는 행동을 반복하는 아내)을 보이는 클라이언트에게는 강력한 대응을 할 필요가 있다. 앞의 예에서 대응을 한다면 다음처럼 할 수 있을 것이다. "아주머니는 지난번에도 도움을 요청했다가 다시 남편을 두둔하면서 돌아가셨어요. 지금까지의 결과로 볼 때, 아주머니와 딸은 또 다시 남편의 폭력에 시달릴 것으로 판단이 됩니다. 저는 이러한 폭력행위를 보고해야 하는 의무가 있습니다. (아주머니의 손을 잡으면서) 이제 아주머니의 결단만 남아 있어요. 이런 폭력에서 벗어나고 싶으세요, 아니면 다시 반복하고 싶으세요?" 이러한 클라이언트에게는 자신을 위해 과감히 결단할 수 있도록 능력을 고취(empowered)시켜주는 것이 필요하며, 또한 과거의 불일치로부터 빠져나올 수 있는 결단을 할 수 있도록 후속조치(예: 쉼터에 연결시켜줌)를 병행해 주어야 한다.

상상기법(guided imagery and visualization)

이 기법은 불안, 공포, 우울 같은 증상에 특히 유용한 인지기법이다. 행동수행을 향상시키기 위해서도 사용되는데, 클라이언트는 바람직한 목표를 상상하거나 시각화하고 반복적으로 그 목적을 성취하는 과정을 생각한다. 예를 들어, 마라톤 선수가 코스를 완주하는 모습을 상상하거나 야구 투수가 완벽한 피칭을 하는 것을 시각화하고 반복적으로 상상한다.

상상기법은 불안 장애로 고통받고 있는 사람들을 위해 근육이완기법과 병행해서 사용되곤 한다. 상상기법에서는 클라이언트가 평온한 장면을 상상하도록 유도해준다. 워커의 지시에 따라 해변이나 숲 속, 석양 등을 시각화하도록 이끌어준다. 상상기법/시각화기법은 불안 장애로 고통받는 사람들, 공포증 환자, 스트레스를 많이 받는 사람들에게 적용되곤 한다. 이러한 기법은 조용하고 스트레스가 없는 환경에서 수행되어야 한다. 스트레스 감소나 시각화를 위해 전문가들이 녹음해놓은 테이프를 구입하여 듣는 것도 추천된다.

사고정지(thought stopping)와 내적 자기주장

사고정지는 발생가능성이 매우 적은 사건에 대해 강박적인 사고를 하게 되는 문제를 가지고 있는 클라이언트에게 적용된다. 예를 들어, 자신이 탈 예정인 비행기가 2주 내에 폭파될 것이다라든지 자신이 정신질환에 걸렸다라는 생각이 계속 떠오르는 경우다.

먼저 클라이언트는 자신의 강박적이고 불안을 유발시키는 생각에 대해 집중하고 그 생각을 반복적으로 큰소리로 외친다. 클라이언트가 그 생각을 외치기 시작할 때, 치료자는 갑작스럽게 그리고 감정이입적으로 "그만."이라고 말한다. 클라이언트가 자신의 강박적 생각이 성공적으로 차단된다고 느낄 때까지 이 절차를 반복한다.

다음은 클라이언트 자신이 스스로 치료자가 되어, 강박적 생각이 들기 시작할 때 자신에게 "그만."이라고 크게 외친다. 일단 크게 외치는 것이 효과적이 된 후에는 조용하게 자신에게 외치도록 한다.

여기서 한 단계 더 나아가 '내적 자기주장(covert assertion)'을 할 수도 있다. 강박적 사고 내용과 반대되는 긍정적인 주장을 하도록 하는 것이다. 예를 들어, 정신질환에 걸렸다고 걱정하는 클라이언트의 경우, "그만."이라고 말한 후 '나는 완전히 정상이야.'라고 마음속으로 주장하는 것이다(Zastrow, 1993).

세-칼럼기법/일지(journaling/logs)

역기능적 사고를 매일 기록하는 세-칼럼기법(three-column technique)은 클라이언트가 자신의 역기능적인 자동적 사고(automatic thoughts) 유형을 인식하도록 돕는 인지적 도구다. 첫 번째 칼럼은 클라이언트가 자신의 부정적인 자동적 사고를 기록한다. 두 번째 칼럼에는 어떤 유형의 인지적 왜곡이 있었는지를 기록한다. 세 번째 칼럼에는 좀 더 적절한 합리적 반응을 기록한다(〈표 12-1〉).

또 다른 기법은 클라이언트에게 일지를 쓰도록 하는 것이다. 이 방법을 통해 클라이언트가 자신의 견지와 사고를 좀 더 명확히 이해하도록 도울 수 있다. 일지를 쓰는 것은 자기 자신에 대한 기록을 통해 자기발견과 자기인식을 고무하는 한 방법이다. 클라이언트는 현재의 사건, 과거의 사건, 기억, 꿈, 환상, 생활 등에 관하여 기록한다. 이러한 기록은 클라이언트의 사고와 견지가 어떠한지를 나타내준다. 이러한 '사고(thoughts)'들을 노트에 기록하는 것은 자신의 사고의 의미를 좀 더 명확하게 할 수 있도록 자신을 객관적 위치에 놓이게 한다. 일지를 쓸 때 주의할 점은 어느 정도는 자신의 사고와 감정을 조직화할 필요가 있다는 것이다. 그래야 변화시킬 필요가 있는 습관적이고 유형화된 사고와 행동을 검토할 수 있다.

표 12-1 세-칼럼기법/일지

자동적 사고	인지적 왜곡	합리적 반응
1. 애인에게 버림받았으니 나는 못났다.	1. 낙인과 흑백논리	1. 애인이 떠난 것은 나의 잘못이 아니다. 많은 사람들이 만나고 헤어진다. 더 멋진 친구를 사귈 수 있다.
2. 유리는 날 싫어하는 것이 틀림없어.	2. 성급한 결론	2. 유리가 요즘 스트레스가 많은 것 같다. 유리는 여전히 나의 좋은 친구다.

2. 합리적-정서적 치료

클라이언트는 공식적 인지개입이 시작되기 전에 인지행동모델의 기본원리를 알아야 하고, 상황 그 자체가 어떤 감정을 불러일으키는 것이 아니라는 것을 이해할 수 있게 되어야 한다(Ellis et al., 1988). 사실 대부분의 클라이언트는 사람이 어떤 상황에 직면했을 때 그 상황을 어떻게 생각하느냐에 따라 발생하는 감정들이 다르다는 기본원리를 쉽게 이해한다. Ellis의 A, B, C 모델(Activating event-Belief-Consequences)[1]을 확장 발달시킨 Ross(1979)의 A-E 모델 또는 Maultsby(1975)의 A-E 모델을 클라이언트의 교육과 치료에 활용할 수 있다.

---

1) 엘리스(Albert Ellis)의 A-B-C-D-E 치료 이론
① 선행사건(Activating event): 개인에게 정서적 혼란을 야기한 특정 사건
② 신념체계(Belief system): A에 대하여 각 개인이 지니는 태도나 사고 방식으로, 개인의 신념체계 또는 사고방식. 신념체계에는 합리적 신념(Rational belief)과 비합리적 신념(Irrational belief)이 있다.

먼저 Ross 모델의 각각의 철자는 다음을 나타낸다.

A = 상황 또는 사건

B = 개인들이 각 사건에 대해 선택한 사고

C = 위의 사고(B)를 함으로써 발생한 개인의 감정들

D = C의 그런 감정들에 의해 유도된 사고들, 즉 자신의 감정에 대한 생각과 그 감정들에 대해 무엇을 해야만 하는가에 대한 생각들("야, 정말 걱정이 되는구나." "나는 기분이 나쁘다." "그러므로 나는 집을 나갈 것이다.")

E = 행동

이 모델을 통해 클라이언트는 구체적 상황을 놓고 반복학습을 함으로써, B와 D에서의 사고방법을 잘 학습하면 특정 생활 상황이 일어날 때 어떤 감정과 행동이 자동적으로 일어난다는 것을 배우게 된다. 감정과 행동들이 자동적으로 일어날 때 우리는 어떤 태도가 개발되었다고 말한다. 보통 2~3회에 걸친 2시간 회합 동안의 훈련을 통해 11세 또는 12세 정도 어린이들도 ABCDE 모델의 각각의 요점과 상호관계를 이해할 수 있다. 모델의 원리에 대한 교육이 끝나면 다음과 같이 클라이언트의 발언에 코멘트를 하면서 반복적으로 모델에 대해 강화시킨다.

클라이언트: "아버지가 나를 화나게 만들었어요."

상담자: "아니, 누가 너를 화나게 했다고? 너의 생각이야-너의 생각을 바꾸면 너의 감정도 바뀔 거야."

---

③ 결과(Consequences): 선행사건에 대하여 비합리적인 태도나 사고방식을 가지고 해석하여 나타나게 된 정서적 결과

④ 논박(Dispute): 개인의 신념체계가 합리적인 것인가에 대하여 재검토하도록 치료자가 도전하는 것

⑤ 효과적 행동이나 감정(Effective behavior or emotion): 비합리적인 신념체계가 논박을 통하여 합리적인 신념체계로서 대치된 후에 개인이 느끼게 되는 자기 수용적인 태도와 긍정적인 감정의 결과

클라이언트에게 자신의 생각과 감정의 관계를 명백히 말하는 것이 중요하다는 것을 항상 재차 강조함으로써 클라이언트는 학습했던 것을 내면화하게 된다. 개입이 진행됨에 따라 클라이언트가 "나는 … 에 대해 너무 화가 났다. → 나의 아버지가 X라고 말했을 때, 나는 Y라는 생각을 했고, 나는 너무 화가 났다."와 같은 진술을 하는 것을 볼 수 있다. 클라이언트의 발언에서 이런 변화는 개입의 성공여부에 대한 중요한 실마리이고 클라이언트가 향상되고 있다는 표시로서 관찰되어야 한다.

비합리적인 사고는 불편하거나 불쾌한 감정 또는 역기능적인 행동을 초래한다고 볼 때, 클라이언트에게 어떤 특정한 사고가 합리적인지 비합리적인지를 평가하는 기본 틀을 제공해주는 것이 중요하다. 이를 위해 Maultsby(1975, 1980, 1984)가 개발한 '다섯 가지 합리적 사고의 기준(Five Criteria)'을 활용할 수 있다. 클라이언트가 자신의 생각을 평가하는 기준들을 최대한 자주 눈으로 보며 익히도록 하기 위해 이 기준들을 포스터에 깔끔하게 그려서 치료시설의 눈에 잘 띄는 위치에 걸어놓는 것이 좋다. 클라이언트는 이 기준들을 내면화하고 불편한 감정이 발견되었을 때 이 정보를 이용하여 자신의 사고의 합리성을 평가한다. 사고가 비합리적인 것이라면 클라이언트는 과감히 도전하여 바꾸어야 한다. 다섯 가지 기준은 아래와 같다.

개인의 사고가 합리적이려면

① 객관적 현실에 근거해야만 한다.
② 나의 삶을 보호해야 한다.
③ (단기 및 장기적으로) 목표 지향적이어야 한다.
④ 내가 원하는 방식으로 느끼고 행동하도록 이끌어야 한다.
⑤ 다른 사람들과 문제를 일으키지 않도록 해야 한다.

위의 기준에 근거하여 클라이언트는 자신의 사고를 파악하고 합리적인지 아닌지 평가할 수 있다. 이 시점에서 치료자는 클라이언트에게 비합리적인 사고를 새롭고 적절한 사고로 다시 재배치할 수 있는 체계적인 수단을 제공하여 보다 바람직한 감정과 효과적인 행동이 일어날 수 있도록 하는 것이 중요하다. 특히 자연적 환경에서 발생하는 부정적인 생각들을 수정할 수 있는 메커니즘을 제공해야 한다. 이를 위해 합리적 자기분석(rational self-analysis; RSA)(Maultsby, 1975)을 사용한다. Maultsby가 개발한 RSA에서는 클라이언트가 문제 상황의 특징과 그 상황 속에서의 자기 자신의 행동들을 묘사할 뿐만 아니라 자신이 느꼈던 감정들과 그런 감정들이 들기 전에 했던 생각들을 묘사하게 된다. 그런 다음 클라이언트는 본인이 다시 그런 상황을 직면하게 될 때, 바람직한 감정과 행동으로 이끌 수 있는 대안적인 생각들을 도출해보도록 교습받고 이 대안적인 생각들을 모두 적도록 한다. 이러한 기법은 후회스러운 행동을 하게 하거나 불편한 감정을 경험하게 하는 그런 문제 상황들을 해결하는 실질적인 수단을 제공한다. 즉, RSA의 목적은 원치 않는 감정(분노, 죄의식, 우울, 부끄러움)을 변화시키기 위한 것이다.

RSA의 기본 틀

A 사실과 사건	D(a) A에 대한 카메라 검토
B 자기독백 1. ____________ 2. ____________	D(b) B에 대한 합리적 논의 1. ____________ 2. ____________
C B로 인한 감정적 결과	E 앞으로 유사한 상황을 맞게 될 때 갖기 원하는 감정이나 행동

RSA는 종이에 사건이나 자기독백(self-talk)을 기록하면서 시작된다. A파트에서는 단순히 발생한 사건이나 사실을 기록한다. B파트(자기독백)에서는 A(사건)에 대한 자신의 생각을 모두 적는다. 각 생각마다 번호를 붙인다. 또한 각 생각마다 '좋음' '나쁨' '중립' 이라는 평가를 붙인다. C파트(감정적 결과)에서는 B의 자기독백으로 발생한 감정을 묘사한다. D(a)파트는 A파트에 대한 '카메라 검토(camera check)' 를 한다. A파트를 다시 읽고 자신에게 질문을 한다. "만일

내가 기록한 그 사건에 대해 카메라로 동영상을 찍어놓았다면, 내가 기록한 것이 사실로 드러날 것인가?" D(a)에서는 단지 사실적 사건만 기록함으로써 그 사건에 대한 개인적 의견이 들어가지 않도록 한다. 그 개인적 의견은 B파트에 기록해야 하는 것이기 때문이다. 예를 들어보자. 만일 사건 A에 "유리는 내가 중요한 의견을 제시하는 동안 나를 보고 비웃어서 나를 바보로 만들었다."고 기록하였다면 다음처럼 수정할 수 있을 것이다. "내가 중요한 의견을 제시했을 때 마침 유리는 나를 보고 웃기 시작했다." 그리고 나를 바보로 만들었다는 내용은 B파트로 넣어준다. D(b)에서는 부정적이고 비합리적 사고에 대한 변화를 시도한다. B파트에 기록된 생각(자기독백) 하나하나를 다루어나간다. 각 생각을 읽고 자신에게 질문하여 222쪽의 '다섯 가지 합리적 사고의 기준'과 합치되는지를 따져보아야 한다. 만일 자기독백이 합리적 사고의 기준과 일치한다면 '합리적'이라고 써준다. 그러나 어느 기준에 하나라도 위배된다면 대안적 생각을 하도록 한다. 이 새로운 자기독백이 바람직하지 않은 감정을 변화시키는 데 매우 중요하다. 물론 이 대안적 자기독백은 합리적이어야 하며 자신이 기꺼이 받아들일 만한 것이어야 한다. E파트에서는 앞으로 유사한 상황이 온다면 갖기 원하는 감정을 적는다. 이 새로운 감정을 적으면서 클라이언트는 이 감정이 D(b)파트에서 적었던 자기독백으로부터 비롯된다는 것을 명심해야 한다. E파트에는 또한 미래에 유사한 상황을 맞게 될 때, 바람직한 감정을 갖기 위해 도움이 될 만한 '행위'를 묘사해주는 것도 포함된다.

무책임한 행동(예: 폭식, 과음, 범죄, 과소비)도 대부분 비합리적 사고에 의해 결정되기 때문에 합리적 자기도전을 통해 무책임한 행동을 변화시킬 수 있다 (Zarit, 1993).

합리적 자기분석(RSA)의 공식적 훈련은 인지적으로 이 훈련을 받을 수 있는 능력이 있어야 하고 또한 받으려는 의지가 있어야 한다. 이 RSA는 개인적으로 또는 그룹을 통해 학습될 수 있다. 그러나 과제를 내줄 때는 개인적으로 내주는 것이 숙련을 위해 필수적이다. 반드시 클라이언트에게 피드백을 제공해주어야 하며 개인적 향상 정도가 조심스럽게 모니터링되어야 한다. RSA의 예가 〈표 12-2〉에 잘 나타나 있다.

표 12-2 비합리적 신념의 예

비합리적	합리적
모든 사람이 내가 하는 것을 인정해야 한다.	나는 모든 사람을 기쁘게 할 수 없다. 나는 내가 최선이라고 생각하는 것을 하겠다.
훌륭한 사람이 되기 위해 나는 완벽해야 한다.	완벽하기는 불가능하다. 그리고 완벽을 추구하는 것은 건강하지 못한 것이다. 나는 때로는 실패할 것이다.
나는 완벽한 삶을 살 가치가 있다.	삶은 불완전한 것이다. 세상이 내 위주로 돌아가지 않는다.
나는 내가 원하는 것은 가져야만 한다.	나는 늘 내가 원하는 것을 가질 수는 없다. 그러나 일반적으로 내가 필요로 하는 것을 갖고 있다.
나와 다른 사람들은 좀 이상하다.	많은 사람들이 나와 다르지만 지극히 정상이다.
그 사람의 어떤 행동만 고친다면 난 행복할 것이다.	그것은 그 사람의 문제이고 나도 내 문제를 가지고 있다. 그는 그 나름대로 자신의 삶을 살 권리가 있다.
난 이렇게 살아왔으니 그것에 대해서는 아무것도 할 수 없다.	물론 난 변할 수 있다. 내게는 미래가 있다.
내 행복은 다른 사람에게 달려 있다.	내가 내 행복에 책임이 있다. 나 자신, 나의 판단, 나의 능력이 중요하다.

이 합리적 자기분석 기법은 11세 정도 어린 아동에게도 성공적으로 이용될 수 있다. 이 기법을 사용할 때는 클라이언트가 향상을 보일 때마다 지속적인 사회적 강화를 해주는 것이 매우 중요하다. 개인과 그룹 치료 상황 모두에서 가급적 자주 RSA의 실습 및 시범을 보이는 것 또한 유익하다. 예를 들어,

상담자: 분위기를 좀 바꾸어 봅시다. 다음 상황에서 당신은 어떻게 행동하기를 원합니까?

클라이언트: (바람직한 행동을 묘사한다.)

상담자: 어떤 느낌이 들기를 원합니까?

클라이언트: (바람직한 감정을 묘사한다.)

상담자: 그러면 그런 식으로 느끼고 행동하기 위해서 어떤 생각을 필요로 할까요?

클라이언트: (다섯 가지 기준을 사용하면서, 상담자는 새롭고 합리적인 사고를 개발하도록 클라이언트를 돕는다.)

RSA기법은 분노표출을 다루는 수단으로도 효과적이다. 암묵적인 저주, 부정적인 비난 그리고 공격적인 자기독백(self-talk)과 같은 생각으로 가득 차 있는 클라이언트들은 분노관리를 위한 특별한 훈련을 받아야 한다. RSA는 언어적 또는 신체적 공격으로 이끌지도 모르는 생각과 감정을 바꾸는 훌륭한 수단이 된다.

다음은 클라이언트가 사용하는 언어를 통해 드러난 반복적인 사고 스타일에 대해 생각해보자. 언어를 통해 나타난 다음과 같은 몇 가지 구체적 사고 스타일은 주목할 만하다.

• 절대적–절대적으로 세상을 본다.
  예: 그녀는 항상 나에게 불친절하다. 그는 결코 옳은 일을 하지 않는다. 나는 항상 실패한다.
• 해야만 한다–이 세상, 사람들 또는 자기 자신이 달라져야만 한다고 생각한다.
  예: 세상은 공정해야만 한다. 나는 실수를 해서는 안 된다. 나의 선생님은 나에게 그처럼 말해서는 절대 안 된다. 나의 어머니는 나에게 그처럼 해서는 안 된다.
• 끔찍한, 비참한–삶의 경험을 끔찍하거나 비참하게 본다.
  예: 만약 내가 응원단장을 맡지 못한다면 정말 끔찍하다. 만약 나의 친구가 나에게 말을 하지 않는다면 정말 비참할 것이다.
• 시도 대 행동–어떤 것을 성취하려고 시도는 하지만 그것을 이루기 위해 필요한 것을 결코 하지 않는다.
  예: 난 정말 더 잘 하려고 했다. 나는 담배를 끊으려고 정말 많이 시도했다.

- 할 수 없다-하기가 두렵거나 단지 하기가 싫어서 어떤 것을 하지 않기로 선택했을 때 할 수 없다고 말하는 것이다.

  예: 나는 현재의 방식대로 할 수 없다. 나는 너와 함께 갈 수 없다. 나는 한 번 더 너와 함께 이것을 할 수 없다. 나는 이혼할 수 없다.

- 그러나-문제를 해결하기 위하여 어떤 것을 하거나 바꾸기를 원한다고 말하고 나서 변명을 하며 아무것도 하지 않는다.

  예: 나는 소풍 가길 진실로 원하지만, 차가 없다. 네가 하는 말을 알겠다. 하지만 …

- 보편성의 남용-모호하고 규정되지 않은 말로 자신을 표현한다.

  예: 나는 단지 자유롭기를 원한다. 독립, 그것이 내가 원하는 것이다. 나는 고통받고 싶지 않다.

이러한 사고 스타일은 종종 클라이언트가 문제를 실질적으로 해결하는 것을 어렵게 만든다. 이러한 각각의 사고 스타일은 비합리적이기 때문에 클라이언트로 하여금 불편하거나 불쾌한 감정에 휩싸이게 한다. 이러한 감정을 다루기 위해 결과적으로 클라이언트는 방어기제를 사용하게 된다. 그러므로 이런 사고 스타일들은 파악되어 도전되어야 하며 수정되어야 한다.

RSA를 적용할 때 클라이언트가 해낼 수 있는 바람직하고 긍정적인 역할들을 제공하는 것 또한 유용하다. 친구들, 부모, 직원, 기타 사람들로부터 수행성취한 것들에 대해 공적인 인정을 받는 것은 내적 대화를 바꾸는 데 도움을 주며 성공 경험과 긍정적인 결과가 무엇인지를 받아들일 수 있게 된다. 이렇게 될 때 자기 확신감의 씨앗이 뿌려졌다고 할 수 있을 것이다.

표 12-3 17세의 클라이언트가 쓴 합리적 자기분석(RSA)의 예

구 분	해당사항
상황(A)	엄마와 언니에게 동의할 수 없음
옛 감정(C)	화가 남, 좌절감, 자기연민
바람직한 감정(C1)	행복감, 친밀감, 애정
옛 행동(E)	냉장고에 기대서 눈을 치켜뜸
바람직한 행동(E1)	그들에게 관심을 보이고 얘기함

옛 생각(B)

1. 또 시작이군. 모든 사람이 날 싫어해.
2. 난 사과하지 않겠어.
3. 언니는 그렇게 말할 권리가 없어.
4. 무슨 일이건 엄마와 언니는 날 반대해.
5. 나는 때로 엄마를 증오한다.
6. 나는 그것이 전혀 공정치 못하다고 생각한다.
7. 갑자기 엄마는 나를 기분 나쁘게 생각한다.
8. 그게 바로 그들이 원하는 바야.
9. 언니는 단지 나에게 질투할 뿐이야.
10. 나를 반대하는 데 넌더리가 난다.
11. 그들은 내가 친구가 하나도 없길 바라는 것 같다.
12. 그들은 나를 사랑하지 않아.
13. 아마 내가 어디 양녀로 들어가면 더 행복할 거야.
14. 내가 집에 안 들어오는 것은 내 잘못이 아냐. 집에서의 시간은 재미가 없어.
15. 엄마는 내가 그것이 필요하다고 말한다. 그러나 그것에 대해 불평을 한다.
16. 이것은 모든 것을 망친다.
17. 엄마나 언니나 나나 과거랑 다를 게 없군.

새로운 사고(B1)

1. 어느 누구도 날 싫어하지 않아. 그들은 내게 도움을 주고 있어.
2. 나는 내가 잘못한 점은 받아들이고 고치겠어.
3. 언니는 자신이 원하는 것을 충분히 말할 수 있어.
4. 난 솔직해질 거야. 어느 누구도 날 반대 안 해.
5. 나는 엄마를 사랑해.
6. 어느 누구도 무엇이 옳고 그른지 말할 수 없다. 나는 엄마가 말하는 것을 수용하겠다.

〈계속〉

7. 엄마는 나에 대해서 기분 나쁘다고 말하지 않았어. 엄마는 건설적 비판을 하고 계셨어.
8. 내 가족은 내게 가장 이로운 일이 있길 바래.
9. 나는 다른 사람을 판단하지 않기로 했어.
10. 나는 가족이 나에게 충분히 관심 가져 주어서 기뻐.
11. 내 가족은 내게 무엇이 좋은 것인지를 가르쳐주고 있어.
12. 엄마와 언니는 나를 걱정하고 보살펴준다. 그들은 내가 말하는 것에 동의하지 않을 뿐이야.
13. 나는 가족과 함께 있어서 행복해.
14. 나는 집에서 보내는 시간을 잘 활용할 거야.
15. 나는 엄마가 내게 말해야만 하는 것을 진지하게 듣겠다.
16. 이 일로 배운 것이 있어 기쁘다.
17. 우리는 모두 솔직하니까 과거 같지는 않아.

제 13 장

강점모델

1. 강점모델의 특징

전통적으로 사회사업실천이 개인의 결함이나 문제를 규명하는 데 관심을 기울여 온 것이 사실이지만 사회사업실천에서 개인이나 집단의 강점을 형성하는 것을 무시하지는 않았다.

많은 사회사업이론가들, 예를 들어, Hepworth & Larsen(1990), Shulman (1979), Germain & Gitterman(1980) 등은 사정 시 개인의 강점도 포함시켜 사정하도록 강조하였고 클라이언트를 변화과정에 적극 포함시키도록 했다. Saleebey(1992)는 강점사정을 좀 더 강화시켰다. 그에 따르면, 강점견지는 클라이언트의 능력이나 역량의 개발을 추구하고 또한 클라이언트가 이미 자신의 상황을 향상시킬 수 있는 많은 능력과 자원을 가지고 있다고 가정한다.

이 장에서는 Tice & Perkins(1996)의 강점모델에 대한 논점을 소개한다.

두 가지 중요한 초점은 다음과 같다. 첫째, 문제에 초점을 맞출 경우 문제를 발생시킨 것으로 간주되는 개인 또는 환경요인의 특성에만 관심을 기울이게 되어 단편적인 접근을 하게 되는 결과를 초래하게 된다는 것이다. 즉, 문제를 규명하고 그 문제의 원인적 요인을 발견하고 개입을 구체화하는 데 초점을 두게 된다. 여기서의 문제는 바로 '문제'에 대한 낙인으로 문제가 있는 사람과 문제가 없는 사람으로 구분되고 낙인으로 인한 장벽은 의존을 지속시킨다는 문제를 발생시킨다는 것이다.

둘째, 강점견지는 사회사업의 철학적 기반과 더 조화를 이룬다는 것이다. 사회사업 전문직은 일관되게 개인과 환경 속의 긍정적 요인에 관여하는 것의 중요성을 강조해 왔다(Germain & Gitterman, 1980, p. 19). 그러나 문제에 대한 개인의 책임을 사정하는 과정에서는 개인의 강점에 대한 신념을 가지기가 어렵다. 강점견지는 이러한 제한을 초월하여 전문직의 가치와 실제 세계와의 격차를 줄이려는 시도다. 사회사업의 자기결정, 잠재력의 극대화 같은 개념은 바로 강점견지로서 향상될 수 있다.

강점견지의 주요 개념의 하나는 '권한강화(empowerment)'다. 권한강화에는 두 가지 요소가 있다. 먼저 권한강화의 심리적 상태는 자신의 생활 상황에 대하여 강력한 통제력을 갖는 것이다. 둘째로 행동적 상태의 권한강화는 개인의 권한(power)을 활용하여 다른 사람들이나 사회제도의 변화를 이끌어내는 것이다. 결과적으로 권한강화의 과정은 개인, 대인관계, 제도적 수준 차원에서 발생한다. 사회사업의 전문용어로서 권한강화는 보통 특권을 빼앗긴 사람들에게 권리를 돌려주는 것을 의미한다.

강점견지는 사람들 내에 있는 잠재력을 발견하기에 힘쓰며 자기 효과성의 증대, 집단의식의 개발, 자기비난의 감소, 변화에 대한 개인적 책임감의 강조를 통한 자기결정적 행동을 지원함으로써 권한강화의 개념을 더욱 새롭게 강조한다.

권한강화 과정의 첫 번째 단계는 실천가의 불신을 종식시키는 것이다. 과거에 전문가들은 종종 클라이언트의 진실을 의심하곤 했다(클라이언트의 견해가 잘못된 인식으로부터 기인했다고 가정하면서). 강점견지는 클라이언트의 현실을 규정하고 변화시키는 데 클라이언트의 역할을 강조함으로써 단지 전문가의 능력에만 의존하는 것에 반대한다. 그러므로 개인은 자신에게 무엇이 최상인지를 알고 있다는 것을 인정함으로써 클라이언트에 대한 불신을 종식시키는 것은 클라이언트의 개인적 권한을 증대시키는 결과를 가져온다.

둘째, 클라이언트와 사회복지사 사이에 대화와 협력을 통해 클라이언트의 욕구나 목적 성취를 가장 촉진할 수 있는 자원을 발견하게 된다. 지속적인 대화는 협력과정을 촉진하기 위해 사용되는 도구다. 여기서 핵심요인은 클라이언트 중심 또는 클라이언트가 있는 곳에서 시작한다는 것이다. 클라이언트 중심의 원칙은 클라이언트의 가치, 욕구, 개별성이 우선되고 클라이언트의 권리가 우선될 것이라는 사회사업 전문직의 가치다. 이러한 맥락 속에서 사회사업가와 클라이언트는 더욱 자율적이고 보상이 따르는 삶의 방식이 무엇인지를 발견하게 된다.

또한 클라이언트와 워커의 협력과 대화로부터 멤버십이 싹튼다. 멤버십이 없는 클라이언트는 지역사회 내에 지지적인 네트워크가 부족하기 때문에 쉽게 와해될 수 있다. 강점견지는 클라이언트와 사회사업가 간의 관계형성을 핵심적인 것으로 인정한다. 이러한 관계형성으로부터 클라이언트는 협력적 노력 속에서의 성공을 경험하기 시작하고 지역사회자원과의 연결을 시도하는 데 확신을 갖게 된다.

권한강화(empowerment) 과정의 다음 단계는 연합(synergy)인데, 이는 개인과 지역사회를 함께 연합시키는 것이다. 연합의 개념은 어떤 체계들이 서로 상호연결될 때 각각의 특성을 뛰어넘는 새롭고 기대하지 못했던 유형이나 자원을 창출하게 된다는 것을 가정하고 있다. 강점견지는 연합을 통해 개인의 성취보다 더 커다란 지역사회나 집단의 성취를 창출한다고 본다. 클라이언트와 사회사업가 사이의 관계가 상호교류, 공통목적 추구, 지역사회를 자원으로서 상호인정하는 기반 위에서 형성된다면 연합효과가 발생할 수 있다.

갱생(regeneration)도 강점견지의 개념이다. 갱생은 변화능력이 사람들 속에 내재해 있고 자기 스스로 동기화될 수 있다는 것을 가정한다. 문제해결을 위해 전문가 같은 외부 자원을 찾기보다는 클라이언트의 선천적 능력에 관심을 둔다. 강점견지는 사회사업가의 관심을 문제, 약점, 결함에서 개인의 강점, 열망, 관심으로 전환시킨다. 클라이언트를 중요한 파트너로 인정할 때 변화가 일어난다.

2. 협력사정

강점모델에서는 사정을 통해 왜 클라이언트가 도움을 찾고 어떤 유형의 도움이 필요한지를 함께 규정함으로써 사정이 클라이언트를 적극적으로 프로그램에 관여시키는 기회로 활용된다. 협력사정에서는 먼저 관계형성이 중요시되며 클라이언트와의 대화는 클라이언트의 잠재력과 성취에 초점을 맞춘다. 클라이언트의 의도와 지향하는 바가 비심판적으로 파악된다. 상호신뢰가 형성된다. 협력사정을 통해 클라이언트의 생활조건 속에서 개인의 강점과 지지요소를 규명하게 된다. 생활조건과 강점의 상호연결성을 이해하는 것이 개인과 환경의 잠재력을 재발견하는 데 중요하다.

1) 강점

클라이언트의 강점을 파악하고 인정하는 것이 협력사정의 핵심이다. 문제에 초점을 맞추거나 낙인을 붙이는 데 익숙한 사람들에게는 다음과 같은 재교육과 강화가 필요하다.

① 관계형성을 강화하도록 한다. 공식적인 면접보다는 편안한 대화분위기를 형성한다.

② 다음과 같은 질문을 던져본다. "클라이언트는 생존하기 위해 어떤 기술을 사용해 왔는가?" 조작과 저항 같은 행동이 생존기술이었다면 이러한 행동이 종종 부정적으로 고려되긴 하지만 긍정적 견해로 해석할 필요가 있다. 예를 들어, 조작은 창의성이나 기략이 풍부한 것으로 해석하고 저항은 독립심이 강한 것으로 해석한다.

③ 삶의 목적을 형성하고 적절한 전략을 수립하는 데 클라이언트가 책임감을 공유할 수 있는 능력이 있는지를 파악한다.

④ 진단적 범주의 활용(예: DSM 같은 정신장애진단 통계 매뉴얼의 활용)은 제한한다.

⑤ 클라이언트를 만나기 위해 사무실에만 머물지 말고 지역사회로 나간다.

클라이언트의 강점을 강조하는 것은 여러 가지 면에서 가치가 있다.

강점은 긍정적 결과물을 도출시킬 수 있는 개입을 개발하는 토대를 형성하는 데 유용하다. 강점을 강화하는 것은 클라이언트에 대한 존경을 표시하는 것이고, 클라이언트와 워커 사이의 긍정적 피드백을 위한 의사소통 수단이 된다. 강점에 초점을 두면 낙인과 같은 고정관념에서 벗어나게 하며 파트너로서 클라이언트를 인정하게 된다.

Jones & Biesecker(1980)는 클라이언트의 강점을 규정하는 데 8가지 영역을 제시하고 있다. 이 영역들을 조사하면서 강점을 발견해야 한다.

① 특별한 관심사
② 가족과 친구
③ 종교와 가치
④ 직업과 교육
⑤ 전문 서비스에 대한 반응
⑥ 정서 및 정신건강
⑦ 신체적 조건
⑧ 지지 요인들

2) 비공식적 및 공식적 지원체계

협력사정을 통해 비공식적 지원체계의 강점과 능력을 결정하고, 클라이언트와의 관계를 유지하고 향상시키기 위해 그 체계가 요구하거나 지원하는 도움의 종류를 결정한다. 다음의 항목을 논의하면서 이 목적을 실현한다.

① 클라이언트의 가족과 친구가 어떻게 구성되어 있으며 이들이 클라이언트의 욕구와 희망사항을 충족시키는 데 얼마나 능력이 있는가?
② 하나의 비공식적 체계는 클라이언트나 다른 비공식적 체계와 어떻게 상호작용하는가?

③ 비공식적 체계는 어떤 방식으로 클라이언트를 지원하는가?
④ 클라이언트와 지역사회와의 연결상태는 어떠한가?
⑤ 지역사회가 클라이언트에게 기대하는 것은 무엇인가?

강점모델은 개인의 안녕감이 지역사회의 자원과 비공식적 지지에 의해 대부분 결정된다고 가정한다. 더 나아가 이 모델은 삶의 질 향상을 위해 클라이언트가 원하는 자원에 대한 권리를 가질 수 있도록 옹호한다. 이러한 이유에서 비공식적 체계와 지역사회는 클라이언트를 도울 수 있는 풍부한 잠재적 자원을 가지고 있는 것으로 인식된다. 실천가는 클라이언트에게 필요한 자원을 배치하기 위해 지역사회나 비공식적 체계에서 필요한 것이 무엇인지를 찾아내야 한다. 지역사회 내의 집단이나 개인들에게 연결되지 못한 사람들을 돕기 위해서는 다음의 요소를 중시해야 한다.

① 소외된 사람들의 재능과 능력에 대한 초점
② 신뢰에 기반을 둔 관계형성
③ 지역사회는 누구에게나 우호적이라는 신념

공식적 체계는 인간서비스기관, 고용지원기관 같은 체계를 말한다. 공식적 체계에 대한 협력 사정은 세 가지 양상에 초점을 맞춘다. 즉, 활용성, 수용성, 접근성이다.

활용성(availability)은 개인의 욕구나 수요와 조화를 이루는 서비스의 존재 여부를 말한다. 활용성을 결정하기 위해서는 클라이언트의 욕구가 파악되어야 하고 자원에 대한 정보를 확보하고 있어야 한다. 수용성은 클라이언트가 서비스를 받아들이는 정도를 말한다. 때때로 클라이언트는 과거 경험이나 낙인 때문에 어떤 서비스를 거절하기도 한다. 반면 서비스 제공자의 기술이나 성격 때문에 쉽게 수용되기도 한다. 서비스에 대한 접근성은 서비스에 대한 접근이 용이한지를 말하는 것이다(교통이나 장비 같은 보충적 서비스의 확보). 이 세 가지 가능성을 염두에 두고 공식적 체계를 사정한다.

3. 개별 프로그램 계획

계획의 목적은 클라이언트의 욕구를 분명히 기록하고 그 욕구를 현실화시키기 위한 전략을 기록하는 것이다. 계획과 수행은 클라이언트와 실천가의 공유된 활동이다. 여기서는 욕구의 서술과 프로그램 전략 두 요소가 제시된다.

욕구의 서술(statement of wants)은 클라이언트의 문제를 재명명하는 것으로부터 시작한다. 클라이언트가 자신의 삶 속에서 무엇이 발생하기를 원하는지의 용어로 전환하는 것이다. 욕구를 서술하면 바람직한 결과를 얻기 위해 무엇을 계획해야 하는지를 파악하는 데 도움이 된다. 프로그램 계획은 다음 세 가지 측면을 강조한다.

① 클라이언트의 개별 프로그램 계획은 클라이언트가 동기화된 영역을 다루도록 계획한다.

② 단기목적은 측정 가능한 용어로 규정한다.

③ 프로그램 계획은 클라이언트와 실천가의 행동을 모니터하는 수단으로 활용된다.

바람직한 결과를 성취하기 위한 전략을 선정하는 과정에서 고려해야 할 몇 가지 중요한 질문은 다음과 같다.

① 이 전략을 클라이언트 혼자서 수행할 수 있는가?

② 클라이언트의 지지체계의 요소들이 어떻게 이 전략을 도울 수 있을까?

③ 실천가는 이 전략과 관련하여 얼마나 책임을 맡아야 하는가?

④ 전략수행을 위한 시간계획은 무엇인가?

클라이언트는 목적을 성취하기 시작하면서 성취감과 고양된 동기 그리고 자신의 삶을 통제할 수 있는 능력에 대한 새로운 확신을 경험하게 된다. 실천가도 마찬가지로 성취감을 경험하게 된다.

제 14 장

자아심리학/심리사회적 접근

심리사회적 접근법으로서 자주 언급되는 자아심리학은 현대 정신분석이론을 케이스워크 활동에 적용시키는 데 주요한 공헌을 하였다. 자아심리학은 개인의 내적 상태와 외부 환경 사이의 상호작용을 강조한다. 이 이론의 주된 특징은 개인은 스스로의 존재 가치, 안정감, 만족을 느낄 수 있도록 외부의 압력에 대처할 수 있는 개인의 능력을 개발시킨다는 것이다. 종종 내부의 스트레스는 정신적 문제나 신체적 문제를 풀어갈 수 없기 때문에 일어난다. 부적절하거나 미개발된 대처기술은 문제를 심화시켜 개인으로 하여금 염려, 불안하게 하며 극도로 심한 경우 정신병을 일으키게 한다.

또한 자아심리학은 개인의 적응능력에 영향을 미치는 환경적 요인에 관심을 갖는다. 실직, 죽음, 이혼, 빈곤, 차별, 자녀양육의 어려움은 종종 개인의 대처능력을 넘어서는 스트레스 조건이다. 그러나 스트레스는 개별적으로 경험하는 것이기 때문에 실천가들은 문제 상황 속에 있는 클라이언트를 개별화해야 한다. 자아심리학은 또한 '통찰' 치료법이기도 하다. 이 치료에서는 클라이언트가 자신의 문제와 그 문제에 대한 자신의 반응방식에 대한 인식을 높이고, 보다 적당한 대처기술을 배워야 한다. 결과적으로 내적 스트레스를 감소시키고,

좀 더 만족스러운 역할을 수행하게 되며, 생활만족도를 높이게 된다(Heffernan et al., 1992).

자아심리학이 사회사업지식에 공헌한 점을 요약하면 다음과 같다(compton & Galaway, 1989).

① 자율적 존재로서 그리고 생활주기에 따라 발달하는 개념으로서의 자아는 현재의 삶의 경험을 중시하는 원조 유형을 도출하는 데 중요한 공헌을 하였다.

② 열린체계로서 성격을 보기 때문에 환경과의 상호교류에서 오는 일상의 투입의 중요성을 강조한다. 이는 클라이언트 체계를 환경과 연루시키는 점을 중시하는 것으로서 체계이론과 연결된다.

③ 능력과 숙달(competence and mastery)에 대한 개인의 욕구라는 개념은 인간 성장과 변화에 대한 가능성에 대해 낙관적 견해를 갖게 한다. 그리고 사회사업가로 하여금 환경과 네트워크로부터 지속적인 투입을 하는 데 관심을 기울이게 한다.

④ 자아심리학의 개념은 개인을 단지 수동적으로 보기보다는 의식적인 참여자로 본다. 이는 워커와 클라이언트 체계 간의 관계형성을 동반자 관계로 이끈다. 계획과 변화노력에 왕성한 참여자가 될 것을 요구하고 또한 자기결정의 가치를 지지해준다.

⑤ 클라이언트 체계가 무엇을 얼마나 원하는가라는 동기라는 개념은 목표설정과 자기결정의 중요성을 부각시킨다.

⑥ 희망이라는 개념은 왕성한 문제해결에 대한 자극이 되며 냉담이나 의존성이라는 관점에 도전을 하게 한다.

자아심리학을 응용한 케이스워크 방법으로는 Goldstein의 자아심리학(자아중심적 케이스워크)과 Hamilton과 Hollis를 통해 발전한 심리사회적 치료를 들 수 있다. 먼저 Hollis의 심리사회적 치료를 소개한다.

1. Hollis의 심리사회적 접근

심리사회적 모델의 기원은 정신분석의 이론과 개념에 기반을 두고 있다. 정신분석이론의 태동 후 약 20년 후에 Gordon Hamilton(1940)이 사회사업실천에 응용하였다. 그녀는 자신의 방법을 '유기체적(organismic)' 접근이라 불렀고 개인과 환경 사이에서 원인과 결과의 관계를 파악하는 것을 강조했다(DiNitto & McNeece, 1997). 이 접근법은 Hollis와 Woods(1981)가 더욱 발전시켜나갔다. 이들의 논점을 정리해보도록 한다(Payne, 1997).

사람들은 환경의 압력과 사람들 사이의 갈등에서 오는 스트레스에 영향을 받는다. Hollis와 Woods는 상황 속의 행위를 분석하기 위해 체계이론을 활용하고 있고 사람들이 영향받고 있는 스트레스에 대한 분석을 위해 정신역동이론을 활용하고 있다. 정신역동분석에 더 주안점이 주어지고 있기 때문에 사람들이 환경과 상호작용하는 방식을 이해하는 데 방어기제가 중요한 개념으로 나타난다. 이러한 점 때문에 사회적 이슈에 관심을 둔다는 점이 부각되지 못하고 심리적 측면으로 기울었다는 평을 받는다.

이 이론에 따르면 개인이 겪는 곤경(distress)의 원인은 다음과 같다.

① 성인기로 보류되어 넘어간 아동기의 욕구와 충동이 불러일으키는 비합리적인 욕구(예: 아동기 때 냉담한 어머니와 바쁜 아버지 때문에 거부당한 느낌을 갖고 있는 여성 클라이언트, 박미순. 이 여성은 너무나 지속적으로 사랑과 애정을 추구하여 남편이 자신의 애정적 욕구를 충분히 충족시켜주지 못한다고 느낀다.)

② 환경으로부터의 압력(예: 젊은 한 어머니, 김영자가 자신이 살고 있는 지역에 좀도둑이 많이 들어 스트레스를 받는다. 그래서 자주 화가 나고 아이를 때리게 되어서 걱정스러워한다.)

③ 손상된 자아 또는 초자아(예: 정신적으로 지체된 아동, 김순신이 그의 어머니에게서 과보호되어 왔다. 그러므로 그는 여성과 바람직한 사회적 관계를 맺는 법을 배우지 못했고 공격적이거나 과도하게 애정표현을 하는 경향이 있다.)

이 세 가지 원인이 동시에 존재하기도 한다. 이에 대한 해결 방향으로는 환경적 압력이 직접적으로 수정될 수도 있고 클라이언트가 자신을 변화시키도록 도움을 받아 성격변화를 이룰 수도 있다. 클라이언트 내에 작용하고 있는 것으로 가정되는 힘의 균형을 수정함으로써 마음의 문제를 다룰 수도 있다. 클라이언트가 겪는 어려움을 해결하기 위한 예를 들어보자. 먼저 환기기법을 활용할 수 있다. 클라이언트가 공격성, 적대감 같은 감정을 표현하지 않고 억압하고 있으면 그의 사고와 행동을 올바르게 표현하지 못하게 된다. 그러므로 환기(ventilation)기법을 활용하여 클라이언트의 감정을 카타르시스(정화)시켜 준다. 관계형성 교정기법(전이)을 활용할 수도 있다. 클라이언트가 워커로부터 마치 어머니와 아동 같은 관계를 경험하도록 하여 클라이언트가 과거에 주변 인물과의 불만족스러웠던 관계들을 보상해준다. 현재의 대인적 상호작용을 검토하는 방법을 활용하여 클라이언트로 하여금 과거의 관계형성과 경험이 현재의 대인적 상호작용에 어떻게 영향을 주는지 이해하도록 도울 수도 있다. 위의 예에서 본다면 박미순은 부모의 태도를 자신이 어떻게 느끼고 있는지 토론할 수 있을 것이다. 워커와 클라이언트는 그러한 경험이 현재 다른 사람들과의 관계에 어떻게 연관되는지를 함께 이해할 수 있게 된다. 이렇게 워커와의 협력적 관계 속에서 클라이언트가 상황 속의 인간을 이해하도록 강조한다.

Hollis는 케이스워크 방법에 대한 분류를 시도했는데, 여기에는 클라이언트와의 면접 시 의사소통과 환경변화를 시행하는 동안의 의사소통 방안을 포함하고 있다. 먼저 심리사회적 접근에 중심이 되는 6가지 클라이언트와 워커와의 의사소통 방안을 알아보도록 하자(Payne, 1997; Woods & Hollis, 1990).

① 지지(sustainment): 불안, 빈약한 자아상, 낮은 자신감을 줄인다. 워커와의 관계형성을 세운다. 워커는 관심을 표현하고 클라이언트의 관심사를 공유한다. 워커가 클라이언트의 감정을 이해한다는 점을 재확인시킨다. 클라이언트가 계획된 활동에 참여하도록 고무한다. 눈을 마주치고 도닥거려주는 등의 비언어적 행동으로 지지를 표한다.

② 직접적 영향(direct influence): 워커의 의견을 개진하여 특별한 행동을 증진시킨다. 신뢰받는 워커의 조언은 받아들여진다. 승인된 행동을 강조하고

촉구한다. 다음처럼 이야기한다. "어쩌면 ________한 방법을 고려할 수도 있다고 봅니다." "________하는 것이 도움이 될 수도 있다고 봅니다." 이 기법은 특히 클라이언트가 위기에 있거나 자신의 보호능력이 매우 저하되어 있을 때 활용하게 된다.

③ 탐색, 묘사, 환기: 클라이언트가 자신과 상황에 대해 갖고 있는 견해를 진술하고 이해하도록 돕고 감정을 표출시킨다. 클라이언트에 대해 심리사회적 조사를 시행한다. 노여움, 증오, 슬픔, 불안, 죄의식이 표현되도록 하여 그 강도를 약화시킨다. 그러나 클라이언트에게 이런 표현이 습관적이라면 환기기법은 피하는 것이 좋다. 상황적 사실에 대한 인식을 돕기 위해 "그것에 대해 좀 더 말씀해주시겠어요?" "그때 어떻게 느끼셨어요?"와 같은 질문을 던질 수 있다.

④ 상황 속의 인간 반영(person-situation reflection): 다음 상황에 대한 클라이언트의 이해를 증진시킨다. 즉, 상황(주거, 재정)에 대한 이해, 클라이언트의 행동이 자신과 다른 사람들에게 미치는 영향을 이해시킨다. 상황에 대한 자신의 반응에 대해 성찰하도록 한다. 그리고 클라이언트가 자신을 드러내도록 고무한다. 또한 클라이언트는 외부적 자극이 내부적 반응에 어떻게 영향을 주고 또한 행동을 도출시키는지 검토한다. 자신의 가치와 자아상에 대한 자기평가도 시행한다. 클라이언트는 기관의 한계와 요구사항도 이해해야 한다.

⑤ 발달적 반영(developmental reflection): 과거의 영향력에 대한 이해를 증진시킨다. 발달적 반영은 클라이언트가 과거와 관련해서 현재의 사건을 이해하도록 함으로써 그 관계를 인식하도록 하여 점진적 변화를 증진시킨다.

⑥ 유형-역동적 반영(pattern-dynamic reflection): 클라이언트는 워커와 함께 개인의 생활에서 반복적으로 발견되는 일련의 행동이나 상황 또는 방어기제를 검토한다(예를 들어, 반복되는 부부 폭력 관계). 이것의 목적은 무엇이 발생하고 있고, 그것이 어떤 욕구를 충족시키고 있는지를 이해하여 이러한 유형에 변화를 주기 위한 단계를 설정하고자 하는 것이다.

다음은 환경적 개입절차를 살펴보자.

Hollis는 먼저 워커가 의사소통을 잘함으로써 클라이언트에게 도움이 될 만한 주변 사람들과 관계형성을 잘 맺어야 한다고 지적한다. 이를 위해 클라이언트와 워커와의 의사소통에 필요한 절차들이 활용된다. 두 번째로 클라이언트에게 서비스를 제공하기 위해 자원을 잘 활용할 것을 강조한다. 외부 기관의 자원을 효율적으로 사용하고, 2차 세팅(병원, 학교, 법원)의 자원과 다른 기관의 워커들, 비사회사업기관, 클라이언트와 관계가 있는 사람들(고용자, 집주인)을 잘 활용하여야 한다. 마지막으로 클라이언트를 위하여 행동하는 '역할' 에 대해 언급하고 있다. 자원을 창조하고 발견하고 제공하는 역할을 하거나, 클라이언트와 다른 사람들 사이에서 중재자로서 역할을 한다. 그러나 기관이나 지역사회 또는 정치적 수준 같은 환경적인 개입에 대해서는 강조점이 덜 주어지고 있다는 비판이 있다.

특이한 점으로 Hollis와 Woods는 가족치료를 사회사업에 통합시키는 데 대해 강조하고 있어 가족 내의 개인을 보는 데 초점을 맞추고 있다(Payne, 1997).

2. Goldstein의 자아심리학

Goldstein(1984)의 최근 과업은 실용적 방법을 제시해준다. 그녀는 두 개의 아이디어 세트가 자신의 이론에 공헌하고 있음을 규정하고 있다.

① 무의식과 자아의 역할을 강조하는 고전적 프로이트 이론
② 무의식적 충동을 운용하는 양상으로서의 자아는 최소화하고 외부세계를 다루는 이성적 문제해결의 대행자로서의 자아에 대해 강조함으로써 현대 자아심리학

그녀는 측정, 개입, 워커-클라이언트 관계형성의 세 가지 측면으로 자아중심적 실천을 다루어나간다(Payne, 1997).

측 정

측정에서는 클라이언트가 활용하고 있는 현재와 과거의 정서적, 실제적 대처기제(coping)를 본다. 그들이 내적, 외적 상황에서 발생하는 사건들을 처리하는 대처능력을 보는 것이다. 처음에는 문제를 파악하고 이 문제를 해결하기 위해 클라이언트가 시도했던 방법을 토론하고 다른 방법이 있는지 찾아보게 된다. 그 다음 행동계획은 다음의 세 가지 전략 중에서 선정하게 된다.

① 클라이언트의 내적 능력을 향상시킨다.

② 클라이언트에게 영향을 주는 외부 상황을 변화시킨다.

③ 클라이언트의 내적, 외적 세계가 조화를 이루는 방법을 찾는다.

개 입

자아지지적 접근은 클라이언트가 직면한 문제, 위기, 스트레스적 상황에 대한 대처능력을 성취하도록 돕는 것을 목적으로 한다. 개입은 현재 상황에 초점을 맞추고 클라이언트의 의식적 사고와 감정에 개입한다. 개인, 환경 그리고 이들의 상호작용에 변화를 주고자 하는 것이다. 사회복지사는 현존하면서 잠재적인 클라이언트의 자아의 강점을 활용한다. 이러한 능력의 이해와 반영, 활용을 통해 클라이언트는 내적 능력과 외부자원을 활용하는 데 만족감을 획득하고 직면한 문제를 해결하게 된다.

자아지지는 현재의 행동, 의식적 사고 그리고 환경의 변화에 초점을 두고 학습이나 새로운 기술을 습득하게 하는 개입이다. 장기적이기보다는 단기적이다. 자아지지적 접근을 수행하기 위한 치료적 기법은 지지(sustenance/support), 직접적 영향, 환기, 개인-상황 반영을 포함한다. 지지기법에서 사회복지사는 감정이입과 수용, 재확신을 전달한다. 언어적 또는 비언어적 그리고 행동으로 클라이언트를 이해하고 돌보고 있다는 것을 전달한다. 직접적 영향(direct influence)은 지지를 넘어서 어떠한 일련의 행위를 추천한다. 클라이언트가 제시한 아이디어를 강화하거나 제안하거나 설득하고 조언을 준다(이는 자기결정권을 훼손할 수 있기 때문에 조심스럽게 사용되어야 한다.). 또 다른 기법은 환기다. 클라이언트는 워커와 경험을 공유하고 감정을 표출하도록 권고받는다. 감정은 고통, 당황, 분노, 불안을 포함한다. 이 기법은 스트레스를 경험하는 클라이언트에게 안도감을 제공한다. 마지막으로 개인-상황 반영(person-situation reflection)기법은 클라이언트가 문제적 상황과 관련된 대인관계, 상황, 자신의 반응, 태도 그리고 어떻게 그 상황이 해결될 수 있는지를 이해하도록 고무하는 것이다.

자아수정 전략은 통찰력의 개발과 정신내적 갈등의 해결을 강조한다. 따라서 과거에 대한 자료가 활용되고 전이(transference)과정이 해석된다. 환경적 변화는 피하는 경향이 있다. 클라이언트는 자기노출을 하게 되면서 반복되는 부적응적 유형을 파악한다. 일반적으로 자아수정치료는 장기적이다. 자아수정전략은 좀 심각한 병리를 가진 클라이언트에게 주로 적용된다. 기법에는 반영기법과 해석이 포함된다. 반영에는 세 종류가 있다. 개인-상황 반영과 유형-역동적 반영, 발달적 반영이 그것이다(이는 Hollis & Woods(1981)가 심리사회적 치료에서 제시한 기법이다.).

자아지지는 주로 위기 시에 활용되고 자아수정기법은 성격변화를 위해 활용된다.

클라이언트-워커 관계형성

클라이언트와 워커 사이의 관계형성은 심리사회적 접근의 중요한 요소다. 사회사업가는 클라이언트에게 수용이나 비심판적 태도, 개별성, 자기결정, 비밀보장과 같은 어떤 태도와 가치를 전달한다. 사회사업가는 클라이언트의 동기와 기대, 이전의 경험, 배경, 자아기능과 같은 요인들을 잘 안식하여 클라이언트의 참여를 유도해야 한다. 클라이언트와 워커의 관계를 특징짓는 두 가지 반응유형이 있는데, 바로 서로에게 적절하고 현실적인 반응을 하고 있는가와 비현실적이고 비적절한 반응을 하는가다. 즉, 전이(transference)와 역전이(counter-transference) 반응이다. 많은 반응들이 유익하고 긍정적으로 영향을 주지만 작업에 방해가 되는 반응들은 주의 깊게 점검되어야 한다(전이와 역전이에 대해서는 제10장 정신분석/정신역동이론에서 설명하였다.).

사회사업가는 때로 역할모델의 기능을 하고 클라이언트가 올바른 경험을 하도록 도와준다. 그러나 워커가 자신의 가치를 클라이언트에게 강요하여 워커의 욕구를 충족시키는 데 클라이언트를 이용하는 오류를 범해서는 안 된다 (Goldstein, 1995).

제 15 장

위기개입

1. 위기의 특성

위기개입(crisis intervention)은 위기상황에서는 현재의 기능수준이 방해를 받게 되고 이전에 잘 운용되어 왔던 심리적 어려움이 발현된다고 가정하고 있다. 위기개입은 위기를 맞게 된 사람들이 호소하는 정서적 곤경의 원인을 ① 개인이 직면하는 스트레스적 상황과 ② 위기 시에만 표면으로 노출되는, 저변에 깔려 있는 정서적 성향(emotional dispositions)의 결과라고 간주한다. 위기개입은 또한 저변에 깔려 있는 정서적 어려움은 모든 성격이 가지고 있는 구성요소라고 본다. 사람들은 일반적인 적응상태에서는 정상적으로 보이지만 위기가 오면 정서적 어려움을 겪게 된다. [그림 15-1]은 위기를 성공적으로 해결해야 하는 중요성을 보여주고 있다.

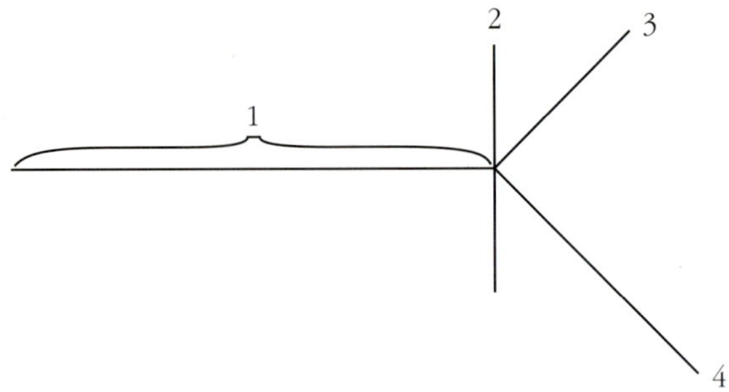

* 1. 위기 전에는 개인이 안정적으로 기능한다.
2. 위기(예: 직장을 잃음)가 발생하면서 개인은 갈림길에 놓이게 된다. 이 갈림길에서 개인은 정서적으로 어려움에 처하고 생활스타일도 바뀌게 되며 취약하다. 이런 위기 속에서 개인은 건설적인 길(3) 또는 파괴적인 길(4)을 가게 된다.
3. 건설적인 길은 개인으로 하여금 왜 그러한 위기가 발생했는지를 인식하게 해준다. 개인은 위기를 다룰 수 있는 적응적 방법을 개발한다. 그리고 미래의 위기상황을 해결할 수 있는 문제해결기술을 습득함으로써 성장하게 된다.
4. 파괴적 길로 가게 되면 개인은 위기를 만족스럽게 해결하지 못한다. 미해결된 위기상황이 남아 있게 되고 개인은 부적응적인 대처기제를 개발하게 된다. 그는 정서적으로 어려운 상태에 남게 되고 미래의 위기를 다룰 수 없다. 문제는 점점 더 커지게 된다(예: 십대 소녀가 임신을 부인하고 어떤 조치도 취하지 않는다.).

[그림 15-1] 위기개입의 원리

위기개입은 개인이 위기시점에 직면할 때(건설적인 방향이든 그렇지 않든 상관없이) 가장 취약하다고 가정하고 서비스(상담)가 가장 필요로 된다고 주장한다. 그러기에 위기개입의 주창자들은 위기가 발생할 때 클라이언트를 대기자 명단에 올려놓는 것을 강력히 반대한다. 위기는 다음과 같은 특성을 가지고 있다.

위험(danger)과 기회(opportunity)

위기는 항상성이나 자아감을 위협한다. 그러나 동시에 성장의 경험과 우호적 결과를 초래할 수 있다.

판단과 결정

위기는 판단의 시간이고 어떤 행동에 대한 결정의 시간이다. 그러한 결정 없이 위기는 해결되지 않을 것이다.

위기개입을 하나의 기법으로 공식화한 전통은 Caplan(1965)이 예방정신의학에 대해 출간한 저서에서 비롯되었다. 따라서 그 방법론의 기원은 정신보건사업에서 그리고 질병의 치료보다는 예방에서 찾을 수 있다. 또한 Parad와 Parad는 그 발전 과정을 설명하기도 했다(1990b: 12~16). Lindemann(1944)은 논문에서 사람들이 사별의 위기를 어떻게 대처해 나가는지를 보여주면서, 다양한 환자 집단의 애도 반응을 다루었다. 그에 따르면, 이전에 위기를 겪고 그것을 처리한 경험이 있는 사람들은 더욱 잘 대처해 나가며, 과거의 문제가 해결되지 않은 채 남아 있는 사람들은 더 큰 어려움을 겪는다. Lindemann과 Caplan의 주위에 있었던 정신보건 실무자들은 지역사회 정신보건의 문제들을 다루어 왔으며, 그런 경험을 토대로 위기개입이 필요하다는 생각을 구축해 나갔다. 이들은 예방의 기능을 하는 관계망에 대한 작업을 계속하면서 이를 다양하게 발전시켰으며 이로 인해 관계망 형성의 관련개념들에게 영향을 주게 되었다. 이론적 측면에서 위기개입은 정신역동적 관점에서 나오는 자아심리학의 기본 요소들을 사용하고 있다. 따라서 외적 사건들에 대한 정서적 반응은 무엇이며, 어떻게 그 반응들을 합리적으로 통제해야 할 것인지에 초점을 두고 있다.

*출처: 서진환 외 공역(2001). 현대사회복지 실천이론. 나남출판.

그러면 위기는 어떻게 경험되는가? 각 개인은 대처능력을 가지고 있다. 대처능력은 ① 개인의 기본성격, ② 환경 내의 지지적 자원(예: 기존의 관계형성, 돈), ③ 대인관계 기술, ④ 새로운 도전에 따라 변화한다. 만일 내적 및 외적 사건이 개인의 대처능력을 초과하게 되면 개인은 위기를 경험하게 된다. 위기는 기대하지 않았던 위협이나 손실 같은 사건에 대한 반응으로서 심리적 혼돈이나 불안정(disequilibrium)을 말한다. 위기 사건의 예는 죽음, 퇴직, 질병, 출산, 실직, 수술 등이다. 위기의 의미는 상황이 변해야 할 시점이 도달했다는 뜻이다. 위기개입은 스트레스적 사건의 영향을 줄이고 위기상황을 활용하여 긍정적 변화를 증대시키는 목적을 가지고 있다.

Golan(1979)은 개인이 위기를 해결하기 위해 시도하는 전형적인 모습과 위기에 대한 정서적 반응을 다음처럼 묘사하고 있다.

개인은 위기상황을 다루기 위해 평소에 해 오던 방식의 문제해결기법을 활용한다. 이것이 성공적이지 못하면 개인은 당황하게 되고 시도해보지 않던 대처

방안을 동원한다. 그러나 문제가 지속되고 해결되지 않는다면 긴장은 고도에 달하게 된다. 위기상황이 진행됨에 따라 개인은 스트레스적 사건을 주로 위협이나 상실로 인지하게 된다. 그러나 성장을 향한 도전으로 인식할 수도 있다. 사건에 대한 주관적 의미에 따라 정서적 반응이 나오게 된다. 위협은 높은 수준의 불안을 일으키고, 상실은 우울이나 박탈감을, 한편 도전은 희망과 기대를 일으키고 새로운 에너지를 발산하게 된다.

위기는 시간 제한적이다. 최대한 길어야 6주다. 보통 위기발생 후 4~6주 내에 새로운 안정기(equilibrium) 상태에 도달한다. 이 기간 내에 개입이 효과적으로 이루어지도록 하여 새로운 성장의 기회를 갖도록 해야 한다. 위기상황은 잠재적으로 치료적 기회로 봐야 한다. 전문적 도움이 즉각적으로 제공된다면 클라이언트와 가족은 더욱 적절하게 기능한다. 개인이 위기에 관련된 인지적, 정서적, 행동적 과제를 얼마나 잘 수행했는가에 따라 위기 전보다 좋아질 수도 나빠질 수도 있다. 재조직화 단계 동안 새로운 적응적 대처기제가 개발되어 개인이 미래의 위기를 효과적으로 다룰 수 있게 되기도 한다. 그러나 비적응적 유형이 나타날 수도 있는데 이는 미래의 위기를 극복할 능력을 감소시킨다. 그러므로 위기개입 서비스는 종종 이중의 기회를 갖게 된다. 현재의 위기를 해결하는 것 그리고 개인이 이전에는 부정해 왔거나 무시하고 있는 문제를 해결하는 것, 예를 들어, 개인이 음주문제로 직장을 잃게 되었다면 서비스는 개인이 새로운 직장을 얻도록 돕는 데 초점을 맞출 뿐만 아니라 음주문제가 실제로 존재하고 해결되어야 한다는 것을 부정하는 자세를 바로잡아야 한다. Golan(1979)은 위기 시에는 최소한의 노력으로도 최대한의 효과를 얻을 수 있는 기회가 주어진다고 말하고 있다. 위기의 시기에는 사람들이 더 기꺼이 변화하고자 한다는 점을 활용해야 한다.

2. 주요 기법과 단계

위기해결을 위해 필요한 주요 과제는 정서적(자신의 감정을 인정하고 수용하고 방출시키기), 인지적(상황을 정확히 현실적으로 보기), 문제해결(가능한 옵션을 고려하고 적응적 행동을 개발하며 공식적 및 비공식적 자원을 찾고 활용) 측면으로 나누어진다.

위기개입에서 사용되는 구체적 치료기법은 다른 접근법으로부터 빌려온 것이다. 몇 가지 예를 제시해본다.

'역할극'을 통하여 미혼모로 하여금 부모 및 아기의 아빠에게 임신사실을 알리는 방법에 관해 확신을 갖도록 한다. '대응(confrontation)' 기법을 활용하여 음주운전으로 여러 번 걸린 사람으로 하여금 알코올문제가 심각함을 인정하도록 돕는다. 파혼한 사람에게 '합리적 자기분석(rational self-analysis)'을 함으로써 좋지 못한 감정을 통제할 수 있는 방법을 교육시킨다. 강간당한 여성이 즉각적인 의료적 조치와 법적 조치를 받게 하고 성폭행에 대한 그녀의 감정과 사고에 대한 상담을 제공한다. 자살을 시도하고 있다고 상담하는 사람에게는 적극적 청취기법을 활용한다.

Whittaker(1974)에 따르면, 위기개입 상담 시 워커에게 필요한 기술은 정서적으로 긴장된 분위기에서 효과적으로 그리고 효율적으로 기능할 수 있으며 지지와 방향을 제시할 수 있는 능력이다. 동시에 클라이언트가 대처기술을 개발하도록 도울 수 있어야 한다.

워커로서 한 가지 더 주의할 점이 있다. 클라이언트는 워커가 문제를 해결해줄 것이라는 기대를 가지고 있다. 그러나 다른 사람의 문제를 워커의 힘만으로 해결해줄 수는 없다. 워커가 당연히 자신의 문제를 해결해줄 것이라는 기대를 가지고 행동하는 것을 허용해서는 안 된다. 워커는 클라이언트를 도우려 노력하고 있고 도움이 될 만한 지식을 가지고 있으며, 클라이언트를 보호한다는 것처럼 행동해야 한다.

위기개입은 일반적으로 다음의 단계로 진행된다.

① 인테이크: 워커는 자신의 이름과 역할을 소개하고 즉각 요점으로 들어간다. 예를 들어보자. "저는 ○○○의 문제를 도우려고 왔어요." 워커는 상황에 대해 이미 알고 있는 것을 간단히 말한다. "화재로부터 막 구출되었다고 들었어요." 그 다음 클라이언트가 워커에게 정확히 무슨 일이 있었

는지 말하고 무엇을 원하는지 말하도록 한다. 이렇게 하여 클라이언트는 자신의 문제를 구체화하게 된다. 워커는 클라이언트가 음식물을 조금이라도 섭취했는지, 화장실을 갈 필요가 있는지, 의료적 조치가 필요한지, 비상 현금이 필요한지 알아보아야 하고 연락할 가족이나 친구가 있는지를 알아보아야 한다.

종종 클라이언트는 흥분하고 울고 있는 경우가 많다. 우는 것을 막을 필요는 없다. 또한 위기 사건에 대해 반복해서 이야기하는 것도 제지할 필요는 없다. 이것도 외상을 극복하는 한 방법이다.

② 환기(ventilation): 이 기법을 활용하고, 신뢰 및 희망의 분위기를 창출함으로써 긴장된 감정을 경감시킨다. 위기개입의 시작단계에서 중요한 것은 바로 클라이언트의 감정을 잘 다루어주어야 한다는 것이다. 위기개입에서 다루어야 하는 첫 번째 감정이 바로 불안이다. 불안이 가장 보편적인 감정이다. 불안이 크면 혼돈과 왜곡, 흐린 판단력, 잘못된 결정, 자기 패배적 행동을 양산한다. 또 다른 감정은 무기력(helplessness)이다. 잘해보려고 노력하는데 계획이 무산되어 버릴 때 무기력감이 발생한다. 부끄러움은 무능력하게 느껴 다른 사람에게 의존해야 하는 데서 발생한다. 노여움도 발생하는데 다른 사람이나 사건이나 자신에게 화가 난다. 그러나 노여움은 종종 다른 감정 뒤에 숨어 있는 경우가 많다. 마지막으로 양가감정이 존재한다(독립 대 의존). 이러한 모든 감정은 자존감을 감소시키고 상처받기 쉬운 상태로 남겨놓는다. 그러면 이러한 감정을 갖고 있는 사람은 어떻게 행동하는가? 보통은 그가 느끼는 대로 행동한다. 즉, 행동은 감정에 영향을 받는다. 또한 위기상황에서 클라이언트는 화를 내며 요구적이고 조작적이다. 이는 불안하고 부끄럽고 무능한 데 대해 방어하려는 방책인데 이런 행동은 필요한 도움을 얻는 데나 통제감을 회복하는 데 도움이 되지 못한다.

한편, 워커는 클라이언트의 행동이 예상과 정반대일 수 있다는 것도 알고 있어야 한다. 즉, 클라이언트가 자신의 감정과 다르게 행동한다는 것이다. 그러므로 여러분의 과제는 클라이언트의 행동에 대해 단지 반응하는 것이 아니라 클라이언트의 감정을 발견해내야 하는 것이다. 감정이 일단 해결되어야 나중에 합리적인 행동대안을 결정할 수 있기 때문이다. 그러므로 감정정리가 중요하다. 클라이언트가 자신의 생각과 감정을 정리하여 합리적인 행동결정에 도달할 수 있게 하기 위해 필요한 것은 관계형성 개발이다. 어떻게 이 요소를 성취할 것인가? 효과적인 위기개입은 그의 생각과 감정을 비밀보장 차원에서 솔직히 말하도록 함으로써 시작된다. 여러분의 목소리, 관심과 염려의 표명은 중요하다. 그리고 시간을 가져야 한다(관심을 표명할 시간, 들어주는 시간, 생각할 시간, 관계가 발전할 시간).

워커는 클라이언트가 하는 말을 어떻게 이해하고 듣고 있는지를 클라이언트에게 말해주어 감정을 분명히 한다. 될 수 있는 대로 낙인찍거나 판단하는 말은 피한다. 예를 들어보자. "당신은 지금 화가 나 있다" → "화가 나신 것으로 들립니다."

클라이언트가 자신의 감정을 이해하고 통제할 수 있게 되었다면 위기개입의 첫 단계는 성공한 것이다. 감정이 클라이언트의 판단력이나 이성을 흐리지 않게 된 것이다. 클라이언트의 혼동되고 두려운 감정을 이해한다면 클라이언트의 행동을 다루는 데 도움이 된다.

③ 위기를 발생시킨 사건의 역동성을 이해하려고 시도한다. 위기개입의 세 번째 단계는 진짜 문제가 무엇인지를 탐색하는 것이다. 즉, 상황에 대한 이해에 도달(인지적 재구조화)이 필요하다. 이 단계에서는 이미 신뢰관계가 발전되어 있기 때문에 위기를 촉진시켰던 사건에 초점을 맞출 수 있다. '사건(event)' 은 종종 '상실(loss)' 이 발생했다는 것을 뜻한다. 사람, 사물, 친숙한 생활방식, 안전, 관계의 상실을 말한다. 워커가 위기에 대해 이해하고 있는 바와 해석을 전달하고 이를 클라이언트와 함께 체크한다.

④ 문제가 규정된 다음, 클라이언트와 워커는 항상성을 회복하기 위해 취할 수 있는 구체적 조치를 고려하고 결정한다. 클라이언트의 삶을 재정리하도록 돕는 행동대안을 찾아나가는 것이다. 과제중심 문제해결이 요청된다. 어떤 문제에서는 단지 대화를 나눈 그 자체만으로 충분하여 더 이상의 해결책이 필요 없는 경우도 많다. 반대로 어떤 해결책도 가능하지 않은 문제도 있다. 그러나 대부분의 경우 행동대안이 있게 마련이다. 워커

는 클라이언트가 무엇을 하고 싶어하며 해 오고 싶어했는지를 파악해야 한다. 모든 질문을 한 후에는 즉각적으로 정보의 제공을 해야 하며 긴급히 필요한 경우 조언과 추천을 해야 한다. 시간과 자원에 비추어 조언을 해야 하며 어떻게 해야 하는지도 말해주어야 한다. 그러나 대안을 결정할 시 주의할 점이 있다. 클라이언트의 삶은 그 결정을 통해 좌우될 것이다. 그 결정으로 워커의 삶이 좌우되는 것이 아니다. 그러므로 클라이언트 스스로 결정해야 한다. 워커가 자신의 의견과 조언을 제시하더라도 이것이 유일한 방안인 것처럼 강요할 수는 없는 것이며 클라이언트의 결정을 존중해야 할 것이다.

⑤ 결정된 대안을 시행하도록 돕고, 필요하면 새로운 대처방법이 소개된다.

⑥ 목표가 실현되면 종결한다.

위기개입서비스는 성폭행상담소나 여성의 전화, 병원응급실, 정신건강센터 등 다양한 세팅에서 제공되고 있다.

위기개입의 예

청소원으로 일하는 김씨(28세)는 어느 날 술 취한 채로 직장에 출근하게 되어 즉각 해고되었다. 그 날로 아내는 짐을 싸서 두 아이들과 함께 친정으로 갔다. 김씨는 알코올중독이고 평균 하루 소주 2병과 맥주 2병을 마신다. 김씨는 지난 10년 동안 과도하게 음주를 해 왔다. 3년 전 그와 아내는 별거를 했었는데 김씨가 술 취했을 때 폭력을 휘둘렀기 때문이다. 그때 아내는 술을 끊으면 돌아오겠다고 했고 김씨는 술을 끊겠다고 약속했지만 3주 후 다시 술을 마시기 시작했다. 5년 동안 그는 술 때문에 직장을 3번이나 그만둔 경력이 있다. 2년 전에는 음주운전으로 운전면허가 취소되기도 했다.

그 다음날 김씨는 처가로 찾아가 아내를 설득하였다. 아내는 거절하였고 그는 다시 술집으로 달려갔다. 그는 자기의 직장상사를 비난했다. 그는 회사로 달려가 그의 상사와 싸움을 벌였다. 그는 경찰에게 체포되어 조사를 받았다. 유치장에 있는 동안 그는 금단증세로 망상증세를 보였고 병원으로 이송되었다. 의사는 그가 음주문제를 해결하길 바란다는 점을 인정하고 병원사회사업가에게 의뢰하였다.

먼저 사회사업가는 김씨의 감정을 안정시키며 관계형성을 잘하였다. 생애 처음으로 그는 자신이 알코올문제가 있다는 것을 인정하였고 도움을 요청하였다. 사회사업가는 4일 동안 여러 차례 김씨를 만났다. 알코올이 그의 생활에 어떻게 영향을 주었는지가 사정되었고 김씨는 그가 술을 마실 때만 고충 속에 빠지게 된다는 인식을 얻게 되었다. 사회사업가는 김씨가 술을 마시는 이유를 조사했고, 김씨가 친구들과 술집에 갈 때나 마음이 울적하거나 긴장될 때 과도하게 술을 마신다는 사실이 파악되었다. 사회사업가는 그가 술을 끊기 위해서는 술친구들과 어울리지 말아야 한다고 말했다. 김씨에게 가정을 지키는 것이 친구들과 어울리는 것보다 더 중요함을 지적하였다. 사회사업가는 김씨와 아내의 만남을 주선하였다. 그의 아내는 김씨가 일단 한 달 동안 술을 끊고 단주모임에 적극적으로 참석하면 집으로 돌아가겠다고 약속하였다. 김씨는 이에 동의하였다. 사회사업가는 정신병원에 일주일간 입원치료를 권고하였고 퇴원 후 외래치료를 받도록 하였다. 또한 단주모임에 김씨를 의뢰하였고 다른 직업을 찾아보는 것을 도와주었다.

3. 의뢰 시 주의할 점

위기개입을 하게 되면 종종 의뢰를 하는 경우가 많다. 의뢰 시 다음 몇 가지 원칙을 명심한다.

① 한 번에 3~4곳에 의뢰함으로써 클라이언트를 혼돈스럽게 하지 말라. 우선순위를 정하고 그 문제에 대해 한 곳에 의뢰한다.

② 클라이언트가 정보를 알고 있는지를 분명히 한다. 반복해주든가 적도록 한다.

③ 클라이언트는 스스로 연락을 취할 수 없는 경우를 제외하고는 클라이언트가 스스로 의뢰된 기관과 연락하도록 고무한다.

④ 의뢰를 반드시 즉각적으로 할 필요는 없다. 시간을 갖고 생각할 필요도 있다.

⑤ 의뢰를 하기 전에 클라이언트가 치료에 적극적으로 참여할 것인지를 확인하라. 클라이언트가 필요한 변화나 결정에 대해 두려움을 갖고 있으면 클라이언트는 도움에 대해 가치가 없다고 생각하고 있는 경우가 많다.

⑥ 가능하다면 의뢰 후 확인전화를 하라. 이는 연속성을 갖게 한다. 워커의

관심을 표현하는 방안이다. 그리고 의뢰가 얼마나 효과적이었는지 알 수 있다.

4. 정신보건세팅에서의 위기개입

정신보건 분야에서 위기개입의 궁극적 목적은 위기개입을 통하여 입원을 줄이고 사회적 적응과 위기대처능력을 길러주며 비용을 줄이는 데 있다. 사회사업가는 과거의 문제가 현재 어려움에 어떻게 영향을 주고 있는지를 고려해야 하지만 클라이언트의 현재 상황에 더욱 관심과 초점을 두고 현재 문제를 해결하기 위한 대안개발에 주안점을 두어야 한다. 사회사업가는 개인에게 이전의 항상성을 되찾아주기 위한 방법은 여러 가지가 있음을 인식하고 있어야 한다.

미국은 1963년 24시간 위기서비스를 법률화하였는데 우리나라에서도 이러한 서비스가 가능해지도록 재정지원이 있어야 할 것이다.

가족 위기개입 치료 접근과 입원치료를 비교한 연구들에 따르면, 치료 후에 위기개입을 받은 환자들은 재입원을 덜했고 사회적 적응과 대처능력 면에서도 더 좋은 것으로 나타났다. 부득이 입원이 필요해서 입원한 경우도 입원기간이 짧았다. 이러한 결과가 병원차원에서는 좋지 않을지도 모르지만 국가적 측면에서는 이익일 것이다. 외국에서는 병원입원보다 외래보호를 선호한다.

1) 정신보건에서 위기개입의 기본 원리

질병과 치료라는 관점보다는 성장과 발달을 지향한다. 몇 가지 중요한 원리를 제시하면 다음과 같다.

① 사회사업가는 클라이언트가 위기의 의미를 이해하도록 고무하고 그 사건을 극복할 자신의 자원을 동원하도록 고무해야 한다.

② 이를 위해 병원중심의 서비스보다는 개인과 그 주변사람들의 자원에 집중해야 한다.

③ 개인을 병원으로 이송하는 데 중점을 두기보다는 상황 속의 스트레스를 줄이는 서비스를 개발해야 한다. 만일 클라이언트를 현재의 상황에서 옮겨야만 한다면 병원으로 옮기는 것만이 유일한 방안이 아니라는 것을 기억해야 한다. 다른 기관이나 지역도 가능한 방법이다.

이러한 원리의 실현을 위해서는 여러 분야의 전문가들이 참여하는 위기센터의 설립이 필요하다. 미국의 한 위기센터를 간략히 소개한다.

Napsbury Hospital Crisis Service

위기에 대한 의료적, 심리적, 사회적 양상을 측정하여 질병과 실제적 문제를 분리하여 고려한다. 클라이언트의 가족이나 주변인물에게 도움과 서비스를 제공하여 병원에 의존하지 않고 극복할 수 있도록 유도한다. 가족을 지지하고 이해하며 자원을 파악하고 단기개입 계약서를 작성한다. 이렇게 하여 장기적으로는 위기 팀에 의존하지 않도록 한다. 여기서 워커들은 자신들을 치료자라고 제시하기보다는 사람들 속에 내재하는 치료 잠재력을 고무한다. 환자의 일상생활과 결정에 환자가 적극적으로 참여하는 것의 중요성을 강조한다. 과거에 대한 자세한 분석은 피한다. 조사결과 이 위기개입서비스 실행지역에서는 자살률이 안정적이었는 데 비해 다른 지역은 증가한 것으로 나타났다.

위기개입 연습

자신의 생의 위기 하나를 선정한다.

1. 그 사건이 발생했을 때의 감정 세 가지를 기술한다.
2. 그 위기를 다루는 데 가장 도움을 주었던 사람은?
3. 그 사람이 해주었던 가장 중요한 것은?
4. 그 사람은 그것을 어떤 식으로 도와주었는가?
5. 누군가 도와준다고 한 것이 최악의 결과를 초래한 것은 무엇이었나?
6. 가장 받기를 원했던 도움은 무엇이었으며 그러나 얻지 못한 것은?
7. 그 위기에 대한 지금의 나의 감정은?

제 16 장

문제해결모델

사회사업에서 사용되는 문제해결과정은 John Dewey(1933)의 과업에 그 근원을 가지고 있다. 그는 인간이 문제에 대응할 때 사용되는 사고과정을 서술하였다. 그는 합리적 사고, 목표지향적 사고 또는 문제해결을 설명하는 데 관심이 있었다. 이 과정은 '논리적 사고(logical thinking)'와 '반영적 사고의 단계(stages of reflective thinking)'라고 일컬어졌고 과학적 과정의 기초가 되었다. 그는 5단계를 제시했는데, 이 단계는 ① 어려움의 인식, ② 어려움의 규정 또는 구체화, ③ 가능한 해결책에 대한 제안, ④ 최선의 해결책 선정, ⑤ 수행으로 구성된다. 평가단계가 빠져 있는 점이 현재의 문제해결과정과 다른 점이다. 이후 문제해결은 일련의 단계에 따라 어떤 욕구를 충족시키거나 어떤 목적 성취에 방해가 되는 장애물을 제거해줄 수 있는 감정, 사고 그리고 행동의 방식을 찾는 방법으로 규정되어 왔다. 사회사업의 문제해결은 구체적으로 사회적 기능과 욕구라는 문제에 관심을 갖는다. 사람들이 자신 스스로의 힘으로는 제거할 수 없는 장애물을 제거하고 욕구를 충족시킬 수 있도록 하는 감정, 사고, 행동의 방식을 찾는 것이다.

사람들은 종종 완수해야 할 과제나 혹은 해결해야 할 구체적 문제를 가지고 워커에게 찾아온다. 클라이언트는 위기를 경험하고 있거나, 원활한 문제해결 방법을 아직 배우지 못했거나, 자신 스스로의 문제해결 능력을 신뢰하지 못하고 있는 경우가 많다. 워커는 문제를 해결하기 위해 어떤 방법으로 시작할 것인지에 관한 도움과 교육을 클라이언트에게 제공해야 한다. 문제해결 기술을 가르치는 것은 누군가를 도와주는 구체적인 방법이 된다.

워커는 조언을 하거나 사람들을 구조하는 전문가가 아니라 클라이언트가 문제를 명확히 하도록 돕고 클라이언트 스스로 대안을 개발하도록 돕는 전문가다. 이 과정을 통해 문제를 해결할 수 있도록 도와줌으로써 클라이언트를 더욱 자신감 있고 독립적인 사람이 되도록 할 수 있다. 클라이언트가 문제를 다루는 데 성취감을 느끼게 되면, 앞으로의 위기에도 잘 대처할 수 있는 자신감을 갖게 된다. 위기에 처한 사람은 종종 편협한 시각('터널 시각')을 갖게 되고, 바람직하지 못한 한 가지의 대안만을 바라보게 되며, 실행 가능한 선택에 대한 인식의 부족 때문에 위기가 더 심각하게 느껴진다. 문제해결 기술이 증가하면 클라이언트로 하여금 한 가지 이상의 대안을 생각하는 능력이 증가되고, 융통성을 갖게 한다. 문제해결은 다음의 두 가지 목표를 갖는다. ① 만족스러운 결론에 도달할 수 있는 가능성을 증가시킨다. ② 클라이언트가 통제력을 얻을 수 있다.

이런 기술을 가르치는 워커는 마치 모든 것을 아는 것처럼 거만하게, 혹은 선심을 베푸는 것처럼 행동해서는 안 된다. 오히려 워커는 문제해결 과정에서 상대방을 파트너로 활용해야 한다. 워커는 상대방을 일시적으로 곤경에 빠져 있지만 능력 있는 한 인간으로 바라보아야 한다. 워커는 정보, 지식, 전문적 기술, 의뢰, 서비스로의 접근 방법을 잘 활용할 수 있어야 한다.

1. 문제해결 기법의 단계

다음의 '문제해결 과정'의 단계들을 의식적으로 거쳐나가면 새로운 문제에 직면할 때도 창조적인 해결책을 마련할 수 있게 되고, 더욱 통제력과 능력을 갖춘 느낌을 갖게 된다. 문제해결 기법은 학자마다 조금씩 다르게 발전시켜 왔는데, 일반적으로 다음과 같은 문제해결의 단계들을 클라이언트에게 가르치고 있다(Poindexter et al., 2003).

단계 1. 문제 정의하기

문제를 정확하게 규정할수록 해결하기가 쉽다. 성급하게 해결책부터 찾게 되면 해결방향이 잘못 잡혀질 수 있어 시간과 정력을 낭비하고 좌절을 초래할 수 있다. 먼저 문제는 구체적으로 묘사되어야 한다. 다음의 두 문장을 비교해보자. "이 도시의 몇몇 학교의 몇몇 아동들은 자신의 삶의 방식에 대해 점점 냉담해지는 것으로 보인다. 무슨 조치가 취해져야 한다." 이 문장은 구체적인 집단이나 증상이 나타나 있지 않기 때문에 해결방안을 결정하기가 어렵다. 다음의 예를 보자. "신월동의 57명의 학령전 아동들은 부모가 맞벌이를 하기 때문에 낮시간 동안 데이케어를 필요로 한다." 여기서는 문제가 구체적으로 규정되고 있다. 대상, 장소, 시간이 구체적이다.

문제를 정확하게 규정하기 위해서는 문제의 규모를 측정하고 분석해야 한다. 즉, 정보를 수집하고 분석해야 한다. 이를 위해 다음 질문을 던질 수 있다. 누가 영향을 주고받는가? 얼마나 많은 사람이 영향을 받는가? 얼마나 심각한가? 어떤 요인들이 클라이언트의 어려움을 생산하는가? 클라이언트와 환경에 대한 가능한 많은 정보를 얻고 문제를 해결하는 데 중요한 요인을 파악한다. 문제상황에 어떤 체계가 관련되어 있는지 파악하고 그 문제에 대한 각 체계의 욕구를 파악하는 것이 중요하다. 정보에 대한 소스는 다양해야 하고 이를 통해 역사적, 사회심리학적, 생물학적, 경제적, 종교적 차원의 정보를 얻는다. 클라이언트의 어려움을 초래하는 요인을 찾는 데 주의할 점이 있는데, 너무 깊이 심리적인 요인을 찾으려고 하는 것은 비생산적인 사색을 초래할 수 있다는 점이다. 수집된 정보가 이론과 연결되면 더욱 좋을 것이다. 워커의 지식과 가치가 정보를 수집하는 데 많은 영향을 주는 것이 사실이다. 워커는 자신의 편견을 인식하고 있어야 하고 의사소통기술을 갖추어야 한다.

문제를 정확히 분석하고 규정하기 위한 한 가지 가이드라인은 문제상황과 관련된 다양한 클라이언트 체계의 욕구를 구체화해야 한다는 것이다. 어떤 해결책이 받아들여지기 위해서는 클라이언트의 욕구를 만족스럽게 충족해야 한다. 클라이언트의 욕구는 가능한 해결책을 사정하기 위한 기준으로서 활용될 수 있다. 관련된 여러 사람의 욕구를 각각 물어보고 토론하며 서로 이해시키는 것이 좋다. 전체적으로 서로에게 만족한 부분을 찾는 것이 분석의 중요한 양상이기도 하다.

얻어진 정보를 분석하는 데 몇 가지 고려사항이 있다. 얻어진 정보가 사실(facts)인가, 아니면 의견인가? 정보의 소스는 얼마나 신뢰할 만한가? 서로 다른 소스로부터 얻은 정보들이 일치하는가, 아니면 어긋나는가? 정보는 앞으로도 지속적으로 얻을 수 있으므로 결론은 일시적으로 내리는 것이 좋고 과정이 진행됨에 따라 추가적인 정보를 분석하는 것이 중요하다.

문제의 분석이 끝나면 문제의 바람직한 상태는 무엇인지 구체화하고 장·단기 목적을 세운다. 목표는 구체적인 방식으로 행동주의적 용어로 쓰이는 것이 바람직하며 성취 가능해야 한다.

이 단계에서 고려해야 할 사항을 정리하면 다음과 같다.

- 문제 혹은 걱정거리는 무엇인가.
- 그 문제나 걱정거리가 얼마나 심각한가.
- 그 문제나 걱정거리를 가지고 있을 때는 무슨 일이 일어나는가.
- 그 문제나 걱정거리에 누가 관여되어 있는가.
- 왜 이 사람들이 관여되었는가.
- 문제 상황이 어디에서는 발생하고, 어디에서는 발생하지 않는가.
- 문제 상황이 언제 발생하고, 언제 발생하지 않는가.
- 그 상황을 경감시키거나 치료하기 위해 과거에 무슨 노력을 했는가.
- 그 노력 중에서 과거에 효과가 있었던 것과 없었던 것은 무엇인가.
- 앞으로 무엇을 바라고 있는가.
- 무엇이 누구에 의해서, 언제 달성될 수 있다고 보는가.

단계 2. 대안 내놓기

두 번째 단계는 문제를 해결하기 위한 대안을 개발하는 것이다. 문제해결을 위해 사용될 수 있는 가능한 자원(클라이언트의 장점을 포함하여)을 파악하고 욕구성취를 방해하는 장애물을 제거할 수 있는 대안을 파악한다. 폭넓은 대안을 내기 위해서는 클라이언트 혼자 의견을 내기보다 가족성원이나 친구들이 참여함으로써 brainstroming하여 가능한 모든 대안을 자유롭게 내놓는 것이 좋다. 참여자들은 상대방의 아이디어를 열린 마음으로 받아들이고 수용하는 분위기를 형성하여야 한다. 그러므로 어떤 제안에 대해 비웃거나 비판하는 행동을 삼가도록 요청할 필요가 있다. 거절당할지 모른다는 두렴움이 없어야 주저하지 않고 의견을 내놓을 수 있기 때문이다. 해결대안에 대한 평가는 보류하고 아이디어를 내놓도록 고무하며 긍정적인 피드백을 주는 것이 필요하다. 클라이언트가 먼저 대안을 내놓게 하고 워커는 나중에 대안을 내놓도록 한다.

해결대안들의 창출 단계에서 사회복지사는 클라이언트에게 다음 3가지 원칙을 교육시킨다.

- 대안들이 많을수록 바람직한 대안이 나올 수 있다는 양의 원칙
- 가능한 한 많은 대안들을 창출하고 의사를 결정할 때까지 판단을 유보할 때 바람직한 해결책이 나올 수 있다는 판단유보의 원칙
- 다양한 대안들이 창출될 때 바람직한 해결책이 나올 수 있다는 다양성의 원칙

단계 3. 대안을 평가하기

이 단계는 의사결정의 핵심이 된다. 내놓은 대안들이 실행 가능한지, 장애물은 없는지, 어떤 결과가 나타날 것인지를 논의한다. 비용과 이익의 측면에서 각 대안에 대한 장점과 단점이 측정된다. 비용은 돈, 시간, 물질적 자원을 포함한다. 가능성의 문제를 고려해보면, 다양한 관련체계와 환경으로부터의 제약점이 따르게 마련이다. 기관의 정책이나 워커의 기술적 측면, 클라이언트의 동기나 에너지, 기대, 능력 측면에서 제약점이 고려되어야 한다. 각 대안을 수행하는 데는 어떠한 자원이 요구될 것이며 그 결과는 어떨 것인지에 대한 주의 깊은 판단이 있어야 한다. 이를 바탕으로 찬성과 반대를 주의 깊게 내려 클라이언트의 욕구를 가장 잘 충족할 수 있는 대안부터 차례로 우선순위를 매기고 선

택한다. 가족성원이나 친구들의 지지를 많이 받는 전략이 성공적으로 수행될 가능성이 높다.

단계 4. 대안을 선정하기

대안 선정 시 주의할 점은 다음과 같다. 클라이언트는 자기결정권이 있다. 즉, 가능한 대안들 중에서 행동에 옮길 한 대안을 선택할 권리가 있다. 치료자의 역할은 각 대안의 가능한 결과에 대해 클라이언트가 확실히 이해하도록 도와주는 것이다. 대신 선택해주거나 조언을 하는 것은 좋지 않다. 만일 치료자가 대안을 선택해줄 경우 다음과 같은 결과를 초래할 수 있다.

① 그 대안이 바람직하지 않은 결과로 끝날 경우, 치료자가 비난을 받게 되며, 추후의 치료자와 클라이언트와의 관계형성이 파행될 우려가 있다. ② 그 대안의 수행결과가 바람직하게 끝나더라도, 그 클라이언트는 치료자에게 과도하게 의존적이 될 수 있으며 앞으로 있을 모든 결정에 치료자의 조언을 구하게 되어 궁극적으로 독립적 능력을 갖추기 어렵게 만든다.

치료는 클라이언트와 함께(with) 수행되는 것이지 클라이언트를 위해(for) 수행되는 것이 아니다. 각 클라이언트는 상황을 향상시키기 위해 필요한 과업을 수행해야 할 책임을 맡아야 한다. 성공적인 과업성취는 개인적 성장은 물론 미래를 준비할 수 있게 해준다. 클라이언트의 자기결정권에 제한을 두는 것는 클라이언트의 선택이 자신이나 타인에게 심각히 해를 끼치게 될 가능성이 높을 경우로 한정된다. 그러나 대부분의 경우 치료자의 생각에는 다른 대안이 더 좋을 것이라고 판단되더라도, 클라이언트는 자신이 스스로 행동대안을 결정할 권리를 가져야 한다. 비록 클라이언트의 선택이 결과가 좋지 않게 나오더라도 클라이언트는 그 결과를 통해 무엇인가 배울 수 있게 된다.

클라이언트가 대안을 선택할 때, 클라이언트는 목적이 무엇이고, 무슨 과제를 수행해야 하는지, 어떻게 수행하는지, 누가 수행하는지를 분명히 이해해야 한다. 그러므로 선택이 끝난 후에는 계약서를 작성하는 것이 좋고 과제수행에 대해 시간제한을 두는 것이 좋다.

단계 5. 선정한 대안을 수행하기

클라이언트의 상황이 향상될지 여부를 결정해주는 중요한 요인은 바로 클라이언트의 과제수행 동기다. 대안을 선택했으면 다음 단계는 열정과 확신을 갖고 대안을 수행하는 것이라고 설명해준다. 불확실성이나 주저함, 의심, 실수에 대한 두려움 때문에 전략의 수행이 실패하는 경우가 많다는 점을 강조하고 전심을 다해 노력할 것을 당부한다. 클라이언트의 동기를 고양시키는 한 방법은 과제를 수행함으로써 무엇을 얻게 될 수 있는지에 대해 분명히 알게 해주는 것이다. 클라이언트가 확신이나 경험이 부족하다면, 역할극을 하도록 하여 모델링하는 것이 도움이 된다. 워커는 클라이언트에게 전략을 수행하는 기술과 자원 확보에 도움을 주어야 한다.

클라이언트가 계약서상의 내용을 충족시키지 못한 경우, 치료자는 클라이언트를 비난해서는 안 되지만 그렇다고 변명을 무조건 받아주어서도 안 된다. 변명은 궁극적으로는 더 많은 실패로 이끌려지는 경우가 있다. 차라리 아직 클라이언트가 그 과제를 수행하길 원하는지를 묻고, 그렇게 하길 원한다면 다시 한 번 시간을 정해주는 것이 좋다. 가장 적합한 대안을 선정하고 이를 시행해본다.

단계 6. 대안의 수행을 평가하기

행동 대안을 시행하고 나면 그 결과가 과연 성공적이었고 효과가 있었는지를 평가한다. 전략의 성공 여부를 평가할 때 다음 두 영역이 검사되어야 한다. 전략이 완전히 수행되었는가? 그 전략 수행의 효과는 무엇인가? 성공 여부의 주요 기준은 전략이 문제의 실제상황과 바람직한 상태 사이의 차이를 줄인 정도일 것이다. 이런 이유 때문에 제1단계에서 문제의 정의를 정확하게 내리는 것이 중요하다. 전략이 완벽히 수행되지 못했다면 추가적 노력이 필요하다. 그러나 전략이 완벽히 수행되었는데도 바람직한 상태에 도달하지 못했다면 새로운 전략이 필요하다. 첫 번째 대안의 결과가 좋지 않으면 다른 대안들 중에서 한 가지를 다시 시도한다. 평가 단계에서는 문제가 해결된 정도와 아직 남아 있는 문제, 새롭게 대두된 문제를 파악해야 한다. 문제의 재규정이 필요할 경우도 있다.

2. 문제해결 기법 적용 시 주의할 점

때때로 워커가 문제해결 과정을 시작할 때, 기본이 되는 '자기결정에 대한 지지'와 '클라이언트의 입장에서 시작'이라는 원칙을 잊고, 무엇을 어떻게 하라고 이야기하기 시작한다. 문제해결은 일방적으로 진행하는 것이 아니고, 상호간에 이루어져야 하는 과정이 되어야 한다. 워커의 역할은 지시가 아니라 클라이언트가 자신의 삶에 가장 적합할 것 같은 대안, 선택, 생각, 자원들을 개발할 수 있도록 도움을 주는 것이다.

상호 간의 문제해결이 되도록 하기 위해 다음의 단계들을 유념하자.

① 클라이언트가 오늘 해결하기 원하는 구체적인 문제를 파악하라

예를 들어, "선생님은 제게 질병 때문에 직장을 잃을까 봐 걱정이 되고, 의사를 바꾸고 싶고, 장애 등록을 어떻게 하는지 알고 싶고, 암에 걸렸다는 사실을 가족에게 말할 준비가 되었다고 말씀하셨습니다. 이 문제들 중에 오늘은 어떤 것이 가장 중요하다고 생각하십니까?"

② 클라이언트가 문제를 보는 견해와 상황에 관한 느낌을 파악하라

예를 들어, "저는 아가씨가 임신한 건 알지만, 아가씨가 그걸 어떻게 느끼고 있는지, 이후에 무엇을 하고 싶은지는 확실히 알지 못합니다. 임신을 어떻게 생각하고 있는지 제게 말해줄 수 있나요?"

③ 문제에 관한 클라이언트의 우선순위를 파악하라

예를 들어, "아주머니는 제게 아이들이 모두 학교에 가고 집에 없을 때 그 시간이 얼마나 두려운지, 아이들이 주위에 없다는 것이 얼마나 아주머니를 의기소침하게 만드는지 말씀하셨습니다. 아주머니가 전업 주부로서 가장 중요시 여겼던 것은 무엇이었습니까?"

④ 과업을 더 작고 더 관리하기 쉽게 나누어라

클라이언트가 어떤 과업에 압도된 것처럼 보이면, 그 과업을 워커와 함께

준비하고 실행할 수 있도록 여러 단계로 나누는 것이 유용하다. 예를 들어, 직장을 구하는 경우 ① 신문을 통해 적당한 근무지 알아보기, ② 고용센터와 약속 잡기, ③ 직업학교의 문서작성 수업에 등록하기, ④ 이력서 작성하기, ⑤ 면접에 어떤 옷을 입고 나갈지 계획 세우기로 나누어 계획할 수 있다.

⑤ 실행 가능한 대안들을 개발하고 작성하라

이 단계에서는 클라이언트가 이전에 혹은 이런 상황과 유사한 상황에서 어떠한 노력을 했었는지 그리고 그 시도들이 어떤 효과를 가져왔는지를 알아보는 것도 중요하다. 각 대안이 마련되면 클라이언트로 하여금 장단점을 적어보게 하고 어떻게 진행할 것인지도 적어보게 한다.

⑥ 클라이언트가 어떠한 해결책을 시도하는 것이 편안한지 혹은 실행 가능한지 탐색하라

일련의 행동이 그럴듯해 보일지라도 클라이언트는 그것이 적합하지 않다고 느낄 수가 있다. 예를 들어, 한 여인이 임신, 에이즈, 다른 성병의 감염을 막기 위해 콘돔을 사용하는 것이 논리적이고 실천적인 것처럼 보이지만, 만약 그녀가 독실한 가톨릭 신자라면 그 해결책을 받아들이지 않을지도 모른다. 실행 가능하다 하더라도 그 해결책이 클라이언트에게 현실적인지 아닌지 여부를 점검해야 한다.

⑦ 자원에 대한 정보를 공유하라

지역사회의 자원에 대한 정보를 클라이언트와 함께 나누고, 클라이언트가 자신에게 가장 적합한 것을 선택하도록 도와주어야 한다. 클라이언트가 실행 가능한 모든 대안들을 고민한 후에 낙태하기로 결정했다면, 그녀의 선택에 대한 여러분의 개인적인 느낌에 개의치 말고 어떻게 안전하게 낙태가 이루어질 수 있는지에 관한 정보를 제공하는 것이 바로 여러분이 해야 할 일이다.

⑧ 클라이언트와 워커 각각이 무엇을 할지 합의하여 행동계획을 계발하라

흔히 클라이언트가 수행하기로 동의한 과업이 있고, 워커로서 수행하기로 동의한 과업이 있다. 이런 것들을 명확히 하고 워커는 자신이 하기로 약속한 일은

확실히 하도록 한다. 예를 들어, "자, 선생님은 가능한 한 빨리 의사 검진을 받겠다고 약속했고, 전 그 의사에게 장애 양식(disability forms)을 보내기로 약속했어요. 우리는 또한 목요일에 다시 이야기하자고 말했죠."

사회사업학에서 처음으로 문제해결모델을 제시한 Perlman(1957)은 성공적인 개입은 변화를 향한 클라이언트 체계의 동기, 능력, 기회에 근거한다는 점을 강조한다. 클라이언트의 문제는 클라이언트를 움츠러들게 하고(동기의 약화), 따라서 클라이언트의 능력이 비적절하게 발휘되고 결국 문제해결을 위한 기회가 설정되지 않는 점을 인정하기 때문에 이 접근방법은 클라이언트가 문제를 해결해나가는 데, 클라이언트에게 자유롭게 운신할 폭을 줄 필요가 있음을 강조한다. 개념적으로 문제해결접근은 변화하고자 하는 동기가 없이는 클라이언트에게 진전이 없을 것이라는 전제에 기초한다. 동기(motivation)는 종종 역기능적인 문제로 발행한 스트레스로 저하되곤 한다. 사회사업가는 종종 다음과 같은 말을 하면서 의심하곤 한다. "노력해봤자 별거 없을 거예요." "과거에도 해봤는데 소용없어요." "뭐든 제게는 좋게 끝난 것이 없어요." 이런 경우, 사회사업가는 클라이언트가 문제해결을 향한 조치를 기꺼이 취하도록 자극을 제공해야 한다.

또한 문제해결 과정에서 사회사업가는 클라이언트의 능력(capacity)을 고려해야 한다(신체적, 심리적 특성을 포함하는 능력). 예를 들어, 초등학교 졸업의 학력을 가진 클라이언트가 전기기술자가 되는 데는 어려움이 있을지도 모른다. 그는 아마도 직업훈련 프로그램에 참여하여 기술을 배워야 할 것이다. 클라이언트는 문제로 야기된 불편함을 경함시키기 위해 (자신의 능력 내에서) 행동을 취하도록 움직여야 한다. 또한 문제해결이 실질적으로 가능하기 위해서는 기관이나 지역사회의 자원(기회)이 필요하게 된다. 기회는 클라이언트가 상호작용하는 환경 내에서의 가능성과 관계된다. 클라이언트가 직업학교에 입학하기 위해서는 직업학교가 클라이언트가 운신할 수 있는 환경 내에 설립되어 있어야 한다. 만일 클라이언트가 2시간 이상 걸려 출퇴근해야 한다면 다니기 힘들 것이다. 적정한 문제해결이 성취되기 위해서는 동기, 능력, 기회가 갖추어져야 한다.

또한 Perlman은 모든 사례를 다룰 때마다 자신의 아이디어를 조직화하는데 도움이 될 수 있도록 하나의 기억장치로서 6P(과거에는 4P이었으나 최근 2P를 추가함)를 제시하였다. 문제(problems)를 가진 개인(person)이 도움을 요청하기 위해 기관(place)에 오는데, 그 도움은 과정(process)을 통해 제공된다. 전문가(professional person)가 그 클라이언트의 욕구를 충족시키기 위해 필요한 기회 또는 자원(provisions)을 개발해준다. 이러한 6개의 P를 고려하면서 각 사례를 분석하고 계획하도록 하였다. 즉,

사례를 다룰 때마다 기관의 특성, 클라이언트의 특성, 문제의 규명, 상담진행과정, 전문가의 특성, 기회를 심사숙고하면 도움이 된다.

결과적으로 동기, 능력, 기회(자원)를 고려하고 또한 6P를 분석한다면 상담이 성공적으로 진행될 수 있을 것이다. 문제해결방법에 대한 추가적인 논의는 이윤로의 『최신 사회복지실천론』(학지사, 2006)을 참고하기 바란다.

3. 문제해결 연습

여러분이 최근에 직면하고 있는 문제를 하나 선택한다. 다음의 가이드라인을 사용하여 해결책을 강구한다.

1. 문제를 명확히 제시하라.
2. 그 문제가 발생하는 시점에 무슨 일이 일어나고 있는지 묘사하라.
   a. 누가 관련되어 있고 관심을 갖고 있는지 작성하라.
   b. 왜 그들이 관련되어 있거나 관심이 있는가?
   c. 그 문제는 어디에서 발생하고 어디에서는 발생하지 않는가?
   d. 언제 문제가 발생하고 언제 발생하지 않는가?
3. 여러분이나 관련된 사람들이 이미 시도했던 것은 무엇인지 작성하라.
   a. 어떤 시도를 했는가?
   b. 효과가 있었는가?
4. 문제의 심각성은 어느 정도였는가?
5. 여러분은 어떻게 되기를 원하는가?
6. 지금 이 시간에 여러분이 생각하고 있는 것에 기초하여 문제를 재정의하라.
7. 브레인스토밍을 통해서 대안을 모색하라. 그 대안에 대해 찬반 논의를 하지 말라. 합리적인 것만 필요한 것이 아니다. 창조적이고 엉뚱한 대안들이 좋다. 적어도 열 가지 대안들을 작성하라.
8. 가장 바람직한 것부터 그렇지 않은 것까지 대안을 분류하라.

9. 가장 바람직한 대안을 이행하기 위해 무엇이, 누가, 언제 실행되어야 하는가?
   a. 선택된 대안:
      ⅰ. 무엇이 이행되어야 하는가?
      ⅱ. 누가?
      ⅲ. 언제?
10. 그것을 시도하라!
11. 여러분은 그 결과에 만족하는가?
12. 다른 선택을 시도하길 원하는가? 만약 그렇다면 작성 목록으로 되돌아가 첫 번째 선택된 것을 뺀 상태에서 나머지 선택들을 다시 정리하고 하나를 선택하라.

과업중심모델

과업중심모델(Task-centered model)은 문제해결에 대한 단기적 치료접근으로 Reid와 Epstein이 개발하였다(Reid & Epstein, 1972). 이 접근법은 정해진 시간 내에 수행해야 할 특정한 과업을 선택한다는 점을 강조한다. 문제해결을 위한 시간제한을 두는 것은 빠뜨릴 수 없는 중요한 치료요소다. 시간제한을 둠으로써 클라이언트는 자신의 관심과 에너지를 문제해결에 집중하게 되고 문제해결을 위한 과제를 신속히 채택할 수 있게 된다. 과업중심의 접근은 클라이언트가 문제를 신속히 의미 있게 파악하고 대응하며 행동을 취하게 하도록 고안된 행위모델이다.

과제중심모델의 특성은 단기개입, 구조화된 접근, 클라이언트의 자기결정권에 대한 존중, 클라이언트의 환경에 대한 개입, 개입의 책무성에 대한 강조다.

과업중심모델의 4단계는 다음과 같다.

1단계는 클라이언트의 표적문제를 규정한다.

2단계는 계약을 수립한다(목표, 과제, 면접 계획, 개입기간에 대한 합의).

3단계는 과제수행과 문제해결이 이루어진다.

4단계는 종결이다.

과제중심적 접근은 현실적이고 구체적인 문제를 갖고 있으며 참여동기가 높은 클라이언트에게 적합하다. 이 모델의 단점은 목표설정과 개입에 편협적이고 기계적이라는 비판을 받고 있으며, 복잡한 문제에 적용하는 데는 한계가 있다는 것이다.

제 5 부

거시적 실천

워커는 변화의 목표가 개인일지라도 때로 더 커다란 체계의 양상을 변화시키려는 노력을 기울이게 된다. 개인을 일대일 기반 위에서 도울 것인가 아니면 더 광범위한 체계 맥락에서 도울 것인가에 대한 결정은 클라이언트의 선호도와 선행 경험 그리고 광범위한 체계의 변화가 개인의 변화를 쉽게 초래할 수 있는지 등을 고려해야만 한다. 클라이언트의 역기능의 해결을 위해서는 클라이언트가 환경에 적응해야 하는 것만이 아니라 클라이언트의 욕구에 환경을 맞출 필요도 있다.

클라이언트와 환경과의 부조화는 두 가지 유형의 상황으로부터 나온다. 먼저 다양한 발달단계에 있는 개인들에게 일반적으로 필요로 되는 자원이 결핍되어 있는 상황이다. 이런 유형의 서비스 대상은 방임되거나 학대받고 부적합한 양육을 받는 유아나 아동, 빈곤한 환경에서 사는 아동이나 성인, 연령이나 성별 등의 이유로 기회나 자원을 거절당한 개인들과 본질적인 지지체계가 부족한 개인들을 포함한다. 둘째 상황은 발달단계적 장애(예: 정신지체, 자폐증, 학습장애, 선천적 불구), 정신장애, 스트레스, 환경적 재난으로부터 초래되는 개인들의 특별한 욕구가 있는 상황을 들 수 있다.

이러한 위험집단이 처한 환경을 개선시키기 위한 워커의 역할과 개입방안은 무엇이 있는가? 개인들이 환경 속에서 그들의 욕구를 충족시키도도록 돕기 위해 워커는 종종 다음과 같은 역할을 한다. 첫째는 바로 중계(broker) 역할이다. 워커는 클라이언트가 지역사회의 자원을 찾아내어 활용하도록 돕는다. 또 다른 전략은 옹호자로서의 워커의 역할이다. 워커는 클라이언트를 대신하여 체계의 변화를 이끌어낸다. 한 예로 클라이언트가 실업수당을 거절당했을 경우, 워커가 담당자를 만나 클라이언트가 수혜자격이 있다는 점을 옹호하는 경우다. 또 다른 전략은 워커가 중재자로서 역할을 하는 것이다. 여기서 워커는 클라이언트와 다른 체계가 상호 협상을 벌이도록 도와 상호 목적을 성취하게 한다. 예를 들면 학부모와 학교 사이에 서로 불만이 있는 경우나 지역주민과 장애인 그룹 홈 간에 불만이 있는 경우 서로 타협을 하도록 중재하는 것이다.

한편, 청소년비행이나 범죄, 실업 같은 사회문제를 이해하는 한 가지 접근은 바로 그러한 문제를 지역사회의 실패 내지 지역사회의 와해의 결과로서 바라보는 것이다.

지역사회란 무엇인가? 지역사회는 개인들이 공통적으로 가지고 있는 어떤 것에 기반을 두고 형성된 연합된 세력(the uniting forces)을 말한다. 그 어떤 것이란 관심사, 신념, 정체감 또는 활동, 경험, 지리적 위치 등을 말한다. 예를 들어, 공통 관심사를 가지고 있는 개인들, 같은 지역에 사는 사람들은 일종의 지역사회를 형성한다. 어떤 활동에 대해 같은 신념을 가지고 있는 사람들은 서로 친밀감을 형성하고 공동 활동에 관여하게 된다. 또한 같은 지역에 사는 사람들은 공통된 관심사를 통해 연결되기도 하고 상호작용을 갖게도 되며 이를 통해 유대를 강화하기도 한다. 같은 종교적 신념을 가진 사람들은 공통된 정체감을 갖게 되어 종교적 또는 민족적 지역사회를 형성하게 된다. 같은 직종에서 일하는 사람들도 지역사회를 형성하게 된다.

우리는 어떻게 지역사회를 변화시킬 것인가? 이는 지역사회가 어떤 문제를 가지고 있는가에 따라 다를 것이다. 지역사회 변화를 위한 세 가지 기본 접근방법이 있다. 첫째는 시민들이 자신들의 공통적 특성이나 운명을 인식하도록 하고 그러한 공통적 특성으로부터 강점을 개발하도록 도와 목적을 성취하도록 하는 것이다. 민주적인 절차와 자발적인 협동, 지도자의 육성 등을 강조한다(지역사회개발모델).

둘째는 지역사회가 자신의 잠재력 에너지를 응집하여 의미 있는 단계로 진입할 수 있도록 사회행동을 계획하는 것이다. 자원과 권한의 재분배를 이끌어내는 목적을 갖는다(사회행동모델).

셋째는 사회계획으로서 지역사회의 문제해결을 위해 전문가의 도움을 얻어 합리적인 계획을 수립하고 변화를 이끌어내는 방법이다(사회계획모델).

지역사회조직사업이라고 불리는 지역사회실천은 최근 거시적 접근(macro practice)이라고 불리기도 한다. Dunham(1970)은 지역사회조직사업이란 다음 목적을 이루기 위한 사회사업의 방법이며 의식적 과정이라고 정의했다.

(1) 지역사회의 욕구와 자원 간의 조화를 이루어내고 유지시키며, 지역사회의 광범한 욕구를 충족시킨다.

(2) 지역주민의 참여와 협력을 개발하고 강화하여 자신의 문제나 목표를 효과적으로 이루어내도록 돕는다.

(3) 지역사회의 관계형성과 권력분배의 변화를 초래한다.

지역사회실천의 기본 가정은 다음과 같다(Ross, 1967).

(1) 지역사회 주민은 자신의 문제를 다룰 수 있는 능력을 개발할 수 있다.

(2) 사람들은 변화를 원하고 변화할 수 있다.

(3) 사람들은 자신의 지역사회 내에서 변화를 이끌어내고 그 변화를 통제하는 데 참여해야 한다.

(4) 자발적으로 이루어낸 지역사회의 변화는 강요적 변화가 갖지 못하는 의미와 영속성을 갖는다.

(5) 총제적 접근은 단편화된 접근이 극복할 수 없는 문제를 성공적으로 다룰 수 있다.

(6) 민주주의는 지역사회의 문제해결에 주민들의 협력과 참여를 요구한다.

(7) 마치 개인이 자신의 욕구를 충족시키기 위해 도움을 필요로 하는 것처럼 지역사회도 자신의 욕구를 다루기 위해 지역사회를 조직하는 도움을 필요로 한다.

지역사회 조직가는 교육자의 역할, 촉매자(catalysts)의 역할, 촉진자(facilitators)의 역할, 중계자 역할(linking role)을 수행한다. 제5부에서는 거시적 실천을 위한 방안으로 사례관리, 옹호, 기관변화 그리고 네트워크 개발 방안을 제시하였다.

제 17 장

사례관리

1. 사례관리의 개념과 목적

사례관리는 노인, 아동, 장애인 등을 포함한 다양한 고객들에 효과적 서비스를 제공하려는 전략이요 방편이다(Rothman, 1991). 주요 대상은 정신지체인, 발달장애를 가진 사람들, 정신장애 및 신체장애인, 임종을 앞둔 사람들, 연약한 노인 등이다. 사례관리는 다차원적 욕구를 가진 개인들의 기능과 안녕을 향상시키기 위하여 개발된 것으로 공식적 및 비공식적 지원과 활동을 조직하고 조정하며 유지하는 사회사업적 방법이라고 할 수 있다(Moxley, 1989). 특히 이 방법은 비용이 많이 드는 입원기관을 탈피하여 가족과 이웃이 있는 지역사회세팅에서 연약하거나 만성적 손상을 입은 클라이언트들에게 광범위하고 지속적인 보호 및 훈련 서비스를 제공하여 자기충족성을 성취할 수 있도록 돕는 수단이 된다(Goodman, 1987; Steinberg & Carter, 1983).

사례관리는 때로 보호관리(care management), 사례조정(case coordination), 자원조정(resource coordination)이라 불린다. 사례관리는 보건 및 사회서비스 분야의 다양하고 복잡한 문제에 대한 해답으로 폭넓게 받아들여지고 있다. 보건 및 사회서비스를 제공하는 데서의 일반적인 문제는 질적인 서비스 확보, 접근성 확보, 비용절감으로 나누어볼 수 있다. 정신장애인이나 만성질환을 가진 노인과 그 가족은 다차원적이고 장기적인 서비스 욕구를 가지고 있는 반면, 이들에게 필요한 다양한 서비스에 대한 정보가 부족하고, 더욱이 서비스 전달체계가 복잡하며, 다양하고 지속적인 서비스와 재원의 부재로 결과적으로는 클라이언트와 서비스가 적절히 연결되지 못하는 문제들이 흔히 발생한다. 이러한 문제를 해결하는 유용한 방법으로서 사례관리방안이 개발되었다.

사례관리는 비공식적 지원체계(가족, 친족, 친구 등)와 공식적 지원체계(국가 및 공공기관)가 보유하는 각종 자원을 통합하는 기능을 한다(Moore, 1987; Nelson, 1982). 구체적으로 사회사업적 사례관리의 기능은 ① 외부환경에 적응할 수 있는 클라이언트의 잠재력을 최대화하고, ② 클라이언트와 가족이 여러 서비스와 지원체계에 접근하여 이를 활용할 수 있는 방법을 습득하게 하여 가족, 이웃, 친구 등 비공식적 지원체계가 클라이언트를 보조할 수 있는 능력을 최대화시키고, ③ 클라이언트와 가족의 욕구를 충족시키는 데 공식적 도움체계의 능력을 최대화하는 역할들을 수행한다(Moore, 1990).

사례관리의 첫 번째 목표는 일시적으로 취약한 상태에 놓여 있는 클라이언트들에게 제공되는 서비스의 질(quality)을 보증하는 데 있다. 두 번째 목표는 적절한 서비스나 기관이나 자원과의 연결을 촉진하는 것이다. 세 번째는 가능한 한 가장 비용-효과적인 방식으로 서비스를 제공하는 것이다(Kane, 1990).

그러나 상기한 목표들이 서로 모순되는 것처럼 보일 수도 있어 사례관리의 개념이 모호하게 생각될 수도 있을 것이다. 보호의 질을 높임과 동시에 비용을 생각해야 하는 것은 상반되는 개념으로 들릴 수도 있겠지만, 사례관리는 이러한 두 가지 관심사를 균형 있게 비교하여 볼 수 있는 수단이다. 사례관리의 궁극적인 목표는 자원의 희소성이라는 현실적 문제에 맞서 클라이언트의 욕구를 충족시키는 것이다(Kane, 1988).

사회사업 분야에서의 사례관리와 다른 영역에서 이 용어를 사용하는 의미를 구분하는 것이 중요하다. 경우에 따라서 '사례관리'라는 말은 보험회사나 보건의료조직이 '비용억제'를 지칭하기 위하여 사용하기도 하는 용어다. 예를 들어, 보험 분야에서의 '사례관리자'는 보험회사가 부담해야 하는 비용을 감소시키거나 보건서비스에 불필요한 과도한 지출을 최소화하기 위해 특정 개인의 의료보호를 감시하고 비용지출을 제한하기 위해 사용된다. 이러한 의미로서 보통 '관리의료'라는 용어가 사용된다. 그러나 사회복지 차원에서 사례관리는 절대로 통제의 의미로서 '관리의료(managed care)'를 뜻하지는 않는다.

사회복지사가 제공하는 사례관리는 기관이나 조직의 욕구보다는 클라이언트의 욕구를 충족시키기 위해 사용되어야 한다는 것을 이해하는 것이 중요하다. 진정한 사례관리는 체계중심이 아닌 인간중심이어야 한다.

때때로 사례관리는 병원에서 의사나 의료관련 직원이 사용하기도 하는데 이는 특별한 질병이나 증상을 관리하는 차원에서 의료적 조치들을 조정하기 위한 것이다. 사회복지 차원에서는 단지 의료적, 생물학적 차원에서만이 아니라 개인의 생활환경의 모든 양상을 고려해 관리한다. 때로 다른 전문직종의 서비스 제공자에게 사례관리를 설명해야 할 경우도 있을 것이다. 예를 들어, 병원의 고위직에 있는 분이 "왜 사례관리가 우리 환자들에게 필요한지 모르겠다."고 하면서 의사들도 사례관리를 한다고 하면, 사회복지 분야에서 사례관리는 단지 의료적 보호뿐만 아니라 지역사회 자원을 동원하고 의뢰하는 역할도 한다고 설명해야 한다. 만일 자신도 그렇게 할 수 있다고 반응한다면 사회복지 분야의 사례관리자는 병원, 보험회사, 의사의 욕구보다는 항상 환자의 입장에서 행동을 취하도록 훈련받았고, 또한 지역사회자원 발견과 동원에 전문적인 훈련을 받았다는 점을 지적할 수 있을 것이다. 이렇게 사회복지 분야에서 사례관리는 좀 더 가치 중심적이고 다른 견지를 가지고 있음을 부각시켜야 한다.

사례관리의 가장 기본적인 가치는 각 클라이언트는 존엄성을 가지고 있고 만족스러운 삶을 누리기 위한 자신의 노력에 대해 지지를 받을 자격이 있다는 것이다. 사례관리는 다음의 가치를 반영한다.

① 기본권리에 대한 존중: 모든 사람들은 자신의 삶의 목적을 성취하고 문제를 해결하고 인간으로서 잠재력을 실현하기 위해 도움이 될 수 있는 자원이나 서비스에 대한 동등한 접근기회를 갖는다.

② 사회적 책임감: 가족, 교육, 정부, 사회복지 같은 사회제도를 인본주의적으

로 만들고 인간의 욕구에 반응하도록 만들어야 한다.

③ 자기결정에 대한 지지: 인간의 다양성을 존중하고 개인들이 자신에 대해 내린 결정을 존중한다.

2. 사례관리의 역사와 발달

1970년대 중반까지도 사례관리에 대해 별로 알려진 바가 없었다. 사례관리의 출현은 1960년대 인간봉사 프로그램의 성장과 연관이 있다. 그 당시 서비스에 대한 막대한 정부지원이 시행되었으나 서비스들이 분파적이고 중복적이고 조정되지 못한 채 제공되는 결과를 낳았다. 서로 다른 많은 프로그램들이 클라이언트들의 문제를 좁게 규정하고 프로그램을 제공함에 따라 복잡한 문제와 욕구를 가진 개인들이 적절하게 서비스를 받지 못한다는 인식이 싹트게 되었다.

1970년대 초 보건, 교육 및 복지부에서는 연방서비스 프로그램을 조정해서 제공하는 일련의 시범 프로젝트를 시행하였다. 이 서비스 통합 프로젝트는 클라이언트 추적체계, 정보 및 의뢰 체계, one-stop 서비스 센터, 상호기관연계 체계 구축과 같은 특징을 띠었다. 이런 프로젝트는 사례관리자를 두어 클라이언트에 대한 자원을 조정하도록 하고 서비스 전달에 대한 책임을 맡겼다.

또 하나의 사례관리 성장에 기여한 요인은 정신보건 분야에서의 탈 시설화 운동이다. 즉, 정신보건에서 사례관리의 발달은 1960년대 미국에서 정신장애인들을 입원기관에서 지역사회로 내보내는 데서부터 시작되었다. 지역사회정신보건센터는 퇴원한 정신장애인들을 적절히 추후 지도하는 데 실패하였고 정신장애인들은 적절한 지원(주거, 수입, 직장, 정서적 지원)을 받지 못했다. 정신장애인을 위한 서비스의 통합된 네트워크의 부재가 사례관리를 부상시키는 원인이 되었다.

이 때문에 사례관리는 미국 정신보건국립연구소(NIMH)의 지역사회지지 프로그램(community support programs; CSP)의 핵심이 되었다.

현재 미국에서 사례관리는 1975년 제정된 발달장애법(Developmental Disability Act)(PL94-103)에 따라 발달장애 분야에서 의무적으로 시행되고 있다. 또한 1981년 제정된 Omnibus Budget Reconciliation Act는 지역사회중심의 장기보호서비스를 마련했고, 노인이나 장애인에 대한 장기적 보호가 그들의 가정에서 제공될 수 있게 되었다. 이러한 일련의 입법안이 통과된 이후, 가정에 기반을 둔 대부분의 보호 프로그램은 사례관리자를 활용하게 되었다(Kane, 1990). 사례관리는 이제 정신건강 및 보건 분야 그리고 기타 사회사업 분야에서 일상적인 활동이 되고 있다. 우리나라에는 이윤로, 성규탁이 1992년 사회복지신문과 1993년 사회복지협의회의 학술지 『계간 사회복지』 가을호에 사례관리를 소개하면서 본격적으로 사례관리가 논의되기 시작했다. 법적인 조항에 사례관리 개념이 등장하는 것은 1995년 정신보건법이 통과되면서 시작되었다. 그러나 우리나라에서는 아직까지 사례관리가 노인이나 장애인에 대한 의무조항으로 자리잡지는 못하고 있다.

사례관리는 상대적으로 새로운 용어지만 사회사업이나 간호학에서는 뿌리 깊게 자리잡고 있다. 사회사업을 재창조(reinventing social work)한다고 명명될 정도로 사례관리는 사회사업실천에 막대한 영향을 미친 것이 사실이다(Austin, 1987). 사례관리가 사회사업방법론으로 자리를 잡은 배경을 살펴보자. 사회사업가들은 전형적으로 환경 속의 인간(the person-in-the environment)에 초점을 두어 왔다. 클라이언트가 개인적 변화를 이룩하도록 돕는 심리치료나 상담에 덧붙여 사회사업가들은 종종 물리적 또는 서비스 환경이 클라이언트에게 유리하게 바뀌지도록 노력한다. 사회사업가들은 개인과 가족에 대해 포괄적인 견해를 취하기 때문에 자신이 속한 기관을 초월하여 다른 서비스에까지도 클라이언트를 의뢰한다. 예를 들어, 병원사회사업가는 퇴원 후의 계획을 세우고 그에 상응하는 서비스를 클라이언트를 대신하여 알아본다. 그러므로 사례관리는 사회사업의 개념에 매우 적합한 방법론이라고 할 수 있다.

그러나 사례관리는 기본적으로 전통적인 케이스워크와 다른 점이 있다. 케이스워커들은 보통 클라이언트들을 사무실에서 약속을 정하여 만난다. 또한 케이스워커들은 클라이언트의 장애를 심화시키는 요인으로서 사회적 영향력을 별로 강조하지 않는 경향이 있다. 사례관리의 특징은 지역사회의 조직이나 기관 등 체계에 개입하는 것이다. 전통적으로 훈련받은 케이스워커들은 사무실에서 벗어나 클라이언트의 환경에 개입하는 도전적인 과제에 직면해야 한다.

사례관리는 심리치료에 깊이 관여하지 않는다. 실제적인 생활문제나 지역사회에서의 생존에 관련한 문제를 잘 다루도록 도와준다. 치료보다는 보호에 초점이 모아진다.

사례관리자로서 사회사업가는 케이스워크, 집단지도, 가족, 지역사회조직을 통합하여 활용한다.

3. 사례관리의 원칙

다음과 같은 몇 가지 기본적인 원칙들이 사례관리의 기반이 되고 있다(Poindexter, 2003).

① 참여, 임파워먼트 및 상호적 계획수립

이 원칙의 목표는 개인이나 가족 등 클라이언트가 자신에게 가장 잘 부합되는 목표와 보호계획을 세울 수 있도록 그 과정에 참여시키는 것이다. 언제든지 이들에게 서비스에 대한 선택의 권한을 부여하여 통제력을 회복시킨다. 사례관리자는 보호 서비스의 통제자가 아니라 파트너다. 더욱이 사례관리자는 원조제공과정 전반에 걸쳐 클라이언트에게 서비스 체계와 협상하는 방법에 대하여 교육하여야 한다.

② 옹호

사례관리자의 목표는 무엇보다도 먼저 클라이언트들의 욕구 및 선택을 옹호하는 것이다. 사회복지사는 개인 및 가족을 옹호하여야 하며(사례옹호), 힘이 없는 집단을 옹호하여야 한다(집단옹호).

③ 적절하고도 높은 질의 보호

원조를 요청하는 클라이언트들의 욕구를 잘 파악하고 수용하여 적절하고 효과적으로 반응해주어야 한다.

④ 보호의 연속성

클라이언트의 욕구는 지속적으로 변화하는데, 이에 따라 포괄적인 서비스를 제공함으로써 클라이언트가 한 기관에서 다른 기관으로 이동한다든지 또는 다른 힘든 상황에 빠지지 않도록 한다.

⑤ 서비스에 대한 접근

서비스에 대한 접근은 가능한 한 쉽고 공정해야 한다. 가능하다면 언제든지 단일 통합체계를 두어 개인들이 불편하게 여러 기관이나 사회복지사와 접촉할 필요가 없도록 하는 것이 좋다. 또한 서비스를 요청한 개인들은 평등한 처우를 받아야 하며 어떠한 편파성이나 차별도 있어서는 안 된다.

⑥ 서비스의 통합

많은 개인들은 복잡한 욕구를 가지고 있기 때문에 다양한 자원이 필요하다. 서비스 통합의 목표는 서비스가 잘 조정되어 중복되지 않고 적절하고 높은 질을 갖도록 하는 것이다.

⑦ 포괄적인 관점

사례관리의 목표는 개인의 사회적 관계, 경제적 상황, 문화, 직업, 영성 그리고 정신 및 신체적 건강을 포함하여 한 개인의 삶을 이루고 있는 모든 측면을 고려하는 데 있다. 이를 위한 한 가지 중요한 과업은 비공식적 지원망(가족, 친구 및 자원봉사자)을 증대시키는 것이다(많은 사회복지사들은 비공식적 지원망을 배제하고 공식적 서비스만 계획하는 오류를 범하는 경우가 많다.).

⑧ 평가 및 모니터링

사례관리자는 계획의 적절성, 서비스 전달체계가 계획대로 움직여주는지, 클라이언트의 진전 상황, 욕구의 변화 등을 정기적으로 재사정하고 평가하면서 지속적인 사후관리를 제공하여야 한다. 클라이언트 및 서비스 기관과의 지속적인 접촉을 통하여 사례관리자는 보호의 질 및 적절성을 모니터링해야 한다(Woodside & McClam, 1998).

4. 사례관리자의 역할

사례관리의 주요 기능을 수행하기 위해 몇 가지 역할 면에서 능숙할 필요가 있다. 가장 중요한 기능은 사무실에서 벗어나 실제 환경에서 클라이언트를 위한 광대한 범위의 지지망을 창출하여야 한다. 사례관리는 직접적 서비스와 간접적 서비스 양 측면 모두를 가지고 있다. 개별 클라이언트와 대면접촉을 상당히 많이 하지만 지역사회집단과도 많이 일하게 된다. 간접적 서비스의 예는 주거문제를 해결하기 위해 정신건강협회와 논의, 서비스 전달을 용이하게 하기 위해 여러 기관 직원들과 함께 상호기관협력 조직위원회를 설립, 정신장애인의 욕구를 토론하고 잘못된 사회적 통념을 바로잡기 위해 지역사회포럼을 개최, 지역사회 프로그램에 대한 재정지원과 각종 옹호법안의 통과를 위해 시의원이나 국회의원을 초대하는 것 등을 들 수 있다.

사회사업의 모든 방법을 활용하는 사례관리 접근은 워커들이 광범위한 지식기반을 갖출 것을 요구한다. 예를 들어, 정신건강 영역에서 사례관리자는 법, 정신병리, 약물, 집단치료, 위기개입, 사회체계이론, 옹호와 같은 주제에 대해 잘 알고 있어야 한다.

사례관리자는 다음과 같은 여러 가지 역할들을 맡을 수 있는데, 서비스 프로그램의 성질에 따라 특히 이 중 한두 가지를 강조할 수 있다.

1) 조정자

사례관리자는 개인이나 그의 가족에게 직접 서비스를 제공하지는 않으며 주로 서비스 전달상황을 파악하고 조정한다. 서비스 세팅(Setting)에 따라 사례관리자는 서비스를 정리하는 권한을 가질 수 있고, 직접적으로 어떤 서비스를 통제할 수도 있다(Steniberg & Carter, 1993).

다음은 사례관리자의 조정자로서의 역할을 보여주는 사례다.

사례

김 씨는 매우 활동적이고 독립적인 생활을 해 왔으나 68세에 암에 걸리게 되었다. 김 씨는 병원에 입원해 있기를 꺼려했으므로 딸의 집으로 거처를 옮겼다. 김 씨를 담당하는 사례관리자는 김 씨가 딸의 집에 가능한 한 오래 머물 수 있도록 김 씨가 필요로 하는 여러 가지 서비스를 입수할 기관과 통로를 파악하고 서비스들을 조정하였다. 김씨는 두 명의 의사와 연결되었는데 그중 한 명은 가족주치의였고 한 명은 암 전문의였다. 김 씨가 고통을 더 느끼게 되자 사례관리자는 김 씨를 약제사와 정규적으로 접촉할 수 있도록 하고 한편으로는 약제사가 김 씨를 담당하는 의사들과 접촉하여 김 씨가 필요로 하는 약물에 관한 정보를 얻도록 조정해주었다. 딸과 사위는 모두 직장을 가지고 있어 직장일과 가족 일로 피로를 느끼게 되었으며 이를 해소해주기 위하여 가정부서비스를 주선해주었다. 사례관리자는 김 씨를 친구, 이웃, 자원봉사자들과 연결시켰고 또한 김 씨 사망 후를 대비해서 필요한 대책을 강구하기 시작했다.

2) 옹호자

흔히 클라이언트를 위한 서비스전달에 필요한 자원이 전혀 없거나 어떤 클라이언트에게는 이러한 자원이 제공되지 않는 경우가 있다. 그래서 사례관리자는 클라이언트에게 적절하고 질이 좋은 서비스가 전달되도록 힘써야 한다(Ballew & Mink, 1986).

사례

올해 60세인 박 씨는 만성적 알코올중독이고 신체적 장애를 가지고 있다. 그는 동사무소를 통하여 공적부조를 받고 있으나 의료보호는 받고 있지 못했다. 그는 돈을 잘 관리하지 못하고, 공적부조 서비스를 제때 급여받지 못하고 있었다. 동사무소에서는 박 씨가 자신의 삶을 향상시키려는 의욕과 능력이 매우 부족하다고 판단을 했다. 사례관리자는 이러한 상황을 인식하고 동사무소를 방문하여 박 씨가 공적부조 서비스를 계속 받고 의료급여 자격도 얻을 수 있도록 담당직원에게 박 씨의 입장을 옹호했다.

3) 상담가

사례관리자는 클라이언트와 그의 가족이 그들 자신의 문제와 욕구를 스스로 파악하고 인식하도록 돕고, 서비스의 질과 적합성을 판단하는 방법을 교육시키며, 클라이언트의 문제해결에 대한 책임을 어느 정도 분담하도록 격려해주어야 한다(Downing, 1985).

사례

이 씨는 63세이고 약간의 뇌손상을 입었다. 물리치료와 작업치료를 통해 이 씨는 빠른 속도로 회복되었으나 그는 단기 기억상실증에 걸렸고 정신적으로 혼동될 때가 많았다. 이 씨는 자신이 아프다는 제약점을 잘 모르고 차를 몰고 나가기를 좋아해 가족들은 걱정이 많았다. 이 씨의 아내는 남편을 돌보는 것이 자신의 책임이라고 믿고 다른 사람으로부터 도움받기를 꺼렸다. 그녀는 남편의 병의 성격을 알고 있었지만, 남편의 행동에 때때로 너무 화가 났고 이에 대해 죄책감을 가졌다. 그녀는 얼마 안 가서 노인을 돌보는 일에 매우 지치게 되었다. 사례관리자는 상담을 통해 이 씨 부인이 외부의 도움을 필요로 한다는 사실을 인정하도록 돕고, 어떤 서비스가 적절한지를 교육하며 이 씨의 병에 대한 교육을 통해 그의 행동을 더욱 이해할 수 있게 하였고, 기관서비스와 확대가족들의 방문을 조정해주었다.

5. 사례관리의 구성요소/기능

사례관리는 일반적으로 다음과 같은 작업과정으로 이루어져 있다. 사례관리의 9가지 작업단계 하나하나에 대하여 구체적으로 기술해보고자 한다.

사례관리의 절차와 내용

1. 클라이언트 발견: 아웃리치를 통한 사례발견이나 의뢰를 받는다.
2. 사전심사: 클라이언트 또는 가족이 기능적 및 재정적으로 서비스를 받을 자격이 있는지를 결정한다.
3. 측정: 클라이언트의 욕구(의료적, 기능적, 사회적, 환경적 및 재정적)뿐만 아니라 클라이언트가 활용할 수 있는 비공식적 부양망에 대한 정보를 수집한다.
4. 보호계획작성: 전달되어야 할 서비스와 그 빈도, 지속기간 및 목적을 구체화한다. 이 계획은 클라이언트와 가족 그리고 전문가와 협력하여 수립한다.
5. 서비스의 조정/전달: 보호계획에서 필요로 하는 서비스들을 식별해서 이를 조정한다. 서비스 제공자 및 비용조달을 하는 담당자와 접촉하여 서비스를 연결한다.
6. 옹호: 지역사회 내에서 제공되지 않는 특정한 유형의 서비스가 필요하다면, 이러한 서비스를 창출하고 그에 대한 재원을 마련하기 위해서는 옹호자의 역할을 한다.
7. 모니터링: 서비스가 계획된 대로 전달되고 있는지 검토하고 클라이언트의 상태에 따라 보호계획을 수정한다.
8. 재측정: 서비스전달상황을 재평가한다.
9. 종결: 사례관리 서비스를 종결한다.

1) '사례' 또는 '클라이언트'의 확인 또는 발견

사람들은 다양한 방법을 통해서 기관에 찾아온다. 기관에서 공익광고나 안내책자를 통하여 홍보를 하기도 하며, 자원봉사자나 실습생들이 지역사회를 방문할 수도 있다(이러한 활동을 'outreach'라고 한다.). 여타의 사회사업 및 의료기관이 클라이언트를 의뢰하기도 한다. 또한 전화번호부, 안내전화나 전화상담 서비스를 통해서나 사람들끼리 서로 소개하여 프로그램에 참여하기도 한다.

2) 심사, 접수상담 및 등록

이 단계에서는 클라이언트의 문제가 무엇인지를 식별하고, 클라이언트가 서비스를 받을 자격이 있는가를 판단한다. 아울러 클라이언트의 재정적 능력도 평가한다.

기관의 고객접수 담당자들은 고객의 성명, 연령, 가족상태, 소득, 기타 사항을 참고로 하여 클라이언트의 서비스 수혜자격을 결정한다. 클라이언트와 가족에게 기관이 제공하는 서비스, 기관이 고객에게 요구하는 사항 그리고 기관이 갖는 제한점에 대하여 설명을 해준다. 그 기관에서 사례관리를 하는 데 적절하다고 판단되지 않으면 그 사례를 다른 기관에 의뢰한다.

3) 문제상황 사정

사정을 통해 개인 · 부부 또는 가족으로부터 정보를 얻어 충족되지 않고 있는 현재의 시급한 욕구와 우선순위를 결정한다. 측정에서는 클라이언트와 그 가족이 제시한 문제 외에 신체적, 인지적, 사회적 및 정서적 욕구뿐만 아니라 재정적 및 환경적 욕구를 파악해야 한다. 또한 공식적 서비스 제공자와 가족이나 친구와 같은 비공식적 서비스 제공자로부터 클라이언트가 받을 수 있는 지원에 대하여 자세한 검토를 한다. 클라이언트와 가족의 보호에 관련되었던 의사나 다른 전문가들로부터 정보를 얻는다. 이때 클라이언트는 문제를 어떻게 보고 있는지 또한 문제해결에 대해 어떤 생각을 가지고 있는지를 파악하는 것도 중요하다.

측정은 다음의 3차원으로 요약될 수 있다.

- 클라이언트 자신을 돌볼 수 있는 능력과 서비스에 대한 욕구
- 클라이언트의 사회적 지원망과 그 지원망이 클라이언트의 욕구를 충족할 수 있는 정도
- 공식적 서비스제공자들과 그들이 클라이언트의 욕구를 충족할 수 있는 정도

이러한 측정은 고도의 기술을 가진 전문가 팀이 수행하는 것이 바람직하다. 표준화된 도구를 사용하는 것 역시 중요하다. 종합적 측정을 위해서는 다음 사항들을 포함해야 한다.

- 건강문제
- 일상생활 활동(목욕, 쇼핑, 걷기 등)
- 인지적 기능(혼동, 기억장애, 방향감각 등)
- 현재 활용되는 서비스
- 수입과 재산
- 비공식적 지원체계
- 현재 거주상태(어디에 누구와 함께)
- 의료보험
- 재정적 운영능력
- 학대의 증거
- 의사들과의 접촉상황(환자의 순응, 빈도, 접촉방식 등)
- 전체적 위급함

4) 보호계획

측정을 통해서 얻은 자료를 바탕으로 사례관리자는 적절한 서비스의 유형, 보호에 필요한 시간 그리고 지역사회기관과 가족구성원이 취할 역할들을 구체화하는 계획을 수립한다. 적절한 보호를 위한 계획은 사례관리의 핵심이 되기 때문에 그 계획에 대하여 잘 알고 있어야 한다. 클라이언트를 위해서 장기간 서비스를 제공하는 사례를 관리하는 경우, 일반적으로 다음과 같은 기본원칙을 지켜야 한다(Schneider, 1988).

① 보호계획은 클라이언트의 기능을 포괄적으로 측정한 결과를 바탕으로 수립한다.

② 고객과 보호자를 계획과정에 참여시킨다.

③ 구체적 보호기간을 정한다.

④ 공식적 서비스와 비공식적 서비스를 모두 계획한다.
⑤ 비용을 의식하고 있어야 한다.
⑥ 보고서를 꼭 작성한다.

다음은 완벽한 보호계획을 세우는 과정이다.
① 포괄적으로 문제의 목록을 작성한다.
② 다루어야 할 문제 하나하나를 어떠한 상태로 변화시킬 것인지 목표를 정한다.
③ 바람직한 결과를 성취하기 위해 필요한 도움의 형태를 파악한다.
④ 도움을 제공하는 제공자와 서비스의 목록을 정한다.
⑤ 제공될 각 서비스의 양을 기록한다.
⑥ 서비스비용을 지불해줄 기관이나 단체를 기록하고 구체적 기간 동안 서비스를 제공하는 데 소요되는 비용을 계산한다.
⑦ 고객과 보호자가 합의한 바를 기록한다.

5) 서비스 조정/전달

서비스를 조정/전달하는 작업은 보호계획수립 단계에서 필요하다고 판단한 서비스들을 배열 · 정리하여, 서비스 제공자들로부터 서비스를 (필요하다면 서비스 수수료 지불을 약속하여) 구입하고 클라이언트와 보호자를 구입된 서비스와 연결시켜주는 것이다.

만약 워커가 속해 있는 기관 외부의 프로그램이 필요하다면, 클라이언트를 외부 기관에 의뢰하고 안내하여 다른 서비스 체계와의 연계를 촉진한다. 서비스를 잘 조정하여 서비스 중복을 피하고 클라이언트가 수혜 가능한 서비스 중 최상의 서비스를 받을 수 있도록 한다. 이 단계에서 사례관리자들은 클라이언트의 욕구에 민감하게 반응하지 못하는 체계들을 변화시키기 위하여 옹호자의 역할을 수행하게 된다. 현재 지역사회 내에서 제공되지 않는 특정한 유형의 서비스가 필요하다면, 이러한 서비스를 창출하고 그에 대한 재원을 마련하기 위해서는 옹호자의 역할이 필요한 것이다.

6) 옹호

옹호는 클라이언트를 대신해서 클라이언트의 권리를 보호하고 클라이언트에게 서비스에 대한 자격이 주어지도록 중재하는 과정이다. 사례관리자는 위기상태나 결핍상태에 놓여 있는 개인들의 입장에 서서 그들의 우방이 되어 각종 관료기관과 협상을 벌이게 된다. 남편으로부터 구타를 당한 주부가 가정법원 출두에 대비하여 구금명령에 대한 법적 청구 준비를 원조하는 것, 한 노인이 자의와 상관없이 요양원에 비자발적으로 위탁되는 것을 항변하는 데 도움을 주는 것, 약물사용으로부터 회복된 한 여성이 아동복지기관에 대하여 자신의 아이들을 데려가겠다고 청구하는 데 도움을 주는 것 등이 그 예다.

7) 모니터링

모니터링(점검)의 목적은 서비스가 적절한가, 서비스의 질이 높은가, 클라이언트의 욕구를 충족하고 있는가를 평가하는 것이다. 클라이언트와 그 가족에게 전화로 서비스전달 상태를 점검하거나 직접 만나서 점검한다. 점검은 자주할수록 좋으나 처음 1주일 후에, 점검 후 1개월마다 하게 된다.

8) 재측정

사례관리자는 욕구의 변화를 판단하기 위해서 정기적인 재사정을 수행해야 한다. 사람들이 처해 있는 상황은 정태적인 것이 아니라 늘 변화가 예상되는 것이다.

재측정은 클라이언트의 상황과 기능이 처음에 세운 보호계획의 목적과 비교해서 서비스 전달 후 차이 또는 변화가 발생하였는지를 판정하기 위해 클라이언트의 조건과 상태를 다시 측정하는 과업을 말한다. 재측정은 보통 3개월 단위로 한다.

9) 종결

원조관계는 다양한 이유로 종결된다. 사례관리가 항상 마지막 단계까지 가지 않을 수도 있다. 클라이언트가 종결을 요청하거나 클라이언트가 사망하거나 이사를 가거나 상태가 개선되어 더 이상 서비스를 필요로 하지 않을 때 종료될 수 있다. 어떤 사례는 서비스에 자금을 제공하는 기관에서 사례중단 지시를 내려 종료되는 경우도 있다. 이러한 경우 클라이언트가 여전히 원조를 필요로 한다면, 다른 여타의 서비스와 연계할 수 있도록 최선을 다해 원조해야 한다.

6. 사례관리의 실례

다음에는 사례관리의 실례를 소개한다.

사례 1

올해 65세인 김씨 부인은 중풍으로 언어소통에 불편을 겪게 되었고 가사를 돌볼 수 없게 되었다. 오른손은 부분적으로 마비가 되었다.

72세인 김씨 역시 연로하여 병원에서 퇴원한 후 부인을 돌보는 것이 힘들게 되었다.

딸이 한 명 있었지만 딸 역시 시부모와 시동생들과 함께 살고 있었으므로 딸에게 의존하는 것도 어려웠다. 그래서 김씨 부부는 퇴원 후에 가정에 남아 있기가 힘들게 되어 노인을 위한 요양원에 입주할 계획을 하고 있었다. 그러다가 간호사의 의뢰로 사례관리자에게 연결되어 김씨 부부는 가정에 머물 수 있도록 하는 서비스를 받게 된 것이다.

김씨 부인은 오른손의 기능을 회복하도록 하는 물리치료를 계속 받았고 대화능력을 높이기 위해 언어치료사와도 연결되었다. 김씨 부인과 물리치료사 및 언어치료사와의 접촉은 일주일에 각 3회로 정해졌다. 김씨가 음식을 만들 수 없었으므로 도시락 대리점과 가정부 서비스를 연결해 음식을 조달했다. 딸과 상담한 후 딸이 일주일에 한 번씩 세탁과 쇼핑을 위해 김씨 부부를 방문토록 했다.

사회적 고립을 피하기 위해 노인복지관의 자원봉사자와 노인친구들이 김씨 부부의 말벗이 될 수 있도록 연결시켜 그들의 방문날짜와 시간을 정해주었다. 두 달 후 딸이 서울에서 대전까지 잦은 왕복으로 피로가 누적됨으로써 김씨 부부와 딸의 동의하에 딸에게 2주간의 휴가를 주었다. 대신 2주 동안에는 가정부 서비스를 추가했다. 사례관리자는 2주일에 한 번씩 김씨 부부와 접촉하여 김씨 부인의 상태를 조사했다. 3개월 후 김씨 부인이 어느 정도 가사를 돌볼 수 있을 정도로 회복됨에 따라 식사 및 가정부 서비스의 빈도를 반으로 줄였고 딸의 방문도 2주일에 한 번으로 줄였다. 치료사들과의 상담 후 물리치료와 언어치료의 빈도를 다시 조절했다.

1개월 후 김씨 부인이 거의 회복되어 김씨 부인과 가족의 동의하에 김씨 부인에 대한 사례관리를 종결했다. 비용은 의료보험과 노인의 연금 그리고 딸의 보조로 충당되었다. 종료 후 사례관리를 평가한 결과, 처음에는 노인들이 사례관리를 매우 번거로운 것으로 인식했으나 입원해 있는 경우보다 훨씬 만족스럽다고 결론지었고 비용도 적게 들었음이 나타났다.

사 례 2

한 병원의 퇴원 담당직원이 AIDS 관련 서비스 조직에서 사례관리자로 일하고 있는 유리에게 전화를 해서, 몇 주일 전에 입원한 박진수에 대해서 이야기했다. 박진수는 퇴원준비를 하고 있지만 일단 그가 병원을 나선 이후 자신의 병과 자신에 대한 보호를 어떻게 관리할 것인가에 대한 뚜렷한 계획을 가지고 있지 못했다. 유리는 즉시 병원을 방문하여 지난 한 달 내내 무기력해 있던 박진수를 만났다. 유리는 박진수가 눈물이 많고 쉽게 흥분한다는 사실을 알았다. 박진수는 최근 자신의 팔과 다리를 움직일 수 있는 운동능력과 한쪽 눈의 시력을 상실하였다. 박진수는 매우 슬펐고 놀랐으며 당혹스러웠다고 하였다. 박진수는 지금껏 혼자 생활해 왔고 비록 심한 병을 앓고 있지만 자신의 집으로 돌아가길 희망했다. 한 시간 동안 자신의 장래에 대해 두려워하는 그의 이야기를 듣고서, 유리는 박진수의 고민거리 목록을 작성하였다. 유리는 이러한 문제들에 관하여 박진수에게 개괄적인 설명을 했고, 박진수는 다음과 같은 사항에 동의하였다.

① 자신의 혈압 및 약물치료에 대한 부작용 검사를 해줄 방문간호사를 정하는 일
② 매일 자신에게 식사를 먹여주고 씻겨주며 용변보기를 거들어줄 간병인의 물색
③ 매일 밤낮으로 함께 시간을 보내줄 친구들과 친지들의 일정계획을 작성 · 조정하는 일
④ 박진수가 자신의 고용주에게 자신이 복직할 수 없으며 사회보장장애보험을 신청하도록 도움을 달라는 말을 하도록 돕는 일
⑤ 하루에 한 번씩 가정으로 식사 배달서비스를 신청하는 일
⑥ 매일 집에서 받게 되는 주사요법에 대해 의료관계자와 연락하는 일

유리는 박진수에게 위와 같은 계획을 실행하기로 약속했다. 또한 유리는 박진수에게 악화되고 있는 건강상태에 대해 목사님과 이야기하기 원하는지를 물어보았다. 박진수는 병원의 사회복지사 중 한 사람을 신뢰하고 있기에 퇴원한 후에도 계속해서 연락하기를 원한다고 하였다. 이틀 후에 유리는 다음의 서비스를 제공하였다.

① 보건소 소속 방문 간호사가 일주일에 두 번 방문하여 박진수의 혈압 및 약물에 대한 부작용을 검사한다.
② 지역병원 소속 간병인이 매일 박진수를 방문하여 간병상의 필요사항을 돌보게 될 것이다.
③ 유리는 매일 밤낮으로 박진수와 함께 시간을 보내줄 친구들과 친지들의 명단을 작성했고 이러한 방문객들의 일정을 조정했다.
④ 유리는 박진수가 작성한 사회보장장애보험 신청서를 완성하여 제출하였다.
⑤ 지역 재가봉사센터는 주중 매일 점심 때 따뜻한 식사를 배달하는 데 동의하였다.
⑥ 박진수는 보험금으로 소요되는 비용을 충당한다.
⑦ 박진수가 친근감을 느꼈던 병원 사회복지사는 그가 원하는 때면 언제든지 저녁 때 박진수의 집을 방문하는 데 동의하였다.

사례조정

사례관리자들은 흔히 자신이 속해 있는 조직의 워커들뿐만 아니라 다른 조직의 워커들과 제반 활동을 조정한다. 사실 많은 사례관리자들이 팀으로 일하고 있다. 경우에 따라서는 팀에 내과의, 간호사, 심리학자, 사회복지사 및 성직자와 같이 여러 유형의 전문가들이 포함되기도 한다.

사례관리자는 단지 자신이 고용되어 있는 조직 내부의 서비스만을 제공하지는 않기에, 광범위한 서비스 체계를 망라하여 서비스를 제공하기 위해 다른 기관과 밀접한 관계를 유지할 필요가 있다(Kane, 1990). 클라이언트를 위한 서비스를 순조롭게 준비할 수 있도록 지역사회 내의 보건 · 사회사업 및 정신건강 분야를 통합하여 네트워크를 발전시키는 것이 중요하다. 사례관리는 '조직 상호 간'에 이루어지는 활동이다. 즉, 기관 사이의 의사소통, 비공식 및 공식적인 협조 및 업무공유가 가능하여야 한다(Norman, 1985).

• **외부와의 사례조정**

자신의 기관에 소속되지 않은 외부 워커들을 개인적으로나 팀 단위로 만나게 될 경우, 클라이언트의 사생활 보호를 위하여 비밀유지 및 클라이언트의 동의를 얻는 규정을 준수하는 것은 중요한 문제다. 사례관리자가 다른 워커에게 클라이언트가 동의하지 않은 상태에서 클라이언트에 대해 이야기하는 것은 비윤리적인 일이다. 심지어 동의를 얻은 경우라 할지라도, 기관 상호 간에 정보를 공유함에 있어서는 될 수 있는 대로 본명과는 다른 별칭을 사용할 필요가 있다고 권고되고 있다. 만약 사례연구 자료가 배포될 경우, 모임이 끝난 후에 자료는 반드시 분쇄되어 폐기처분되어야 한다. 칠판에 기록이 이루어진 경우에도 모임이 종료된 후에는 반드시 깨끗하게 지워져야 한다.

여러 기관 간에 사례를 논의하는 이유는 여러 기관들이 한 개인 또는 한 가족을 동시에 담당할 필요가 있어 그 보호 활동을 조정하기 위한 것이다. 때로는 기관 간의 모임을 통해 광범위한 자원을 활용함으로써 어려운 상황에 대한 해결책을 모색할 수 있다. 이때 기관 간 구성원들은 서로 존중할 수 있는 지침을 만드는 것이 좋다. 기관 간의 알력 때문에 모임에서 서로를 비난하기만 하는 것은 도움이 되지 않는다. 이러한 모임의 목적은 건설적인 문제해결 및 자원의 공유이어야 한다.

• **기관 내부에서의 사례조정**

조직 내에서 팀 모임 또는 직원회의를 할 때, 비밀유지 문제는 외부와의 사례조정의 경우와는 다르다. 클라이언트에 대한 정보가 당사자들의 허락 없이 조직 외부와 공유되어서는 안 되지만, 조직 내에서는 정보가 공유될 수 있음을 클라이언트에게 알리는 것이 좋다. 하지만 접수할 때부터 클라이언트에게 자신의 개인정보가 슈퍼바이저 또는 팀원들과 공유될 수 있다는 점을 알리는 것이 좋다. 물론 정보가 필요치 않은 사람에게는 절대 공개되지 않는다는 것도 설명해야 한다. 클라이언트들에게 정보가 남용되지 않는다는 사실을 인식시킬 필요가 있다.

기관의 내부에서는 '사례 컨퍼런스'가 이루어지는데, 이를 통해 팀에 속한 모든 구성원들이 클라이언트에 대한 정보를 서로 교환하게 된다. 또한 이러한 회의를 통해 문제시되는 상황에 대하여 동료에게 조언을 구하고, 필요할 경우 지원을 얻어내기도 한다. 이런 회의에서 제시되는 보고서는 핵심사항을 중심으로 간단명료하게 작성되어야 한다.

7. 사례관리의 모델

서비스전달 방법에 따라 여러 모델들이 있다. 여기서는 5가지의 대표적 모델을 소개하고자 한다. 필자는 여러 문헌에 소개된 모델들을 종합해보았다. 다음에 소개하는 모델 1, 2, 3은 사례관리서비스가 기관이나 가족으로부터 제공될 수 있음을 가정하고 있으며 모델 4, 5는 필요한 서비스가 존재하지 않는 상황을 가정한 것이다.

1) 중계모델(The Broker Care Management System)

사례관리자는 클라이언트의 자기충족성을 성취하기 위해 필요한 여러 가지 서비스를 통합·조정하는 역할을 하지만, 직접 서비스를 제공하지는 않는다. 즉, 필요한 서비스를 중계만 해주는 것이다. 여러 차례에 걸쳐 클라이언트의 상황이 측정(평가)되는데 이 모든 측정이 클라이언트 또는 보호자와의 계약에 의해서 진행된다.

이 모델의 대표적 예는 미국의 경우 민간의 사례관리기관인데 민간 사례관리기관은 수수료를 받고 사례관리를 하는 기관을 말한다. 민간 사례관리는 정부기관에서 제공하는 서비스 이외에 서비스를 찾는 클라이언트들이나 정부자금으로 운영되는 프로그램의 혜택을 받을 자격이 없는 클라이언트들을 위해서 주로 행해진다.

사례관리자는 클라이언트가 사용할 수 있는 공식적 서비스를 파악하여 정리해주고 조정해주며, 가족은 서비스에 대한 정보를 수집하고 서비스에 접근하는 방법을 배움으로써 이익을 얻게 된다.

2) 판매모델(Vendor Care Management System)

중계모델에서는 사례관리자가 서비스를 정리하고 중계만 해주는 반면, 이번에 소개하는 판매모델에서는 사례관리기관이 고객에게 직접 서비스를 제공한다(고객에게 판매계약을 통해 자체기관의 서비스를 제공하거나 자체자금으로 다른 기관의 서비스를 구입하여 제공함). 이 모델의 예는 미국의 경우 민간회사와 보험회사의 사례관리자들 그리고 Social and Health Maintenance Organizations(SHMO)와 Community Options Program(COP) 등이 포함된다.

사례관리자들은 주로 자신이 확보하고 있는 서비스를 제공해도 일정 한도 비용 내에서 타 기관의 서비스를 추가적으로 구입할 수 있다.

3) 통합된 중계판매모델(The Integrated Broker-Vender Model)

사례관리기관은 제한된 수의 서비스를 제공하고 나머지는 외부기관과 협력해서 조정한다. 주로 급성치료에 중점을 둔다. 이 모델의 대표적 예는 병원을 기반으로 하는 사례관리다. 미국에서는 병원들이 사례관리체계를 개발해 왔는데, 병원에서는 환자에게 급성치료만을 제공하고 퇴원을 시켜 가정과 지역사회에서 계속 보호받게 한다.

환자가 병원에 입원해 있을 경우 비용이 많이 들기 때문에 물리치료나 기타 병원에서 제공하는 서비스는 계속 제공되고 의료보험으로 충당되지 않는 추가적 서비스들, 즉 가정부 서비스나 지역사회기관 서비스들은 병원에서 직접 제공하지 않고, 병원의 사례관리자가 지역사회기관들의 협력하에 그들의 서비스를 조정하여 제공한다. 병원 외부의 서비스는 병원사례관리자가 단지 중계하여 주는 것이므로 병원에서 비용을 직접 관리하지는 않는다. 이 모델을 적용할 경우 환자들의 장기적 보호에 필요한 '포괄적 서비스들'을 병원에 잘 조정하여 제공하여야만 한다.

4) 자원개발모델(Resource Development Model)

이 모델은 장기보호서비스가 마련되어 있지 않아 개발되어야만 하는 경우에 적용된다. 사례관리자는 서비스전달을 위해 필요한 자원을 파악하고, 그 자원을 확보하는 데 도움이 될 요소와 장애가 될 요소를 가려내어 재원확보를 위한 계획을 세워야 한다. 그리고 상당히 유용한 비공식적 서비스 전달체계에 대하여 비상한 관심을 가져야 하며 이에 대한 세밀한 분석을 할 필요가 있다. 이 모델의 한 예로서 의료전달체계가 미비한 농촌지역에서 장기보호서비스를 개발하려고 하는 군이나 읍의 보건기관을 들 수 있다. 이 경우 필요한 서비스가 존재하지 않는 이유로 문화적 신념, 정치적 영향력의 부족 등 조건들에 대한 이해를 할 필요가 있다.

5) 조직의 변화모델(Organizational Change Model)

이 모델은 흔히 자원개발모델과 중첩된다. 사례관리자는, 장기보호서비스가 현재 가능하지는 않지만, 현존하는 기관이 제공하고 있는 서비스들을 약간 변화시키거나 보충하여 장기적 서비스로 전환할 수 있다고 가정한다.

사례관리자는 ① 장기적 보호서비스를 제공하는 데 필요한 서비스들이 무엇인가를 조사한 다음, 이를 기반으로 현 기관을 어떻게 변화시킬지 목표를 정하고, ② 현 기관의 내부 강점과 약점을 파악한 다음, ③ 서비스 전달조직이 변화되어야 하는 이유와 목적을 설정하고, ④ 기관을 변화시킴으로써 얻게 된 이득을 나타낼 만한 자료를 확보하며, ⑤ 의도된 변화를 수행하기 위한 전략계획을 세운다. 이 모델은 특별히 사례관리자가 새로운 서비스의 비용을 만회할 수 있다고 보장할 때 효과적이다.

이 모델의 한 예는 증가하는 AIDS환자들에 관심을 갖는 호스피스(Hospice) 프로그램이 될 것이다. 이 기관의 사례관리자가 AIDS환자들을 위해 새로운 서비스가 필요하고, 이러한 서비스를 시작하는 데는 기관 간부들의 태도변화(예: 환자의 생명연장 조치보다는 고통통제로의 전환, 보호자들의 훈련 등)가 요청된다는 것을 인정한다면 이 모델을 활용할 수 있다.

6) 기타 모형

위에 제시된 모형 이 외에 존재하는 모델로는 최근에 각광을 받고 있는 강점관점 사례관리 모델과 가족이나 클라이언트, 자원봉사자 같은 비전문가들이 사례관리의 책임을 맡는 비전문가모델(책임기반 사례관리, responsibility-based case management)이 있다. 강점관점 사례관리 모델은 개인의 강점과 자원을 형성하며, 클라이언트 자신의 목적을 설정할 권리와 자신의 문제해결에 자신이 적극적 역할을 할 권리를 부영하는 것이 특징이다. 이 모델은 강점 관점의 사회복지실천모델을 응용한 것이므로 특별히 따로 설명하지는 않겠다. 준전문가 모델은 전문가로부터 비전문가에게 보호의 역할을 전이하는 데 초점이 있다. 전문가가 일정기간 사례관리 활동을 마친 후, 가족이나 친구 자원봉사자에게 훈련을 시켜 사례관리자 역할을 하게 하는 것으로 비용절감에 효과적이고 지역사회에 관여하도록 하는 이점이 있으며 독립성을 고양시킨다. 그러나 필요한 지식과 기술이 부족할 수 있다는 단점이 있다.

8. 사례관리의 장애 및 성공 요인

사례관리가 성공적으로 진행되기 위해서는 몇 가지 장애요인을 극복해야 하며 성공요인을 예비해두어야 한다.

1) 장애요인

사례관리자들이 주의하지 않는다면 자칫 몇 가지 함정에 빠질 수 있는데, 다음에 제시되는 항목들에 주의를 기울여야 한다.

편견에 치우친 서비스 계획

사례관리자가 자신과 친숙한 서비스 또는 자신의 기관에서 제공하는 서비스와만 연계하려고 하는 것은 바람직하지 않다. 사례관리자는 가능한 모든 서비스 및 혜택을 제안하고 클라이언트로 하여금 스스로 선택하도록 하는 것이 중요하다. 사례관리자가 자신이 싫어하는 기관의 서비스는 배제한다든지, 접촉하기 어렵거나 친숙하지 않은 서비스를 배제하는 것은 바람직하지 않다.

서비스의 편파성

서비스를 제공할 때 자신이 좋아하는 사람이나 가깝게 느껴지는 사람들에게는 더욱 많은 시간과 노력을 기울이고, 까다롭게 굴거나 대수롭지 않게 여기는 사람들에게는 그렇지 않게 행동하는 것이다. 접촉의 빈도에 대한 의사결정이 워커의 의사대로 이루어지는 것이 아니라 클라이언트의 실제적인 욕구에 기반을 두어야 한다는 것은 극히 중요한 일이다. 훌륭한 사례관리자는 자신의 편의나 선호보다는 사람들의 욕구를 고려하면서 모든 사람들을 평등하게 대우한다.

기관 이기주의

세 번째 보편적인 장애요소는 기관 간에 영역다툼 등의 문제로 클라이언트에게 필요한 프로그램을 제공하지 못하는 상황에 이르게 되는 것이다. 타 전문직 또는 기관 간의 영역 분쟁은 서비스의 조정에 장애를 일으킨다(Kane, 1985). 유능한 사례관리자는 클라이언트에게 최상의 서비스를 전달할 수 있도록 서비스 전달과 관련된 이러한 문제들을 잘 운용해나가야 한다.

덤핑

클라이언트의 욕구를 더 적절하게 충족시킬 수 있는 다른 조직과 연계해보려는 시도도 없이 클라이언트를 되돌려보내거나 단순히 특정 클라이언트와 함께 일하고 싶지 않다는 이유로 그 클라이언트를 다른 기관으로 의뢰하는 경우, 이러한 행위들을 '덤핑'이라고 한다. 이러한 덤핑이 윤리적인 행위가 아니라는 것은 분명하다. 서비스 신청자나 전화 상담을 원하는 사람들이 다른 기관에서 원조를 얻을 수 있을 때까지 그들을 돌보아야 한다. 또한 다른 기관이 실제적인 책임과 도움을 줄 수 있는 자원을 보유하고 있는데, 자신의 기관에 붙잡아 두는 것도 막아야 한다.

클라이언트의 참여를 유도하지 않음

사례관리자가 개인이나 가족의 참여를 촉구하지 않고 문제를 해결하려고 하거나 서비스를 실행하려는 것은 상황을 악화시킨다. 서비스 계획이 상호 호혜적인 방식으로 협상되거나 개발되지 않는다면, 효과적으로 문제해결이 이루어지지 않으며 가족의 불평이 발생할 수 있다. 가족이 참여하여 가족 스스로 서비스 제공상에서 일부 역할을 맡아야 서비스의 질이 향상되며 비용을 절감할 수 있다.

2) 성공요인

다음에 제시된 지침들은 보다 나은 사례관리기술을 개발하는 데 도움이 된다.

① 각 개인의 욕구를 충족시키기 위해 지역사회 내에 현존하고 있는 서비스에 관한 최신 자원목록을 만든다.

② 서비스에 대한 접근을 용이하게 하기 위해 다른 기관의 직원들과 관계를 잘 맺어둔다.

③ 각종 프로그램이나 서비스의 수혜 자격요건을 숙지하여 적절한 의뢰가 용이하도록 준비해둔다. 클라이언트들이 보다 손쉽게 도움을 받을 수 있도록 다른 기관의 프로그램 신청 서류들도 구비해둔다. 그러한 양식을 작성하는 데 문제가 없을 정도로 그 양식에 대해 알아둔다.

④ 현재 제공될 수 있는 서비스의 틀 속에서만 판단하기보다는 먼저 클라이언트의 비충족 욕구를 사정해보는 습관을 기른다. 만약 활용 가능한 것이

나 현재 알고 있는 것 그리고 기관이 제공할 수 있는 것에만 맞추어 서비스 계획을 세운다면 그 계획은 클라이언트의 진정한 욕구에 따라서가 아니라 지역사회가 보유하고 있는 자원의 한계 내에서 끌려다니게 될 것이다(Rose, 1992). 현재 자원으로는 충족될 수 없어 반복적으로 제기되는 욕구나 요청사항은 문서화하여, 새로운 서비스나 재원을 개발할 수 있는 능력을 가진 정책 결정자 및 기관의 행정가들에게 자료로 제공한다.

제 18 장

옹호와 지역사회 조직

이 장에서는 옹호에 대한 개념과 활동을 소개하고, 사회복지사가 어떻게 조직, 지역사회, 정부기관 같은 다양한 수준에서 사회문제에 개입할 수 있는지를 논의하고자 한다.

1. 옹호의 개념

사회사업전문직은 사회개혁을 위한 옹호와 사회행동에 대한 전통을 가지고 있다. 개인이나 집단의 욕구를 충족시키고, 힘이 없다고 느끼는 사람들을 조직하며, 조직과 지역사회에서 계획된 변화를 추구하는 활동들을 흔히 옹호라고 부른다. 옹호(advocacy)라는 것은 ① 클라이언트에게 필요한 서비스나 자원이 제공되지 않을 때, 클라이언트를 대신하여(또는 클라이언트와 함께) 서비스나 자원이 제공될 수 있도록 변화를 추구하는 과정, ② 집단이나 지역사회에 부정적인 영향을 주는 정책이나 절차를 교정하는 과정, ③ 필요한 서비스나 자원의 공급을 위해 입법이나 정책안을 진척시키는 과정이라 정의할 수 있다

(Hepworth, 2002, p. 450).

옹호에는 두 가지 유형이 있다. 즉, 사례옹호와 계층(집단)옹호가 있다. 효과적인 사회사업실천이 되기 위해서는 두 가지 초점을 유지해야 한다. 먼저 개인, 부부, 가족에게 질 높은 서비스가 적절한 방법으로 전달되도록 노력을 기울여야 하고(사례옹호), 두 번째는 어떤 집단이나 계층의 욕구가 현재의 사회적 서비스 체계로서는 적절히 충족되지 못할 때, 이들을 대신해서 옹호하는 노력이 필요하다(계층옹호)(Rose, 1992). 계층(집단)옹호라는 것은 사회의 역기능적인 체계를 좀 더 기능적으로 만들려고 노력하여 어떤 집단이나 계층이 좀 더 우호적으로 처우받도록 하는 것을 뜻한다. 계층옹호는 범위가 훨씬 넓고 본질적으로 사회행동(social action)의 형태를 띠며 지역사회조직 같은 거시적 수준의 개입을 하게 된다.

사 례

유리는 백혈병을 앓고 있는 사람들을 돕는 소규모 비영리기관의 사례관리자다. 어느 날 25세의 남성(박상호)으로부터 전화를 받았는데, 그는 정신분열증 및 백혈병이라는 진단을 받고 정신요양시설에 수용되어 있다. 그는 유리에게 자신이 오늘 퇴원 조치를 받게 되지만 아무 데도 갈 곳이 없다고 하였다. 그는 머물 수 있는 장소나 최소한 수용 시설에라도 보내지길 원했지만, 퇴원 담당직원은 이야기를 들어주지도 않았으며 협조적이지도 않았다고 한다. 클라이언트는 병원직원은 자신을 퇴원시켜 길거리로 돌려보낼 작정이며, 정신병원에서 퇴원한 이후에 자신에게 어떤 일이 일어날 것인지에 대하여는 관심이 없다고 했다고 하였다. 유리는 클라이언트에게 한 시간 내에 다시 전화해달라고 부탁했다. 유리는 우선 클라이언트가 하룻밤이라도 임시 수용소에서 지낼 수 있도록 해야 하는지 의문이 들긴 했지만, 그때 가장 현명한 방법은 그가 영구적인 주거지에 정착하게 될 수 있을 때까지 병원에 체류하도록 하는 것이라는 결정을 내렸다. 유리는 퇴원 담당직원에게 전화를 걸었고, 박상호 씨가 자신의 정신적 · 신체적 건강을 돌볼 수 있는 방법도 없이 거리로 돌려보내지는 것에 대해서 걱정을 하면서 자신에게 연락을 취해 왔다는 사실을 설명했다. 담당직원은 자신은 이와 관련해서 아무런 일도 할 수가 없으며, 박상호 씨가 병원에 머물 수 있는 시간은 끝났다고 하였다. 유리는 가능한 한 명확하고 전문적으로 직원의 이번 계획은 무모한 것이며, 만약 다른 해결책을 제시하지 않는다면 자신은 상급자와 이야기를 해야만 할 것이라고 말했다. 직원은 분노에 가득 찬 목소리로 규칙은 규칙이며 할 수 있는 것은 아무 것도 없다고 하였다. 그 다음 유리는 정신병원의 원장에게 전화를 걸어 자초지종을 설명했다. 원장은 자신이 직원에게 전화를 걸어 박상호가 병원에 체류하는 기간을 일주일 연장하도록 하겠다는 약속을 했다. 박상호 씨가 한 시간 후 그녀에게 다시 전화를 걸었을 때, 그는 만족스러워하였다.

그러면 옹호는 어떤 상황에 적합한가? 개념 정의에서 의미하는 것처럼, 사람들의 욕구충족에 필요한 자원이나 서비스가 가능하지 않을 때 필요하다. 또한 사회서비스체계나 의료적 보호체계가 클라이언트의 욕구에 반응적이지 않을 때 이를 좀 더 반응적이 되도록 변화시키기 위해 필요하다. 다시 말해 옹호활동에서는 특정한 문제를 해결하기 위한 서비스가 지역사회에 존재하는 경우라 할지라도, 그러한 프로그램이 적절성이나 접근성 측면에서 바람직한지를 고려하는 것 역시 중요하다. 먼저 적절성 차원을 보자. 서비스가 활용 가능하다면 그 서비스는 적절하게 제공되는가? 예를 들어, 치매노인 주간보호센터가 존재하고 있지만 그 센터에 치매 전문가가 부족하다면 적절성이 떨어진다고 볼 수 있다. 또한 대기자가 너무 많다면 적절하다고 볼 수 있는가?

다음은 접근성 차원을 보자. 사람들이 실제로 기관이나 서비스에 접근할 수 있는가? 기관이나 서비스에 대해 알고 있는가? 예를 들어, 어느 지역에 방과 후 프로그램이 설치되어 부모가 직장에 있는 동안 아동들이 갈 곳이 마련되었지만 아웃리치나 광고가 시행되지 않아 아주 소수의 부모들만 알고 있다면 문제가 있는 것이다. 또한 서비스가 존재하지만 접근하기에 너무 어렵다면 옹호가 필요한 것이다.

또한 옹호자들은 사회서비스체계가 지역사회의 욕구를 충족하는지 여부를 고려하는 데서 더 나아가 사회적 변화도 고려해야 한다. 때로 사람들이 경험하는 장애나 어려움은 사회적 압력이나 조직이 유연하지 못하기 때문이다. 그러므로 사회문제를 해결하기 위해서는 사회변화를 시도하는 것도 필요하다. 사회복지사는 필요한 자원에 접근하기 어려운 사람들, 지역사회에서 소외된 사람들, 권리가 무시된 사람들을 대신해서 힘을 써주어야 한다.

문제에 대응하는 방식은 문제의 원인에 좌우되곤 한다. 문제의 원인은 한 가지 이상이기 때문에 해결책을 찾는 것도 한 가지 이상이라는 것을 인식할 필요가 있다. 문제는 개인적 차원에서만 오는 것이 아니고 사회적 차원에서도 올 수 있다. 그러므로 개인적인 차원에서의 지지를 제공하는 것도 중요하지만 더 커다란 차원에서의 사회적 해결책을 찾기 위해 에너지를 쏟는 것도 필요하다. 예를 들어, 학대받는 아내를 위해 쉼터를 제공하는 것은 매우 중요하다. 그러나 또한 지역사회가 아내학대에 대해 인식하도록 돕고 경찰들이 아내학대의 심각성을 이해하도록 하여 신고가 들어올 시 즉각적으로 반응하도록 하는 것도 매우 중요하다. 이 장에서는 주로 계층옹호에 대한 기술을 중심으로 소개하고자 한다(Poindexter, 2003).

실천과 정책은 전통적으로 사회사업의 중요한 두 영역이다. 사회서비스에 대한 정책이나 법은 서비스전달에 직접적인 영향을 준다. 정치적 환경은 서비스를 받는 사람들이나 제공하는 사람들에게 모두 영향을 준다. 한편 서비스를 제공하는 사람들 역시 정책 개발에 영향을 줄 수 있다. 옹호를 통해서 많은 변화를 이끌어낼 수 있는 것이다.

1) 옹호활동의 예

사회복지사들은 다양한 수준에서 사회문제에 개입한다. 새로운 프로그램을 개발하고, 기관정책을 변화시키고, 대중을 교육시키며, 정책이나 법개정에 영향을 주고, 사람들을 옹호한다. 좀 더 효과적으로 변화를 초래하기 위해 공통 관심사를 가지고 있는 사람들을 조직하기도 한다. 옹호가 이런 형태를 취할 때 이를 흔히 '지역사회 조직(community organizing)'이라고 부른다. 이 용어는 어떤 집단(지역사회, 이해집단)이 자신의 문제적 상황을 해결하도록 하기 위해 자신의 중요한 강점을 파악하고 계획을 수립하도록 돕는 것을 의미한다.

옹호활동을 구성하는 다양한 활동이 있다. 사회변화를 목적으로 하는 거의 모든 활동은 옹호로 고려될 수 있다. 아래의 활동들은 사회복지사가 관여할 수 있는 계층옹호의 예다.

- 지역사회와 거주자들의 욕구를 지방정부에 제시하기
- 시의 조례나 법안의 개정을 위한 로비
- 사회변화에 영향을 주기 위해 연합체를 개발하거나 연합체에 참여하기
- 기관의 서비스 수혜자들과 가족들의 힘을 모아 소위 '투표자 명단'을 만들고 기관의 목소리를 높이기
- 법안 입법자들에게 자신의 견해와 관심사, 추천사항에 대해 편지 쓰기, 편지 쓰기 캠페인 벌이기, 전화 걸기

사례 1

A시에는 거주지가 없는 사람들을 위해 비상 쉼터를 제공하고 있다. 그러나 이 쉼터에서는 5시 30분에 입실을 해서 아침 6시 30분에는 퇴거를 해야 하는 정책을 고수하고 있다. 그러므로 직장이 없는 사람들은 낮 동안에는 무조건 거리에 머물러야 한다. 도서관이나 은행이나 주차장 등에서 배회해야 한다. 한 사회사업관의 사례관리자인 K는 낮 동안 거리에서 배회하는 한 노숙자의 이야기를 듣게 되었고, 그 쉼터의 정책에 대해 우려를 갖게 되었다. K는 자신의 슈퍼바이저의 도움을 받아, A시에 있는 모든 사회사업기관에 공문을 띄워 대표자들을 모으고 이 문제에 대한 대책회의를 가졌다. 대책회의 후에 참석자들은 다음의 행동지침을 마련하였다. ① 쉼터의 대표와 시의회 의원을 만나 낮 동안에도 쉼터를 개방할 것을 요청한다. ② 지역의 재단이나 법인을 방문하여 집 없는 사람들을 위한 낮 동안의 휴식처를 마련해줄 것을 요청한다. 또한 참석자들은 2주에 한 번씩 만나 지속적인 대책을 마련하기로 했다.

사례 2

S는 동사무소의 사회사업 전문요원으로서 지역사회에 대해 매우 관심이 많고 적극적으로 지역사회의 일에 참여한다. 그녀는 자신의 행동에 따라 시민들의 삶의 질을 조금이나마 바꾸어놓을 수 있다고 믿는다. 예를 들어, 그녀는 가정폭력 예방 캠페인에 참여하고, 마을버스 요금 인상에 대해 관료들에게 항의 편지를 쓴다. 또한 그녀는 방과 후에 10대들이 안전하게 모일 수 있는 장소 마련을 위해 지방정부에 편지를 쓴다. 또한 그녀는 교회 주일학교 학생들에게 자원봉사에 참여하도록 격려한다.

2. 옹호준비

사회복지사들은 때로 옹호활동에 관계하기를 꺼리는 경우가 있다. 그 이유는 다음과 같다. ① 옹호활동을 실질적인 도움이라기보다는 부수적이라고 생각한다. ② 복잡한 기관 상황 또는 정치적 과정 때문에 좌절감을 느낀다. ③ 사회복지사가 자신 스스로를 권한이 없고 영향력이 없다고 간주한다. ④ 사회복지사가 자신 스스로를 정보가 부족하고 비효과적이라고 간주한다(Brieland, 1982). 사회복지사들은 옹호에 대해 불안해하고 "난 할 수 없어."라고 생각하고 있을지도 모른다. 옹호할 수 있는 능력에 대한 확신을 갖기 위해서 다음 방안을 제안한다.

첫째, 옹호가 수행되는 방식에 대해 배워두어 옹호활동의 기회가 왔을 때 참여할 준비를 해둔다.

둘째, 옹호활동의 기회가 있을 때 자신을 포함시켜 달라고 슈퍼바이저에게 부탁해놓는다.

셋째, 마음속에 항상 옹호에 참여해야 하는 목적을 되새긴다.

많은 서비스 수혜자들은 아프거나 학대받거나 제대로 교육받지 못하여 권한이 부족하고 상처받기 쉽기 때문에 우리에게 상당히 의존하고 있다는 것을 기억해야 한다. 사회복지사들은 위기 속에서 무시당하고 제 목소리를 내지 못하는 사람들을 대신한다는 사실을 기억하고 용기를 갖도록 노력해야 할 것이다 (Poindexter, 2003).

다른 기술들과 마찬가지로 옹호기술은 사회복지사에게 중요하며, 개인이나 가족을 돕는 데 활용되는 원리가 옹호에도 적용된다. 클라이언트의 입장에서 시작하기, 강점을 인정하기, 위해서(for)가 아닌 함께(with) 계획하기 등이다. 오랫동안 유지되어 온 체제나 정책을 변화시키는 것은 쉽지 않기 때문에 옹호는 용기, 확신, 인내, 낙천주의가 필요하다.

1) 옹호 및 지역사회 조직의 시작

어떻게 옹호 및 지역사회 조직의 기술을 향상시킬 수 있을까? 아래 사항부터 시작하는 것이 좋을 것이다.

① 지역사회의 각종 집단이나 조직에 있는 사람들을 알아나간다. 어떤 문제의 영향을 받는 사람들에게 그 문제의 역사를 이야기해주고 그들이 미래를 어떻게 보고 있는지를 알아본다.

② 문제의 심각성이나 성격에 대해 조사하고 기록한다. 문제 상황을 이해하고 문제의 심각성에 대해 사회사업기관, 주민, 소비자, 지역유지, 입법자들에게 알릴 수 있어야 한다. 옹호활동에는 반드시 지역사회의 각 성원들을 포함시켜야 한다. 이들이 자신의 입장을 이야기하도록 초청해야 한다. 또한 필요하다면 사회복지사는 문제에 관해 언제든 이야기할 수 있도록 준비해놓는다. 문제를 분명히 제시하고 최소한 한 가지 해결책을 제시하며 자신의 견해를 지지해줄 수 있는 자료를 준비하고 실제 상황에 대한 예들을 준비해놓는다.

③ 가능한 해결책을 찾기 위해 관심 있는 사람들로 구성된 네트워크를 구성하거나 연합체를 형성한다. 문제 때문에 가장 많이 영향을 받는 사람들의 대표자를 반드시 관여시켜야 한다.

④ 변화가 필요하다는 점과 지역사회의 입장을 알리기 위해 대중매체를 활용한다. 이때 사회복지사 본인은 충분한 정보를 가지고 있고 세밀하게 준비했다는 점을 분명히 제시해야 한다.
⑤ 사회복지사가 어떤 집단이나 조직, 지역사회를 대표하고 있다면, 이런 조직들이 사회복지사에게 모든 것을 추진할 수 있는 권한을 주었다는 점을 분명히 할 필요가 있다. 정책결정자에게 본인이 그들을 대표하고 있으며 대변인 역할을 한다고 말해둔다.
⑥ 입법에 관한 옹호활동을 한다면 입법과정을 공부할 필요가 있다. 누가 상황을 변화시킬 수 있고, 결정권을 가지고 있는지를 파악한다.

2) 옹호를 위한 자료수집

사회복지사가 옹호활동을 위해 동료나 입법가(시의원)들을 교육시키기 위해서는 지역사회에 관해 공부해두어야 할 필요가 있다. 인구조사보고서를 통해 그 지역의 인구동향을 살피고, 각종 범죄통계, 질병관련 통계에 관한 자료를 살펴보아야 한다. 각종 지역사회 기관과 주민들에게 설문조사를 실시하여 그 지역사회의 가장 중요한 사회문제를 파악하는 것도 한 방법이다. 인근 지역사회에서 발생하고 있는 문제도 살펴볼 필요가 있다. 사회문제에 대해 정보를 수집하는 목적은 문제를 이해하여 적절한 해결책을 제시하기 위한 것이고, 또한 정치가들이나 대중을 설득시키기 위해서다.

문제에 관해 조사를 시행할 때 명확히 해야 할 사항은 다음과 같다.

- 현 상황을 변화시키는 것이 왜 어려운가?
- 과거에 현 상황은 어떻게 평가되었고 규정되었는가?
- 현 상황이 지속되는 이유는 무엇인가?
- 현 상황의 원인에 대한 이론적 배경은 무엇인가?
- 현 상황에 대한 대중의 태도는 무엇이고, 그 상황에 영향을 받는 사람들의 태도는 무엇인가?
- 현 문제에 가장 영향을 받는 사람들의 일반적인 견해는 무엇인가?

• 도움이 될 만한 자원으로는 무엇이 존재하는가?
• 예전에는 어떤 방안이 시도되었고, 현재 가능한 해결책으로 무엇이 제시될 수 있는가?
• 주민이나 정치인들이 충분히 관심을 표하고 있는가?(Netting et al., 1993).

지역사회 분석틀

지역사회를 분석할 때는 목표집단을 선정함으로써 지역사회의 범위를 좁게 규정하는 것이 도움이 된다.

1. 목표집단의 파악

- 목표집단의 특성을 이해하고 그들의 지역사회에 대한 인식을 이해한다.

2. 지역사회규모의 결정

- 변화노력을 기울일 지역사회의 지리적 경계를 파악한다.
- 목표집단에 영향을 주는 문제의 프로파일을 만든다.
  (그 문제에 대한 자료를 수집한다.)
- 목표집단에 영향을 주는 주요 가치를 관찰하고 이해한다.
  (이들에게 중요한 가치, 전통, 신념은 무엇인가? 이들이 겪는 가치갈등은 무엇인가?)

3. 차이점의 인식

- 목표집단이 공식적으로 또는 비공식적으로 억압받아 온 기제(방식)를 인식한다.
  (목표집단이 일반집단과 어떤 차이가 있는가? 그 차이 때문에 억압받는가?)
- 목표집단이 차별받아 온 증거를 수집한다.
  (이들이 지역사회에 완전히 통합되지 못하게 하는 장애물이 있는가?)

4. 구조를 파악

- 목표집단의 욕구를 충족시키기 위한 권한이 어디로부터 나오는지 파악한다.
- 목표집단의 욕구 충족을 위한 자원을 파악한다.
- 목표집단에 대한 서비스 전달 유형과 자원이 어떻게 배분되는지 그 유형을 파악한다(어느 단체가 목표집단을 옹호하고 도움을 주는가? 자원분배는 어떤 과정을 통해 영향을 받는가? 자원배분이 지역사회 외부의 힘에 영향을 받는가?).

* 출처: Warren, R. L. (1978). *The Community in America*. Chicago: Rand McNally.

옹호를 위한 기본 자세

지역사회는 종종 빈곤이나 범죄, 실업, 알코올 및 약물중독, 10대 임신, 사회 서비스 부족 등의 장애와 어려움에 부딪치게 된다. 대부분의 사람들이 지역사회에 대해 생각할 때 실수하는 한 가지는 바로 지역사회가 단지 문제가 있다는 것만을 이야기하지, 지역사회의 강점을 발견하고 인정하지 못하는 경우가 많다는 것이다. 최근 들어 '권한강화' 또는 '강점견지'는 매우 중요한 이슈로 등장하고 있다. 권한강화와 강점견지의 철학은 다음과 같다. ① 클라이언트는 자신 스스로 결정할 권리가 있다. ② 클라이언트도 지원을 받기만 한다면 자신의 삶을 영위해나갈 능력이 있다. 지역사회 조직사업을 통해 권한이 적었던 사람들이 힘을 갖도록 할 수 있고 그럼으로써 지역사회는 긍정적으로 발전해나갈 수 있다. 또한 옹호자들은 모든 것을 대신한다기보다는 파트너로서 일해야 하고, 궁극적으로 옹호자 없이도 사람들이 잘 해내갈 수 있도록 도와야 한다. 강점견지는 사람들이 가지고 있는 장점을 파악하려고 노력하며 사람들 내에 있는 성장을 위한 잠재력을 믿는다. 그렇다고 옹호가 문제나 도전을 무시한다는 것은 아니다. 사회복지사는 긍정적인 견지를 가질 수 있어야 한다는 것이다.

3) 정치적 참여

사회복지사는 정치적 과정에 다양한 방식으로 참여할 필요가 있다(Poindexter, 2003). 다음의 예를 보자.

① 어떤 문제에 대한 해결책을 찾는 입법가가 있다면 자료와 정보, 경험담 등을 제공한다.

② 시의회나 시장에게 특별한 이슈에 관해 전화를 한다.

③ 중요한 입법 사항이 있으면 그 과정을 계속 추적해나간다.

④ 서비스 수혜자들이나 기관 직원들에게 시의회, 시의원, 시청, 시장 등의 전화번호와 주소를 알려준다.

⑤ 각종 공청회에 참석한다.

사례

J는 노인복지관에서 일하고 있고 노인들에게 교통수단을 제공해주고 있다. 최근 들어 새로운 차량을 마련해야 할 필요성이 있어 슈퍼바이저에게 이야기하고 있지만, 예산상의 문제로 새 차를 구입할 수가 없다고 한다. 기관장의 지원과 허락하에 J는 시청 노인복지과, 시의회 등에 새 차량을 구입하기 위한 제안서를 냈고, 또한 지역방송에도 연락을 취하여 이 문제를 취재토록 했다. 서비스를 받고 있는 노인들을 조직하여 청원서를 내는 것을 도왔고, 지역신문과 방송 인터뷰에 응하도록 하였다. 이런 노력의 결과로 노인복지관은 다양한 출처로부터 자금을 얻을 수 있었다.

3. 자신의 기관 내에서의 옹호

병원이나 교도소, 정부기관 등에서 일하는 워커들은 기관의 엄격한 규정 때문에 적절한 서비스를 제공하는 데 자신의 능력을 발휘하지 못하는 경우가 많다. 워커들은 자신의 기관이 도움을 필요로 하는 사람들에게 어떻게 최상의 서비스를 제공할 수 있을지 고민해보아야 한다. 그러나 자신의 기관 내에서의 변화를 위한 옹호는 몇 가지 윤리적 딜레마를 가질 수 있다. 옹호자로서의 본분은 사회에서 무시받는 사람들을 위하는 것이다. 그러나 자신을 고용하고 있는 조직에 문제를 일으키면서까지 그 역할을 해야 하는 것인가? 많은 사회복지사들이 직면하는 딜레마는 다음과 같다. ① 수혜자들의 권리에 대해 너무 강력히 제안한다면 나의 위치가 위태롭게 되지는 않을까? ② 기관 내에 풍파를 일으키는 것이 옳은 것인가?

이러한 가치 사이의 갈등은 사회복지사로서의 강력한 정체감 및 사명감과 연결 지어 생각해보아야 할 것이다(Poindexter, 2003).

사례

J는 입양기관의 워커다. 입양을 신청하는 부모들을 면담하여 입양 자격을 결정하는 역할을 수행한다. 입양기관의 규정에 따르면 입양신청 부모는 신청 당시 45세 이하이어야만 한다. J는 한 부모를 면담하였는데, 공교롭게도 양쪽이 모두 47세다. 이들은 20년간 결혼생활을 해왔고 전문대 교수다. 재정적으로도 안정되어 있고 정서적으로도 문제가 없어보인다. J는 입양신청을 거부해야 할지 아니면 기관이 규정을 개정하도록 옹호활동을 해야 할지 고민하고 있다.

자신의 기관 내에서의 옹호자로서의 가장 중요한 과제는 무엇을 변화시킬 수 있을 것인지 결정하는 것이다. 사회복지사는 서비스 수혜자들에게 자신의 서비스 체계가 더욱 반응적이 될 수 있도록 자신의 능력을 최대한 발휘해야 한다. 그러나 무조건 기관장에게 목소리를 높이는 것은 너무 위험하다. 여러 가지 대안을 고려해보아야 한다.

① 외부의 옹호자들을 활용하라. 시의원이나 목사, 종교지도자, 다른 기관장 등 기관의 절차에 항의할 수 있는 사람들을 찾아 활용해야 한다.

② 클라이언트들로 하여금 불만을 공식 제기하거나 시의원들에게 전화하도록 고무한다.

③ 기관정책을 도저히 수용할 수 없다면 직장을 바꾼다. 경력은 없어지는 것이 아니다. 현재가 마지막 직장이라고 생각하지 말자.

제 19 장

기관의 변화를 이끌어내기

조직은 필요하고도 중요하다. 왜냐하면 개인 혼자서는 스스로 성취할 수 없는 것들을 집단이나 조직을 통하여 이루어낼 수 있기 때문이다. 이제는 복잡한 산업사회가 지속될 것이기 때문에 수많은 다양한 규모의 조직들이 계속 발생하고 존재할 것이다.

사회사업가로서 우리들은 대부분의 시간을 인간서비스 조직(공공기관 또는 비영리기관)에서 실천을 하면서 보낸다. 이러한 조직들은 우리들의 개인적 그리고 전문가로서의 복지에 큰 영향을 끼친다. 우리들의 재능이나 기술과는 상관없이 조직의 구조, 문화 그리고 관리가 우리들이 어떠한 자세로 서비스를 제공할 수 있는지에 많은 영향을 준다. 즉, 조직의 문화가 우리가 훈련받았던 전문적인 작업을 얼마나 잘 해낼 수 있는지에 영향을 준다. 동시에 우리들의 업무조직들은 우리들의 자아상, 생계, 성취감, 인간으로서의 가치에 영향을 준다. 이러한 이유들 때문에 조직이 어떻게 운영되는가를 이해할 필요가 있고, 또한 우리에게는 개인적으로나 전문적으로 더욱 만족스러운 작업환경을 창조할 수 있는 지식이 필요하다.

먼저 조직이 어떻게 운영되는가에 대한 이해를 돕기 위해 일반적인 인간서비스 조직의 특성에 대해 알아보고, 워커들이 알아야 하는 조직생리의 공식적 · 비공식적 관점, 외부 기관과의 관계에 대해 간단히 알아보고자 한다. 그리고 끝으로 기관의 변화를 이끌어내기 위한 전략을 제시하고자 한다(Hardcastle, Wenocur, & Powers, 1997).

1. 인간서비스 기관들의 특성

사회사업가들은 매우 광범위한 인간서비스 조직에서 실천한다. 비록 이러한 기관들은 그 규모, 복잡성, 후원, 범위, 등급에 따라 다양하지만 반면에 많은 공통점을 가지고 있다. 이러한 공통된 요소들을 통해 인간서비스 워커들과 서비스 이용자들이 종종 접하게 되는 조직의 문제와 기회들을 설명해보고자 한다.

첫째, 인간서비스 조직의 핵심활동은 그 지역 내의 사람들에게 봉사하기 위해 구조화되기 때문에 인간서비스 기관은 인간을 다루며 변화시키는 기관이라고 할 수 있다. 그 활동의 예를 들어보면 직장 찾아주기, 정보제공, 의뢰, 소득보장, 상담 등이다. 그런데 서비스 활용자가 반드시 수동적 참여자는 아니기 때문에 서비스 워커가 그 사람들에 대한 통제력을 얻기 위해서는 클라이언트의 협력과 신뢰가 필요하다.

둘째, 서비스 기관은 사람을 다루는 특성 때문에 기관의 성과결과물(outcome)을 객관적으로 얻어내기에는 어려운 점이 있다. 전문적 개입의 산물은 구체적이지 않고 개인의 성격변화 같은 측면과 관계되기 때문에 전문적 개입의 결과를 측정하고 통제하고 표준화하기가 어렵다. 그러므로 결과적으로 기관이 한 일에 대해 외부로부터 확고한 지지를 얻어내기가 어렵다는 것은 놀라운 일이 아니다.

셋째, 시장경제에서 인간서비스 조직들의 제1의 자금출처는 대개가 정부의 세금과 기부금들이라는 사실은 매우 독특한 현상이다. 이러한 사실이 뜻하는 것 중의 하나는 시장에서 생산품을 파는 회사의 상황과는 달리 클라이언트 수의 증가와 서비스의 증가가 자동적으로 수입의 증가라는 결과를 낳지 않는다는 것이다. 또한 서비스 이용자들과 서비스의 자금을 공급하는 사람들이 동일

인물이 아니므로, 서비스 이용자들이 자신에게 서비스하는 조직의 운영에 권한을 행사하지 못한다. 그러나 서비스 이용자들은 인간서비스 조직들의 자산으로서 가치가 있다. 왜냐하면 클라이언트가 없으면 조직도 없기 때문이다. 그래서 기관들은 종종 클라이언트를 확보하기 위해 타 기관을 경쟁의 대상으로 보기도 한다.

넷째, 인간서비스 조직의 자금출처는 정치적 · 제도적인 환경에 의존적이다. 결과적으로 인간서비스 기관들의 자금과 적법성은 정치적 · 행정적 변화에 따라 그 성쇠가 좌우되기 때문에 정치적인 측면에 촉각을 세우게 된다.

다섯째, 인간서비스 작업은 종종 스트레스를 준다. 왜냐하면 자원이 부족하고 또한 소위 '도덕적 작업' 이기 때문이다(Hasenfeld, 1992). 워커들은 클라이언트에 대한 도덕적 판단을 해야 하는 경우가 많고 종종 고통스러운 가치판단을 해야 한다. 예를 들어, 서비스를 중단해야 할 것인가 또는 아동을 가정으로부터 분리시켜야 할 것인가 하는 상황이 많다. 스트레스가 많은 조직세팅에서 워커들은 지친 나머지 조직을 떠나거나 역기능적으로 적응하게 된다.

여섯째, 인간서비스 직업은 또한 여성직이라는 말이 있다. 여성들이 직접서비스 워커의 대부분을 차지하고 있기 때문이다(Hasenfeld, 1992).

2. 조직의 기능에 대한 관점

사회사업기관 같은 조직을 설립하는 이유는, 개인 또는 집단이 가지고 있는 목적이 매우 어려운 목적이고 이것이 효과적으로 성취되기 위해서는 많은 사람들의 연합된 노력을 요구하기 때문이다. 그러나 조직을 설립한다 하더라도 모든 것이 계획대로 되는 것은 아니다. 많은 불확실성이 조직의 내외에 존재하기 때문이다.

먼저 내부적으로 불확실성은 최소한 세 차원으로 말할 수 있다. 바로 구조적 복잡성, 기술적 불확실성, 인간의 다양성이다. 이에 대해 설명해보자. 어느 조직이 복잡한 욕구를 가지고 있는 대규모의 이질적 집단에 봉사하기 위하여 세

워졌다면, 이 기관들은 복잡한 체계를 갖추어야만 한다. 조직의 지도자나 관리자들은 조직의 운영을 위해 하부부서를 나누고 전문화시켜야 한다. 그러나 조직이 분화될수록 다양한 하부체계의 작업을 조정하는 데 어려움이 따른다. 둘째, 인간서비스 조직에서의 기술적 불확실성이란 우리는 어떤 문제를 다루기 위해 가장 좋은 개입이 무엇인지 확실히 알지 못한다는 것이다. 마지막으로 조직을 구성하는 성원들이 너무 다양하다는 데 불확실성이 있다. 즉, 직원과 관리자 등의 성격이나 신념, 가치, 욕구는 서로 달라 갈등을 일으킬 수 있다

다음으로 타 기관과의 관계에 관련하여 불확실성에 대한 중요한 이슈는 다음과 같다. 모든 기관은 자신의 영역(즉, 자신의 기관이 다루는 문제, 대상집단, 제공하는 서비스)이 있기 때문에 다른 기관과 종종 경쟁관계에 있기가 쉽다. 특히 자원이 부족할 때는 더 그렇기 때문에 영역 불일치(domain dissensus)가 발생한다. 때로 협상을 통해 영역 일치에 도달하기도 한다.

또한 기관의 외부환경은 그 기관에 피할 수 없는 불확실성을 제공한다. 왜냐하면 외부환경이 그 기관에서 필요로 하는 정보나 자원을 가지고 있지만, 기관은 그것을 통제하거나 인지하지 못하는 경우가 많기 때문이다. 그래서 외부환경의 구조와 역동성은 조직의 기능에 영향을 준다.

조직행정은 조직의 목적을 성취하면서도 이러한 불확실성을 이겨나가기 위해 내적, 외적 환경을 관리해나가는 지속적인 싸움이라고 할 수 있다. 조직이 불확실성을 이겨나가고 성장하기 위해서는 내부로부터 끝없는 변화를 추구하는 것이 필요하다(Hardcastle et al., 1997).

3. 조직의 구조와 운영

조직이 어떻게 움직이는지를 이해하기 위해서는 조직의 합리적 및 비합리적 양상, 즉 공식적 및 비공식적 양상을 검토할 필요가 있다. 합리적 측면을 보기 위해서는 조직이 형성된 목적과 조직강령을 이해하는 것이 우선이다. 어디서나 조직은 자신의 조직강령을 가지고 있으며 조직강령은 조직이 무엇을 해야 하는

지를 지적하고 있다. 예를 들어, 아동보호서비스 부서는 어떤 지역의 아동학대나 방임이 보고되면 그 사례를 조사하도록 하는 규정을 따라야 한다. 또한 조직의 강령은 조직의 공식적 목적도 제시하고 있다. 공식적 목표와 하위목표들을 살펴보면 조직에 대한 이해를 구할 수 있다.

두 번째로는 조직의 권한 구조를 살펴보아야 한다. 누가 어떠한 책임을 가지고 있는지를 살펴야 하며, 이사회와 조직행정책임자들의 배경과 능력에 대한 정보도 필요하고, 이사회가 조직에 관여하는 정도와 이사회와 행정책임자와의 관계(좋은 협력관계를 유지하고 있는지)도 살펴보아야 한다.

조직의 공식적 구조

조직의 구조를 이해하는 한 방법은 부서 간, 직원 간의 관계를 파악하는 것이다. 다음 사항을 고려해보는 것이 좋다.

- 누가 권한을 가지고 사람들을 통솔하는가?
- 누가 그에게 권한을 주고 있는가?
- 기관 내의 슈퍼비전 유형은 무엇인가?
- 기관 내의 의사소통 흐름은 어떠한가?
- 나는 누구에게 보고하는가?
- 누가 나의 작업을 평가하는가?
- 누군가 내게 보고하는가?
- 내가 누군가를 평가하는가?
- 나는 어떻게 정보를 얻는가?
- 나는 정보를 누구에게 전달하는가?

조직의 명령계통을 파악하기 위해 기관의 조직도를 보는 것도 유용하다. 조직도를 보면 누가 가장 최고 책임자이고 누가 자원을 통제하는지를 쉽게 파악할 수 있다.

한편, 조직의 공식적 양상이 어떻게 조직이 운영되는지에 대해서 모든 것을 말해주지는 않는다. 좀 더 완벽한 이해를 위해서는 비공식적 구조도 알아보아야 한다. 즉, 조직의 성원들의 비공식적 모임(예: 성경공부모임, 향우회) 같은 것이다(Scott, 1973). 비공식적 연합은 조직의 문화와 행동에 영향을 주고 조직이 응집력을 갖게 한다. 또한 비공식적 구조를 살펴보면 누가 누구와 의사소통하고 있는지를 알 수 있으며, 누가 정책결정자에게 영향력을 발휘하며, 어떻게 정책결정자에게 접근할 수 있는지를 알 수 있다. 비공식적 체계는 또한 조직의 역사와 전통에 대한 소식을 접하는 곳이 된다. 조직의 과거 갈등이나 조직의 비공식적 가치에 대해 더 잘 알 수 있게 된다.

비공식적 의사소통망을 잘 파악하기 위해서는 누가 누구와 시간을 보내고 어느 그룹이 함께 식사를 하고 미팅시간에 누가 같이 앉는지 등을 잘 관찰하여야 한다(Woodside & McClam, 2003).

조직의 비공식 구조

모든 기관은 비공식 구조를 갖기 마련이고 이러한 기관의 비공식 구조가 직무수행에 많은 영향을 준다. 비공식 구조가 직원들의 욕구충족에 도움을 주기도 한다. 공식적 구조와 비공식적 구조의 차이를 알아보자.

공식	비공식
누가 누구를 감독하는가?	누가 누구에게 무엇을 하라고 조언을 주는가?
업무기술서에 무엇이 기록되었는가?	직원은 실제로 무엇을 하는가?
공식적 의사소통 라인은 무엇인가?	실제로 누가 누구와 의사소통하는가?
기관정책은 무엇인가?	실제로 어떻게 운영되는가?

비공식적 구조는 공식적 구조로는 충족되지 못하는 욕구를 충족시키는 한 방법으로 모든 조직 내에 개발되어 있다. 이러한 구조가 사례관리자의 작업을 촉진시켜주며 욕구를 충족시켜준다. 예를 들어, 비공식적 통로를 통해 동료 워커가 사례관리자에게 서비스전달이나 기관의 정책에 대한 조언을 주어 도움을 주고, 어려운 상황에 있을 때는 지지를 해주어 사례관리자의 충족되지 않은 욕구를 충족시켜줄 수 있다. 비공식적 구조는 상호존중과 장기간의 관계형성에 기반을 둔 지지망이라 할 수 있다.

비공식적 구조는 정보의 전달에도 도움을 준다. 직원들은 비공식적 통로를 통해 정보를 얻게 되는 경우가 많다. 정보를 신속히 얻게 됨으로써 의사결정도 빨라질 수 있고, 서비스 계획의 수정이나 직무변화에 신속히 대응할 수 있게 된다.

비공식적 구조는 조직에 기여하는 부분도 있으나 어려움을 초래할 수도 있다. 예를 들어, 비공식적 구조는 보통 전통이나 현상유지, 변화에 대한 저항의 성향을 나타내는 경향이 있다. 그러기에 사례관리자가 클라이언트를 위한 변화를 옹호하는 데 장애물이 될 수도 있다. 또한 비공식적 통로를 통한 정보는 신뢰할 수 없거나 사람들에게 상처를 주는 것일 수도 있다. 그러므로 비공식적 정보는 주의 깊게 받아들여야 한다. 만일 정확하지 않은 정보에 기반하여 의사결정을 하게 될 경우 전문가의 신뢰도에 커다란 손상을 줄 수 있다.

비공식적 구조에 대한 다이어그램을 그려두는 것이 도움이 된다. 자신이 관찰한 상호작용 유형을 다이어그램으로 그릴 때 다음 질문을 염두에 두는 것이 좋다.

- 어느 동료가 나에게 정보를 주는가?
- 어느 동료가 나를 도와주는가?
- 누가 나의 슈퍼바이저인가?
- 나는 누구를 감독하는가?

위의 질문에 대한 해답을 이끌어내면서 동시에 기관의 공식 조직도와 비교해본다면 새로운 통찰력을 얻을 수 있을 것이다.

4. 기관의 변화

기관의 프로그램이나 서비스를 개선하고 불공정을 수정하기 위해서는 때때로 기관의 규범과 정책 또는 전체 프로그램이 변화될 필요가 있다. 여러 이유에서 이러한 변화가 위로부터 주도되지 않는 경우가 많다. 이런 때는 일선 워커나 중간 관리자들이 클라이언트를 위해 그리고 기관의 발전을 위해 또는 자신들을 위해 기관의 변화대행자로서 움직여야만 한다. 예를 들어, 지역사회 정신보건센터의 새로운 직원이 클라이언트를 사후지도하다가 정신장애인들이 아주 초라한 그룹 홈에서 거주하고 있는 것을 발견했다. 그녀는 슈퍼바이저에게 그룹 홈 서비스의 개선을 제안했으나 부정적인 대답만 들었다. “우리 기관은 그런 서비스를 위한 재정이 없어요.” 그러면 여기서 그 문제는 끝나고 마는 것인가? 그렇지 않다. 클라이언트에 대한 옹호자로서 워커는 클라이언트에게 필요로 되는 서비스를 얻을 수 있는 방법을 찾으려고 노력해야 한다. 우리의 가설은 워커가 단순히 수동적 수행자가 아니라 적극적 참여자라는 것이다. 전문적 사회사업가로서 우리는 전문직의 가치에 따라 판단하고 실천해야지 단지 조직에게만 충성하는 것은 아니다. 때때로 우리는 기관의 정책과 실천을 변화시키도록 노력해야 한다. 한편, 조직은 유연성을 가져야 한다는 것이 불확실성의 시대에 맞는 논리다. 변화를 거부하고 현상유지만을 하기를 고집하는 기관은 쇠퇴하기 쉽다.

기관이 다른 방향으로 나가도록 돕기 위해 워커는 무엇을 할 수 있을까? 워커는 어떻게 기관의 규범과 우선순위가 클라이언트에게 더욱 유익할 수 있도록 재정비/변화시킬 수 있을까?

기관을 클라이언트 체계라고 간주하면서 잠시 변화과정을 고려해보자. 전문적 사회사업실천과 마찬가지로 여기서의 변화는 의도적 변화다. 즉, 워커의 계획적 개입과정으로부터 초래되는 변화다. 전통적 문제해결과정의 틀을 활용한다면, 워커는 먼저 문제를 조사하고 기관에 관해 가능한 많은 것을 알아내야 할 것이다. 특히 기관에서 권한이 어떻게 행사되고 누가 행사하며 어떻게 정책결정이 내려지는지에 관심을 기울여야 한다. 즉, 워커는 누가 정책결정을 하고, 정책결정에 영향을 주는 사람들, 즉 공식적, 비공식적 권한 소유자는 누구인지를 알아야 하며, 정책결정과정을 안내하는 공식적, 비공식적 기관 규범에 대해서 이해해야 한다. 워커는 이러한 사항들에 대해 숙지한 후에 기관변화에 대한 프로포졸을 만드는 것이 유리하다. 워커는 구입된 정보를 바탕으로 하여 변화를 초래하기 위해 무엇이 수행될 필요가 있는지를 사정해야 한다. 그리고 구체적 변화목표를 세워야 한다. 다음으로 워커는 개입전략을 개발해야 한다. 즉, 클라이언트 체계를 변화시키기 위한 전략이다. 그리고 이를 수행한다. 마지막으로 워커는 진전 상황을 평가하고 수정할 사항이 있는지 판단해야 한다.

그러나 기관을 클라이언트 체계로 볼 때는 일반 변화과정과 좀 다른 점이 있다. 즉, 기관이 워커에게 도움을 요구하는 것이 아니라는 점 그리고 워커가 기관의 고용인이기 때문에 클라이언트 체계에 대한 권한이 축소되며 워커가 제재를 받을 수도 있다는 점이다. 그러한 제재 가능성이 있기 때문에 워커는 제재의 가능성을 숙고하여 변화전략을 세울 때 이를 반영해야 한다. 혼자서 행동하지 말고 변화주도체계를 형성하는 것이 바람직하다. 워커는 자신과 비슷한 관심사를 가지고 있는 동료를 파악하고 영향력 있는 사람들을 변화노력에 연관시키는 것을 전략적으로 숙고해볼 필요가 있다. 이를 위해 조직의 다른 성원들과 긍정적 교환관계를 설립해야 한다. 동료직원들에게 도움을 주거나 우호적인 말을 하거나 인정해줌으로써 자기편을 만드는 것이 중요하다. 또한 조직에서의 자신의 입지를 확고히 하는 것이 필요하다. 이를 위해서는 특별한 문제에 대하여 전문성과 능력을 키워야 한다. 그 분야에서 능력을 인정받으면 영향력을 행사할 수 있게 마련이다.

기관의 변화주도자로서 행동하기 위해서는 조직을 역동적 체계로서 보는 것이 필요하다. 그래야 변화가능성을 보게 된다. Lewin의 장이론(field theory)에 따르면, 조직적 체계는 서로 상쇄적인 힘(세력: forces)이 존재하는 장(field)이라고 한다. 체계변화를 이끄는 힘으로써 추진력(driving forces)과 변화에 대한 저항으로서의 억제력(restraining forces)이 있다. 이러한 힘들이 균형을 이루고 있으면 기관은 현상유지가 된다. 그러나 힘의 균형이 깨지면 스트레스가 발생하고 새로운 안정상태가 재설정될 때까지 불안정상태를 창출한다. 추진력이 증가하거나 억제력이 감소한다면 변화가 발생할 것이다(Brager & Holloway, 1978).

문제를 조사한 후(이 경우에는 문제가 기관에 있는 것이다.), 앞에서 언급한 것처럼 기관에 대한 정보를 수집하고 동지나 후원자를 찾고 잠재적 위험을 숙지한 후에, 워커는 조직의 변화를 위한 전략을 개발하기 위해 현장의 세력을 체계적으로 분석한다(force field analysis). 다음에 나오는 현장세력분석단계를 참조하라. 내부로부터 기관을 변화시킬 때 조직은 변화의 목표체계가 된다(Hardcastle et al., 1997).

체계를 다루는 원리

1. 기관의 정책결정과정에 대해 파악한다.
2. 누가 정책결정에 관한 공식적 권한을 가지고 있고 누가 비공식적 영향력을 가지고 있는지 파악한다.
3. 조직의 성원들과 긍정적 교환관계를 개발하여 조직 내에서의 입지를 강화한다.
4. 특별한 문제영역을 관리하는 데 전문성과 능력을 발휘함으로써 입지를 강화한다.
5 자신의 행동을 지지해줄 수 있는 조직 내 규율이나 과거 사례 등을 찾아본다.
6. 공식적 통로를 따를 것인지, 비공식적으로 문제를 다룰 것인지 결정한다.
7. 필요한 정보를 얻기 위해 비공식적 체계를 활용한다.

현장세력분석단계

1. 문제나 욕구를 간결하게 묘사한다. 즉, 자신이 변화시키려는 상황을 말한다. 이를 현장세력분석표에 기록한다.
2. 성취하려는 목표를 구체화한다. 이를 위해 문제를 작은 부분으로 나눈다. 가능한 한 조작적으로 구체적이어야 한다. 즉, 측정 가능하게 서술되어야 한다. 목적을 현장세력분석표에 기록한다.
3. 모든 억제력(restraining forces)을 파악한다. 문제를 지속시키거나 목적 성취를 방해하는 모든 세력을 말하는 것으로 이를 분석표에 기록한다.
4. 모든 주요 추진력(driving forces)을 파악한다. 현재 또는 앞으로 변화목표를 성취하는 데 도움이 되는 세력을 말하는 것으로 이를 분석표에 기록한다.
5. 각 세력의 변화가능성을 평가한다. 분석표에 H(높음), L(낮음), U(불확실함)로 표시한다. 즉, 추진력이 증대될 가능성이나 억제력이 감소될 가능성을 말한다.
6. 세력에 영향을 줄 수 있을 것이라고 사료되는 중요인물(critical actors)이나 촉진자(facilitators)를 가능한 한 모두 파악한다. 이를 분석표에 기록한다.
7. 지금까지 파악된 것 중에서 변화가 가능한 추진력이나 억제력을 나열하고 이 세력에 영향을 줄 수 있는 인물을 6번 중에서 파악한다.
8. 최종적으로 둘 또는 그 이상의 억제력을 선정하고 이를 줄일 수 있는 전략을 세운다. 이를 분석표에 기록한다.
9. 최종적으로 둘 또는 그 이상의 추진력을 선정하고 이를 증대시킬 수 있는 전략을 세운다. 이를 분석표에 기록한다.

표 19-1 **현장세력분석표**

문제상황 또는 욕구: 목적:

평가 (H, L, U)	제지력	추진력	평가 (H, L, U)
______	______	______	______
______	______	______	______
______	______	______	______
______	______	______	______
______	______	______	______

중요인물 및 촉진자

1) 재단이사회, 이사장 및 이사 ______

______

2) 기관장 ______

3) 부장 ______

4) 슈퍼바이저 ______

5) 동료 ______

6) 기타 ______

변화전략

• 제지력을 줄이기 위한 전략

______

______

______

• 추진력을 증대시키기 위한 전략

______

______

______

제 20 장

네트워크의 개발과 활용

사회가 복잡하고 다원화됨에 따라 다차원적인 문제와 욕구를 가지고 있는 클라이언트가 증가하고 있다. 아동을 학대하는 어머니는 그런 행위를 변화시키기 위해 직업훈련, 데이케어, 심리사회적 치료, 부모교육, 가족치료 등이 필요할 수 있다. 그런데 필요한 모든 서비스들이 한 기관에서 제공되기는 힘들고 다양한 기관으로부터 그런 서비스를 확보할 수 있기 때문에 네트워크 형성이 필요한 것이다. 네트워크는 클라이언트를 다른 기관에 의뢰할 때도 필요한 것이고, 사회적 지지망을 개발하기 위해서도 필요하며 사회행동을 위해서도 필요하다. 그러므로 네트워크 창출은 사회사업의 핵심적 기술이다. 또한 사회사업이 중시하는 환경 속의 인간이라는 관점과도 일치한다. 네트워크는 도움을 주거나 받을 수 있는 상대방을 찾을 때 발생하게 되며 사회적 관계를 만들고 유지하는 것이다. 네트워크는 사회적 교환을 위한 구조를 제공한다는 점에서 지지체계(support systems)라고 할 수 있다. 이 장에서는 네트워크 형성 시 고려할 사항을 서술해본다(Hardcastle, Wenocur, & Powers, 1997).

1. 사회적 교환

네트워크는 사회적 교환(social exchanges)의 과정에 의해 형성되고 유지된다. 사회교환이론이 네트워크 창출의 기본 이론이다. 사회적 교환은 교환의 가치를 돈 같은 측정단위로 재지 않는다는 점에서 엄격한 경제적 교환과는 구별된다. 예를 들어, 자선기관에 많은 돈을 기부하는 경우를 보자. 기부한 대가로 받는 것은 화폐적 가치로서 측정할 수 없는 산물을 받는 것이다. 기부자가 받는 것은 사회적 지위를 올린다거나 개인적 가치실현의 기회 등이다.

네트워크를 위한 잠재적 교환 참여자(the potential exchange partners)는 여럿일 수 있다. 잠재적 교환 참여자의 수를 우리는 교환세트(exchange set)라고 규정한다. 교환세트 내의 잠재적 참여자 수에 따라 교환 시 각 참여자의 자원으로서의 주요 가치가 결정된다. 가치(value)란 자원을 받음으로써 얻게 된 산물이나 보상을 말한다. 바람직한 자원을 가진 교환 참여자가 많을수록, 그 자원을 찾는 당사자 입장에서 볼 때, 교환의 비용은 적게 들고 교환이 쉽게 실현된다. 비용(costs)은 바람직한 자원을 얻기 위해 초래된 벌(punishments)이나 소요된 산물/자원을 말한다.

2. 네트워크의 차원

네트워크를 형성할 때 고려해야 할 여러 가지 네트워크 차원을 검토해보자.

1) 영역 일치

교환이 발생하고 네트워크가 형성되기 위해서는 네트워크의 단위, 즉 개인 또는 기관이 교환에 관심이 있어야 하고, 잠재적 교환 참여자의 자원을 알고 있어야 하며, 그 자원을 가치 있게 여겨야 한다. 또한 교환을 할 수 있는 능력이 있어야 한다. 다시 말해 기관 간의 관계형성을 위해서는 기관의 영역에 대한 인식과 영역에 대한 일치가 있어야 한다. 영역 일치(domain consensus)란 바로 잠재적 네트워크 참여자가 어떤 기관의 영역에 대하여 인식하고 동의하는 바를 말한다. 기관들은 일반적으로 영역 일치를 추구하여 자원을 획득하는 데서의 영역갈등을 줄이려고 한다. 영역 일치를 통해 안정성과 예측성을 증대시킬 수 있다.

2) 규모

네트워크는 작은 경우도 있지만 전화망처럼 광대하기도 하다. 정보통신과 운송수단의 발달로 네트워크는 어떤 구체적 지역사회로 한정되지 않고 전국적으로 확대되기도 한다. 네트워크가 크면 클수록 잠재적 교환 참여자는 더욱 많게 마련이다. 그러나 커다란 네트워크는 단위별로 관리가 필요하다.

3) 균형

네트워크의 각 단위는 교환할 자원을 가지고 있다. 각 단위는 교환을 통해 자원을 얻기도 하고 잃기도 한다. 모든 단위가 동등하게 자원을 얻고 잃는 것은 아니다. 교환의 대칭 또는 균형(symmetry)이 이루어지는 것은 수요가 있는 자원의 유무와 분포 정도에 달려 있다. 수요가 있는 자원이 상당히 동등하게 분포되어 있다면 거기에 균형이 있는 것이다. 만일 수요가 있는 자원이 소수의 기관에 몰려 있다면 그 네트워크의 교환은 비대칭적일 것이다. Woodward & Doreion(1994)은 자신들의 연구에서 교환의 50% 이상이 비대칭적이라고 지적하고 있다.

4) 의존과 영향력

의존과 영향력(dependency and influence)은 네트워크 내의 자원의 균형에 따라 좌우된다. 교환관계에 있는 한 당사자가 매우 좋은 자원의 유일한 소유자라면 자원에 대한 수요는 매우 높아질 것이고 그 소유자에게는 교환을 통해 돌아갈 이득이 매우 클 것이다. 그 자원의 소유자는 그 자원을 필요로 하는 기관에 대해서는 영향력을 가질 것이다. 영향력은 한 네트워크 성원이 자원의 제공 또는 철회를 통해 다른 네트워크 성원의 행위를 수정할 수 있을 때 발생한다. 필요한 자원과 교환해야 할 잠재적 대안을 적게 갖고 있을수록 그 기관은 더욱 의존적이 된다. 기관이 자원의존성을 줄이고 잠재적 교환 파트너의 수를 늘리고자 할 때 복잡한 네트워크가 형성된다. 다차원의 네트워크와의 연결을 통해 의존성을 줄이고 잠재적 자원에 대한 접근성을 증대시킬 수 있다.

5) 응집력

응집력(cohesion)은 구성원이 네트워크에 참여하도록 이끄는 어떤 것이라고 정의내릴 수 있다. 네트워크가 응집력이 있어야 참여자들 사이에 교환이 활발히 일어난다. 의존보다는 상호의존과 공정한 교환이 응집력을 촉진한다.

6) 중심성과 접근가능성(centrality and reachability)

다른 기관들이 자원교환을 위해서나 의사소통을 위해 A기관을 통해야만 한다면 그 A기관은 중심성을 가지고 있다고 말할 수 있다. 이에 비해 접근가능성은 기관이 자원교환을 위한 통로를 가지고 있는지 없는지를 말한다. 즉, 잠재적 교환기관에 도달하기가 구조적으로 쉬운지 어려운지를 말한다. 그러므로 이 접근가능성이 중심성을 성취하는 데 중요하다. 접근가능성(다른 기관과의 연결)을 높임으로써 중심성을 성취한다면 그 기관의 권한은 더욱 향상될 것이다. 그러나 중심성이 높아지는 이점이 있지만 그만큼 네트워크의 운영과 관리에 많은 책임이 따르게 된다.

7) 조종과 통제

기관의 상호협력과 상호작용이 증대함에 따라 네트워크는 더욱 공식적이 되고 상호작용을 운영하기 위한 규범과 절차가 필요하다. 상호작용을 규제하는 공식적 의정서가 마련되어야 한다. 그렇지 않으면 그 네트워크는 해체된다(Hardcastle et al., 1997).

3. 영역갈등 해결전략

Coser(1964)는 지역사회가 점점 상호의존적이며 밀접해짐에 따라 갈등해결에 대한 규범과 구조가 필요하다고 단언했다. 그러한 규범과 구조 없이는 사회구조는 붕괴되고 와해될 것이다. Levine & White(1961, 1963)는 United Way 같은 공동모금조직 기능의 하나는 영역갈등 해결을 위한 장과 구조를 제공하기 위한 것이라고 지적한다.

영역갈등 해결전략은 일반적으로 영역갈등의 분야를 파악하고 갈등의 잠재적 결과(예: 영역을 분할하여 타협함 또는 영역을 교환함)에 대한 사정을 하는 것이다. 영역갈등의 결과는 한쪽이 영역을 잃고 한쪽이 영역을 얻는 제로섬 게임(zero sum game)일 수 있다. 그러나 이 결과보다는 비제로섬 게임(non-zero sum game)(win/win game)이 더욱 바람직하다. 즉, 양측이 모두 이득을 얻도록 하는 긍정적인 교환관계를 맺는 것이다. 이는 당면한 환경 내의 욕구, 자원, 기타 새로운 영역의 가능성을 사정하여 기존의 영역에 새로운 영역을 추가함으로써 가능하다. 무엇을 주고받을 수 있을지 직접적인 협상을 해야 한다. 협상은 보통 한쪽 측에서 수요 또는 프로포졸의 제시를 하고 상대 쪽에서의 그에 대한 평가를 한 후 동의를 표하거나 아니면 새로운 프로포졸을 제시함으로써 수행된다.

협상의 기본원리는 양측이 동의하는 부분, 동의하지 않는 부분에 대하여 정확한 의사표현을 하고 다음은 공통분모를 찾아 타협을 하는 것이며 다음은 공식적인 서명을 하는 것이다.

갈등 속에 있는 당사자들이 직접 갈등을 해결하지 못하는 경우는 제삼자가 중재를 할 수도 있다. 여기서 제삼자는 중립적인 위치에 있는 인물이나 기관일 수 있고 또는 두 기관의 감독기관일 수도 있다. 중재자가 양측에 모두 만족스러운 경우 중재자는 협상과정에 긍정적으로 작용하는 것이 보통이다.

중재는 공식적일 수도 있고 비공식적일 수도 있다. 중재는 양측 사이에서 합리성을 증대시키고 체면을 세울 수 있는 기회를 제공하며, 의사소통을 촉진하고, 추가적인 재원이나 대안을 발견하여 제공할 수 있다. 중재가 효과적이기 위해서는 중재자가 양측에서 볼 때 공정하다고 인식되어야 한다.

중재가 실패한다면 조정(arbitration)이 또 하나의 대안이다. 조정은 갈등상황에 있는 당사자들에게 감독책임이 있는 제삼자가 해결책을 제시하는 것이다. 조정자는 법원일 수도 있고 재정을 지원하는 기관일 수도 있다. 조정은 갈등 속에 있는 당사자들에게 위험할 수도 있는데 조정자에게 무조건 따라야 하기 때문이다.

영역갈등 해결에서 마지막 과제는 영역의 경계를 유지하고 보호하기 위한 방안을 설정하여 앞으로의 갈등발생 가능성을 사전에 방지하는 것이다.

필요한 네트워크를 결정하기 위한 원칙

1. 목적을 성취하기 위해 필요한 기술, 과제, 자원의 범위를 결정한다.
2. 기술, 과제, 자원에 대한 기관의 현재 능력을 결정한다.
3. 앞의 1과 2를 비교한다. 차이가 존재한다면 기관은 그 영역을 확대하거나 필요한 기관과 네트워크를 형성해야 할 것이다.
4. 지역사회를 사정하여 필요한 자원의 소유자를 찾고 그들과 무엇을 교환할 수 있을지 파악한다.
5. 해당기관과 자원교환에 대해 협상한다.

4. 클라이언트와 사회적 지지 네트워크

많은 학자들은 클라이언트의 권한강화(empowerment)를 사회적 지지망(자조집단 포함)에의 참여와 연관 지어 왔다. 클라이언트의 권한강화라는 것은 클라이언트가 자신의 목적을 성취하기 위해 활동할 수 있는 능력을 증대시키는 것을 의미한다. 사회적 지지망은 위기의 시기에 상호 지원을 제공할 수 있고 사회적 고립을 줄인다. Zimmerman과 Rappaport(1988)는 지역사회에의 참여가 많을수록 심리적 권한강화가 크다고 결론 내리고 있다.

그러나 사회적 지지망은 의도와는 달리 해로운 결과를 가져올 수도 있다. Shinn, Lehmann과 Wong(1984)은 사회적 지지망이 갖는 일부 부정적 측면을 지적하고 있다. 그들의 연구에 의하면 상호교류를 위해 자원을 제공받는 데 대한 보답으로써 수혜자가 수행해야 하는 의무를 제시할 경우, 그 의무가 수혜자의 자원이나 능력을 초과한다면 스트레스를 불러일으킨다고 한다. 그렇지만 지속적으로 일방적인 지원을 받도록 내버려두는 것은 클라이언트의 자기효과성에 도움이 안 된다. 수혜자가 지속적인 수혜자 역할을 하게 되면 수혜자는 의무를 다하지 못한 데 대하여뿐만 아니라 자율성의 손실이나 의존성에 대한 스트레스를 가질 수 있다. 네트워크가 유지되기 위해서는 상호교환이 있어야 한다. 수혜자의 역할뿐만 아니라 제공자의 역할도 맡을 수 있도록 균형이 맞추어져야 한다. Maton(1988)은 사회적 지원은 양방향이어야 하며 그러한 네트워크에 속한 성원들의 안녕감이 더 높았다고 보고하고 있다.

Heller(1990)는 사회적 지지망에 대한 연구결과들을 검토하면서 사회적 지지망은 일반적으로 성원들의 개인적, 대인적, 환경적 스트레스 요인을 다룰 수 있는 능력을 강화시키는 데 도움을 주었다고 결론지었다. 하지만 동시에 사회적 지지망이 스트레스의 한 원인이 될 수도 있다고 주장했다(클라이언트에게 여유가 없는 시간이나 에너지, 돈을 사용해야 하기 때문).

네트워크에는 공식적 지지망과 비공식적 지지망이 있다. 비공식적 지지망은 가족, 친족, 친구집단, 교회, 친목회 등을 들 수 있다. 이에 비해 치료를 목적으로 설립되었거나 공식적으로 만들어진 치료집단은 공식적 지지망에 포함된다. 공식적 지지망은 일반적으로 구체적 문제, 즉 알코올중독이나 성폭행 같은 문제에 초점을 맞추어 조직된다. 비공식적 지원망에 비해 개인들 간의 유대가 강조되지 않으며 반드시 요구되지도 않는다. 아이디어나 이슈가 공유되고 비슷한 사람들이 모였는가가 주요 관건이다. 여기서의 멤버십은 일시적일 수 있다. 그러므로 공동체감이 떨어질 수 있다.

네트워크의 규모나 조밀도(가능한 관계형성의 수: density)는 네트워크의 응집력과 통합에 영향을 줄 수 있다. 정서적 지원을 위해서는 가능한 관계형성의 수가 큰 것보다는 적은 네트워크가 유용하다(Hardcastle et al., 1997).

노인을 위한 네트워크 형성 과정

1. 사회복지사는 노인과 관련된 일을 하는 개인이나 조직, 서비스 단체를 파악한다. 어느 지역사회든지 노인관련 사업에 대해 오랫동안 리더십을 발휘해 왔거나 신뢰를 쌓아 온 개인이나 조직이 있게 마련이다.
2. 사회복지사는 노인의 욕구를 해결하는 데 도움을 줄 수 있는 정치인이나 정치조직, 지방정부공무원을 파악한다. 어느 지역이든지 노인에게 재정적으로 또는 법적으로 도움을 줄 수 있는 정치인이나 조직이 존재한다.
3. 사회복지사는 위의 1과 2에서 파악된 조직을 서로 연결시켜주는 중계자 역할을 한다. 정치인들은 노인들의 지원을 필요로 하기에 노인복지사의 중계역할은 정치인들에게 매우 중요한 의미를 가진다.
4. 이러한 연결역할을 일시적이나 일회적으로 하는 것이 아니라 일정기간에 걸쳐 집중적으로 노력을 기울인다.
5. 위의 각종 개인이나 조직을 모아 각종 위원회를 구성하는 노력을 기울이고 이 위원회에 노인 대표자를 참여시킨다. 이 위원회가 때로는 형식적으로 끝날지라도 장기적으로 이러한 위원회가 지역사회에서 중요한 위치를 차지하게 된다.
6. 위원회를 주축으로 지역사회의 이슈에 대한 각종 워크숍을 개최한다.

5. 실천적 함의

클라이언트의 사회적 지지를 사정하고 측정하는 도구로서 사회관계망지도(Social network diagram)가 있다. 사회관계망지도는 클라이언트의 사회지지관계망을 묘사하고 클라이언트의 관점에서 지지의 속성을 측정한다. 지지적인 관계망에는 직장, 학교, 클럽, 교회와 같은 다소 형식적인 조직뿐만 아니라 가족이나 가계 구성원, 확대가족, 친구, 이웃까지 포함된다. 우선 클라이언트는 그들의 지지관계망의 구성원이 누구인지 파악하여 [그림 20-1] 속에 채워 넣는다. 다음은 아래 사항을 사정한다.[1]

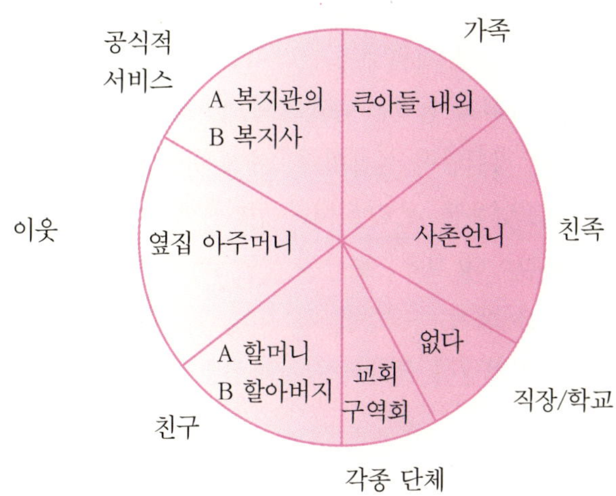

[그림 20-1] 사회적 관계망

1) Milely, K. K. et al. (1995). *Generalist Social Work Practice* (Needham Heights, Ma: Allyn & Bacon).

- 누가 사회적 지지를 제공하는가?
- 이용 가능한 지지의 종류는? (예: 정서적, 물질적, 정보적 지지)
- 자원들 사이의 단절이 있는가?
- 도움이 상호교환되고 있는가?
- 지지를 제공하는 사람에 대한 부정적 비판을 하게 되는 긴장 요인이 있는가? 또는 자신에 대해 부정적 비판을 하는 사람이 있는가?
- 가능한 자원을 사용하는 데 방해가 되는 장애 요인은?
- 사회적 지원망과의 친밀감과 선호도는?

클라이언트의 사회적 지원망을 측정할 때 사회사업가가 주의해야 할 점은 클라이언트에 따라 사회적 지원망도 다양하다는 것이다. 공식적 지원망을 찾기 전에 먼저 비공식적 지원망(가족, 친족, 종교집단, 친구집단)을 찾는 것이 중요하다. 자원봉사자와 비공식적 지원망은 클라이언트의 고립을 줄일 수 있을 뿐만 아니라 기관과 지역사회의 연결을 촉진할 수 있다.

사회사업가는 사회적 지원망이 클라이언트에게 유익할 수 있지만 동시에 해로운 결과를 끼칠 수도 있음을 알고 있어야 한다. 예를 들어, 불건전한 청소년 클럽은 처음에는 소속감이나 보호, 보상을 주는 것 같지만 후에는 폭력적이거나 반사회적이고 자신을 해치는 행동을 하게 될 수도 있다. 또한 사회적 지원망에 대한 검증은 그 지원망이 클라이언트 자신은 물론 지역사회의 안녕에도 도움이 되어야 한다는 것이다.

제6부

평 가

평가는 목적달성의 진전상황을 점검하는 것이다. 계획단계에서 매우 구체적인 목적을 세웠다면 매우 쉽게 성공 여부를 결정지을 수 있을 것이다. 평가에서는 어떤 진전이 있었는가만 검토하기보다는 어떤 행위가 있었는지도 검토해보아야 한다.

클라이언트가 자신의 문제해결에서 어떤 확실한 변화를 느끼지 못한다면 개입과정에 머무르려고 하지 않을 것이다. 평가의 과정을 통해 클라이언트는 자신에게 유익한 변화가 있었는지 없었는지를 확인할 수 있다. 이러한 과정을 통해 클라이언트가 성취한 것은 강화하고 클라이언트가 문제해결과정에 대해 더욱 의식할 수 있도록 도울 수 있다. 또한 평가는 워커로 하여금 클라이언트에게 어떤 개입이 효과적·비효과적인지를 깨닫게 하여 미래에 더 나은 서비스를 제공할 수 있도록 한다. 한마디로 평가는 실천가와 클라이언트가 개입방법을 검토하고 개입이 클라이언트의 문제상황에 끼치는 영향을 측정하는 연속과정이다. 양자 모두 자신들의 행동을 집중적으로 점검하여 자신들의 행위가 개입목표에 미친 영향을 이해할 수 있어야 한다. 무엇이 변화하였고 변화하지 않았는가? 왜? 클라이언트가 이 시점에서 그 문제를 어떻게 보는가? 사회적 기능은 향상되었는가? 좀 더 역기능적이 되지는 않았는가? 전반적으로 볼 때 진전 정도는 어떠한가? 다른 개입이 필요한가? 평가에 기초하여 개입이 지속되어야 하는지 변경되어야 하는지를 결정한다.

특히, 한 가지 강조할 것은 실패한 경우에도 왜 문제해결시도가 실패했는지, 목표가 현실적이었는지,

다르게 할 수 있는 방법은 없었는지를 검토해야 한다는 것이다. 클라이언트는 실망하고 자기비하감을 갖기 쉽다. 그런 감정을 워커가 같이 공유하고 클라이언트가 갖고 있는 강점에 대해 정서적 지지를 해주어야 한다. 여기서는 단일사례설계를 통한 평가와 집단사회사업의 평가에 관한 기술을 소개한다. 기타 다른 평가방법은 이윤로의『최신 사회복지실천론』(2006)을 참고하기 바란다.

제 21 장

단일사례설계

단일사례설계(single system design)는 사회사업실천의 효과성을 평가하고 사회사업지식의 개발을 이끌어내는 유용한 방법으로 사용되어 왔다. 단일사례설계는 임상가들이 현장에서 일하면서 사회사업지식을 창출하는 도구로 쉽게 사용할 수 있으며 현장에서 사용할 수 있기에 사회사업의 이론과 실천의 간극을 줄일 수 있는 도구가 된다. 단일사례설계의 가장 커다란 특징은 하나의 개인, 하나의 집단, 하나의 가족, 하나의 지역기관을 집중적으로 조사하는 데 있다. 비교집단이 없는 대신 여러 번의 반복측정을 한다. 단일사례설계는 사회사업 개입이 효과를 나타내는지에 대한 풍부한 정보를 제공할 수 있는데, 여러 번의 반복된 측정을 통해 언제 클라이언트의 문제가 해결되기 시작했고, 어떻게 진행되고 있는지를 알 수 있다. 또한 단일사례설계로 사회사업 프로그램의 효과를 평가할 수도 있는데, 이 프로그램에서 서비스를 제공하는 사회복지사들이 클라이언트의 치료결과를 모두 모아서 하나의 집단결과를 낼 수도 있는 것이다.

단일사례설계를 사용하기 위해서는 세 가지 기본조건이 있다. 그것은 클라이언트의 목적을 '잴 수 있도록' 정하고, 타당도와 신뢰도가 있는 결과측정도구를 선택해야 하며, 결과를 그래프로 나타내는 것이다. 이 장에 대한 설명은

단일사례설계를 사용하는 목적

① 개입 시간에 따른 표적문제의 변화를 점검하고 사례의 상황을 사정하기 위해
② 실천가의 개입이 표적문제의 변화의 원인이 되는지를 평가하고 책무성을 확보하기 위해
③ 개입의 개인별 효과를 비교하기 위해서

단일사례설계의 절차

1. 목적을 구체화한다(표적문제의 설정).
2. 적절한 측정도구를 선정한다(직접관찰을 통해 행동의 수를 세거나, 자기지적척도를 활용하거나, 표준화된 척도를 활용한다.).
3. 기초선을 기록한다.
4. 개입을 수행하고 모니터한다.
5. 시각적 분석이나 통계적 분석을 통해 변화를 사정한다.
6. 효과를 추론한다(내적타당도의 문제나 본질적 유의성을 따져본다.).

Williams et al.(1995)의 단일사례설계를 참고로 하여 소개하도록 한다.

1. 측정 가능한 목표의 설정

클라이언트와 치료자는 상호 협력관계 속에서 목표를 세워야 한다. 구체적이고 잴 수 있도록 조작화된 성취목표를 '클라이언트의 표적문제(target problem)'라고 한다. 이 표적문제는 변화되어야 할 클라이언트의 감정, 지식수준, 행동을 포함한다.

종종 클라이언트는 한 가지 표적문제만 갖는 것이 아니라 여러 가지를 동시에 갖고 있기도 하고, 표적문제들이 상호 연결되어 있는 경우도 많다. 한편 클라이언트들은 그들의 문제를 희미하고 모호한 상태로 표현하는 경우가 많은데, 그것은 무엇을 변화시켜야 할지 모르기 때문이다. 치료자가 무엇이 변해야 하

고, 왜 변해야 하며, 그러기 위해 어떻게 해야 하고, 어느 정도로 변해야 할지를 알 수 있다면 그 문제에 대한 해결은 매우 긍정적이라고 볼 수 있다.

표적문제를 파악하기 위한 첫 번째 단계는 클라이언트가 어떤 상태에 있기를 원하는지를 분명히 하는 것이다. 원하는 변화상태가 무엇인지 모른다면 그 변화는 발생할 수 없을 것이다. 그러므로 표적문제를 정확히 기록하는 것이 매우 중요하다. 다음의 예를 살펴보자. 한 클라이언트가 남편이 자신에게 관심을 갖지 않는다는 문제를 가지고 있다. 먼저 관심을 갖지 않는다는 것이 무엇을 의미하는지 자세히 알아보아야 할 것이다. 취미활동을 같이 하지 않는 것인지, 집안일을 돕지 않는다는 것인지를 파악해야 한다. 여러 가지 문제 중에서 1단계로 클라이언트와 치료자는 한 가지 표적문제에 합의를 도출해냈는데, 이것은 클라이언트 부부가 친구들과 함께 보내는 시간을 늘리는 것이다. 다음은 '시간을 늘린다' 는 것을 조작화해야 한다. '부부가 함께 남편이나 아내의 친구들을 일주일에 한 번 만난다.' 와 같이 조작화할 수 있을 것이다.

2. 결과측정도구의 선택

치료자는 표적문제를 선정할 때 어떤 측정방법이 활용 가능하고 현실적인지 염두에 두어야 한다. 사실상 표적문제가 어떻게 조작화되고 측정될 것인지가 결정되기 전에는 표적문제가 측정할 만하다고 말할 수는 없는 것이다. 위의 예에서 치료자는 클라이언트의 친구에게 전화를 걸어 그들과 만났는지를 확인할 수 있다. 그러나 치료자가 친구와 연결될 준비가 되어 있지 않다면 이 방법은 현실성이 없다. 이 경우, 클라이언트 부부가 솔직하고 정확하게 사실을 보고할 만한 신뢰성이 없다면 표적문제의 설정이 적절하지 않다고 볼 수 있다.

사실 위와 같은 문제는 쉽게 관찰될 수 있고 잴 수 있다. 그러나 표적문제가 감정이나 태도, 지식수준 또는 클라이언트만이 알 수 있는 어떤 사건인 경우는 쉽게 측정할 수가 없다. 예를 들어, 한 노인이 우울증으로 치료자를 찾아왔다고 가정해보자. 치료자는 당연히 표적문제인 우울수준을 줄이려는 개입을 할 것이다. 그러면 어떻게 우울이 감소되었는지를 알 수 있을 것인가? 아마도 클라이언트는 기분이 더 좋아졌다고 말할 수 있을 것이다. 또는 그의 가족이 요즘은 클라이언트가 잠을 잘 자는 것 같고 식욕이 좋아졌다고 말해줄 수 있다. 이런 모든 것이 우울증이 나아지고 있다는 지표가 될 수 있지만 타당도와 신뢰도가 아주 높은 지표라고는 볼 수 없다. 좀 더 과학적인 측정방법이 필요하다. 이 경우 표준화된 측정도구를 사용하는 것이 가능하다. 노인의 우울증을 재기 위해 개발된 노인우울척도(Geriatric Depression Scale; Brink et al., 1983)를 사용할 수 있는데, 이 척도에서는 10점까지는 정상, 11~20점은 경미한 우울 내지 심각한 우울증으로 간주된다. 그러므로 이 척도에서 우울과 정상을 구분하는 점수는 10점이 될 것이고 클라이언트의 목표는 이 점수를 얻는 것이 된다. 표준화된 측정도구를 사용하면 표적문제를 쉽게 정할 수 있고 치료의 성공 여부도 잴 수 있다.

그러나 항상 염두에 두어야 할 것은 두 가지 이상의 측정도구를 사용하는 것이 바람직하다는 것이다. 즉, 교차검증/삼각검증(triangulation)을 해야 한다. 어떤 측정도구든 완벽하지는 않으며 늘 측정오류를 가질 수 있기 때문에 여러 가지 측정도구를 사용해서 자료를 수집해야 그런 오류를 피할 수 있다. 위의 예에서는 노인우울척도와 딸을 통해 측정한 노인의 하루당 우는 횟수라는 두 가지 측정방법을 사용할 수 있다. 치료를 해 가면서 두 가지 측정도구에서 모두 향상된 변화를 보인다면 치료자는 합리적으로 우울증이 감소되고 있다는 것을 확신할 수 있을 것이다. 그러나 측정도구들이 서로 다른 결과를 보인다면, 치료자는 그 이유를 파악해야 한다. 노인은 우울하게 보이길 원했는지도 모른다. 또는 가족이 깊은 관심을 기울이지 않고 노인의 우는 횟수를 기록해 왔는지도 모른다.

단일사례설계에서는 표적문제 측정을 위해 자기지적척도나 표적문제척도 같은 개별화된 평정척도를 많이 활용한다.

표적문제를 구체화할 때는 어떤 상황에서 누가 잴 것인지도 구체화해야 한다. 위의 예에서 노인우울척도를 매일 또는 일주일에 한 번씩 저녁식사 후 노인이 직접 기록하는 것으로 결정할 수 있다. 또한 딸은 직장에서 퇴근한 후 저

예 1

클라이언트가 심각한 우울증을 경험하고 있다. 이런 경우 클라이언트가 정확하게 그런 우울증을 묘사하는 것이 어려운 경우가 있어 우울증을 점검해나가는 것이 어렵게 된다. 이런 문제를 해결하기 위해 클라이언트가 기분이 매우 좋을 때는 0점을, 아주 우울해 약을 먹어야 할 정도에 이를 때는 10점을 할당하도록 다음과 같은 표를 만들어 주었다. 이런 방법으로 클라이언트는 매일 아침, 점심, 저녁마다 자신의 우울증을 쉽게 점검할 수 있었다.

0 1 2 3 4 5 6 7 8 9 10

아주 좋음 보통 매우 우울함

예 2

직장에 늦지 않고 도착하기

1	2	3	4	5
전혀 문제 없음	**심각하지 않음**	**심각함**	**매우 심각함**	**극도로 심각함**

녁부터 잠자리에 들 시간까지 노인이 울었던 횟수를 매일 기록하도록 구체화할 수 있을 것이다.

표적문제는 보통 문제의 '유무' '빈도' '강도' '기간' '간격(interval)' 측면에서 측정된다. 이와 같이 하여 얻어진 자료를 그래프로 나타내어 클라이언트의 변화를 점검해나간다.

3. 탐색적 단일사례설계

탐색적 단일사례설계는 개입의 효과성에 관해 확실히 설명해줄 수는 없지만 새로운 문제영역을 탐색해나갈 때 간단히 사용할 수 있는 장점이 있다.

1) B설계

B설계는 가장 간단한 단일사례설계다. B는 어떤 개입이 시행되었다는 것을 뜻한다. B설계가 어떻게 사용되는지 예를 통해 알아보자. 한 부부가 잦은 싸움 때문에 치료자의 도움을 받으려고 찾아왔다. 치료자는 면접을 하면서 한 가지 대화패턴을 발견했는데, 이 부부는 대화 도중 서로 말을 가로채고 끝까지 들어주지를 못하는 경향이 있었다. 치료자는 이러한 대화패턴의 수정, 즉 대화를 방해하는 횟수를 줄이는 것을 표적문제로 정하고 매주 한 시간씩 부부에게 기본적인 대화기술을 교습하고 그들의 대화패턴을 관찰하고 측정하였다. 여기서는 대화기술이 B가 된다. 매주 치료를 하는 동안 치료자는 서로 대화를 방해하는 횟수를 기록했다.

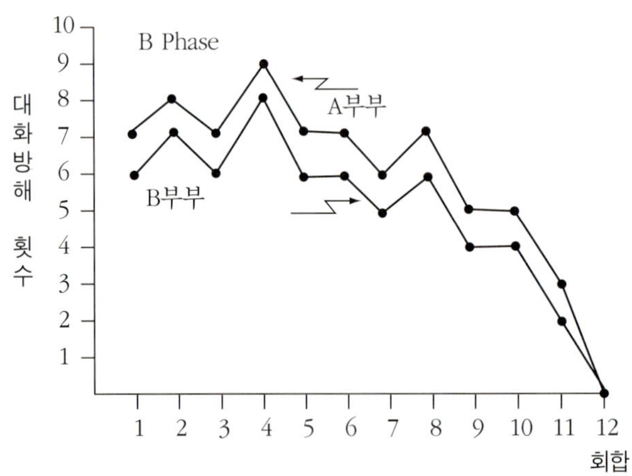

[그림 21-1] B설계: 대화기술을 통한 가족치료

그 결과 [그림 21-1]처럼 나타났다고 하자. 치료목표가 이루어졌음을 볼 수 있다. 그러나 치료효과가 반드시 대화기술의 교습 때문이라고 쉽게 간주할 수는 없다. 치료자는 대화기술 외에 다른 것을 가르쳤을 가능성도 있다. 또한 부부가 치료 외의 어떤 것을 했거나, 부부의 친구들이 어떤 것을 했을 가능성도 부인할 수 없다. 외부변수를 통제할 수 없기 때문에 현재의 치료가 어느 정도 효과적이었는지를 알 수 없다. 그러나 다른 부부에게도 같은 대화기술을 교습하여 같은 결과를 얻는다면 치료효과가 대화기술의 교습 때문이었다는 가능성은 높아지게 된다.

1회의 B설계의 사용으로 치료효과의 원인을 규명하기는 힘들다. 그러나 B설계는 시간대별로 개입의 효과성을 모니터링하면서 클라이언트가 치료목표수준에 도달하고 있는지 아닌지를 말해줄 수 있기 때문에 개입방법을 바꾸어야 할지의 여부를 알려줄 수 있다.

2) BC설계

B설계를 이용하여 치료효과를 모니터링한 결과 대화기술의 교습이 몇 주가 지나도록 효과가 없는 것으로 나타난다면 치료자는 다른 개입방법이 필요하다고 생각할 것이다. 이때 BC설계를 사용할 수 있다. 치료자는 5주째부터는 C라는 개입방법을 새로이 소개하고 계속적으로 모니터링해나갔다. 결과적으로 [그림 21-2]에서 보는 것처럼 C라는 개입 이후에는 치료효과가 나타났다. 그러나 주의해야 할 점은 치료효과가 C개입 동안 발생했다고 하더라도 C개입이 치료의 원인이 되었다고는 생각할 수 없는 것이다. 왜냐하면 BC설계 역시 외부변수를 통제할 수 없기 때문이다. 즉, C라는 개입이 진행되는 동안 어떤 외적 사건(예: 복권 당첨)이 발생하여 클라이언트가 좋아졌을 가능성이 있다. 또한 C가 효과적으로 되기 위해서는 B라는 개입이 선행되어야만 가능한지도 모른다. C라는 개입의 치료효과를 증명해 보이기 위해서는 여러 차례에 걸쳐 같은 표적문제를 가지고 있는 부부에게 C라는 치료를 적용하였을 때 효과가 있는 것으로 나타나야 한다. C 역시 효과가 없는 것으로 나타나면 BCD, BCDE설계로

계속 발전시켜나갈 수도 있지만(이 경우는 계속적으로 다른 개입방안을 적용하기 때문에 계승적 개입디자인(successive interventions design)이라고 한다.) 이처럼 여러 가지 치료 개입을 하려는 것은 현실적으로 가능성이 낮으므로 외부타당도가 떨어진다.

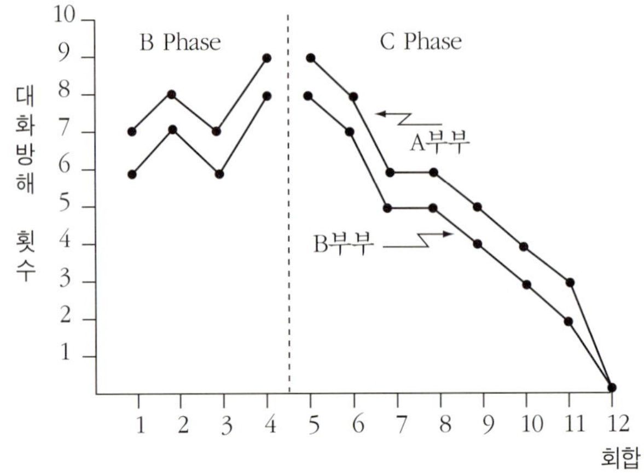

[그림 21-2] BC설계: 대화기술 개입 후 새로운 개입 적용

지금까지의 설계에는 클라이언트가 치료를 받기 전 표적문제의 상태에 대해 많은 정보를 제공해주지 못했다. 예를 들어, 어느 노인이 우울측정결과 매우 심각한 우울증을 지적하는 20점의 우울점수를 받았다고 하자. 그러나 그날 지갑을 잃어버리는 등의 어떤 특별히 좋지 않은 일이 생겨서 노인이 더욱 우울해 했는지도 모른다. 또한 치료를 받으러 온 어떤 아주머니가 우울측정을 한 결과 경미한 우울증을 지적하는 10점의 우울점수를 받았다고 하자. 이 아주머니는 이미 자연적으로 회복되고 있는 단계에 와 있는지도 모르는 것이다. 그러므로 클라이언트가 치료를 받기 전에 여러 차례에 걸쳐 클라이언트의 현재 상태를 정확히 측정하는 것이 바람직하다. 이러한 목적을 위해 가장 간단히 사용될 수 있는 것이 AB설계다.

3) 단일사례설계의 기본: AB설계

AB설계는 개입 전에 클라이언트의 표적문제를 단기간에 걸쳐 모니터링할 수 있을 때 사용된다. 숙제를 하지 않는 습관이 있는 아동의 예를 통해 이 설계를 설명해보자. 치료자는 먼저 Homework Problem Checklist라는 측정도구를 이용해 2주일간 문제의 심각성을 측정하였다. 이 기간 동안에는 어떠한 개입도 적용되지 않았다. 치료 개입이 시작되기 전 기간을 A로 표시하고 기초선[1]이라 부른다. 이 결과 [그림 21-3]과 같이 기초선이 안정적으로 나타났다면, 치료를 받지 않을 경우 아동은 앞으로도 숙제에 대한 문제를 계속 나타낼 가능성이 크다는 것을 알 수 있기 때문에 치료의 정당성이 입증된다. 반면, 기초선 측정결과가 [그림 21-4]처럼 나왔을 때 개입을 한다면 아동의 향상이 자연적으로 된 것인지 치료 때문이었는지 불확실하게 된다. [그림 21-5]의 경우도 마찬가지다. 아동의 문제 심각성이 어느 정도인지 알기 어렵기 때문에 치료가 효과가 있는지 알기 어려워진다. 그러므로 AB설계를 유용하게 사용하기 위해서는 기초선이 안정적이거나 문제가 점차 악화되고 있음을 보여주어야 한다.

기초선 측정을 마치고 나면 개입을 시작하게 된다. 치료자는 행동수정기법 중 보상기법을 활용할 수 있다. 어떤 개입방법을 사용하든 간에 치료자는 개입과정을 자세히 기록해두는 것이 중요하다. 개입방법이 효과적으로 입증된다면 앞으로 다른 치료자들도 이 방법을 사용할 수 있도록 하기 위해서다. [그림 21-6]처럼 결과가 나왔다면 치료가 효과적이었다고 유추해볼 수 있다. 그러나 추적조사를 통해 아동의 문제가 정말로 해결되었는지를 확인해보는 것도 중요하다.

한편, 앞 그림에서 시각적으로는 유의한 결과가 나왔으나 바람직한 목표에는 도달하지 못했다는 것을 알 수 있다. 즉, 개입의 실제적 유의성(본질적 유의성 또는 임상적 유의성)은 떨어진다는 것을 알 수 있다.

1) 단일사례설계에서는 기초선이 집단설계의 비교집단에 해당되며, 단일사례설계에서의 측정횟수가 집단설계의 피실험자수에 해당된다.

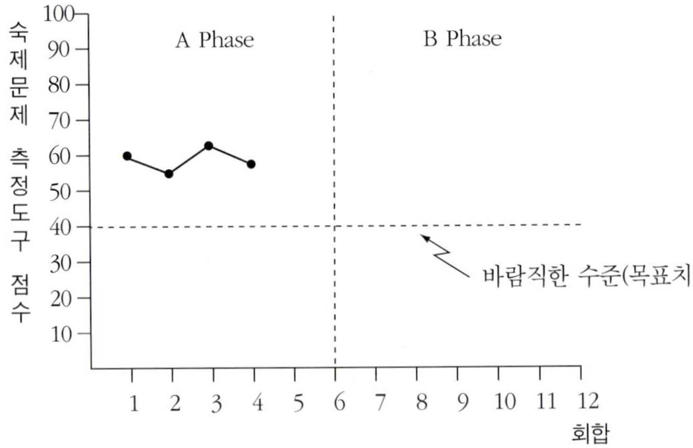

[그림 21-3] AB설계: 숙제문제에 대한 기초선

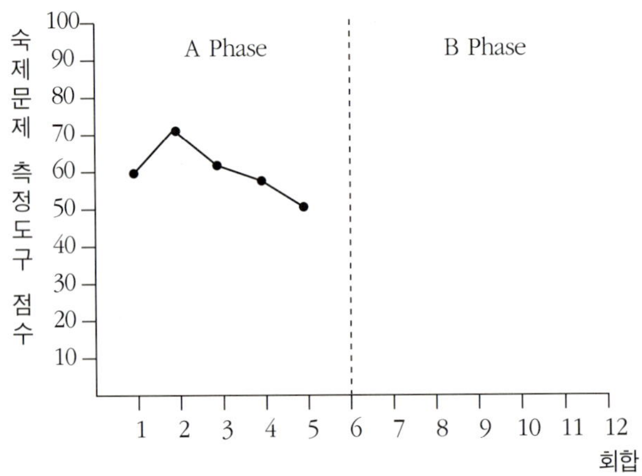

[그림 21-4] AB설계: 숙제문제에 대한 기초선

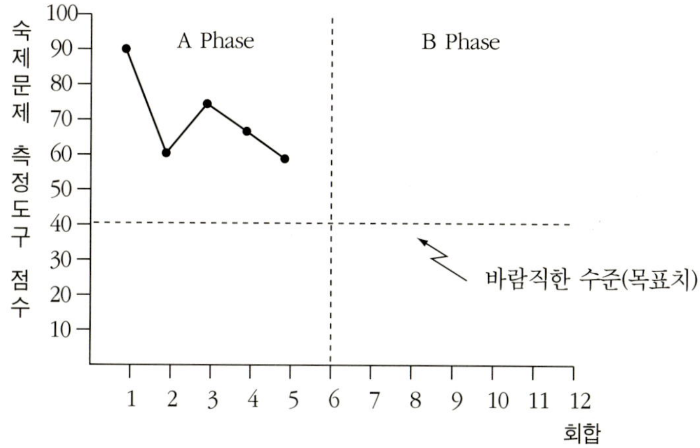

[그림 21-5] AB설계: 아동의 숙제문제 기초선

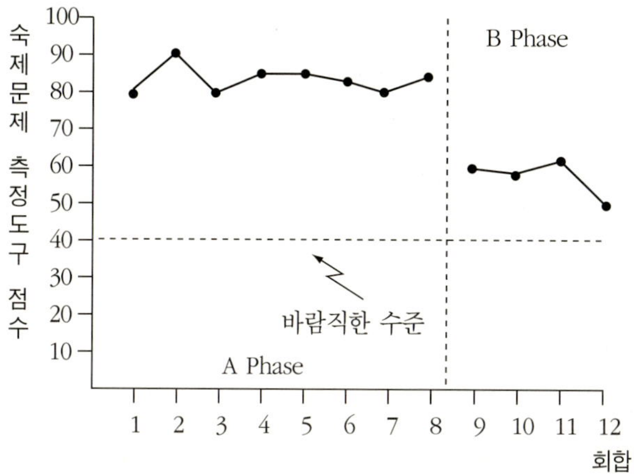

[그림 21-6] AB설계: 숙제문제에 행동수정기법을 적용함

4. 실험적 단일사례설계

실험적 단일사례설계는 X라는 치료가 Y라는 결과의 원인이 되었는가라는 질문에 응답을 해줄 수 있는 설계다. 이런 설계에서는 내적타당도에 장애가 되는 요소들은 대부분 통제된다. 실험적 단일사례설계에서는 치료 시작 후 클라이언트가 향상되었음을 두 번 이상 보여줌으로써 외부변수들을 통제하게 된다. 여기서는 ABAB설계, BAB설계, 중다기초선설계(multiple baseline design)를 소개한다.

1) ABAB설계

ABAB설계는 AB설계를 두 번 연속해서 사용한 것이다. 앞의 예에서 아동의 숙제문제가 해결되었지만 적용된 개입방법이 아동의 문제를 해결한 것인지는 확실히 알 수 없다. 이를 입증하기 위해서는 같은 방법을 한 번 더 시행하고 같은 결과를 얻어야 하는 것이다. 같은 방법을 적용하여 같은 결과가 반복해서 나올수록 개입방법이 치료의 원인이라는 것을 확실히 입증하는 것이다.

[그림 21-7]을 통해 설명하도록 하자. 6주 후 두 번째 A단계에서는 치료가 잠시 중단되었고 아동의 문제행동이 다시 증가된 것을 볼 수 있다. 10주째 다시 치료를 시작한 이후 아동의 문제행동은 다시 감소되었다. 물론 치료자는 첫 번째와 같은 치료방식을 적용하였다. 한편, [그림 21-7]과 같은 결과를 얻는 것이 이상적이지만 실제로는 그렇지 않은 경우가 많다. 아동은 이미 치료를 받았기 때문에 원래 상태로 되돌아갈 수는 없는 것이다. [그림 21-8a]이 그러한 예가 될 것이다. 두 번째 A단계는 첫 번째 A단계와 차이가 있음을 볼 수 있다. 이처럼 개입을 멈추었지만 원래 상태로 돌아가지 않는 현상을 잔여효과(carry-over effect) 또는 비반전효과(irreversible effect)라고 부르는데, 이는 내적타당도를 위협하는 요소다. 그러나 [그림 21-8a]에서처럼 두 번째 A단계보다 두 번째 B단계에서 아동의 문제가 더욱 감소된 것으로 나타나면 아동의 숙제문제행동의 감

소가 치료기법 때문이었다고 결론지을 수 있다. 하지만 [그림 21-8b]에서처럼 두 번째 A단계와 두 번째 B단계에서 아동의 문제가 거의 차이가 없을 때는 결론을 내릴 때 신중을 기해야 한다. 치료효과가 너무 강력해서 치료를 멈추어도 반전이 일어나지 않았는지, 아니면 치료기법 이외의 어떤 요인의 영향을 받았기 때문에 치료의 진행과 중단이 별 문제가 되지 않았는지를 고려해보아야 한

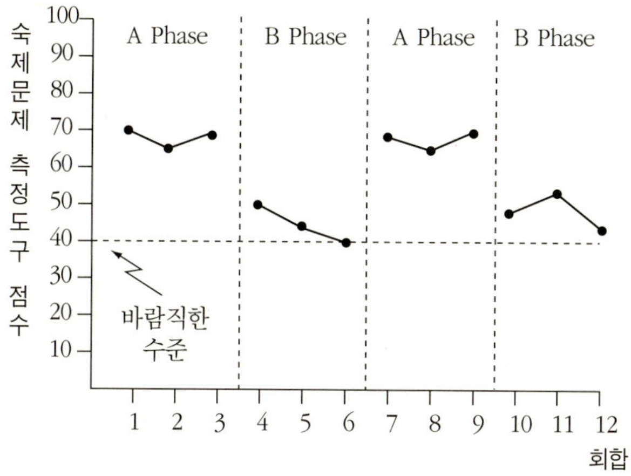

[그림 21-7] ABAB설계: 두 번째 A단계에서 행동수정기법을 철회하였더니 문제가 다시 심각해짐

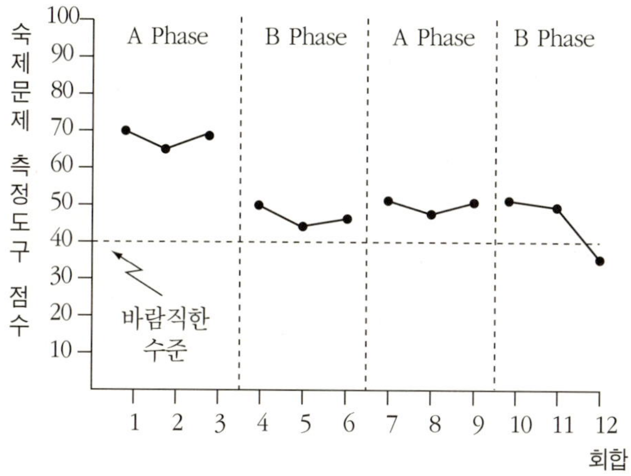

[그림 21-8a] ABAB설계: 두 번째 A단계에서 잔여효과가 나타남

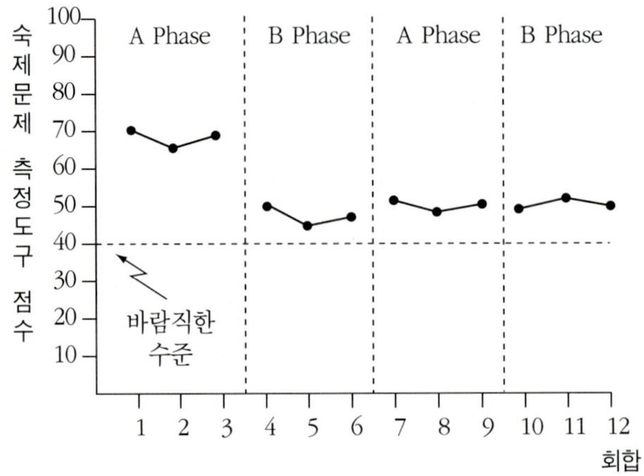

[그림 21-8b] ABAB설계: 두 번째 A단계에서 잔여효과가 나타남

다. 그러나 이 문제를 해결하는 가장 좋은 방법은 같은 치료방법을 다른 클라이언트에게 반복 시행하는 일이다. 같은 결과가 나온다면 치료효과가 너무 강력해서 반전이 일어나지 않았다고 결론지을 수 있을 것이다.

2) 중다기초선설계

중다기초선설계에서는 두 가지 이상의 문제나 두 가지 이상의 세팅 또는 둘 이상의 클라이언트에 대해 AB설계가 반복된다. 즉, 둘 이상의 기초선을 설정하고 동시에 기초선 측정을 한다. 그러나 개입은 각각 다른 시점에서 시작한다. 예를 들어, 학교에서 자존감이 낮은 세 명의 클라이언트를 대상으로 중다기초선설계를 적용한다면 [그림 21-9]에서처럼 동시에 기초선 측정을 시작하지만 개입은 각각 다른 시기에, 즉 3주, 6주, 9주에 시작하고 있다. 이처럼 같은 개입방법을 서로 다른 시기에 적용함으로써 외부변수를 통제할 수 있게 된다. 주요 논점은 만일 치료 개입 외의 외부변수에 따라 클라이언트의 향상이 발생했다면 치료를 받지 않고 있는 다른 클라이언트도 향상을 보일 것이라는 것이다. 반면, 치료 개입에 따라서 클라이언트가 향상되었다면, 치료가 시작되는 시점에서 비로소 클라이언트의 향상이 시작될 것이다. 그림에서처럼 두 번째,

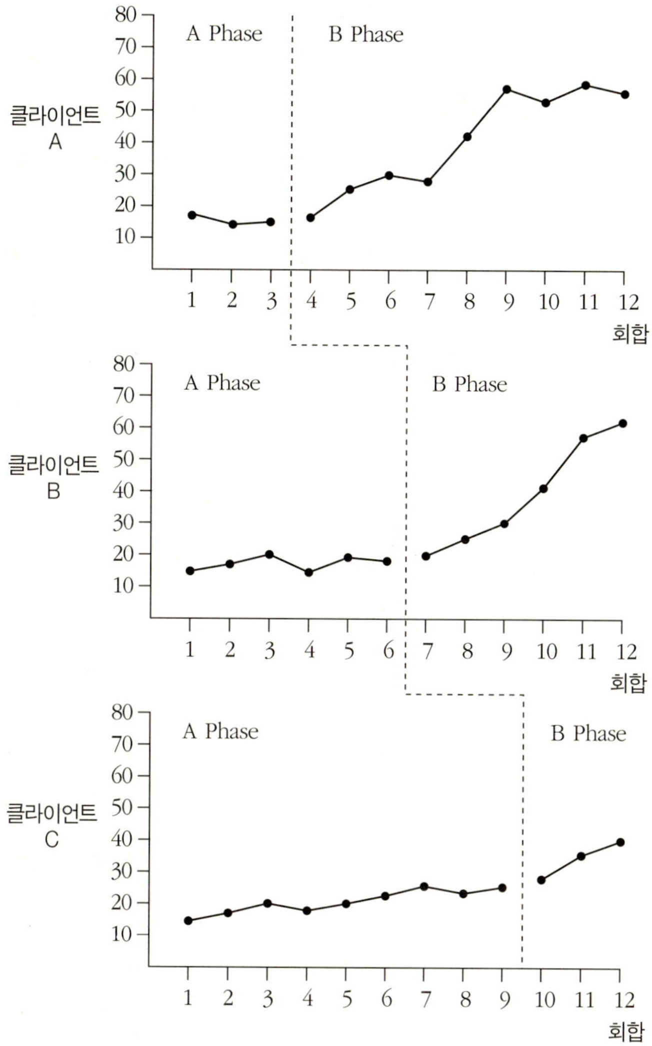

[그림 21-9] 중다기초선설계: 개입이 서로 다른 시점에서 시작됨

세 번째 클라이언트의 기초선은 개입이 시작되기 전까지는 같은 수준을 계속 유지하고 있었다는 사실은 외부변수가 존재하지 않았고 적용된 개입방법이 치료결과의 원인이라는 것을 입증해준다.

다음은 둘 이상의 문제를 가진 클라이언트를 대상으로 중다기초선설계를 적용한 예를 살펴보자. 한 여성이 자신의 딸과도 문제를 가지고 있고, 시어머니에 대해 스트레스를 많이 받으며, 직장에서도 상사와 잘 지내지 못하고 있다. 치료자는 이 여성이 자기주장능력이 매우 부족하다는 것을 알아내고는 자기주장훈련을 시행하였다. 치료자는 직장상사와 시어머니에게 반대의견을 말한 횟수를 기록하였고, 딸이 이 여성의 말을 순종한 횟수를 기록하였다. 한편 이런 경우 내부타당도를 위협하는 한 가지 요소가 있는데 바로 '효과의 일반화(generalization of effect)'다. 치료 개입이 한 가지 행동 또는 한 세팅에만 적용되었지만 치료가 시작되자마자 아직 기초선단계에 있는 다른 행동이나 세팅에도 영향을 주게 될 때 이런 현상이 나타난다. 예를 들어, 시어머니에게 반대의견을 말하도록 한 훈련이 직장상사에게도 반대의견을 말할 수 있을 정도로 파급될 수도 있는 것이다. 이런 경우는 외부요인이 작용했는지, 효과의 일반화 때문인지, 어떻게 결론을 내려야 할지 곤혹스러울 때가 있다. 이 경우 다른 클라이언트에게 개입을 반복해서 적용하여 보는 것이 바람직할 것이다.

위기상황에서는 BAB설계를 활용하든지, 클라이언트에게 표적문제상태를 회고하도록 하여 기초선을 작성할 수 있다.

3) BAB설계

BAB설계는 기초선 측정 없이 치료를 시행할 때 사용하는 디자인이다. 종종 치료자들은 클라이언트가 위기상황에 있으므로 즉각적 개입이 필요한 경우가 있다. 이런 경우 기초선 데이터를 모으지 않고 바로 개입을 시작해야 한다. 클라이언트의 진전을 모니터링하면서 문제가 해결되는 기미를 보일 때 치료를 잠시 중단함으로써 A단계의 데이터를 얻는다. 첫 번째 기초선이 없기 때문에 치료기간 동안 어느 정도 문제가 해결되었는지를 알 수 없기는 하지만, 첫 번째 치료기간인 B단계와 기초선을 비교하여 다시 기초선과 두 번째 B단계를 비교함으로써 치료에 효과가 있었는지를 판단하게 된다([그림 21-10] 참조).

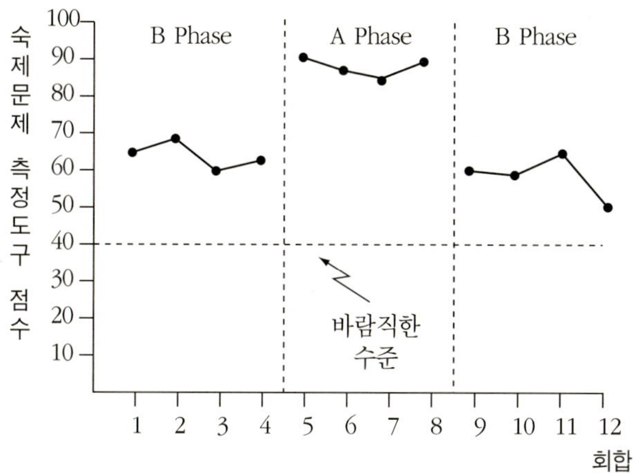

[그림 21-10] BAB설계: 두 번째 A단계에서 개입을 잠시 철회함

단일사례설계의 내적타당도 위협요소

1. 역사적 사건(history): AB설계로는 역사적 사건을 통제하지 못한다. B개입 동안에 승진이나 복권당첨 등의 사건이 발생할 수 있기 때문이다.
2. 성숙(maturation): 개입기간이 길어지면 성숙의 효과가 나타날 수 있다.
3. 통계적 회귀(statistical regression): 보통 클라이언트가 워커에게 오는 시점은 문제가 심각해 있는 경우가 많다. 그 시점에서는 문제의 심각성이 높게 평가되는 경향이 있다. 그리고 그 후에는 보통정도로 문제를 평가하는 경향이 있는데 이것이 통계적 회귀다. 이 문제를 해결하기 위해, 기초선이 안정적인 수준이 될 때까지 자료를 수집하는 것이 바람직하다.
4. 잔여효과/이월효과: ABAB설계에서 나타나는 문제다.
5. 효과의 일반화: 중다기초선 설계에서 나타나는 문제다.

5. 단일사례설계의 유용성과 한계

단일사례설계는 임상가들이 간편하게 실천현장에 적용할 수 있고 자신의 책임감이나 효과성을 증명하는 데 유용하다. 이 설계는 반복측정을 통해 그 결과를 모니터링해 나가기 때문에 개입이 진전을 보이는지 점검할 수 있다는 것도 장점이다.

그러나 단점도 제기되고 있는데, 클라이언트의 문제를 행동상의 문제로만 한정하여 사정하고 구체적으로 명시할 수 없는 문제와 복잡한 양상을 사정하는 데는 한계가 있다. 또한 기초선 설정을 위해 개입을 유보하거나 철회하는 것은 윤리적으로 문제가 되기도 한다.

개입과 결과를 하나의 독립변수와 종속변수로 단순화하여 제시하는 것은 복합적인 문제를 다루기 때문에 복합적인 서비스를 제공하는 사회사업실천 현장에 부적합하다는 지적도 있다.

제 22 장

집단사회사업의 평가

상담, 심리치료 및 다양한 프로그램을 제공하는 수단으로서 집단사회사업의 신뢰성을 향상시키는 방안은 집단 지도자와 구성원의 특성, 치료기법 및 집단활동의 효과에 대하여 개념적 및 방법론적으로 철저한 조사를 시행하는 것이다.[1] 그러나 현실적으로 아주 소수의 사회복지사나 전문가들만이 집단사회사업의 효과성에 대한 조사를 시행하고 있으며 따라서 보고되는 조사결과는 매우 부족한 실정이다.[2] 『한국사회복지학회지』에 발표되는 논문 중 집단과 관련된 연구논문은 최근 10년(1992-2001년) 동안 총 6편으로 연평균 0.6편에 불과하다. 또한 『정신보건사회사업학회지』에 발표된 최근 100편의 논문 중 약 3편만이

1) Hulse-Killacky, D., Robinson, F. F., & Morran, D. K. (1991). Reporting Group Research: Conceptual and Technical Consideration for Preparing Manuscripts. *The Journal for Specialists in Group Work, 16*, pp. 101-108; Robinson, F. F., Bond, L., Evans, N. J., Gazda, G. F., Gerstein, L., Harris, M., Hulse, D., Jenkins, S., & Stockton, R. (1985). *Research needs for promoting the credibility of group counseling*. Paper presented to the Annual Meeting of the American Association for Counseling and Development, New York.

2) 황성철(1998). 사회사업실천의 효과성에 관한 논쟁과 미국 사회사업의 발전-임상적 실천을 중심으로. **한국사회복지학**, 34호.

집단 프로그램이나 집단개입의 평가에 관한 것이었다. 이처럼 학자들이나 실천가들이 집단사회사업에 대한 조사를 시행하지 못하는 주요 이유로는 집단조사의 복잡성과 집단 활동 조사방법에 대한 훈련의 부족을 들 수 있을 것 같다.[3] 사실 복잡한 집단기능을 다루면서 집단을 진행시키고 동시에 문제를 개념화하고 디자인하고 분석하기는 매우 어려운 것이다. 그러나 집단사회사업은 사회사업실천의 중요한 방법론으로서 그 비중이 매우 크므로 집단개입의 발전과 지식확대를 위한 노력을 배가시킬 필요가 있다. 이를 위해서는 집단사회사업에 대한 조사의 중요성에 대한 인식을 증진시키고, 조사방법에 대한 훈련과 보급을 확대하며, 집단조사의 논점과 이슈를 분명히 제시하는 노력이 뒤따라야 한다. 집단조사설계를 방해하는 제반 문제들을 파악하고 대처방안을 모색해야 하며, 선진 연구자들이 어떻게 그런 문제를 다루고 있고 어떤 연구결과를 얻었는지를 주의 깊게 검토해야 할 것이다. 이 글에서는 집단사회사업 조사의 활성화를 촉진하고 전문적 연구기반의 확대를 위한 노력의 일환으로 집단사회사업 조사의 발전적 시행방안을 논의하고자 한다. 집단사회사업 조사연구의 개념과 목적, 조사되어야 할 변수, 자료수집방법 그리고 조사설계상의 문제점과 해결방안을 소개함으로써 집단조사에 대한 이해를 돕고 집단을 연구하는 과정에서 직면하는 주요 문제들을 실제적으로 어떻게 해결할 수 있을지에 대한 방안을 제시하고자 한다.

1. 집단사회사업 평가조사의 개념과 목적

집단사회사업 조사는 집단 활동의 효과성 측정은 물론 효과적인 집단 활동을 가능하게 하는 집단의 구체적이고 기본적인 요소에 관한 지식과 정보를 추구하

3) Forman, B. D. (1988). The process of journal article publishing. *Counselor Education and Supervision, 28*(2), pp. 181-185; Ostrowski, P. M., & Bartel, S. (1985). Assisting practitioners to publish through the use of support groups. *Journal of Counseling and Development, 63*, pp. 510-511.

는 데 그 목적이 있다고 볼 수 있다. 구체적으로 아래의 문제들을 조사하는 것이다.[4)]

① 집단 활동이 클라이언트 향상에 영향을 주는가?

② 어떠한 구성원 또는 워커의 특성이 집단과정에 영향을 줄 수 있는가?

③ 어떠한 개인의 기능이 집단과정을 통해 가장 향상될 수 있는가?

④ 어떠한 집단과정이 개인에게 좋은 영향을 주는가?

그러나 대부분 발표되는 집단 활동 조사보고서는 집단과정이 어떻게 클라이언트의 향상에 영향을 주었는지를 설명하지 않고 있으며, 단지 집단치료가 클라이언트의 향상과 관계되었다는 정도를 보고하고 있다. 우리는 어떠한 집단 조건(예: 리더십, 집단의 구조, 클라이언트의 배경, 집단성원 간 상호작용, 치료 요인들)이 어떠한 상호작용을 통해 클라이언트의 향상과 연계되었는지를 조사할 수 있어야 한다. 위의 여러 목적을 성취하기 위해서는 먼저 어떠한 변수들이 집단조사에서 사용될 수 있는지와 자료 수집방법 그리고 조사디자인을 이해해야 한다.

2. 집단사회사업 조사에서 탐색되는 변수들

집단사회사업 조사를 수행하기 위해서는 기본적으로 고려되어야 할 변수들을 파악해두어야 한다. 집단이나 개인이 성취하고자 하는 치료목표가 보통 종속변수로 사용된다. 독립변수로 사용될 수 있는 변수로는 크게 다음의 세 가지를 들 수 있다.[5)]

① 구성원들의 특성-구성원들의 인구사회학적 배경, 문제 또는 질환에 대한

4) Kaul, T. J., & Bendnar, R. L. (1986). Experiential group research: Results, questions, and suggestions. In S. L. Garfield, & A. Bergin (Eds.), *Handbook of psychotherapy and behavior change*. New York: Wiley.

5) Fike, D. F. (1980). Evaluating Group Intervention. *Social Work with Groups, 3*, pp. 41-51.

이전의 경험(입원횟수, 치료의 횟수 등), 역할 능력(직업이나 교육, 가족관계 면에서), 구성원들이 집단활동을 좋아하는지 아닌지에 대한 정보

② 워커의 특성-워커는 어떠한 특성을 가지고 있으며 집단에 어떤 영향을 주는지에 대한 정보

③ 집단 회합의 길이-어느 정도의 집단활동이 집단기능을 향상시키며 따라서 언제 집단을 종료시켜야 하는가에 대한 정보

위의 독립변수 중 워커의 특성에 대해 좀 더 설명해보자. 워커의 특성은 중요한 독립변수로 사용될 수 있다. 어떤 워커 스타일이 최선인지는 아직 알 수 없지만 집단워커의 스타일은 집단에게 커다란 영향을 준다고 일반적으로 믿어진다. 매우 구조적인 성향으로 집단을 이끌어야 할지, 매우 자유로운 분위기로 이끌어야 할지, 유머를 사용하는지, 고도의 감정이입기법을 사용하는지 아닌지 등 어떠한 형태가 효과적인 집단사회사업 결과를 도출시키는지가 조사되어야 한다.

독립변수 또는 종속변수 어느 쪽으로도 사용될 수 있는 변수로는 집단의 특성이나 구조를 들 수 있다. 집단의 특성이나 구조에 대한 정보는 집단이 어떤 성격을 가지고 있고 어떠한 집단인가를 말해준다. 집단응집력, 하부집단 행태, 집단분위기 등이 포함된다. 집단의 특성에 관한 자료는 집단의 목적에 따라 독립변수로도 종속변수로도 사용될 수 있는데, 예를 들면 집단응집력, 동료지지 등이 개인의 향상을 이끌어내는 도구로서 설정된다면 이런 형태의 자료는 독립변수로 사용될 수 있다. 그러나 집단의 목적이 응집력 있는 집단활동으로 설정된다면 이는 종속변수로 사용된다. 집단특성을 나타내는 변수들은 개인 구성원들의 동기, 구성원들에 대한 만족감, 지도자에 대한 만족감 그리고 구성원들의 태도의 동일성(집단 동질감), 대화행태(communication pattern), 집단발달 형태, 집단의 분위기 등을 들 수 있다.

3. 자료수집방법

집단지도 조사자에게 가장 중요한 이슈 중의 하나는 위에서 제시된 변수들을 어떻게 측정하는가다. 변수를 측정하기 위한 방법은 다양하다. 자기보고(self-report) 형식을 활용하여 각 성원들이 자신이 취한 행동의 수를 세거나 자신의 감정 또는 태도에 평점을 매기는 방법을 사용할 수 있다. 또는 워커가 관찰하고 판단하는 방법을 사용할 수 있다. 집단변수들에 대한 자료를 수집하는 방식은 일반적으로 다음의 6가지를 들 수 있다.[6)]

① 표준화된 도구를 이용한 검사
② 훈련받은 관찰자가 집단의 구성원들을 체계적으로 관찰
(예: 행동의 수를 세기)
③ 매 회합의 종료 시에 클라이언트나 워커에 의한 설문지의 작성
④ 자신의 행동과 인지상태를 클라이언트 스스로 평가하며 기록하기
⑤ 제3자에 의한 표적문제의 평가
⑥ 레코딩의 활용

조사에 사용되는 변수를 측정하기 위해 표준화된 측정도구를 활용하는 것이 가장 일반적인데, 개인의 속성을 측정하는 표준화된 측정도구들은 이미 많이 개발되어 있다(예: The Mental Measurements Yearbooks, Measures for Clinical Practice: A Source book). 집단조건을 측정하는 표준화된 측정도구들도 개발되어 있는데, 집단 발달단계를 측정하는 "Group Climate Questionnaire(GCQ)", 집단규범을 측정하는 "Group Norms Checklist" 등을 들 수 있다. 개인의 상태를 측정하기 위해 표준화된 척도를 사용하는 것은 신뢰도와 타당도가 확보된 척도를 사용한다는 점에서 바람직하지만, 한 가지 미흡한 점은 표준화된 척도는 주로 개인의 전반적인 문제나 총체적인 인격상태를 측정하게 되고 개인이 해결하기 원하는

6) Rose, S. D. (1984). Use of data in identifying and resolving group problem in goal oriented treatment groups. *Social Work with Groups,* 7, pp. 23-36.

구체적이고 실질적인 문제나 욕구에 대해서는 직접적인 정보를 제공해주기 어렵다는 점이다. 이러한 점을 보완하기 위해 자기지적척도(self-anchored scales)나 표적문제척도(target problem scales)를 병행하는 것이 바람직하다. 이러한 척도는 개인의 표적문제 등에 대한 자기평가를 위해 보통 1에서 5점 내지 7점 사이에서 스스로 자신의 문제의 심각성을 지적하도록 하는 방법으로서, 신뢰도가 높은 것으로 나타나고 있다.

개인의 표적문제가 집단 활동 후 실제로 얼마만큼 변화가 있었는지를 요약해주는 '표적문제 향상척도(global improvement scale)'를 활용하는 방법도 있다. 예를 들면 다음과 같다.

표적문제: 자신의 감정을 표현하기 어려움

질　　문: ○○○이 갖고 있는 위의 표적문제가 집단활동 후에 어떻게 변화되었는지 아래 보기 중에서 선택하여 주세요.

위의 문제가

(1) 더욱 악화되었다

(2) 변화가 없다

(3) 아주 조금 향상되었다

(4) 많이 향상되었다

(5) 매우 많이 향상되었다

이러한 척도에 클라이언트나 워커가 응답하는 방법도 있으나 클라이언트에 대해 잘 알고 있는 제3자를 통해 표적문제의 향상 정도를 측정한다면 더욱 객관적인 결과를 얻을 수 있다.

개인의 상태를 측정하기 위해 개인 행동의 수를 셀 수도 있다(behavioral counts). 즉, 개인이 의도한 어떤 행동(예: 숙제의 완성, 결석, 대화의 시도, 애정표현)을 시도한 횟수를 세는 것을 말한다. 행동의 수를 세는 방법은 집단조건이나 과정을 측정하기 위해 사용되기도 한다. 예를 들어보자. 워커는 집단성원들이 집단응집력을 증대시키길 원할 수 있다. 이때 집단응집력에 해당되는 행동들, 즉 자기노출, 도움의 요청, 피드백 제공 같은 행동을 세어서 집단응집력이라는 집단의 조건을 양화하여 제시할 수 있다. Rose는 성원들 사이의 의사소통 내용을 측정하는 방법을 개발하였다. 그는 다음의 내용 범주를 만들었다. ① 타인에게 의견 주기, ② 질문하기, ③ 질문에 대한 반응, ④ 자신에 대한 의견제시, ⑤ 부정적 감정표현, ⑥ 긍정적 감정표현, ⑦ 정보 주기다. 관찰자는 누가 가장 자주 말했고, 누구에게 말했는지 그리고 가장 빈번한 의사소통유형은 무엇인지를 계산하여 집단과정을 양화시키게 된다.[7] 한 예를 더 들어보자. Rose는 또한 의사소통의 구조를 측정하기 위해 집단으로 하여금 자신이 강화받는 횟수를 알도록 하는 절차를 개발하였다. 성원들은 자신이 강화를 받는다고 느끼면 노란색 포커 칩을 캔 위에 올려놓도록 하였고 비난받는다고 느낄 땐 다른 색 포커 칩을 올려놓도록 하여 그 수를 셈으로써 집단과정의 상태를 측정하였다. 이처럼 집단조건이나 과정을 측정하는 방법은 독창적으로 개발해나갈 필요가 있다.

집단과정에 대한 자료를 얻기 위해 매 회합의 종료 시에 설문을 돌리는 자료수집방법도 있다. 각 회합의 끝에 성원들에게 설문을 나누어주는데 여기에는 다음과 같은 질문들을 포함할 수 있다.

① 오늘 회합이 얼마나 유용했는가?
② 오늘 회합에서 당신이 참여한 내용을 써라.
③ 자신 또는 자신의 문제에 대해 얼마만큼 터놓았는지 평가하라.
④ 오늘 집단에서 토론한 문제나 상황이 자신에게 얼마나 중요했는가?
⑤ 집단성원이나 리더와의 관계는 어떠했는가?
⑥ 오늘의 회합을 가장 잘 묘사하는 단어에 동그라미 표시를 하라(예: 흥미진진함, 지루함, 우울함, 편안함).
⑦ 오늘의 회합은 얼마나 만족스러운가?

집단과정이나 조건을 측정하기 위해 각 회합 후에 레코딩을 활용할 수 있다.

7) Rose, S. D. (1977). *Group Therapy: A Behavioral Approach*. Englewood Cliffs, Prentice-Hall.

과정기록을 하여 성원들 사이의 상호작용과 리더의 역할을 끄집어낸다. 집단결과에 공헌하는 요인을 분석하고자 하는 워커는 회합 동안에 발생한 중대한 사건과 성원들의 대화내용, 리더의 역할 등을 기록한다. 또는 어떻게 집단조건이 발전하는지를 기록한다.

4. 집단사회사업 조사설계방안

1) 양적 설계 방법

집단사회사업에 대한 조사를 시행할 때, 실험설계가 현실적으로 어려운 경우, 집단 활동 종결 후에 또는 기존에 오랫동안 존재해 오고 있는 집단에 1회의 설문지를 돌리거나 추적조사를 통해 클라이언트가 만족하게 인식하고 있는 집단활동이나 집단과정에 대한 정보를 얻고 프로그램의 효과성이나 보완 및 수정에 대한 의견을 제시할 수 있다. 이 방법은 소비자 중심 접근(consumer approach)이라 할 수 있다. 이러한 형식으로 얻어진 정보는 치료접근방식의 효과성을 지지해주는 직접적인 증거로 사용될 수는 없을지라도 특별한 개입전략을 수정하고 향상시키기 위한 기초수단이 될 뿐만 아니라 집단경험의 어느 양상이 미래연구를 위해 유용한지를 안내해 주고 앞으로의 연구과제를 제시해주는 탐색적 자료로 사용될 수 있다.[8] Bell, Charping, Strecker[9]의 논문이 바로 그런 형태의 논문으로서 추적조사(follow up) 설문을 사용하는 회고적 연구(retrospective study)였다. 이 논문은 이혼한 개인들의 집단 활동에 대한 만족에 관한 것으로서 참여자들에게 가치 있는 집단경험은 무엇이었는지를 파악하고 있다. 이 논

8) Bloom, B. L., Hodges, W. F., Kern, M. B., & Mcfddin, S. C. (1985). A preventive intervention program for the newly separated: Final evaluation. *American Journal of orthopsychiatry, 55*, 9-26.

9) Bell, W. J., Charping, J. W., & Strecker, J. B. (1989). Client Perception of the Effectiveness of Divorce Adjustment Groups. *Journal of Social Service Research, 13*.

문은 집단 활동에 참여했던 개인들을 추적 조사하여 7년 동안 21개 집단의 참여자 65명으로부터 질문지를 회수하였다. 즉, 과거의 집단 활동 기억을 회상케 함으로써 지속적 효과가 있는 집단 활동에 대한 정보를 얻는 '회고적 방법'을 사용하여 그 결과를 집단경험의 지지적 측면, 치료적 측면 그리고 집단 활동 후의 적응 면에서 분석하였다. 거기서 얻어진 정보를 바탕으로 앞으로의 발전적인 집단 활동 프로그램을 제시하였다. 추적조사 형식을 활용하는 이 방법의 장점은 특정 집단에 참여했던 경험이 있는 모든 성원들에게 설문을 돌릴 수 있으므로 충분한 표본을 확보할 수 있다는 것이다.

이런 방법은 디자인하기가 쉽지만 대신 조사방법론상의 주요 결점이 제기되는데, 회고분석(retrospective)은 정확한 과거기억(예: 한 달 이상된 경험)을 정확히 되살리지 못하는 단점과 주관적이란 단점이 있고, 위에서도 언급했듯이 직접적인 효과성을 증명하는 방법은 되지 못한다. 그러나 사회사업가들이 새로운 주제로 연구 프로그램을 시행할 때 이러한 접근방식은 유용하다고 사료된다.

다음으로 집단사회사업에서 활용할 수 있는 간단한 평가설계는 통제집단이 없는 사전-사후디자인(before-and-after design)이다. 이런 디자인은 치료 전과 후에 빈도수 관찰이나 자기보고 형식의 측정도구를 사용해 자료를 얻는다(즉, 사전검사와 사후검사를 시행한다.). 이 방식으로 조사자는 변화가 예견된 방향으로 일어났는지의 여부를 결정한다. 이 설계는 통제집단이 필요 없어 많은 표본을 필요로 하지 않고, 클라이언트의 치료를 미루는 윤리적 문제에 봉착하지 않으므로 손쉽게 사용할 수 있는 설계다. 그러나 내적타당도에 대한 위협적 요소들을 통제하지 못하는 단점이 있다. 또한 해결해야 할 한 가지 문제는 집단에 참여한 성원들의 수가 적다면 통계적 분석에 어려움이 따른다는 점이다. 보통 집단 프로그램에 참여하는 성원 수는 보통 5~8명 정도가 적절하므로 일반적인 모수통계의 적용이 어렵다. 충분한 피실험자들을 얻기 위해 우리는 반복 사전-사후디자인(replicative before and after design)을 사용할 수 있다. 같은 내용이나 구조를 가진 집단을 한 번 더 진행시키고 이들의 자료를 모두 합하여 분석하게 된다.

한편, 현장에서 실무를 하다보면 사전검사를 하지 못하고 바로 개입을 하게 되는 경우가 많다. 이때 회고적 사전검사(retrospective pretests)를 활용할 수 있다. 즉, 집단개입이 다 끝난 후 사후검사를 한 다음, 집단에 참여하기 전에는 어떠했는지를 회고하도록 하여 다시 한 번 응답하게 함으로써 사전검사를 하는 것이다. 이 방법은 단점도 있지만 장점도 많다. 단점으로는 정확한 기억을 되살리기 어렵다는 것이다. 장점으로는 예산이 부족한 경우 매우 간단히 사용할 수 있다는 것이며 또한 클라이언트가 자신이 얼마나 변화했는지를 스스로 평가할 수 있는 수단이 된다. 또한 많은 경우에서 일반적인 사전검사를 하는 경우는 응답자들이 사회적으로 바람직한 대답을 하려는 경향 또는 자신의 문제를 드러내지 않으려는 경향 때문에 사전검사에서 솔직한 응답을 얻기 어렵다. 따라서 집단개입이 끝나고 사후검사를 했을 시 통계적으로 유의한 변화가 나타나지 않는 예가 있다. 그러나 회고적 사전검사를 시행하여 예전의 상태를 되물어보는 방법을 쓰면 그러한 문제를 방지할 수 있다.[10)]

앞 설계에서는 사전조사와 사후조사의 결과 차이가 유의하게 발견되었다 하더라도 이것이 반드시 집단활동 때문이라고 말할 수는 없다. 변화의 원인이 무엇이었나? 진정으로 개인이나 집단의 향상이 집단활동에 기인한 것인가를 검증하기 위해 통제집단이 필요하다. 여러 종류의 통제집단이 있지만 가장 쉽게 무리 없이 사용되는 것은 대기통제집단(waitlisted control group)일 것이다. 치료집단이 다 채워진 후에 찾아오는 클라이언트를 대기통제집단에 할당하는 방법을 사용할 수 있다. 이러한 설계의 장점은 적절한 표본규모를 확보할 수 있다는 것이다. 사실상 단기간에 무작위 할당을 할 수 있을 정도의 클라이언트 수를 모집하기는 쉽지 않다. 무작위 할당을 하는 순수실험설계를 활용하는 것이 바람직하기는 하나 표본규모를 크게 하기가 현실적으로 어려워 자칫 제2종 오류를 범하게 될 가능성이 크다는 것이다. 예를 들어, 김미경[11)]은 집단의 효과성 평가를 위해 순수실험설계를 활용하였는데, 총 18명을 모집하여 9명씩 무작위

10) Robinson & Doueck (1994). Implications of the pre/post/then design for evaluating social group work. *Research on Social Work Practice, 4*, pp. 224-239.

11) 김미경(1992). 수줍어하는 아동을 위한 집단자기표현 훈련의 효과. 동부아동상담소 상담사례연구집.

할당을 하였다. 연구결과 중 수줍음 측정결과에서 훈련집단과 통제집단이 서로 다르지 않았다는(통제집단보다는 효과가 있었을지라도 유의한 결과는 아니었다.) 결과는 사실상 표본규모가 작은 데 기인한 불충분한 통계적 검증력(제2종 오류) 때문이었을 가능성이 크다. 그러나 대기통제집단을 활용하면 일단 모집된 사람들을 모두 실험집단에 할당하여 집단활동을 진행시키고, 그동안에 비교집단에 들어갈 클라이언트를 모집할 수 있기 때문에 충분한 표본의 확보가 용이하다. 무작위로 할당되지는 않았을지라도 치료집단과 통제집단이 인구사회학적 변수나 중요하게 생각되는 변수 면에서 유사하다고 파악된다면 이 두 집단이 치료결과를 놓고 서로 비교될 수 있다. 무작위 할당을 시행하지 않는 유사실험설계(quasi-experimental design)를 활용할 때 주의할 점은 통제집단과 실험집단의 배경변수에서 차이가 있는지 없는지 분석해야 한다는 것이다. 또 분석하여 차이가 있음을 나타내었다면 이런 차이를 통제해야 한다. 단순 t검정을 통해 비교집단과 실험집단이 사전사후에 어떤 변화가 있었는지 없었는지 여부만을 검사하는 것이 아니라 두 집단 간 차이가 나는 배경변수와 사전검사점수를 공변량(covariates)으로서 통제하면서 치료조건 간의 차이를 평가하는 ANCOVA 또는 위계적 회귀분석방법을 사용하게 된다면 더욱 정교하고 강력한 분석을 할 수 있다. 이에 대해서는 분석부분에서 좀 더 설명할 것이다.

사전조사와 사후조사를 행하는 것은 변화가 치료시작부터 치료종료 사이에 일어났다는 것을 증명할 수는 있으나 치료의 진행사항에 관해서는 아주 적은 정보만을 제공한다. 이 제한점 때문에 반복된 측정이나 단일사례 디자인의 사용이 종종 선호되기도 한다. 단일사례설계는 또한 구성원들의 결과를 합산하여 제시하므로 발생하는 문제를 해결해준다. 집단 구성원들은 집단의 상호작용의 영향을 받으면서, 어느 구성원은 목적을 성취하고 어느 구성원은 진전이 없거나 도리어 악화될 수도 있다. 이런 차이들은 구성원들의 성별, 연령, 이전의 경험상태, 인지, 정서상태 등에 기인한다고 볼 수 있다. 결과를 산출하기 위해 집단성원의 자료를 합산하는 것은 개인구성원들 간의 변이를 무시하는 결과를 낳을 수 있다. 단일사례설계를 통해 이러한 문제를 해결할 수 있다. 그러나 단일사례 디자인을 사용하는 경우 기초선의 측정이 필요하다. 기초선은 어떤 개입도 시행되기 전에 측정되어야 한다. 그러나 대부분의 경우 집단이 이미 형성된 후에야 이 기초선의 측정이 시행된다. 집단구성원들은 이미 상호작용을 시작했고, 따라서 측정되어야 할 사항에 이미 영향을 주고 있다고 볼 수 있기에 순수한 기초선을 구할 수가 없게 된다. 조사자는 이런 문제를 다룰 수 있는 방법을 찾아야 한다.[12)]

지금까지는 주로 집단 활동의 성과를 측정하는 설계방안이었다. 지금까지 토론되지 않은 중요한 문제가 하나 남아 있다. 집단에 소개된 치료기법을 통해 개인들이 향상되었는지의 여부만을 조사하는 연구 디자인들로는 치료 결과에 대한 집단조건(집단과정)의 효과를 파악할 수 없다. 집단 활동의 어떤 조건 때문에 좋은 결과가 나타났는지를 밝히기 위해서는 여러 변수를 분석단계에서 고려할 수 있도록 설계되어야 한다. 많은 변수들은 서로 다른 상황에서 서로 다른 영향력을 갖는다. 예를 들어, 한 워커의 개입은 여성들로 구성된 집단과 남성들로 구성된 집단에 다른 영향을 끼칠 수 있다. 또한 남성 워커가 수행하는 치료와 여성 워커가 수행하는 치료는 다른 결과는 낳을 수 있다. 또한 집단의 발달단계마다 또는 단기, 장기 집단에 따라 다른 결과를 가져올 수 있다. 이런 여러 가지 변수들을 한 번에 다룰 수 있는 디자인을 고안하기는 현실적으로 매우 힘들다. 그러면 이를 위한 설계방법은 무엇인가? 두 가지 방법을 소개한다.[13)] 먼저 집단의 여러 특성이나 기능 중에서 독특한 한 기능의 효과를 측정하는 실험적 방법이 있다. 이 방법에서는 집단기능의 한 측면이 독립변수로서 선택된다. 예를 들어, 집단응집력의 효과를 조사하려는 연구자는 고도의 응집력을 가진 집단과 아주 낮은 응집력을 가진 두 집단을 설정하고 집단활동의 결과(클라이언트의 향상)를 비교하는 것이다. 이 디자인의 장점은 내부타당도에 대한 위협적 요소들을 통제할 수 있다는 것이다. 그러나 이 디자인은 단지 하나의 독립변수와 종속변수를 조사하기 때문에 집단의 역동성을 너무 단순화시키는 단점이 있다.

12) Brower, A. M., & Garvin, C. D. (1989). Design Issues in Social Group Work Research. *Social Work with Groups, 12*, pp. 91-102.

13) Ibid.

다음 설계방법은 위에서처럼 주요 분석의 단위를 집단의 한 기능에 두지 않고 집단맥락의 여러 변수와 멤버의 치료 결과의 관계를 조사하는 '집단-맥락-개인디자인(Individual-within-the group method)' 으로서 '상관관계 설계' 를 활용하는 것이다.[14] 매회 종결 후 설문이나 매회 관찰을 통해 다양한 변수들에 대한 자료를 얻음으로써, 조사의 범위가 집단에 관한 하나의 독립변수에 제한되지 않고 더욱 복잡한 집단기능을 다룰 수 있다. 즉, 치료결과 같은 복잡한 현상이 단지 하나의 독립변수와 종속변수의 원인결과 관계에 의존하지 않고 다차원적 측면에서 평가될 수 있다. 예를 들면 청소년을 위한 어머니역할 학습 집단에서 집단 활동의 결과는 구성원들의 집단에 대한 만족도, 참여율 그리고 구성원들이 설정한 목표에의 도달 정도 등을 측정하여 얻어진다. 그리고 이런 결과들이 여러 집단과정 변수들과 어떤 상관관계가 있는지 검토된다. 집단과정 변수들을 조사하기 위한 예를 들어보자. 매 집단 회합의 종결 시에 설문지가 각 개인에게 분배된다. 이때 구성원들의 참여, 대화 정도, 자기노출, 집단응집력 그리고 워커의 효과성 같은 복잡한 현상이 측정된다. 그리고 집단 활동이 끝난 후 이러한 변수들의 자료가 조사자가 관심 있어 하는 결과변수들과 어떤 상관관계가 있는지 검토된다.

그러나 이런 디자인 역시 단점이 있다. 이런 디자인으로 치료결과에 관한 특정 집단조건의 조작 효과(예: 집단성원 간 대화의 집중성이 높은 집단과 그렇지 않은 집단)를 단정적으로 이끌어낼 수 없다. 다시 말해 여기서는 집단의 치료적 요인이 무엇인지를 상관관계를 통해서 유추할 수 있을 뿐이지 엄격히 어떤 요인이 치료 결과에 대해 원인이 되었다고 단정적으로 말하기는 어렵다. 흔히 우리가 혼동하는 한 가지 용어상의 문제가 있는데, 바로 상관관계와 인과관계를 혼동하는 경우다. 일반적으로 실험설계 연구의 경우는 변수 간에 원인과 결과의 관계가 있다는 것을 말할 수 있지만, 단순히 상관관계를 보는 경우, 즉 일회성 횡단적 연구에서는 두 변수 간에 원인과 결과가 있다는 것을 단정적으로 말할 수는

14) Brower, A. M., & Rose, S. D. (1986). *A post-session questionnaire packet to examine changes in group behaviors over time*. Group Process Research Project. University of Wisconsin School of Social Work.

없는 것이다.

집단효과성 평가에서 추가적으로 제기되는 문제가 있다. 집단 구성에서, 현장에서는 동질적인 문제를 가진 성원들로만 집단을 구성하기 어렵고, 이질적인 문제를 가진 성원들로 구성되는 경우가 많다는 것이다. 예를 들어, 비행청소년 집단이라 하더라도 각 개인이 가지고 있는 문제는 매우 다양하다. 그러므로 결과 측정에서 자아존중감 향상처럼 전반적인 향상만을 재는 것은 각 개인의 문제의 해결 여부를 측정하지 못하는 결과를 가져온다. 종속변수로서 전반적인 인격이 향상되었는가만으로 결과를 측정하는 것은 한계가 있다. 치료를 받는 개인의 향상 정도를 측정할 때, 구체적이고 조작적인 결과측정을 하여 개인의 실제적 문제가 해결되었는가를 측정하는 것이 총체적 또는 성격측정(global or personality assessment)보다 바람직하다는 연구 결과가 제시되기도 했다.[15] 특히 강점모델이 사회사업실천에서 중요한 위치를 차지하고 있는 현시점에서 개인의 욕구나 개별문제해결 여부는 매우 중요한 평가지표가 된다.[16] 그러므로 집단성원의 구체적 표적문제나 욕구가 해결되었는지를 측정하는 집단평가 설계방법이 필요하다. 이를 위해서는 집단에 노출된 문제와 노출되지 않은 표적문제를 놓고 개선 정도를 비교하는 '문제비교방법'을 활용할 수 있다. 예를 들어, 각 성원으로 하여금 자신의 문제를 2가지 이상 적게 하고 그중 한 문제는 집단활동 중에 노출시키지 않도록 계약을 맺은 후, 집단 종결 후에 제3자에게 노출된 문제와 노출되지 않은 문제의 향상 정도를 평가토록 한다.[17] 이 방법의 단점은 바로 '효과의 일반화'라는 내적타당도를 위협하는 요소다. 노출되지는 않았지만 클라이언트가 집단에서 배운 기술을 활용하여 노출되지 않은 문제까지도 개선시킬 수 있어 차이가 발생하지 않을 수 있다.

15) Ciminero, A. R., Calhoun, K. S., & Adams, H. E. (1977). *Handbook of Behavioral Assessment*. New York: Wiley and Sons; Mitchell, W. (1977). On the future of personality research. *American Psychologist, 32*, pp. 246-254.

16) 이윤로(2001). 정신보건사회복지론. 학지사.

17) Flowers, J. V., Booraem, C. D., & Hartman, K. A. (1981). Client improvement on higher and lower intensity problems as a function of group cohesiveness. *Psychotherapy: Theory, Research, and Practice, 18*, pp. 246-251.

2) 질적평가방법

실험설계가 어려운 경우 질적방법을 활용하여 집단과정과 성원들의 변화에 대한 자세한 서술을 통해 집단실천을 평가할 수도 있다. 고전적인 실험설계에서는 복잡한 클라이언트의 문제나 목적 또는 집단의 복잡한 상호작용 등은 측정하기가 어려워 그러한 주제들을 연구에서 배제하는 경우가 많았다. 그러므로 집단사회사업의 효과성에 대한 고전적 실험설계는 집단활동이 어떤 목적을 성취했다는 정보를 제공해주기는 하지만 실천가들이 절실히 필요로 하고 집단사회사업실천이 향상되기 위해 필요한 다음과 같은 측면에 대한 정보는 아주 제한적으로 제공되고 있다.

① 회합 동안에 실제로 무엇이 발생하였는가?
② 어떤 어려움이 나타났는가?
③ 다음에는 어떻게 그런 비슷한 어려움을 피할 수 있겠는가?
④ 기대하지 못한 결과가 발생했는가?
⑤ 어떤 것이 수행되지 못했는가?
⑥ 어떤 과정이 가장 유용했고, 가장 해로웠는가?
⑦ 발생해야 했는데 그렇지 못한 것이 있었는가?
⑧ 성원의 향상을 가져온 것은 무엇 때문이었는가? 어떻게 성원들을 돕는 것이 효과적이었는가?

질적조사에서는 양적조사처럼 집단의 효과성을 측정하기 위해 '측정할 만한 지표' 에 초점을 두기보다는 집단조건에 영향을 주고 있는 참여자, 관계형성, 활동, 자원, 구조 그리고 과정에 대해 폭넓게 초점을 둘 수 있다. 즉, 조사자는 참여자들의 태도나 가치, 상호작용 유형, 리더의 활동과 이론적 방향, 집단의 규범, 역할구조, 기타 폭넓은 중요한 특징들에 대해 비교적 쉽게 조사할 수가 있다는 장점이 있다. 물론 질적조사는 정보수집이 객관적이지 못하다는 비판이 있다. 이를 극복하기 위해서는 교차검정(triangulation)을 통해 자료의 타당도와 신뢰도를 높여야 할 것이다. 즉, 관찰방법을 두 가지 이상 활용하는 등 자료수집방법, 출처 또는 도구를 다양하게 하는 것이 좋다.

질적방법을 활용한 Goodman[18]의 논문은 보호관찰대상 청소년 집단프로그램을 새롭게 개발하여 그 프로그램을 자세히 묘사하고 있다. 보호관찰대상 청소년들을 위한 혁신적 집단사회사업 모델을 질적방법으로 평가한 논문이다. 이 논문에서는 16세에서 20세의 청소년들을 대상으로 하여 인지행동접근을 적용하였다. 목적은 자신의 신변안전을 도모하는 방법을 가르치고 친사회적 사고와 행동을 하도록 함으로써 재범을 막도록 하는 것이다. 조사자는 직접 프로그램을 시행하면서 매회의 참여관찰과 클라이언트의 피드백에서 얻어진 질적자료를 통해 워커들이 집단성원들을 어떻게 도울 수 있는지를 설명하고 있으며 발전적인 집단사회사업 방안을 제시하고 있다.

사례연구 형식을 빌려 질적조사 형태로 이루어진 이러한 유형의 논문은 양적조사에서는 관찰되지 않을지도 모르는 독특한 집단과정을 묘사하는 장점이 있으나, 객관적 측정도구를 사용하지 않으므로 비판을 받을 여지가 있다. 그러나 새로운 프로그램의 개발과 소개 및 앞으로의 연구 가설 내지 연구과제 제시라는 점에서 매우 중요한 의미를 가지며, 집단연구의 가장 기초적인 출발점이라고 볼 수 있다. 앞으로 이런 프로그램은 실험디자인을 통한 효과성 검증을 받는 것이 과제로 남게 된다.

5. 분 석

집단의 효과성 평가를 위한 분석에는 t-검증 방법이 가장 많이 활용된다. 이 방법은 간단히 말해 두 집단 간의 평균에 차이가 있는지를 검증하는 데 적합한 방법이다. t-검증이 유용한 이유 중 하나는 표본의 규모가 상대적으로 그리 크지 않아도 되기 때문이다. 임상현장에서 조사를 하는 경우 커다란 표본규모를

18) Goodman, H., Getzel, G. S., & Ford, W. (1996). Group Work with high-risk urban youths on probation. *Social Work*.

확보하기란 쉽지 않다. 이럴 경우 t-검증은 매우 적합한데 보통 한 집단에 약 15명 이상이면 적합하다. 덧붙여 두 집단이 동등한 수의 표본을 가지고 있지 않아도 된다. 두 집단의 표본의 크기에서의 차이는 t값을 구할 때 자동적으로 통제된다. 한 집단의 사전검사와 사후검사의 차이를 검증하는 경우는 paired t-test(대응표본 t-검증)를 하게 된다. 사례수가 적은 경우는 보통 비모수통계방법인 맨-휘트니의 U검정(모수통계의 t-검증에 해당), 윌콕슨의 대응부호순위검정(모수통계의 대응비교-t 검증에 해당)을 활용할 수 있으나 비모수통계의 단점은 통계적 검증력이 모수통계에 비해 약하다는 것이다.

비교집단을 설정한 경우, 분석하는 방법은 세 가지가 있다. 첫째, 우리나라 논문에서 가장 많이 제시되고 있는 방법으로 실험집단에 대해 사전검사 점수와 사후검사 점수를 가지고 대응표본 t-검증을 하여 유의한 변화가 있었는지를 확인하고, 비교집단에도 대응표본 t-검증을 하여 비교집단에서는 유의한 변화가 없었다는 것을 확인하는 방법이다. 그러나 이 방법은 비교집단에서도 유의한 변화가 나타났을 시 문제가 된다. 종종 비교집단에서도 성숙, 역사적 사건발생, 치료의 모방 등의 요인으로 문제가 좋아지는 경향이 있기 때문이다. 그러므로 더 정확한 결과를 얻기 위해서는 다음 방법을 사용해야 한다. 실험집단의 사후검사에서 사전검사를 뺀 후 이를 가지고 새로운 변수 V1을 만든다. 다음은 비교집단에서 사후검사에서 사전검사를 빼어 새로운 변수 V2를 만든다. 그리고 V1과 V2를 가지고 독립표본 t-검증을 수행한다. 이 방법 역시 문제점은 남아 있다. 즉, 사전검사가 사후검사에 미치는 영향을 통제하지 못한다는 것이다. 다시 말해 사전검사에서 어떤 점수를 받았는지가 사후검사에서 어떤 점수를 받게 되는지에 대해 어느 정도 영향을 미칠 수 있는데, 이를 통제할 필요가 있다. 이를 위해서는 사전검사를 공변량으로 통제하면서 ANOVA를 시행하는 방법, 즉 ANCOVA를 시행할 수 있다. 이 방법의 장점은 통계적 검증력(제2종 오류를 방지하는 확률)을 높인다는 것이다.

t-검증을 사용할 때 주의할 점이 있는데, 양측검정을 할 것인지 단측검정을 할 것인지를 미리 결정하여야 한다는 것이다. 일상적으로 방향이 있는 가설이면 단측검정을 해야 하고 방향이 없는 가설인 경우는 양측검정을 한다. 치료집

단과 비교집단을 비교하는 경우는 보통 단측검정을 해야 한다. 치료 프로그램이 이론적으로 뒷받침되고 있어 방향이 있는 가설이 세워지기 때문이다. 컴퓨터는 단측검정을 하라는 명령을 내리지 않으면 기본적으로 양측검정을 기준으로 결과를 내기 때문에 이를 주의해야 한다. 양측검정과 단측검정의 차이는 무엇인가? 양측검정에서의 유의확률 P값이 단측검정에서는 그 반으로 떨어진다. 예를 들어, 양측검정에서 P값이 .08이 나왔다면 단측검정에서는 P값이 그 반으로 떨어져 .04가 된다. 그러므로 양측검정에서는 유의하지 않았지만 단측검정에서는 유의하게 나오는 경우가 있다. 그러므로 방향이 있는 가설을 세운 경우나 실험연구에서는 단측검정을 활용하여 제2종 오류(유의한데도 영가설을 기각하지 못하는 것)를 범하는 것을 막아야 한다.

집단 활동 평가를 할 때 주의할 점이 하나 더 있다. 임상평가에서는 실험대상자를 모집하기 어렵기 때문에 표본이 10명 이하로 작은 경우가 많다. 표본이 작은 경우, 두 집단의 평균에서 꽤 큰 차이가 나온다 하더라도 통계적으로 유의미한 결과가 나오지 않는 경우가 있다. 이때 우리가 주의해야 할 점은 제2종 오류를 범하지 않도록 유의해야 한다. 즉, 거짓영가설을 기각하지 못하게 되는 것인데, 표본이 커지면 통계적으로 유의한 결과가 나올 가능성을 배제할 수 없기 때문에 추가분석이 필요하다. 이때는 관계의 강도(effect size)를 검증하여야 한다. 관계의 강도(효과크기: effect size)란 변수 사이의 관계의 강도를 나타내는 통계치다. 달리 표현하면 독립변수(또는 개입)와 종속변수의 변화 간에 존재하는 관계의 강도를 나타내는 통계치다. 효과크기라고도 불리는 이 값을 계산하는 공식은 다음과 같다.[19]

효과크기 = (치료집단평균－통제집단평균)/통제집단 표준편차 또는 공통표준편차

단일집단 사전사후의 설계일 경우의 효과크기를 구하는 공식은 다음과 같다.

19) Cohen, J. (1977). *Statistical Power Analysis for the Behavioral Sciences*. New York: Academic Press.

$$ES = \frac{\mu_t - \mu_c}{\sigma\sqrt{1 - r_{tc}}}$$

* r_{tc}는 사전검사와 사후검사의 상관계수

μ_t: 사후 검사, μ_c: 사전검사, σ: 공동표준편차

단일사례설계에서도 통계적 분석을 할 수 있는데, 이때 효과크기를 구하는 방법은 다음과 같다.[20]

효과크기 = (개입단계의 평균-기준선단계의 평균)/기준선단계의 표준편차

효과크기의 값이 보통 0.5 내지 0.6 정도 이상으로 나오면 효과크기가 '보통', 0.8 이상이면 '크다' 라고 판단하게 되며, 이럴 경우는 효과크기가 큼에도 불구하고 왜 통계적으로 유의하지 않게 결과가 나왔는지를 조심스럽게 제시해야 한다. 즉, 표본의 크기가 작아서 유의한 결과가 나오지 않을 가능성이 크다는 것을 제시해야 한다. 그러므로 연구보고서를 작성할 때 주의할 점은 통계적으로 유의하지 않게 나온 경우에는 효과크기를 확인하고, 표본수가 적어서 그러한 결과가 나왔을 가능성을 제시해야 한다.

1) 본질적/실용적 유의성 검토

자료 분석 후에 한 가지 더 유념해야 할 것은 분석결과가 과연 실용적 견지에서도 중요성을 가지고 있는가를 따져보아야 한다. 이것이 바로 본질적/실용적 유의성(substantive significance)이다. 통계적으로 유의하게 나왔다 하더라도 결과가 본질적으로 중요한 것인지 아니면 사소한 결과인지를 따져보아야 한다. 이는 가치판단의 문제라고 말할 수 있다. 예를 들어, 어느 연구가 사소한 문제를 다루고 있어서 연구결과의 함의를 수행하는 이점에 비해 비용이 너무 많이

20) Rubin, A., & Babbie, E. (1993). *Research Methods for Social Work*. Belmont Wadsworth Publishing Company.

든다고 판단된다면 연구결과가 본질적 유의성이 떨어진다고 보아야 한다. 또한 어느 연구결과가 통계적으로 유의하지만 예상 기대치나 바람직한 목표치에 도달하지 못한 결과가 나왔을 때도 실용적 유의성이 떨어진다고 말한다. 통계적 유의성의 맹점은 표본 수가 수백 명으로 크게 되면 프로그램의 영향력이 미약한데도 불구하고 유의한 결과가 나온다는 점이다. 그러므로 프로그램의 영향력의 강도가 예상 기대치에 도달하고 있는지, 비용을 들일 만한 가치가 있는지 등을 살펴보아야 한다(이익섭 · 이윤로, 2004).

6. 결 론

현재 우리나라의 집단사회사업 조사 현황을 보면 집단사회사업의 실천이 체계적 및 과학적 조사의 기반 위에 있다는 것을 보여주기에는 그 양과 질 면에서 매우 부족하다. 이 글에서는 집단사회사업 조사의 활성화를 위한 노력의 일환으로서 집단사회사업의 조사에 대한 논점과 시행 방식을 제시했다. 집단사회사업 조사는 개인들의 향상에만 관심을 보여서는 안 되며, '어떻게' 개인들이 집단이라는 맥락 속에서 향상되었는지에도 관심을 기울여야 한다. 집단조사 디자인은 개인적 특성, 개인과 집단의 상호작용, 집단조건, 지도자의 특성, 치료요인 등에 대한 타당한 측정과 분석을 할 수 있도록 디자인되어야 한다. 구성원과 집단 그리고 워커 사이에서 존재하는 복잡한 상호작용을 한 번에 고려하는 것은 비용 때문에 힘들 수도 있다. 그러나 우리는 한 가지 한 가지 관심 있는 집단조건들을 체계적으로 조사해나갈 수 있어야 한다. 아마도 독립변수와 종속변수와 매개변수를 분명히 하는 것이 도움이 될 것이다. 개입방식과 집단조건을 자세히 서술하는 것이 중요하다. 집단과정을 명백히 묘사하고 설명하는 길만이 결과를 해석하는 데 혼선을 피할 수 있게 한다. 그러나 개인, 집단 그리고 상호작용이라는 변수들을 분별하고, 집단과정과 결과를 연결시켜야 하는 집단사회사업 조사는 매우 복잡하고 까다롭기 때문에 완벽한 조사디자인과 통계적 분석을 사용하는 것은 불가능하다. 어느 정도의 불가능성을 인정하면서 조사자 자신이 최상의 조사방법을 선택해야 할 것이다. 어느 연구도 완벽할 수는 없다. 집단연구자들은 개념적 및 방법론적 문제들에 대해 적절한 타협안을 도출해내는 것이 필요하다. 즉, 자신의 연구의 약점을 인정하면서도 자신들의 결과를 타당성 있는 결과로서 강화시키는 전략을 사용할 수 있어야 할 것이다. 집단연구자는 일련의 한계를 제시하고 그것에 대해 독창적 해결책을 찾아내야 할 것이며, 궁극적으로 집단사회사업에 대한 실증적 지식을 점차로 축적해나가야 할 것이다.

앞으로 집단의 결과에 관련되는 다양한 조건들을 체계적으로 분류하는 연구 프로그램을 개발하고 또한 여러 개별적 연구들의 결과보고를 용이하게 하기 위한 보고서 모형을 만드는 등 결과보고 표준화 전략을 세운다면 집단사회사업 조사가 더욱 활성화되리라고 본다.

국가고시 실전문제

※ 여기에 실린 문제들은 사회복지실천 기술론과 실천론에 해당되는 문제들이다. 따라서 일부 문제는 『최신 사회복지실천론』(이윤로 저, 학지사)을 참고하면서 풀어보기 바란다.

1. 사회사업 실천 기록 방법 중의 하나인 SOAP 포맷에서 'O'가 무엇을 의미하는가?

① 객관적 정보 ② 주관적 정보
③ 계획 ④ 측정

2. 정확한 피드백을 얻을 수 있어 학생이나 수습직원의 훈련에 많이 활용되는 기록 방식은?

① 이야기체 기록 ② POR방식
③ 과정 기록 ④ 목표중심 기록

3. Biestek의 7대 관계론 중 클라이언트의 사생활을 보호받을 권리가 적용되는 요소는?

① 개별화 ② 비심판적 태도
③ 자기-결정주의 ④ 비밀보장

4. 클라이언트가 인식하지 못했던 생각, 느낌, 행동 간의 관계를 이해하게 되어 새로운 사고를 할 수 있도록 촉진시키는 방안은?

① 과제할당 ② 모델링
③ 해석 ④ 감정의 표출

5. 종결 시 클라이언트가 보이는 반작용의 유형이 아닌 것은?

① 새로운 욕구의 표현 ② 감정이입
③ 퇴행 ④ 부정

1. ①
2. ③
3. ④
4. ③
5. ②

6. 단일사례 디자인에 대한 설명이 아닌 것은 무엇인가?
① 결과를 그래프로 나타낼 수 있다.
② 하나의 개인, 하나의 집단, 하나의 가족, 하나의 지역사회를 대상으로 한다.
③ 표적문제를 설정하는 것이 우선시되어야 한다.
④ 한 번의 측정으로 결과를 도출하는 설계이다.

7. 단일사례 디자인의 종류와 내용이 잘못 연결된 것은?
① BAB디자인은 위기상황이 있어 즉각적으로 개입이 필요한 경우 사용한다.
② ABAB디자인에서 비반전 효과가 나타나는 경우 내적타당도를 높일 수 있다.
③ AB디자인을 유용하게 사용하기 위해서는 A가 안정적이거나 점차 악화되고 있음을 보여줘야 한다.
④ 중다기초선 디자인에서 내적타당도를 위협하는 요소는 '효과의 일반화' 현상이다.

8. 다음은 사례관리의 보호계획 수립과정이다. 틀린 것은?
① 워커의 판단을 중심으로 수립한다.
② 소요되는 비용을 계산한다.
③ 필요한 도움의 형태를 파악한다.
④ 고객과 보호자가 합의한 내용을 기록한다.

9. 다음 중 Yalom이 제시한 집단지도의 치료적 요인이 아닌 것은?
① 비판적 자세 ② 희망
③ 보편성 ④ 실존적 요인

10. 다음은 집단사회사업 모델에 관한 내용이다. 성격이 다른 하나는?
① 사회복지사의 주 역할은 중재자이다.
② 집단이 변화대행자로서 활용된다.
③ 지지집단이나 자조집단이 대표적인 예이다.
④ 의도하는 결과를 미리 선정하지 않고 시작한다.

6. ④
7. ②
8. ①
9. ①
10. ②

11. 집단계획에 대한 가이드라인이다. 내용이 옳지 않은 것은?
① 집단성원의 수는 되도록 소외된 자를 만들어내지 않는 짝수가 좋다.
② 너무 이질적인 성원은 집단 응집력 발달에 장애가 되므로 포함시키지 않는 것이 좋다.
③ 회합의 시간은 1시간 내지 1시간 30분 정도가 적당하다.
④ 집단성원의 이탈을 고려하여 처음부터 필요한 수보다 한두 명 정도 더 모집하는 것도 한 방법이다.

12. 집단의 목적을 설정할 때 고려해야 할 면이 아닌 것은?
① 목적은 성취가능성이 있고 다소 도전적이어야 한다.
② 숨겨진 의제(Hidden Agendas)가 있을 경우 활동을 방해하므로 리더는 개인 목표를 어느 정도 반영해야 한다.
③ 집단의 목적이 일단 결정되면 차후에는 일괄적이고 체계적인 진행을 위해 수정하지 않는다.
④ 집단의 목적과 개인의 목적의 차이가 클 경우 집단 외부의 도움을 받도록 도와준다.

13. 다음은 집단발달 단계에 대한 설명이다. 성격이 다른 것은?
① 권한 및 통제 단계로 표현한다.
② 성원의 이탈률이 매우 높은 단계이다.
③ 가장 많은 치료적 규범이 발생한다.
④ 분화 과정이 이루어진다.

14. 가족치료의 목적을 가족 내의 성원들의 보다 나은 자아의 분화 및 미분화된 가족자아 혼합체로부터의 단절로 접근한 학자는?
① Bowen ② Minuchin
③ Haley ④ Jackson

15. 다음의 사회사업 실천방법 중 직접실천으로 맞는 설명이 아닌 것은?
① 주로 거시적 수준을 실천을 의미한다.

11. ①
12. ③
13. ④
14. ①
15. ①

② 개인, 가족, 소집단과 직접 대면하여 관여한다.
③ 임상사회사업이라고도 하며, 클라이언트의 사회적 기능의 증진, 회복 또는 유지를 추구한다.
④ 기초를 닦은 학자로서는 Marry Richmond, Helen Harris Perlman, Florence Hollis 등이 있다.

16. 사회사업 실천의 가치관에 대한 설명 중 틀린 것은?
① 클라이언트의 자기결정권을 존중하고 보호해주어야 한다.
② 인간은 기본적으로 사회적 존재로서 주위사람들의 문제에 사회적 연대 책임의식을 갖고 있다는 전제를 인식해야 한다.
③ 사회복지사는 클라이언트를 위해 될 수 있는 한 모든 일을 대신 맡아 해주어야 한다.
④ 인간의 공통욕구를 충분히 인식하되, 이런 욕구는 각 개인에 따라 다르다는 것을 알아야 한다.

17. 개별 사회사업(Casework)은 크게 진단학파와 기능주의학파로 나누어진다. 다음 보기의 문항 중 진단학파의 특징이 아닌 것은?
① 프로이트의 영향을 많이 받았다.
② 클라이언트의 과거의 문제에 초점을 맞춤
③ 클라이언트를 다루는 데 기관의 기능을 강조한다.
④ Florence Hollis의 심리사회적 치료로 발전했다.

18. 다음 중 케이스워크에 대한 설명으로 올바르지 못한 것은?
① 미국의 경우, 1960년대에 들어서면서 많은 공격을 받기 시작하였다.
② 케이스워크는 단기적이며 치료를 강조하는 반면, 사례관리는 장기적이며 보호를 강조한다.
③ Perlman은 문제해결과정이론에서 클라이언트의 동기, 능력, 기술의 조화를 강조했다.
④ 케이스워크의 이론으로 심리사회적 치료가 있다.

16. ③
17. ③
18. ③

19. 체계이론 중 체계의 특징으로 옳지 않은 것은?
   ① 전체는 부분의 합 이상이라는 아이디어－연합효과(Synergy)
   ② 자신의 기본적 성격은 외부 압력에 의해 변한다－유동성
   ③ 체계는 서로 연결되어 있기에 체계의 한 부분이 변화하면 그 변화한 부분은 다른 부분들과 상호작용함으로써 다른 부분들도 변화시키는 특성－상호교류
   ④ 시간이 지남에 따라 더욱 복잡하고 다양한 구성요소를 갖도록 성장하는 성격－분화

20. Pincus와 Minahan의 기본 사회사업체계로 잘못된 것은?
   ① 목표 체계－변화주도 체계가 목적을 성취하기 위해 변화시키고자 하는 개인이나 집단
   ② 클라이언트 체계－도움을 찾으면서 변화주도 체계와 협력하는 개인, 집단, 가족 및 지역사회
   ③ 변화주도 체계－사회복지사와 이들이 소속되어 일하는 조직이나 기관
   ④ 결과 체계－계획된 변화활동을 통해 얻어진 결과 혹은 결과물

21. 아래의 내용은 Germain과 Gitterman의 라이프 모델에 대한 설명이다. ( ) 안에 알맞은 말은?

   스트레스의 상황은 생활주기의 변화, (　　　　　　), 환경의 압박 등으로 발생한다.

22. 임상사회사업 실천의 심리사회적 모델에 대해 잘못 설명한 것은?
   ① Hollis는 클라이언트를 돕기 위해 환경변화 기술도 제시한 바 있다.
   ② 스트레스의 분석을 위해 정신역동이론을 사용하여 방어기제를 해석하기 때문에 심리적 측면으로만 기울었다는 평을 받는다.
   ③ 곤경의 소스로는 충족되지 못한 아동의 욕구와 충동으로 인한 비합리적 욕구, 환경으로부터의 압력, 손상된 자아 또는 초자아가 있다.
   ④ Hollis는 클라이언트의 환경적 압력을 수정하기 위해 '교정'의 방법을 통해 억압된 감정을 표출시킨다.

19. ②
20. ④
21. 대인관계
22. ④

23. 사건발생 4~6주 안에 클라이언트의 감정조절, 문제분석, 대안제시를 통해 개입하는 모델은?
① 위기개입 ② 행동수정
③ 역할이론 ④ 과제중심개입
⑤ 문제해결기법

24. 돕는 전문가로서 중요시되는 사항들이다. 이 중 거리가 먼 것은?
① 클라이언트에 대한 비심판적인 견지
② 감정이입, 클라이언트의 감정개발, 클라이언트의 능력과 지능에 대한 존경
③ 워커는 먼저 자신의 가치관, 윤리, 편견에 대한 자기인식을 해야 한다.
④ 클라이언트에 대한 동정(sympathy)을 중시한다.

(25-26) 워커는 사회사업 실천을 위한 관계형성과정에서 여러 기술을 사용할 수 있다. 아래 보기는 현재 상담 내지 사회사업의 교육 상황에서 많이 적용되는 기술이다. 각 물음에 알맞은 답을 찾아 기호를 쓰시오.
① 구체성 ② 자아노출
③ 직접성 ④ 대응 내지 직면
⑤ 공감 내지 감정이입

25. 워커가 도움의 상황에서 적절하다고 생각되는 자신의 경험을 클라이언트와 함께 나눌 수 있는 능력이다. Oprah Show의 진행자인 오프라 윈프리도 이 기술을 잘 사용하였기 때문에 사람들로부터 인기를 끌 수 있었다. ( )

26. 클라이언트의 모호하거나 무엇인가 빠져 있는 얘기를 정확히 표현할 수 있도록 도와주는 기술이다. ( )

27. 클라이언트와의 면접에서 워커는 클라이언트와의 의사소통을 하는 동안 다양한 면접기술을 사용하게 된다. 다음 중 옳지 않은 것은?
① 클라이언트가 처음 꺼내는 말과 종결하는 말의 내용은 많은 암시를 주므로 워커는 주의 깊게 관찰해야 한다.

23. ①
24. ④
25. ②
26. ①
27. ④

② 클라이언트에 대한 감정이입을 자주 한다.
③ 클라이언트의 말을 다시 한 번 워커의 말로 반복하여 내용을 분명하게 하면 클라이언트가 계속해서 자신의 의견을 표현하도록 고무시킬 수 있다.
④ 클라이언트에게 개방형 질문을 할 때에는 "왜?" 라고 묻는 것이 좋다.

28. 사회사업 실천을 위한 기록방법으로서, SOAP 포맷을 따라 서술하는 방법은?
① 문제중심기록 ② 최소기본기록
③ 이야기체기록 ④ 목표중심기록

29. 다음 중 '집단사회사업' 에 대한 설명으로 옳지 않은 것은?
① 집단사회사업은 자선조직협회의 영향이 크다.
② 런던의 토인비홀, Jane Addams의 Hull House에서는 집단 프로그램을 통해 소외계층을 도왔다.
③ 19C 후반에 시작된 인보관 운동과 밀접한 관련이 있다.
④ 19C 동안 종교 및 자선 조직의 실천모델로서 개발되어, 초기에는 YMCA와 YWCA에서 집단 프로그램 및 활동을 제공했다.

30. 체계이론의 이점으로 맞지 않은 것은?
① 행동과 사회현상의 단편적, 원인-결과적 설명을 피하고 어떻게 여러 에너지가 서로 다른 방식으로 체계에 영향을 주는지를 보여준다.
② 체계이론은 매우 일반화된 이론이기 때문에 구체적 상황에 적용하기가 용이하다.
③ 심리학적 접근에 비해 환경변화를 더 많이 강조하였다.
④ 같은 목적을 성취하기 위해 여러 방식의 접근방식이 있음을 상기시킨다.

31. Goldstein의 자아심리학(자아중심적 케이스워크)에 대한 설명으로 옳지 않은 것은?
① 자아수정은 장기적이기보다는 단기적이다.
② 측정에서는 클라이언트의 현재와 과거의 정서적, 실제적 대처기제를 본다.
③ 개입은 자아의 지지 또는 자아를 수정하는 것이다.

28. ①
29. ①
30. ②
31. ③

④ 자아수정은 과거와 현재의 무의식적 감정과 충동에 초점을 두고 환경적 변화는 피하는 경향이 있다.

32. 워커와 클라이언트의 관계형성에서 워커의 행동이 잘못된 것은?
① 사회사업가는 어떤 결정을 하는 데 있어서 클라이언트의 의견을 존중한다.
② 클라이언트의 문제가 어떤 성격을 띠는가는 상관없이 독특성을 가진 개인으로 대우해준다.
③ 클라이언트가 불편을 주는 행동을 자주 하더라도 받아주는 것이 좋다.
④ 클라이언트의 행동에 대해 심판하지 말고 중립적 자세를 지킨다.

33. 실천의 초기단계에서 수행되어야 할 과업과 거리가 먼 것은?
① 클라이언트와 주변인물의 문제에 대한 포괄적인 정보를 이끌어 낸다.
② 라포를 형성한다.
③ 클라이언트의 동기를 증진시킨다.
④ 클라이언트에게 과제를 준다.

34. '수행단계' 에서 사회복지사가 하는 '해석' 에 대한 설명으로 잘못된 것은?
① '사고' 의 변화를 촉진시킨다.
② 클라이언트가 무의식 과정에서 인식하지 못했던 현상들을 이해하게 된다.
③ 관계형성 초반에 빨리 시행할수록 좋다.
④ 사건들 사이의 관련성을 클라이언트가 이해하게 된다.

35. 워커와 클라이언트의 행동으로 옳지 않는 것은?
① 수행단계 진행중에 시작단계에서 설정했던 목표가 적절하지 못하다고 판단되면 수정한다.
② 과제의 상당부분은 클라이언트가 스스로 수행할 책임이 있다.
③ 워커는 변화의 목표가 개인일지라도 때로 가족, 그룹까지 변화시키려는 노력을 한다.
④ 클라이언트가 환경에 적응해야 바람직하다.

32. ③
33. ④
34. ③
35. ④

36. 일반실천가로서 클라이언트들의 욕구를 충족시키도록 돕기 위해 워커가 종종 하는 역할로서 옳지 않은 것은?
   ① 중계자 역할　　② 무의식의 해석가 역할
   ③ 옹호자 역할　　④ 중재자 역할

37. 워커가 클라이언트의 환경개선을 위한 개입방안으로 거리가 있는 것은?
   ① 가정환경 내 부족한 자원을 보충해준다.
   ② 지지체계를 개발하거나 향상시킨다.
   ③ 클라이언트의 동기를 고양시킨다.
   ④ 기관의 환경을 개선시켜 클라이언트의 삶의 질을 향상시킬 수 있다.

38. 종결단계에서 워커가 수행해야 할 과제 중에서 잘못된 것은?
   ① 클라이언트가 원조과정에서의 경험을 평가하도록 돕는다.
   ② 종결에 대한 감정처리는 클라이언트만의 독특한 과업이다.
   ③ 종결 후에도 유익한 변화를 계속 유지하도록 돕는다.
   ④ 필요하다면 새로운 서비스를 모색하도록 돕는다.

39. 종결에 대한 반작용의 반응이 아닌 것은?
   ① 부정　　② 퇴행
   ③ 새로운 욕구의 표현　　④ 의식의 수행

40. 단일사례 디자인의 특징들 중 잘못된 것은?
   ① 하나의 개인, 하나의 집단, 하나의 가족, 하나의 지역기관을 집중적으로 조사한다.
   ② 여러 번 반복해서 측정한다.
   ③ 실천을 평가하기 위해 주로 학자들이 활용하는 방법이다.
   ④ 사회사업 프로그램의 효과를 평가하는 설계이다.

41. 단일사례 디자인의 결과 측정도구를 선택하는 데 있어서 유의해야 할 점으로 옳지 않은 것은?

36. ②
37. ③
38. ②
39. ④
40. ③
41. ②

① 측정방법이 활용가능하고 현실적인지를 염두에 둔다.
② 개입 전에 측정하는 것보다는 개입 후에 측정해야 한다.
③ 두 가지 이상의 측정도구를 사용하는 것이 바람직하다.
④ 표적문제를 구체화할 때는 어떤 상황에서 누가 잴 것인지도 구체화해야 한다.

42. 단일사례 디자인 중에 개입 전에 클라이언트의 표적문제를 모니터링할 수 있으나, 개입이 시작되는 순간 외적 사건이 일어날 가능성을 배제하지 못하는 디자인은?
① B디자인 ② BC디자인
③ AB디자인 ④ ABAB디자인

43. 다음 중 사례관리 과정의 내용이 아닌 것을 하나 고르면?
① 클라이언트의 치료에 주요 초점을 둔다.
② 클라이언트가 서비스를 받을 자격이 있는지 결정한다.
③ 서비스 전달 상황을 모니터링한다.
④ 필요로 하는 서비스들을 식별해서 이를 조정한다.

44. 다음은 보호 계획을 세우는 과정이다. 순서에 맞게 번호를 제시하라.

– 〈보기〉 –
① 제공될 각 서비스의 양을 기록한다.
② 구체적인 기간 동안 서비스를 제공하는 데 소요되는 비용을 계산한다.
③ 각 문제의 목표를 정한다.
④ 포괄적으로 문제의 목록을 작성한다.
⑤ 목표를 위해 필요한 서비스를 나열한다.
⑥ 고객과 보호자가 합의한 바를 기록한다.
⑦ 서비스를 구입할 수 있는 제공자 목록을 정한다.

42. ③
43. ①
44. ④, ③, ⑤, ⑦, ①, ②, ⑥
45. ③

45. 사례관리의 모델과 그에 대한 설명이 올바르게 짝지어진 것은?
① 중계모델–사례관리 기관이 고객에게 직접 서비스를 제공한다.
② 판매모델–현존하는 서비스들을 약간 변화시키거나 보충하여 전환할 수

있다.

③ 통합된 중계 판매 모델-사례관리 기관은 제한된 수의 서비스를 제공하고 나머지는 외부기관과 협력해서 조정한다.

④ 통합된 중계 판매 모델-기관에서 직접 서비스를 제공하지는 않는다.

46. 다음은 집단 모델 중 어떤 모델을 말하는가?(　　　　　)

개인과 사회 사이의 유기체적 체계적 관계를 가정하고 개인과 더 광범위한 체계 사이의 상호의존에 초점을 둔다.

47. 치료자가 라포를 형성하는 데 있어서 유의할 점으로 옳지 않은 것은?

① 성원들이 자신의 이야기를 할 때 충격 받는 모습이나 웃는 모습을 보여서는 안 된다.

② 집단에 공헌을 많이 하는가에 따라 권한을 주어 적극적인 참여를 유도한다.

③ 성원들의 수준에 맞는 용어를 사용한다.

④ 대화 내용을 집단 외부에는 비밀에 붙여야 한다.

48. 집단 발달단계의 본격적인 작업단계에서 리더의 역할이다. 잘못된 것은?

① 성원들이 올바른 피드백을 서로 간에 주도록 해야 한다.

② 보편적인 것을 주제로 주기도 하여 참여를 촉진시킨다.

③ 집단의 응집력을 위해 특정 개인의 독특성을 억제한다.

④ 각 성원에게 할당되는 시간을 점검한다.

49. 가족성원의 내적 · 심리적 갈등의 해결, 합리적 역할 배준, 가족의 투사과정에 대한 이해, 전이현상 인정 등을 그 내용으로 하며 가족 깊이 관여하고 있는 각 성원들의 방어기제에 대한 주의를 강조한 가족치료 이론은 무엇인가?

① Ackerman의 정신역동적 접근

② Bowen의 가족 체계론적 접근

③ Haley의 문제해결적 접근

④ Minuchin의 구조론적 접근

46. 상호작용모델
47. ②
48. ③
49. ①

50. 가족치료의 내용 중 틀린 것은?
① 가족 내의 한 성원의 문제가 모든 가족성원에게 영향을 줄 수 있으며 따라서 가족치료는 모든 성원이 치료과정에 참여할 것을 요구한다.
② 비기능적인 행동 유형은 가족 내부의 의사소통 체계를 통해 나타나며 따라서 치료자는 가족의 언어 내지 비언어적 의사소통을 이해하는 것이 중요하다.
③ 가족에 있어서 항상성은 가족 균형을 달성하기 위한 긍정적 의미가 강하다.
④ 가족 의사소통에서 이중구속언어는 바람직하지 않다.

51. 다음 중 가족치료 이론과 학자가 잘못 짝지어진 것은?
① Ackerman 정신역동적 접근
② Jackson 구조적 접근
③ Bowen의 가족 체계론적 접근
④ Minuchin의 구조적 접근

※ 다음 질문에 ○, ×로 답하시오.

1. 클라이언트의 행동을 변화시킬 수 있는 행동의 예를 제시하는 것을 과제할당이라고 한다. (　)

2. 옹호자로서의 워커의 역할은 클라이언트를 대신하여 변호하고 체계의 변화를 이끌어내는 것이다. (　)

3. 해결중심 모델은 문제가 발생하게 된 배경보다는 문제의 해결책에 초점을 둔다. (　)

4. 집단발달 제1단계는 친밀 전 단계로 치료적 규범을 창출하는 단계다. (　)

5. 진단학파는 기관의 기능을 강조한다. (　)

6. 사례관리의 특징 중 틀린 것을 모두 고르시오. (　　　)
① 체계개입을 통해 문제를 해결하려 노력한다.
② 클라이언트의 장애를 심화시키는 요인으로서 사회적 영향력을 강조하지 않는 경향이 있다.
③ 심리치료에 깊이 관여하며, 실제적인 생활문제나 지역사회의 생존에 관련한 문제를 잘 다루도록 도와준다.
④ 보호보다는 치료에 초점을 둔다.

50. ③
51. ②
1. ×
2. ○
3. ○
4. ×
5. ×
6. ②, ③, ④

⑤ 일반실천을 대표하는 새로운 사회사업의 실천방법이다.

7. 해석은 클라이언트와 상당한 신뢰를 형성한 후 해야 한다. ( )

8. Biestek 의 7대 관계론은?

①

②

③

④

⑤

⑥

⑦

9. 생태학적 모델(라이프 모델)의 설명이다. 틀린 것은? ( )

① 개인들은 환경에 의해 변화되고 또한 환경을 변화시킨다.

② 스트레스는 생활주기의 변화, 환경의 압력, 대인관계의 과정 때문에 생긴다.

③ 급진적 사회변화를 중시하고 그 변화의 적응을 중요시한다.

④ 감정이입은 클리이언트를 이해하는 데 매우 중요한 기술이라 본다.

10. 가족치료에서 말하는 5가지 R은?

11. Casework의 원조 유형은 19c 말 설립된 '자선조직협회' 의 영향을 받았다. ( )

12. 초기 Casework는 과거의 갈등을 중시하는 진단학파와, 클라이언트의 현재 문제와 욕구에 초점을 두는 기능주의 학파로 나뉘었다. ( )

13. 사회체계이론의 도입 후 사회사업 실천 방법—개별, 집단, 지역사회조직사업—의 공통적인 요소를 찾으려는 노력이 활발히 전개되어 통합방법론이 소개되었다. ( )

14. 항상성이란, 체계가 투입을 받고, 전환하고, 결과를 배출하면서도 자신의 기본적 성격을 계속적으로 유지하려는 성격을 말한다. ( )

15. 사회정책을 변경하거나 개발하는 데 기여하는 것도 사회사업의 과제이다. ( )

7. ○
8. ① 자기결정주의
② 비밀보장
③ 비심판적태도
④ 수용
⑤ 통제된 정서적 관여
⑥ 의도적 감정표현
⑦ 개별화
9. ③
10. role,rule, routine, relationship, ritual
11. ○
12. ○
13. ○
14. ○
15. ○

16. 사정은 문제해결 전반에 걸쳐서 지속된다. (   )

17. 집단 프로그램에서 특별히 두각을 나타내는 성원에게는 많은 권한을 주어야 한다. (   )

18. 집단 프로그램에서 성원 개인의 역기능적 행동의 책임은 집단 전체에 두는 것이 바람직하다. (   )

19. Pincus와 Minahan의 기본 사회사업체계에서 목표체계는 변화주도체계가 목적을 위해 함께 일하는 개인, 집단 및 조직을 말한다. (   )

20. 비밀보장의 원칙은 어떠한 경우에도 예외 없이 지켜져야 한다. (   )

21. 성공적인 개입을 위해서 수행할 능력이 있는 과제는 클라이언트 스스로가 책임을 지도록 하며, 능력을 넘어서는 부분에 대해서만 워커가 책임지도록 한다. (   )

22. 클라이언트와 사적인 관계를 유지하는 것은 신뢰감 형성을 통한 문제 해결에 매우 효과적이다. (   )

23. 심리사회적 치료는 진단학파의 영향을 받았다. (   )

24. 심리사회학적 치료는 환경적인 작업에 대해서는 강조점이 덜 주어지고 있다는 비판을 받는다. (   )

25. 위기개입은 현재 문제해결뿐만 아니라, 과거의 영향이 어떻게 해서 지금까지 연결되었는가에도 초점을 둔다. (   )

26. 개인의 책임을 강조하는 현실치료에서는 클라이언트 자신은 가치 있고, 사랑받을 만하다고 느껴야 한다는 것을 기반으로 하며, 이를 위해 치료자는 클라이언트의 변명이나 합리화까지도 받아들여서 따뜻하고 우호적이며 수용적인 관계형성을 하는 것이 중요하다. (   )

27. 클라이언트의 동기, 능력, 기회의 세 가지 차원이 충족되어야만 문제해결이 잘 된다. (   )

28. 워커의 호기심과 클라이언트가 말한 내용을 토대로 질문해야 한다. (   )

29. 클라이언트가 반응할 수 있는 충분한 시간을 줘야 하고, 질문은 한 번에 하나

16. ○
17. ×
18. ○
19. ×
20. ×
21. ○
22. ×
23. ○
24. ○
25. ○
26. ×
27. ○
28. ×
29. ○

만 하는 것이 좋고, '왜' 라고 묻기보다는 '무엇' 을 사용하는 것이 좋다. ( )

30. 사회사업실천에서 계약이라는 단어는 법에서의 개념과 유사하게 사용된다. ( )

31. 계약은 양자가 도달한 합의를 가시화시키고, 정기적 개입과정을 모니터링하는 기본 틀로서, 개입의 초점을 유지하기 위하여 계약과정에서는 목적이 재교섭되거나 변경될 수 없다. ( )

32. 워커는 클라이언트 욕구를 적절히 충족시키고, 지역사회지지체계를 잘 알고 개발할 자원의 효과적 활용을 위해 기관과의 연결을 할 뿐만 아니라 기관 내 환경을 개선하는 것 또한 워커의 일이다. ( )

33. 문제가 있는 가정의 경우 Resoures가 없으므로 치료자는 외부체계로부터 Resoures를 동원해야 한다. ( )

34. 워커는 조언보다는 클라이언트의 자기결정권을 더 중요시 여겨야 한다. ( )

35. 가족의 항상성이란 가족이 관계들에 있어서 균형을 달성하기 위해서 행동하는 것으로 항상 긍정적인 측면의 개념이다. ( )

36. 각 개인이 그 가족에서 독립성을 유지한다는 '자아의 분화' 를 목적으로 하는 가족치료는 Bowen의 가족 체계론적 접근법이다. ( )

37. 집단성원들이 권한 및 보상을 얻기 위한 갈등 속에서 역기능적 행동으로 집단과정을 방해하는 경우가 있다. ( )

38. 집단에는 개별목적과 집단목적이 있는데, 집단리더는 집단목적뿐만 아니라, 개별목적도 고려해야 한다. 그러기 위해서 집단리더는 집단 목적에 개인 목표를 어느 정도 반영해야 하며, 집단의 목적을 너무 성취하기 쉽게 정해서는 안 된다. ( )

39. 집단의 규모는 5~8명이 적합하고, 이왕이면 될 수 있는 대로 짝수가 좋다. ( )

40. 집단성원의 구성에 있어 성원들간의 조화로운 목적성취를 위해 이질적인 집단성원보다는 동질성을 고려해야 한다. ( )

30. ×
31. ×
32. ○
33. ×
34. ○
35. ×
36. ○
37. ○
38. ○
39. ×
40. ×

41. 집단사회사업 모델 중 상호작용 모델에서의 개인은 치료 대상이며 그 대표적 예는 자조집단이다. ( )

42. 만성적 질환을 지닌, 장기적 보호를 필요로 하는 사람에게 포괄적인 서비스를 장기적으로 제공하기 위한 것은 사례관리 모델이다. ( )

43. 사례관리 절차 중 보호계획은 ct의 기능을 포괄적으로 측정한 결과를 바탕으로 수립하고, 공식적 · 비공식적 서비스를 모두 계획하고, 비용을 의식하지 말고 작성해야 한다. ( )

44. 치료적 차원이 많이 강조되는 Casework에 비해 사례관리 모델은 상대적으로 보호적 차원이 많이 강조된다. ( )

45. 워커는 실천가인 동시에 평가자의 역할을 수행하기 위해서 단일사례디자인 방법을 이용할 수 있다. ( )

46. Minuchin의 구조론적 접근에서는 가족의 경계선을 중요시 여긴다. ( )

47. 진단학파와 기능주의학파를 통합한 것은 펄만의 문제해결과정이다. ( )

48. 해석이란 워커가 클라이언트의 메시지와 행동 간의 관계를 파악 · 설명하여 클라이언트가 다른 견해를 가지고 행동을 검토할 수 있고, 자기패배를 벗고 기능적으로 행동할 수 있게 도와주는 것이다. ( )

49. 클라이언트의 자기결정권과 비밀보장의 원칙은 사회사업실천의 기본적 가치이다. ( )

50. 개별사회사업은 1960년대 들어 심리적인 접근방법의 효과성을 인정받기 시작하였다. ( )

51. 지역사회조직사업은 자선조직협회와 인보관 운동에 그 기원을 두고 있다. ( )

52. Pincus와 Minahan의 기본사회사업체계에서 클라이언트와 목표체계는 같아야 한다. ( )

53. 체계이론과 생태학적 이론은 개인과 환경과의 상호작용을 볼 수 있도록 유도한다. ( )

41. ×
42. ○
43. ×
44. ○
45. ○
46. ○
47. ○
48. ○
49. ○
50. ×
51. ○
52. ×
53. ○

54. 체계이론은 구체적 상황에 적용하기가 용이하다는 평을 받고 있다. ( )

55. Perlman의 문제해결과정 이론은 정신분석이론의 영향을 어느 정도 받았다고 보아야 한다. ( )

56. 기능주의 케이스워크는 클라이언트의 현재의 문제에 초점을 맞추며 과정을 중요시한다. ( )

57. 자아심리학에서의 자아 수정 개입은 학습이나 새로운 기술을 습득하게 하는 개입방법으로 일반적으로 단기적이다. ( )

58. Hollis는 심리사회적 치료방법의 대표적 학자다. ( )

59. 클라이언트에게 영향력을 행사하는 워커의 가치관이 클라이언트의 잠재력을 상실시킬 수도 있다. ( )

60. 워커가 클라이언트와 다르지 않다는 느낌을 갖도록 하기 위해 워커는 자기노출을 한다. ( )

61. 워커가 면담 동안 일어나는 감정이나 생각을 즉각 표현하는 것은 클라이언트와의 거리감을 형성하게 되므로 피하는 것이 좋다. ( )

62. 문제중심기록은 SOAP 포맷을 활용한다. ( )

63. 워커는 사정 시 문제의 가능한 원인을 결정하기 위해 드러난 정보의 의미를 이론에 비추어 분석해야 한다. ( )

64. 클라이언트의 사고수정에 가장 쉽게 쓰이는 방법은 인지치료이다. ( )

65. 체계개입 시 클라이언트와 다른 체계 간의 상호협상을 도와 목적을 성취하게 하는 것이 워커의 중계자(broker)의 역할이다. ( )

66. 단일사례 디자인에서는 문제의 조작화를 통한 반복측정이 중요하다. ( )

67. AB설계는 ABAB설계보다 내적타당도를 높이는 설계이다. ( )

68. 중다기초선 디자인에서 개입이 서로 다른 시점에서 시작되는 것은 개입의 효과를 알아보기 위한 것이다. ( )

69. 단일사례 디자인은 조직이나 지역사회를 제외한 개인이나 집단에게 적용이 가능하다. ( )

54. ×
55. ○
56. ○
57. ×
58. ○
59. ○
60. ○
61. ×
62. ○
63. ○
64. ○
65. ×
66. ○
67. ×
68. ○
69. ×

70. 사례관리 시에는 비공식적 서비스보다 공식적인 지원체계의 연결에 초점을 두어야 한다. ( )

71. 사례관리에서 클라이언트의 문제상황을 측정할 때 전문가 팀을 이루는 것이 바람직하다. ( )

72. 집단사회사업에서는 개인의 목적보다는 추상적인 집단의 목적 설정이 중요하다. ( )

73. Bowen의 가족치료 접근은 자아의 분화를 통하여 가족구성원이 각각의 독립성을 유지하도록 돕는 것을 목적으로 한다. ( )

74. 체계이론은 같은 목적을 성취하기 위해서 여러 방식의 접근 방식이 있음을 상기시킨다. ( )

75. 변화에는 저항이 따르는 것이 당연하다고 받아들여야 한다. ( )

76. 이윤로 교수는 자원은 없는 것이 아니라 보이지 않을 뿐이라고 말했다. ( )

70. ×
71. ○
72. ×
73. ○
74. ○
75. ○
76. ○

참고문헌

김미경(1992). 수줍어하는 아동을 위한 집단자기표현 훈련의 효과. 동부아동상담소 상담 사례연구집.

서진환 외 공역(2001). 현대사회복지실천이론. 나남출판.

이윤로 · 이선영(2002). 정신보건사회복지론. 서울: 학지사.

이윤로 · 성규탁(1993). 사례관리: 효과적 서비스 전달을 위한 방법. 계간 사회복지. 한국 사회복지협의회.

이윤로 외 역(2003). 사회사업실천기술론. 서울: 현학사.

이인정 · 최혜경(2004). 인간행동과 사회환경. 서울: 나남.

조휘일 · 이윤로(1999). 사회복지실천론. 서울: 학지사.

장인협(1996). 사회복지개론. 서울대학교출판부.

장인협 · 문인숙 역(1983). 사회복지의 원리와 기법. 서울: 집문당.

홍순혜 · 한인영(1997). 사회사업기록: 이론과 실제. 서울: 학문사.

Austin, D. D. (1987). *Case management: Reinventing social work?* Paper presented at the National Association of Social Workers Annual Meeting of the Profession. September 9, New Orleans.

Bales, R. F. (1950). *Interaction Process Analysis: A method for the study of small groups*. Mass.: Addison-Wesley.

Ballew, J. R., & Mink, G. (1986). *Case management in the human services*.

Springfield, Illinois, Charles C Thomas Publisher.

Benjamin, A. (1969). *The helping interview* (2nd ed.). Boston: Houghton Mifflin.

Biestek, F. (1957). *The casework relationship*. Chicago: Loyola University Press.

Birdwhistell, R. L. (1970). *Kinesics and context*. Philadelphia: University of Pennsylvania Press.

Boehm, W. W. (1958). The nature of social work. *Social Work, 3*(2).

Bowlby, J. (1951). *Maternal care and mental health*. Geneva: WHO.

Bowen, M. (1978). *Family therapy in clinical practice*. New York: Aronson.

Brager, G., & Holloway, S. (1978). *Changing human service organizations: Politics and practice*. New York: Free Press.

Brieland, D. (1982). Introduction. In M. MaHaffey, & J. W. Hanks (Eds.), *Practical politics*. Silver Spring, MD: NASW.

Brody, E. M. (1985). Parent care as a normative family stress. *The Gerontologist, 25*, 19–29.

Cantor, M. H. (1983). Strain among caregivers: A study of experience in the United States. *The Gerontologist, 23*, 597–604.

Carter, E. A., & McGoldrick, M. (1980). The family life cycle and family therapy: An overview. In E. Carter, & M. McGoldrick (Eds.), *The Family Life Cycle: A Framework for Family Therapy*. New York: Gardner.

Coser, L. A. (1964). *The functions of social conflict*. New York: Free Press.

Compton, B. R., & Galaway, B. (1989). *Social Work Process*. Belmont, CA: Wadsworth.

Coleman, J. W., & Cressey, D. R. (1990). *Social Problems*. NY: Harper & Row.

Corey, M. S., & Corey, G. (1992). *Groups: Process and Practice*. Belmont, CA: Brooks/Cole.

Cormier, W. H., & Cormier, L. S. (1991). *Interviewing strategies for helpers: Fundamental skills and cognitive behavioral interventions*. Pacific Grove, CA: Brooks/Cole.

D'alelio, W. A., & Murray, E. J. (1981). Cognitive Therapy for Test Anxiety. *Cognitive Therapy and Research, 5*, 299–307.

Downing, R. (1985). The Elderly and Their Families. In *Case Management in Human Service Practice: A systematic Approach to Mobilizing resources for Clients*, by marie Weil, James M. Karis and Associates. San Francisco, CA: Jossey–Bass Pub.

Dinitto, D. M., & McNeece, C. A. (1997). *Social Work: Issues and Opportunity in a Challenging Profession*. Boston: Allyn and Bacon.

Dunham, A. (1970). *The New Community Organization*. NY: Thomas Y. Growell Co.

Ellis, A., McInerney, J. B., Digiuseppe, R., & Yeager, R. (1988). *Rational−Emotive Therapy with alcoholics and substance abusers*. NY: Pergamon Press.

Epstein, L. (1985). *Talking and Listening: A Guide to the Helping Interviews*. St. Louis: Times Mirror/Mosby.

Erikson, E. (1965). *Childhood and Society*. London: Hogarth Press.

Euster, G. L. (1975). Services to groups. In D. Brieland, L. B. Costin, & C. R. Atherton (Eds.), *Contemporary social work*. New York: McGraw−Hill.

Friesan, B. J. (1989). National study of parents whose children have serious emotional disorders. In A. Algarin, et al. (Eds.), *Second Annual Conference Proceedings−Children' s Mental Health Services and Policy*. Tampa, FL: Research and Training Center for Children' s Mental Health, University of South Florida.

Garland, J., Jones, H., & Kolodny, R. (1965). A Model for Stages of Development in social Work Groups. In S. Bernstein (Ed.), *Explorations in Group Work*. Boston: University of Boston School of Social Work.

Garvin, C. D. (1987). *Contemporary Group Work*. Englewood Cliffs, N.J.: Prentice Hall.

Garvin, C. D., & Tropman, J. E. (1992). *Social work in comtemporary society*. Englewood Cliffs, N.J.: Prentice Hall.

Germain, C., & Gitterman, A. (1980). *The Life Model of Social Work Practice*. New York: Columbia University Press.

Golan, N. (1979). Crisis Theory. In F. J. Turner (Ed.), *Social Work Treatment*. London: Free Press.

Goldstein, E. G. (1985, 1995). *Ego Psychology and Social Work Practice*. New York: Free Press.

Goodman, C. C. (1987). The elderly frail: Who should get case management? *Journal of Gerontological Social Work, 11*, 99−113.

Hardcastle, D. A., Wenocur, S., & Powers, P. R. (1997). *Community Practice: Theory and Skills for Social Workers*. New York: Oxford University Press.

Haley, J. (1976). *Problem−solving therapy*. San Francisco: Jossey−Bass.

Hamilton, G. (1940). *Theory and practice of social casework*. New York: Columbia University Press.

Hanna, S. M., & Brown, J. H. (1995). *The practice of family therapy: Key elements across models*. Pacific Grove, CA: Brooks/Cole.

Hartman, A. (1978). Diagrammatic assessment of family relationships. *Social Casework, 59*, 465–476.

Hasenfeld, Y. (1992). The nature of human service organizations. In Y. Hasenfeld (Ed.), *Human services as complex organization* (pp. 2–23). Newbury Park, CA: Sage.

Heffernan, J., Shuttlesworth, G., & Ambrosino, R. (1992). *Social Work and Social Welfare*. St. Paul: West Publishing Company.

Heller, K. (1990). Social and community intervention. *Annual Review of Psychology, 41*, 141–168.

Henry, S. (1992). *Group skills in four-dimensional approach*. Pacific Grove, CA: Brooks/Cole Company.

Hepworth, D. H., & Larsen, J. (1993). *Direct social work practice*. Pacific Grove, CA: Brooks/Cole Company.

Hepworth, D. H., Rooney, R. H., & Larsen, J. (2002). *Direct social work practice: Theory and Skills*. Brooks/Cole.

Hollis, F., & Woods, M. E. (1981). *Casework: a psychosocial therapy*. New York: Random House.

Irvine, E. E. (1951). Transference and reality in the casework relationship. *British Journal of Psychiatric Social Work, 3*(4), 1–10.

Jones, M., & Biesecker, J. (1980). Goal planning in child and youth services. DDHS Publication No. (OHDS) 81–30295. Washington, DC: US Government Printing Office. In B. R. Compton, & B. Galaway (Eds.), *Social work processes* (pp. 223–224). Pacific Grove, CA: Brooks/Cole Publishing.

Kadushin, A. (1983). *The social work interview*. New York: Colombia University Press.

Kagle, J. D. (1995). Recording. In NASW (Ed.), *Encyclopedia of Social Work*. Washington, DC: NASW Press.

Kane. R. A. (1985). Case management in health care settings. In M. Weil, & J. M. Karls (Eds.), *Case management in human service practice: A systematic approach to mobilizing resources for clients* (pp. 170–203). San Francisco:

Jossey-Bass.

Kane, R. A. (1988). Case management: Ethical pitfalls on the road to high quality managed care. *Quality Review Bulletin, 14*, 161-166.

Kane, R. A. (1990). The relevance of case management. In B. S. Fogel, A. Furino, & Gottlieb (Eds.), *Mental health policy for older Americans* (pp. 201-220). Washington, DC: American Psychiatric Press.

Kohut, H. (1978). *The Search for the Self: Selected Writings of Heinz Kohut: 1950-1978.* New York: International Universities Press.

Konopka, G. (1963). *Social group work.* Englewood Cliffs, N.J.: Prentice Hall.

Levine, S., & White, P. E. (1961). Exchange as a conceptual framework for the study of interorganizational relationships. *Administrative Science Quarterly*, 5, 583-601.

Lewin, K. (1951). *Field theory in social science.* New York: Harper & Row.

Maguire, L. (2002). *Clinical Social Work.* Brooks/Cole.

Maton, K. I. (1988). Social support, organizational characteristics, psychological well-being and group appraisal in three self-help group populations. *American Journal of Community Psychology*, 16, 53-77.

Minuchin, S. (1974). *Families and family therapy.* Cambridge, MA: Harvard University Press.

Minuchin, S., & Fishman, H. C. (1981). *Family therapy techniques.* Cambridge, MA: Harvard University Press.

Maultsby, M. (1975). *Help yourself to happiness.* NY: Institute for Rational Living.

Maultsby, M. (1984). *Rational Behavior Therapy.* Englewood Cliffs, NJ: Prentice-Hall.

Moore, S. T. (1990). A social work practice model of case management: The case management grid. *Social Work, 35*, 444-448.

Moore, S. T. (1987). The capacity to care: A family focused approach to social work practice with the disabled elderly. *Journal of Gerontological Social Work, 10*, 79-99.

Moxley, D. P. (1989). *The practice of case management.* Newbury Park, CA: Sage.

Nelson, G. M. (1982). Support for the aged: Public and private responsibility. *Social Work, 27*, 137-143.

Netting, F. E., Kettner, P. M., & McMurtry, S. L. (1993). *Social work macro practice.* White Plains, NY: Longman.

Norman, A. J. (1985). Applying theory to practice: The impact of organizational structure on programs and providers. In M. Weil, & J. M. Karls (Eds.), *Case management in human service practice: A systematic approach to mobilizing resources for clients* (pp. 72–93). San Francisco: Jossey–Bass.

Nunnally, E., & Moy, C. (1989). *Communication basics for human service professionals*. Newbury Park, CA: SAGE.

Payne, M. S. (1997). *Modern Social Work Theory*. Macmillan Press.

Papell, C. P., & Rothman, B. (1966). Social work practice with groups. *Journal of Education for Social Work*, *2*, 66–77.

Papell, C. P., & Rothman, B. (1980). Social group work models: Possession and heritage. In A. Alissi (Ed.), *Perspectives on social group work practice* (pp. 116–132). New York: The Free Press.

Perlman, H. H. (1979). *Relationship: The heart of helping people*. Chicago: University of Chicago Press.

Pincus, A., & Minahan, A. (1973). *Social Work Practice: Model and Method*. Peacock Publishers.

Poindexter, C. C., Valentine, D., & Conway, P. (2003). *Essential skills for human services*. Thomson.

Reid, K. E. (1991). *Social work practice with groups: A Clinical perspective*. Pacific Grove, CA: Brooks/Cole.

Reid, W. J., & Shyne, A. (1969). *Brief and Extended Casework*. New York: Columbia University Press.

Rose, S. D. (1977). *Group therapy: A behavioral approach*. Englewood Cliffs, NJ: Prentice–Hall.

Rose, S. M. (1992). Case management: An advocacy/empowerment design. In Rose, S. M. (Ed.), *Case management and social work practice* (pp. 271–297). New York: Longman.

Rose, S. D., & Adleson, J. L. (1987). *Working with Children and Adolescents in Groups*. San Francisco: Jossey Bass Publishers.

Ross, M. G. (1967). *Community Organization: Theory, Principles, and Practice*. NY: Harper & Row Publishers.

Ross, G. R. (1979). *Cognitive therapy and Alcoholics Anonymous: An integrated approach for the treatment and prevention of teenage substance abuse*. Paper presented to the National Drug Abuse Conference, New Orleans.

Rothman, J. (1991). A model of case management: Toward empirically based practice. *Social Work, 36*, 520-528.

Satir, V. (1967). *Conjoint family therapy*. Palo Alto, CA: Science and Behavior Books.

Schneider, B. (1988). Care planning: The core of case management. *Case Management Generations*, Fall. 16-18.

Schwartz, A. (1982). *The behavior therapies: Theories and applications*. New York: Free Press.

Scott, W. G. (1973). Organization theory: An overview and appraisal. In F. Baker (Ed.), *Organizational Systems: General systems approaches to complex organizations* (pp. 99-119). Homewood, IL: Richard D. Irwin.

Shulman, L. (1979). *The skills of helping individuals and groups*. Chicago, IL: F. E. Peacock.

Shinn, M., Lehmann, S., & Wong, N. W. (1984). Social interaction and social support. In A. Brownell, & S. A. Shumaker (Eds.), *Social support: New perspectives in theory, research, and intervention* (pp. 55-76). New York: Plenum.

Stuart, R. B. (1977). *Behavioral self-management: Strategies, techniques, and outcomes*. New York: Bruner/Mazel.

Thomas, E. J. (Ed.) (1974). *Behavior modification procedure: A Sourcebook*. Chicago: Aldine.

Steinberg, R. M., & Carter, G. W. (1983). *Case management and the elderly*. Lexington, Massachusetts, Lexington Books.

Tice, C. J., & Perkins, K. (1996). *Mental health issues & aging*. Brooks/Cole.

Toseland, R., & Rivas, R. (1984). *An introduction to group work practice*. New York: Macmilan.

Toseland, R., & Rivas, R. (1995). *An introduction to group work practice*. Massachusetts: Allyn and Bacon.

Whittaker, J. K. (1974). *Social Treatment*. Hawthorne, NY: Aldine.

Williams, M., Tutty, L. M., & Grinnell, R. M. Jr. (1995). *Research in Social Work*. Itasca, Il: Peacock Publishers.

Woodard, K. L., & Doreion, P. (1994). Utilizing and understanding community service provision networks: A report of three case studies having 583 participants. *Journal of Social Service Research, 18*, 15-16.

Woodside, M., & McClam, T. (2003). *Generalist case management: A method of human services delivery*. Pacific Grove, CA: Brooks/Cole.

Woods, M. E., & Hollis, F. (1990). *Casework, A psychosocial therapy*. New York: McGraw-Hill.

Yalom, I. (1985). *The Theory and Practice of Group Psychotherapy*. New York: Basic Books.

Yelloly, M. A. (1980). *Social Work Theory and Psychoanalysis*. Workingham, Berks, Van Nostrand Reinhold.

Zastrow, C. (1993). *Social Work with Groups*. Nelson-Hall Pub./Chicago.

Zastrow, C. (1995). *The Practice of Social Work*. Brooks/Cole.

Zimmerman, M. A., & Rappaport, J. (1988). Citizen participation, perceived control, and psychological empowerment. *American Journal of Community Psychology, 16*, 725-250.

찾아보기

저자 소개

이 윤 로

1967년 5월 26일 경기도 시흥시 출생

〈학력〉

- 1986년 3월~1990년 2월 연세대학교 사회복지학과 졸업(B.A.)
- 1990년 9월~1991년 12월 미국 University of Wisconsin-Madison 사회복지학 석사(M.S.S.W.)
- 1992년 9월~1995년 5월 미국 University of Texas at Austin 사회복지학 박사(Ph.D.)

〈경력〉

- 서울시정개발연구원 위촉책임연구원(1995년 9월~1995년 12월)
- 서울여자대학교 사회사업학과 조교수(1995년 9월~1999년 8월)
- 서울여자대학교 사회사업학과 부교수(1999년 9월~2004년 8월)
- 제1회, 제2회 사회복지사 국가고시 출제위원(2003년, 2004년)
- 2004년 청소년상담사 국가고시 출제위원
- 서울시 사회복지공동모금회 배분분과위원(2004년 6월~2006년 5월)
- 한국 노인복지학회 이사(2002년 6월~현재)
- 한국임상사회사업학회 회장(2004년 2월~현재)(www.kacsw.or.kr)
- 서울여자대학교 사회복지학과 정교수(2004년 9월~현재)

〈저서〉

- 『치매의 원인과 치료』. 이윤로 · 박종한(1996). 학문사.
- 『청소년 약물남용의 원인과 치료』. 이윤로(1997). 문음사.
- 『치매노인과 사회복지실천』. 이윤로 외 3인(2000). 학지사.
- 『치매노인과 사회복지서비스』. 이윤로(2003). 학지사.
- 『사회복지 조사방법의 이해』. 이익섭 · 이윤로(2004). 학지사.
- 『의료사회사업론』〈개정판〉. 이윤로 · 홍영수(2005). 학지사.
- 『집단사회사업의 실천과 평가』. 김동배 · 이윤로(2004). 21세기사.
- 『정신보건과 사회복지』. 이윤로(2005). 창지사.
- 『사례관리』. 이윤로 외 4인(2006). 창지사.
- 『인간행동과 사회환경』. 이윤로(2006). 창지사.
- 『최신 사회복지실천론』. 이윤로(2006). 학지사.
- 『사회복지사를 위한 SPSS』. 이윤로 · 유시순(2009). 학지사.

〈2판〉

사회복지실천기술론

2005년 3월 5일 1판 1쇄 발행
2006년 8월 20일 1판 5쇄 발행
2007년 1월 20일 2판 1쇄 발행
2014년 2월 20일 2판 15쇄 발행

지은이 • 이 윤 로
펴낸이 • 김 진 환
펴낸곳 • (주) 학 지 사
121-837 서울시 마포구 서교동 352-29 마인드월드빌딩 5층
대표전화 • 02) 330-5114 팩스 • 02) 324-2345
등록번호 • 제313-2006-000265호
홈페이지 • http://www.hakjisa.co.kr
커뮤니티 • http://cafe.naver.com/hakjisa

ISBN 978-89-5891-389-4 93330

정가 17,000원